Os Direitos Humanos
na Pós-Modernidade

Coleção Estudos
Dirigida por J. Guinsburg

Equipe de realização – Edição de texto: Marcio Honorio de Godoy; Revisão de provas: Lilian Miyoko Kumai; Sobrecapa: Sergio Kon; Produção: Ricardo Neves, Raquel Fernandes Abranches.

J. A. Lindgren Alves

OS DIREITOS HUMANOS NA PÓS-MODERNIDADE

 PERSPECTIVA

Dados Internacionais de Catalogação na Publicação (CIP)
(Câmara Brasileira do Livro)

Alves, J. A. Lindgren
   Os direitos humanos na pós-modernidade / J. A. Lindgren Alves. – São Paulo : Perspectiva, 2005. – (Estudos ; 212 / dirigida por J. Guinsburg)

   Bibliografia.
   ISBN 85-273-0725-1

   1. Direitos humanos 2. Direitos humanos - História 3. Pós-modernidade I. Guinsburg, J. II. Título. III. Série.

05-3366   CDD-323.09

Índices para catálogo sistemático:
1. Direitos humanos : Pós-modernidade : Política : História   323.09

Direitos reservados à
EDITORA PERSPECTIVA S.A.
Av. Brigadeiro Luís Antônio, 3025
01401-000 – São Paulo – SP – Brasil
Telefax: (0--11) 3885-8388
www.editoraperspectiva.com.br
2005

*Para Maria Sylvia (Sylvinha) e Maria José
(Dadá ou Maria Lindgren), minhas queridas irmãs.
Para Hésio Cordeiro, meu cunhado e amigo.
Para Técio Lins e Silva, meu irmão por eleição.*

"*Não sou eu que ando um pouco fora de época: é a época*".
CAMPOS DE CARVALHO

"*O céu, que por tanto tempo nos abandonava, agora se povoa. Junto com as nuvens regressam os deuses. Vêm em seus carros trovejantes, suas lanças e as balanças do destino em punho. (...) Que Deus nos livre!*"
ISMAIL KADARÉ
(trad. Bernardo Joffili)

"*Que importa a paisagem, a Glória, a baía, a linha do horizonte?*
O que eu vejo é o beco".
MANUEL BANDEIRA

Sumário

Introdução XV

1. A Desumanização do Humano 1
   Introdução: Uma Foto para um Conceito 1
   Origens Remotas e Não Tanto 4
   A Situação na "Pós-modernidade" 9
   Conclusão 16

2. A Declaração dos Direitos Humanos na Pós-Modernidade 21
   Introdução 21
   A Questão da Universalidade 22
   A Globalização e as Novas Configurações Sociais 26
   A Rejeição do Iluminismo 30
   Conciliações Possíveis 33
   Os Direitos Humanos como Valores Transculturais 37

3. Cidadania, Direitos Humanos e Globalização 43
   O Conceito de Cidadania 44
   O Quadro Jurídico Internacional 45

O Quadro Internacional Pós-Guerra Fria 47
Centralização e Fragmentação 49
A Cidadania no Mundo Globalizado 56
Os Direitos Humanos como Instrumento Humanizador 59

4. No Peito e na Raça – A Americanização do Brasil
e a Brasilianização da América 65
O Descobrimento da "Raça" no Brasil 65
A Asserção da Consciência Negra 68
Qualificações Necessárias 71
O "Refrão que Nunca se Extigue" 72
O Preto-e-Branco Esmaecido 79
Conclusão Provisória 82
De Volta ao Brasil 83

5. Excessos do culturalismo: Pós-modernidade ou
Americanização da esquerda? 89
Introdução 90
Os *Good Old Sixties* e a Culturalização da Política 91
Os Avatares do Movimento Norte-americano
pelos Direitos Civis 92
O Movimento Internacional das Mulheres: Feminismo
da Igualdade e Feminismo da Diferença 96
Os Impasses do Culturalismo Exacerbado 99
Especificidades Norte-americanas Intransponíveis 102
A Pós-modernidade na Atuação Social 108
O Movimento Social pelos Direitos Humanos 110

6. A Conferência de Durban contra o Racismo
e a Responsabilidade de Todos 113
Uma Digressão Prévia Necessária: O Acontecimento
que Mudou o Mundo 113
Introdução: A Conferência que Não Terminou 114
As Origens da Conferência 115
As Principais Dficuldades 121
A Busca de Soluções 128

Os Pontos mais Positivos 133
Avaliação e Conclusão 136
Post-Scriptum 140

7. O Contrário dos Direitos Humanos (Explicitando Zizek) 141
    Pré-introdução que Não Chega a Ser Prefácio 141
    Intodução Real: Progressos e Paradoxos 143
    Humanitarismo "Para Inglês Ver"? 146
    Os Violadores Democráticos 151
    A Democracia como Violadora? 154
    A Indivisibilidade dos Direitos Humanos
    e a Parcialidade das Normas Aplicadas 156
    Neoliberalismo *versus* Direitos Humanos 160
    Conclusão: Recapitulação e Saídas 163
        Pós-conclusão que Não Chega a Ser Epílogo, para Completar
        a Pré-introdução que Não Chegava a Ser Prefácio 165

8. O Onze de Setembro e os Direitos Humanos 167
    Calamidade e Empatia 167
    Multilateralismo ou Unilateralismo Multilateral? 170
    O *Front* Interno da Guerra 172
    O *Front* Externo e Guantánamo 176
    Um Alerta Necessário: Não Confundir Fundamentalismo
    com Antiimperialismo 180
    O Sorriso e o Riso do Terror 182
    Saídas ou Barreiras Fatais? 185

9. As Conferências Sociais dos Anos 1990 e a Conferência
   de Monterrey de 2002 sobre Financiamento do
   Desenvolvimento 187
    Uma Recapitulação Conveniente 187
    Os Direitos Humanos como Instrumento Social 189
    Breve Visão do Conjunto 193
    A Conferência de Monterrey de 2002 e seu Contexto 196
    O que Resta de Positivo? 197
    Post-Scriptum 200

10. Os Direitos Humanos na Conjuntura Presente:
Esboroamento sem Recuperação? 205
  Introdução 205
  A Ascensão dos Direitos Humanos nos Anos de 1990 206
  A Globalização Discursiva dos Direitos Humanos 208
  Efeitos da Globalização Neoliberal sobre os Direitos
    humanos 211
  Que Fazer? 214

11. Conclusão: O que Sobrou dos Direitos Humanos 219
  A Reversão da História 219
  O Sistema Internacional dos Direitos Humanos Existente ... 223
  Os Tribunais Internacionais para Julgar Grandes
    Criminosos 230
  As Intervenções Militares Humanitárias 233
  A Desintegração Reversiva em Elementos Simples 237
  Fantasmas, porém Recursos 241

Bibliografia Selecionada 247

Introdução

> *Eu às vezes me sinto tão cansado da expressão "pós-modernismo" quanto qualquer outra pessoa, mas, quando fico tentado a lamentar minha cumplicidade com ela, a deplorar seu mau uso e sua notoriedade e a concluir com relutância que ela apresenta mais problemas do que os resolve, faço uma pausa para me perguntar se algum outro conceito dramatiza a questão de forma tão eficiente e econômica. "Precisamos dar nome ao sistema": este ponto alto dos anos sessenta ganha uma nova vida inesperada no debate sobre o pós-modernismo.*
>
> FREDRIC JAMESON*

O presente livro foi sendo escrito ao longo de sete anos. Conquanto seus capítulos tenham sido elaborados como ensaios ou artigos descritivos para publicações e seminários variados, desde cedo minha aspiração era de juntar essas reflexões numa continuação para *Os Direitos Humanos como Tema Global*, publicado em 1994. Todos os capítulos têm, portanto, autonomia como peças separadas. Creio, porém, que ganham maior consistência na visão seqüencial. Sua matéria comum é a situação paradoxal dos direitos humanos no tecido socioeconômico da sociedade contemporânea, respaldados numa cultura de que eles próprios fazem parte de forma contraditória.

Residindo eu no exterior desde 1997, por injunções da carreira, os textos refletem muito aquilo que vejo cá fora. A distância geográfica do Brasil e, durante um certo período, até funcional do tema, nunca me fez esquecer que, ao lado da solidariedade aos outros povos sofridos, é sobretudo a situação brasileira que me interessa e preocupa. Ainda que alguns dos escritos pouco falem do que se passa em

---

* I occasionally get just as tired of the slogan of 'postmodernism' as anyone else, but when I am tempted to regret my complicity with it, to deplore its misuses and is notoriety, and to conclude with some reluctance that it raises more problems than it solves, I find myself pausing to wonder whether any other concept can dramatize the issue in quite so effective and economical fashion. 'We have to name the system': this high point of sixties finds an unexpected revival in the postmodernism debate. *The Cultural Turn – Selected Writings on the Postmodern, 1983-1998*, Londres, Verso, 2000, 0.49 (minha tradução).

meu país, sempre há algum recado aos ativistas domésticos dos direitos humanos, com os quais me identifico, no Governo e na sociedade civil. Os recados me pareciam, e ainda parecem, pertinentes.

O fio a unir os textos é o temor de que, depois da fase otimista e alienada do refrão "Deus é brasileiro", para não falar do "milagre" esdrúxulo dos tristes "anos de chumbo", nosso excesso de autocrítica, aliado à habitual mania de copiar modelos do "Primeiro Mundo", ao invés de ajudar, prejudique os esforços que o Brasil afinal desenvolve, com dificuldades e falhas, para fazer valer o respeito aos direitos de todos.

É possível notar diferenças de enfoques e de ânimo à medida que os textos, aqui editados cronologicamente (com uma exceção explicada), iam sendo preparados (o ano de redação aparece entre parênteses, ao final de cada capítulo). Os enfoques predominantes podem ser divididos assim: a) efeitos contraditórios da globalização em curso (capítulos de 1 a 3 e, depois, os capítulos 7 e 9, em circunstâncias distintas); b) raça, racismo e discriminação racial (capítulos 4 a 6); c) conseqüências dos ataques terroristas do Onze de Setembro em Nova York e Washington (capítulos 8 e 10); d) as regressões do sistema internacional de proteção aos direitos (Conclusão). O ânimo, naturalmente, foi-se tornando menos otimista não pela evolução brasileira, mas pelo agravamento crescente, de repente calamitoso, da situação mundial.

O título geral dos estudos advém do ensaio "A Declaração dos Direitos Humanos na Pós-modenidade", que aqui aparece no capítulo 2, escrito por ocasião do cinqüentenário da Declaração de 1948 (note-se que, de propósito, omiti a palavra "universal", abominada pelas teorias pós-modernas, do nome desse documento adotado pelas Nações Unidas). Com uma ínfima adaptação, o título daquele ensaio abarca tudo o que procuro examinar neste conjunto de textos.

É sabido que o termo "pós-modernidade" tem tantos significados que não pode ser abordado em profundidade num livro que não se quer "filosófico", nem é de crítica estética. Por isso escolhi a citação de Fredric Jameson como epígrafe desta Introdução. Mal ou bem a idéia de uma pós-modernidade ("pós-modernismo" é palavra atualmente mais empregada para as artes, com igual fundamentação) resume, como ele diz, "de forma eficiente e econômica", a infinidade de aspectos que influem, quase sempre negativamente, na realidade em que vivemos. A denominação alternativa, menos bombástica para o livro, seria algo como "direitos humanos e globalização", cuja interligação igualmente perpassa todos os textos. "Globalização" também é expressão, supostamente mais neutra, que se usa para "dar nome ao sistema". O problema é que ela, além de já designar outras obras, conotaria, por hábito que adquirimos (ou nos impingiram) com erro, algo mais enfocado na esfera da economia do que na política. E os textos de todos os capítulos são "políticos", com ênfase em certos aspectos da "cultura globalizada".

Os cinco primeiros capítulos foram escritos em São Francisco, Califórnia, provavelmente a cidade mais pós-moderna que conheço. Quando digo "pós-moderna", nesse caso, não estou dando ao adjetivo qualquer sentido negativo. Ao contrário, São Francisco, além de agradável, bonita e acolhedora, é um laboratório vivo e bastante otimista de experiências sociais importantes, que se espalham pelo mundo com resultados variados. A estada profissional nessa "cidade de brinquedo" (a expressão eu ouvi de Chico Caruso) e suas circunvizinhanças, a San Francisco Bay Area (Área da Baía de São Francisco) e o Silicon Valley (Vale do Silício californiano, local de concentração das tecnologias de ponta inseparáveis do processo de globalização atual em seu sentido mais amplo) proporcionou-me, *ex-officio* e por "afinidades eletivas", contacto intenso com alguns dos maiores centros de pesquisa de todos os tipos dos Estados Unidos, em particular nas Universidades de Berkeley e de Stanford – e na University of San Francisco, em matéria de direitos humanos.

O ensaio intitulado "A Desumanização do Humano", atual capítulo 1, foi escrito no início de 1998, a convite da Associação Juízes para a Democracia (AJD), de São Paulo, para a revista *Justiça & Democracia*. Ele começa e termina com referência a atos de violência criminal e repressiva, inspirado em fotografia de jornal carioca vista num Estado norte-americano que vinha levando a extremos a prática da "tolerância zero". Mas a caminhada é longa, cobrindo tempo e espaços distintos. Lido em 2004, parece prefigurar a "guerra contra o terrorismo", com tudo que a acompanha. Em função de dificuldades editoriais ocorridas na publicação programada, o ensaio saiu primeiro no Rio de Janeiro, pelo Instituto Carioca de Criminologia, na revista *Discursos Sediciosos – Crime, Direito e Sociedade*, ano 4, n°s 7 e 8, 1º e 2º semestres de 1999 (volume duplo, portanto) e em Niterói, na *Plúrima*, n. 3, da Faculdade de Direito da Universidade Federal Fluminense, também em 1999. O número 4 da publicação da AJD *Justiça & Democracia* somente pôde ser lançado em 2001, trazendo, como previsto, esse texto.

O atual capítulo 2, "A Declaração dos Direitos Humanos na Pós-Modernidade", que, como já disse, praticamente batiza este livro, procura uma conciliação teórica minimamente convincente (pelo menos para mim) entre os direitos consagrados naquele documento internacional fundador e as características mais abrangentes daquilo que se convencionou chamar "pós-modernidade" na esfera social. O texto serviu de base a palestras que fiz em seminários na Unesp de Franca, na Unesp de Marília, na PUC-SP e no Centro de Estudos da Procuradoria Geral do Estado de São Paulo, todas em 1998. Consta no volume organizado pelos professores Carlos Eduardo de Abreu

Boucault e Nádia de Araújo, *Os Direitos Humanos e o Direito Internacional* (Rio de Janeiro, Renovar, 1999), com as contribuições ao colóquio de Franca, ele próprio comemorativo do jubileu da Declaração. Foi publicado também nas revistas nacionais *Cidadania e Justiça*, da Associação dos Magistrados Brasileiros, ano 2, n. 5, 2º semestre de 1998 e *Revista da Procuradoria Geral do Estado de São Paulo*, 51/52, jan./dez. de 1999. Em versão inglesa, saiu nos Estados Unidos na *Human Rights Quarterly*, vol. 22, n. 2, maio de 2000, da Johns Hopkins University Press.

O capítulo 3 reproduz o texto "Cidadania, Direitos Humanos e Globalização", preparado para seminário internacional na Unimep, em Piracicaba, em 1999, e integra o alentado compêndio coordenado por Flávia Piovesan, *Direitos Humanos, Globalização Econômica e Integração Regional – Desafios do Direito Constitucional Internacional* (São Paulo, Max Limonad, 2002). Antes de sair nesse compêndio, foi publicado pela Associação de Magistrados do Brasil na *Cidadania e Justiça*, ano 3, n. 7, 2º semestre de 1999, pelo Cedec de São Paulo; na *Lua Nova,* n. 50, 2000, e pela Fundação Cesgranrio, na revista *Ensaio*, 28, vol. 8, jul./set. 2000.

Com olhos voltados para o Brasil, a partir da experiência norte-americana, os capítulos 4 e 5 tinham em mente a Conferência de Durban sobre o racismo, marcada para 2001, objeto do capítulo 6. Este último é o único que escapa à cronologia. Preferi não separar os três textos, porque tratam especificamente da questão, atualíssima, da discriminação racial e da intolerância em geral.

O artigo do capítulo 4, "No Peito e na Raça – a Americanização do Brasil e a Brasilianização da América", advém do convite da Unimep para que eu participasse do número comemorativo dos 500 anos do descobrimento do Brasil da excelente *Impulso – Revista de Ciências Sociais e Humanas*. Entendi que, à luz de minha predileção pelo tema dos direitos humanos, a erradicação da discriminação racial, mais estrutural e velada no Brasil do que nos países "desenvolvidos", fabricantes dos padrões que seguimos em quase tudo, era, de minha parte, a questão que mais se adequava aos objetivos da revista. Além da *Impulso*, n. 27, vol. 12, 2000, esse artigo saiu também na *Cidadania e Justiça*, ano 5, n. 11, 2º semestre de 2001.

O capítulo 5, "Excessos do Culturalismo: Pós-modernidade ou Americanização da Esquerda?", não é apenas sobre o racismo, mas sobre um conceito bem-intencionado das teorias sociais pós-modernas, que no Brasil parece ter acepção (ou compreensão?) distinta da norte-americana: o do multiculturalismo. Como o título pode soar provocativo, adianto desde logo que não sou contra o multiculturalismo, nem ninguém de boa fé o é, quando ele designa a necessidade de respeito, muito mais do que tolerância, pela "cultura" (para mim etnia) ou características "diferentes" de pessoas ou grupos que vivam numa comunidade maior. Essa não é, porém, a interpretação que pude observar na Academia e em atitudes típicas dos Estados Unidos (e da maioria da Europa, como depois verifiquei). O "multiculturalismo" lá proposto tende a ser essencialista, para não dizer "fundamentalista", vocábulo que se tornou, aos poucos, amedrontador. E o culturalismo essencialista se propõe impermeável, logo "separatista", avesso à integração (não confundir com "assimilação", algo que não postulo). Daí a percepção atual, amplamente aceita sem juízos de valor, de que os Estados Unidos não são, nem nunca foram, o tal *melting pot* de que antes se falava, mas um "mosaico" de grupos identitários adjacentes, unidos por uma teia de atrativos econômicos e medidas socioeducacionais custosas, auxiliadas por um poderoso credo patriótico, quase religioso, como não se vê alhures. Dada essa especificidade norte-americana, o multiculturalismo auto-segregacionista de lá só pode ser deletério quando transposto para culturas sincréticas de sociedades híbridas, como as do Brasil, ou para situações de "mosaico" nas quais falte um amálgama supracomunitário (e recursos econômicos abundantes), como a ex-Iugoslávia pós-Tito. Escrito no início de 2001, na seqüência de "No Peito e na Raça", para a mesma revista, levando em conta a conferência mundial que se iria realizar em setembro, na África do Sul, o texto foi publicado na *Impulso* n. 29, vol. 12, 2001.

O artigo que aqui corresponde ao capítulo 6, "A Conferência de Durban contra o Racismo e a Responsabilidade de Todos", não estava nos meus planos. Eu já havia quase encerrado o ensaio do atual capítulo 7, em São Francisco, em 2001, quando o Itamaraty, na gestão de Celso Lafer, houve por bem designar-me para integrar a delegação do Brasil à Conferência Mundial contra o Racismo, a Discriminação Racial, a Xenofobia e Intolerância Correlata, a ocorrer naquele ano. Por isso, ainda residindo em São Francisco, minhas atenções se concentraram na preparação para esse evento. Dele participei, voltando, assim, a atuar diretamente nessa área do trabalho internacional. Quando retornava de Durban para a Califórnia, em trânsito pelo Rio de Janeiro, ocorreu o inimaginável: a destruição das torres do World Trade Center, de uma ala do Pentágono e do curso "normal" da vida em todos os cantos da Terra. Além da perplexidade causada pelo Onze de Setembro (que me levou a terminar, com adendos, o texto do atual capítulo 7), minha mudança para a Bulgária induzia-me a adiar *sine die* quaiquer intenção de descrever essa conferência. Ela se me afigurava como que perdida em brumas de um passado que se tornara subitamente distante. As brumas eram ilusórias. No Comitê para a Eliminação da Discriminação Racial (Cerd), em Genebra, de que me tornei membro em janeiro de 2002, vi que a Conferência de Durban repercutia. Mas fiquei impressionado com a incompreensão geral, até entre militantes sérios, sobre o que ela efetivamente foi. Decidi, pois, escrever esse texto, em Sófia, um ano depois do evento, para tentar divulgar um pouco seus aspectos positivos – que, acho importante dizer, os brasileiros interessados no tema, em geral, compreendiam. Daí emergiu essa crônica. Ela completa, neste livro, a temática do racismo/multiculturalismo dos dois capítulos anteriores. Em português, o texto foi publicado na *Revista Brasileira de Política Internacional*, ano 45, n. 2, 2002. Em inglês saiu nos Estados Unidos, na *University of San Francisco Law Review*, vol. 37, n. 4, verão de 2003, e nos Países Baixos, na *Netherlands Quarterly of Human Rights*, vol. 21, n. 3, setembro de 2003.

O ensaio intitulado "O Contrário dos Direitos Humanos (Explicitando Zizek)", atual capítulo 7, foi, portanto, redigido em 2001, *antes* da conferência de Durban e do Onze de Setembro. Creio que por isso ele, ou, melhor, a frase de Slavoj Zizek que o inspirou ("a normatividade emergente para os 'direitos humanos' é a forma em que aparece seu exato contrário") se torna ainda mais atual. Mas o Onze de Setembro, com as conseqüências que começavam e outras que então se anteviam, era algo tão cataclísmico que considerei necessário acrescentar novo início, numa "pré-introdução", assim como um novo final, que chamei de "pós-conclusão". O texto foi publicado na revista do Cedec, de São Paulo, *Lua Nova*, n. 55-56, 2002 e, em Brasília, na *Revista Brasileira de Política Internacional*, ano 45, n.1, 2002.

O capítulo 8, "O Onze de Setembro e os Direitos Humanos", foi escrito no início de 2002, sob o impacto das primeiras fotografias dos prisioneiros levados do Afeganistão para Guantánamo. Tendo-me comprometido mais cedo a contribuir para um número da *Impulso* dedicado à temática "Direito e Globalização", entendi que não poderia deixar de tocar em alguns pontos, extremamente delicados, da "guerra contra o terrorismo". Foi o último escrito que produzi em São Francisco. Como a revista custou a sair, e diante da deterioração de tudo pelo qual eu havia trabalhado desde 1985 (quando pela primeira vez participei da Terceira Comissão da Assembléia Geral da ONU, que cuida dos direitos humanos), cheguei a ter dúvidas se faria sentido publicar esse texto um ano depois. Apesar do pessimismo e sentimento de impotência que o momento gerava, concluí que, para o Brasil, poderia valer a pena. O artigo foi, assim, incluído, conforme antes planejado, na *Impulso,* n. 33, vol. 14, 2003.

Em Sófia, minhas funções rotineiras nada têm a ver com o que fazia antes. Fui, dessa forma (e continuo a ser), um espectador passivo do que ocorria (e ocorre) no mundo, com reflexos na área dos direitos humanos (exceto no que diz respeito ao racismo, pois a participação no Cerd, em Genebra, duas vezes por ano, ainda me mantinha – e mantém – essa janela aberta para alguma atuação no sistema internacional dessa esfera). A perplexidade com o que via era tanta que quase não conseguia escrever. A par do já referido artigo sobre a Conferência de Durban, produzi, em 2003, somente o texto do capítulo 9: "As Conferências Sociais dos Anos de 1990 e a Conferência de Monterrey de 2002 sobre Financiamento do Desenvolvimento". Mais retrospectivo das experiências que tivera nos anos de 1990 do que prospectivo ou propositivo, ele serviu a intervenção oral em seminário sobre o tema do financiamento ao desenvolvimento, realizado em setembro de 2003, no Rio de Janeiro, pelo Centro Brasileiro de Relações Internacionais – Cebri. Embora minha alocução no Rio tenha originado convite para duas palestras na Universidade de Barcelona, em 2004, esse artigo de base é inédito. As razões para incluí-lo nesta coleção, que desejava orgânica, encontram-se explicadas no *post-scriptum* recém-redigido. Ele também é, sem dúvida, um estudo de direitos humanos, que, graças a novas iniciativas brasileiras, ganhou atualidade.

O silêncio angustiado perdurou, de minha parte, ainda por algum tempo. Dele emergi há pouco. Apesar de todo o desânimo, entendi que, não podendo atuar de outra forma, não retomar, pelo menos, meus escritos seria abdicar de tudo em que havia acreditado. Daí o artigo que ora compõe o capítulo 10, "Os Direitos Humanos na Conjuntura Presente: Esboroamento sem Recuperação?", recém-aparecido na revista *Política Externa*, vol. 13, n. 2, set./out./nov. 2004, sob o título "Fragmentação ou Recuperação", abrindo um bloco de estudos sobre a situação atual desses direitos, declarados fundamentais a todos os indivíduos da espécie.

O capítulo 11, com a "Conclusão: O que Sobrou dos Direitos Humanos", foi evidentemente escrito para este livro. A partir do conteúdo dos capítulos anteriores, a conclusão, inédita, procura atualizar o que vem ocorrendo no sistema internacional de promoção e proteção aos direitos humanos nos últimos anos, para chegar mais claramente à mensagem final. Ela é a mesma que, desde a saída do Brasil, em 1997, martela meus pensamentos, assim como se insinua em tudo o que tenho escrito. A diferença é que hoje o recado é dado com convicção redobrada.

Como assinalei no início desta Introdução, gostaria que este livro pudesse ser a continuação natural de *Os Direitos Humanos como Tema Global* (agora em 2ª edição, lançada pela Perspectiva em 2003), como se constituísse uma espécie de segundo tomo para aquilo que escrevi há dez anos. Continuação ele é pelo assunto, com outro tipo de abordagem. Infelizmente não o pode ser pelo tom.

Tema global verdadeiro ou posto de lado cá fora por doutrinas cujos efeitos contraproducentes nós brasileiros conhecemos de perto, os direitos humanos ainda são, no Brasil, como a modernidade para Habermas, um projeto inacabado. Se o universalismo dos valores se acha desacreditado, esses valores existem para alguns gatos pingados. Tentemos ser desses gatos, molhados pelas preciosas gotas, de origem iluminista[1], já muito atualizadas. Por enquanto elas borrifam nosso terreiro encardido. E podem, quiçá, um dia, ainda vir a lavá-lo. Essencial é saber que, o terreiro sendo nosso, assim como nossa a sujeira, é preciso que usemos nossa água tão escassa de maneira criativa, parando de imaginar que as soluções vêm de fora.

Creio desnecessário dizer que nada neste volume reflete posições oficiais do Ministério das Relações Exteriores. A escolha das matérias e as interpretações que lhes dou são tão claramente pessoais que só me resta aqui assumir a responsabilidade pelos possíveis equívocos, agradecendo a todos os que me incentivaram a não parar de escrever. Alguns me ajudaram a corrigir defeitos dos textos, à medida que os redigia ao longo de todos esses anos. A todos sou muito grato. Um reconhecimento especial vai agora para minha amiga querida e companheira de trabalho Flora Cleinman Valadares, que me ajudou substancialmente com muitas conversas, idéias e a revisão atenta dos escritos mais recentes.

---

1. Uso as expressões "Iluminismo" ou "Ilustração" sem maiores diferenciações histórico-filosóficas. Elas, nos textos, refletem somente as leituras, em francês (Lumières) ou em inglês (Enlightenment), que mais me influenciaram na época.

1. A Desumanização do Humano

INTRODUÇÃO: UMA FOTO PARA UM CONCEITO

Na virada do ano de 1997 para 1998, quando o mundo se preparava para celebrar – ou lamentar – mais uma troca de calendário e menos uma etapa no caminho para o século XXI, a imprensa brasileira estampou, com destaque e a cores, uma fotografia impressionante. Seu foco se centrava na figura de um policial militar armado, com o pé sobre a cabeça de indivíduo algemado, de bruços sobre um meiofio, amontoado a outro em igual posição, com a cabeça ocultada pelo primeiro. Em segundo plano, um montouro de destroços e ferros retorcidos compunha, com carrocerias – ou carcaças – de automóveis, uma barreira separando, da ação principal, o grupo de observadores ao fundo: transeuntes ou habitantes locais pouco interessados. Quase todos de braços cruzados, alguns sequer olhavam para os protagonistas do evento. Apenas uma mulher, de criança ao colo, parecia assistir com alguma atenção à cena retratada.

Por se situar em Bonsucesso, no Rio de Janeiro, o flagrante fotográfico chocou ponderável parcela da consciência brasileira. Para alguns o impacto se devia à arrogância do gesto do PM, justificadamente punido com detenção imediata. A outros, que condenaram o *Jornal do Brasil* pelo destaque dado ao instantâneo (meia página na folha de rosto da edição de 30 de dezembro), preocupava não a ocorrência em si, mas a interpretação que eles próprios atribuíam a sua divulgação, como um instrumento maniqueísta de condenação à polícia e proteção aos criminosos.

Desagradável em qualquer circunstância, particularmente num momento em que o Rio organizava sua grande festa de *réveillon* na praia de Copacabana, a fotografia não chegou a obter a repercussão internacional esperável nesta época de comunicação globalizada. O abalo emocional foi restrito, talvez porque, nas grandes cidades do Ocidente, as festas e fogos de artifício programados, assim como as compras nas liquidações pós-natalinas, ocupassem todas as prioridades. Ou talvez porque a pose expletiva de subjugação, captada em operação de repressão necessária, não chegasse a sobressair entre as brutalidades observadas alhures ou nas próprias circunvizinhanças, veiculadas quotidianamente pela imprensa escrita e pela televisão. Afinal, o acintoso coturno do PM brasileiro sobre a cabeça do compatriota transgressor não chegava a ser mais ultrajante do que o desentupidor de pia enfiado no ânus de imigrante haitiano por policial de Nova York, ou mais doloroso do que o concentrado de pimenta aplicado diretamente nos olhos de ecologistas californianos imobilizados em manifestação pacífica[1]. Nem pode ser comparado ao sabre degolador dos fundamentalistas argelinos, ao machete genocida dos tutsis e hutus de Ruanda, aos porretes civis e cassetetes policiais europeus contra imigrantes africanos, ao fogo incendiário antiturco dos *skinheads* alemães ou às bombas terroristas de grupos organizados em várias partes do mundo.

Independentemente do grau respectivo de gravidade, existiria um nexo a ligar todos esses incidentes atentatórios aos direitos humanos? Existe sim, e é profundo. A ele se dedicará o presente ensaio.

Das cartas publicadas pelo *JB* em 3/1/1998 contra a divulgação da foto do PM sobre o algemado, pelo menos uma delas se referia aos delinqüentes da cidade como "monstros armados, cuspindo ferocidade", "víboras que infestam a sociedade" e "escória". E todas acusavam os indivíduos e as organizações que se insurgem contra a violência policial, em particular as ONGs de direitos humanos, de estar sempre a favor de "direitos de bandidos", indiferentes e impassíveis em face do crime comum.

É perfeitamente compreensível a sensação de insegurança e a ira dos cidadãos brasileiros diante dos roubos, assaltos, seqüestros, estu-

---

1. Ambos os incidentes, ocorridos em 1997, foram amplamente comentados na imprensa norte-americana. O segundo, registrado em Eureka, norte da Califórnia, filmado pela própria polícia e reiteradamente divulgado pela televisão, produziu comoção pública, inquéritos e ações judiciais. Sendo o concentrado de pimenta em forma de *spray* regularmente utilizado como arma policial paralisante contra alvos em movimento, sua aplicação direta, por algodão embebido, nos olhos, abertos à força, de manifestantes sentados no chão e auto-atados a um tronco de árvore, dentro de uma delegacia, foi reputado legítimo – malgrado os gritos de dor que ecoaram por todo o país.

pros e assassinatos que aterrorizam seu dia-a-dia. Tampouco se pode condenar, por princípio, o uso metafórico de epítetos animalescos contra quem quer que seja, em qualquer parte do mundo. A metáfora é figura insuperável do discurso que se quer veemente, e há interpretações lingüístico-epistemológicas fundamentadas segundo as quais, sendo as palavras signos convencionais arbitrários, toda linguagem é metafórica por definição. É, por outro lado, absurda a qualificação dos defensores de direitos humanos como protetores exclusivos ou preferenciais de "direitos de bandidos", supostamente omissos perante a criminalidade comum. Esta, como é sabido, recai na alçada essencial do Estado, que tem como razão de ser principal, na visão de Hobbes, Locke e todos os demais contratualistas liberais, a tarefa de combatê-la, em obediência às normas vigentes. Já os direitos humanos, estabelecidos no Direito Internacional contemporâneo e no Direito Constitucional interno, são, por definição, direitos inalienáveis de todos os indivíduos, inclusive ladrões, assaltantes, estupradores, seqüestradores e assassinos, e só podem, numa democracia, ser suspensos de acordo com a lei. Ao exigirem a observância de tais direitos pelos agentes estatais no exercício de suas funções, entre as quais a de manutenção da ordem legítima, os ativistas de direitos humanos não protegem bandidos; monitoram democraticamente o Estado de Direito, protegendo-o contra abusos de quem atua em nome do poder. E o Estado de Direito se configura, em sua plenitude, mais do que pela realização de eleições livres e pluralistas, pelo exercício diuturno da Justiça, em defesa de toda a cidadania.

O que as presentes observações pretendem assinalar é, porém, algo muito mais grave do que o uso de metáforas fortes ou, até, a ânsia difusa de vingança por parte de uma população acossada pela violência diária. As metáforas e a verbalidade agressivas propiciadas pela fotografia publicada no *JB* são reações reflexivas. Decorrem de um fenômeno cultural, disseminado no Brasil e na maioria das sociedades ao longo de toda a História, que se propõe justificar o desrespeito aos direitos fundamentais de determinadas pessoas: a desumanização do humano.

Não se trata aqui de repetir, com denominação diferente, o conhecido conceito da reificação do homem no sistema capitalista, analisado pela sociologia marxista, ora fora de moda não obstante a pertinência evidente. O que se deseja examinar, pela ótica atualíssima dos direitos universais, é a desqualificação, ostensiva ou velada, de certas categorias de indivíduos como integrantes verdadeiros da espécie. Embora existente desde tempos imemoriais, essa desqualificação se torna particularmente absurda em nossa "era dos direitos"[2].

---

2. Conforme denominada por Norberto Bobbio, em *A Era dos Direitos*, e por muitos outros pensadores.

Na medida em que praticamente nenhum governo ou sistema legal positivado em normas escritas se recusa a reconhecer a existência de uma série de direitos, consagrados pelas Nações Unidas na Declaração Universal de 1948, inerentes a todas as pessoas físicas pelo simples fato de serem humanas, sua violação deliberada, do ponto de vista dos perpetradores, freqüentemente se dá, em toda e qualquer cultura, a partir de uma postura coletiva, mais ou menos assumida e não necessariamente comunitária, que denega a humanidade da vítima.

Tal postura nem sempre se faz presente nas violações sistemáticas e programadas de direitos humanos. Quando decorrentes de políticas de Estado, elas costumam resultar de projeto mais frio. Cientes de que têm por alvo seres pensantes plenamente humanos, contrários ao poder ilegítimo que se quer perpetuar, as políticas repressivas são ponderadamente calculadas, recorrendo a práticas espúrias, condenadas pelo Direito Internacional e quase sempre também pelo direito interno.

Manipulada de maneira semi-racional pelos totalitarismos messiânicos, religiosos e seculares, mas dispensada, porque irrelevante, pelo arbítrio ditatorial, a desumanização do humano nestes tempos pós-Guerra Fria de grande liberalismo se dá, paradoxalmente, com freqüência crescente, no âmbito de regimes democráticos.

Consciente ou inconscientemente, para o policial que, na fotografia do JB ou no recôndito das delegacias, pisa a cabeça do transgressor dominado, assim como para as pessoas que se referem, por motivos compreensíveis, aos "monstros ferozes" e "víboras", o criminoso detido e humilhado – ou torturado, estuprado e "desaparecido" – não é propriamente humano. Não tem – ou não deveria ter – direitos. Ele não é "gente como a gente", como o militante idealista em tempos de ditadura: um semelhante que a religião ensina a amar e, a razão, a não ofender. O criminoso comum é "por natureza" um outro, um ser distinto ou uma outra coisa, que se diferencia, por sua atividade transgressora, da espécie a que pertencemos nós, cidadãos honestos e seres humanos verdadeiros. Sua eliminação pura e simples, mais do que o sentenciamento judicial a penas retributivas, expurga a humanidade de impurezas corrosivas, tanto mais ameaçadoras porque com configuração falsamente humana.

Inteligível pela ótica afetiva, mas inaceitável na esfera do Direito e da Justiça, essa postura diante da alteridade é ainda mais nefasta e mais tragicamente conseqüente quando baseada em outros critérios diferenciadores, algumas vezes "legais", que nada têm a ver com a criminalidade. E ela tem longuíssima história.

ORIGENS REMOTAS E NÃO TANTO

Assim como a origem distante do universalismo e dos direitos humanos – ou, melhor dizendo, dos direitos naturais – remonta aos sofistas da Grécia pré-socrática, com, *inter alia*, a afirmação de Protágoras de que "o homem é a medida de todas as coisas", a desumanização racionalizada do humano remonta também à Grécia clássica. Segundo explicita o respeitado helenista britânico H. D. F. Kitto, a famosa máxima de Aristóteles geralmente traduzida por "O homem é um animal político" na verdade queria dizer, em seu tempo: "O homem é um animal cuja característica é viver na cidade-Estado" – não exclusivamente Atenas, mas a *polis* grega em geral, de que Atenas foi a expressão máxima. Quem não vivesse na *polis* seria algo menos que humano, como os bárbaros, estrangeiros que não falavam grego[3].

É sabido que até mesmo em Atenas os cidadãos detentores dos direitos naturais representavam menos de 50% do total, sendo os demais escravos. E que parte dos ensinamentos de Aristóteles, assim como de Platão, justificavam convictamente tais desigualdades. Para o fazer, não deixava o filósofo macedônio de recorrer à desumanização mais óbvia. Afirmava Aristóteles, na sua *Política*: "Os indivíduos que são tão inferiores aos demais quanto o corpo é inferior à alma, e os animais inferiores aos homens, são escravos por natureza"[4]. Nem por isso se deve esquecer, por outro lado, que dele advêm vários dos conceitos-chaves de igualdade, a servirem até hoje de princípios para a democracia, incorporados na formulação e imprescindíveis à realização dos modernos direitos humanos: a *isonomia*, ou igualdade perante a lei; a *isotimia*, ou respeito igual por todos os cidadãos; a *isokratia*, ou igualdade no poder político; a *isopsephia*, ou igualdade dos sufrágios; a *isopoliteia*, ou igualdade de direitos civis[5]. E que de Platão emergiu a idéia de um padrão moral e universal de conduta ética, assim como a de uma Justiça Absoluta, realizável somente quando todos os indivíduos cumprissem suas tarefas em harmonia com o bem comum[6]. Da mesma forma que, pela definição aristotélica do homem, os escravos decorrentes de captura em guerras intra-helênicas, greco-parlantes e habitantes de *polis* antagônicas, poderiam, em princípio, ser encarados como seres humanos (mas não eram), enquanto os estrangeiros livres não o poderiam ser, a denegação de humanidade ao "outro", ao elemento humano "diferente" ou extracomunitário, sempre serviu de justificativa ao instituto da escravidão.

Não é preciso regressar muito longe na História e na Geografia para comprovar esse dado. Nem invocar os argumentos escravocratas de um Ginés de Sepúlveda, no século XVI, sobre os *hombrecillos*

---

3. H. D. F. Kitto, *The Greeks*, p.11 *et passim*.
4. Apud Tzvetan Todorov, *The Conquest of America*, p.152.
5. Alan S. Rosenbaum, "The editor's perspectives on the philosophy of human rights", em Alan Rosenbaum (ed.), *The Philosophy of Human Rights – International Perspectives*, p.10.
6. Micheline Ishay, "Introduction", em *The Human Rights Reader*, p.xvi.

indígenas, "em quem não se encontram com facilidade vestígios de humanidade"[7], para recordar que os habitantes pré-colombianos das Américas eram considerados sub-humanos, ainda que tão civilizados quanto os astecas e outros povos mexicanos, aos olhos de seus "conquistadores". Podiam, assim, ser escravizados "com naturalidade", malgrado os esforços em contrário de um frei Bartolomé de las Casas ou de um padre Antonio Vieira.

Era, portanto, a desumanização ideológica das vítimas que permitia aos europeus, em plena fase do humanismo renascentista, equiparar a animais os indígenas de nosso continente e os africanos trazidos de terras transatlânticas, ou já nascidos no Novo Mundo. Transformavam-nos, dentro dessa lógica, em bens semoventes comercializáveis, juridicamente apropriáveis para qualquer uso, sem ferir a consciência cristã da época, tal como então postulada.

Essa foi, igualmente, a *rationale* de Thomas Jefferson ao redigir a liberal e igualitária Declaração de Independência norte-americana sem tocar no regime escravista vigente nas Treze Colônias, assim como da parcialidade emancipatória do "brado retumbante" de D. Pedro às margens de nosso plácido Ipiranga, que libertou o país sem libertar a maioria de sua população – quase dois milhões de negros, num total de 3,8 milhões de habitantes, sendo 500 mil mulatos, por volta de 1822[8]. Ainda mais recente, baseado na mesma lógica, e provavelmente menos conhecido, o substrato religioso original do sistema do *apartheid*, somente revogado na década atual, respaldava-se na crença da Igreja Reformada Holandesa, prevalecente no século XIX e boa parte do século XX entre os *afrikaners* da África do Sul, de que os negros não tinham alma.

É verdade histórica inconteste que todas as grandes religiões, em particular as chamadas religiões dos Livros Sagrados – o judaísmo, o cristianismo e o islamismo –, foram disseminadoras essenciais dos valores e conceitos, como os da fraternidade universal e dos direitos naturais – por elas interpretados, diferentemente da racionalização humanista pré-socrática, como decorrentes da vontade divina, que levaram à determinação e defesa, pela Ilustração européia, dos Direitos do Homem, hoje alargados no conteúdo e redesignados como "direitos humanos", de forma a abranger, sem subterfúgios, os dois gêneros e toda a espécie. Não há como negar, porém, que, à revelia da mensagem das respectivas Escrituras, o apostolado terrestre dessas mesmas religiões – com algumas exceções isoladas – sempre sou-

---

7. Apud Kirkpatrick Sale, *The Conquest of Paradise – Christopher Columbus and the Columbian Legacy*, p.202.

8. Segundo cálculos de Rio Branco, citados por José Honório Rodrigues, em *Brasil e África – Outro Horizonte*, p.81.

be adaptá-las, pragmática e doutrinariamente, aos objetivos materiais predominantes em cada ocasião. Enquanto a desumanização do "diferente", na escravatura, resultou de uma adaptação da fé a interesses econômicos e políticos, outra forma de desumanização abstrusa sempre decorreu, e ainda decorre, do fanatismo. Quando professadas com fervor radical intolerante, as religiões mais solidárias incentivaram, no seio das sociedades mais desenvolvidas, a satanização dos hereges por suas crenças e descrenças "venenosas", o martírio ritual pelo fogo das "feiticeiras" mancomunadas com "o cão", o sacrifício litúrgico dos apóstatas como "ovelhas desgarradas" sem esperança de volta. A exemplo do combate aos "cães infiéis" nas Guerras Santas dos cruzados, para os fundamentalistas da *djihad* contemporânea o próprio correligionário moderado é, no mínimo, um ser humano degradado, um "porco" a ser sangrado para a glória de um deus declarado misericordioso. E a apostasia continua a ser punida, em códigos doutrinários de origem religiosa, com a pena da crucificação[9].

Somente pela ótica de uma desumanização virulenta é possível conceber o genocídio, no passado e no presente. Somente pela mesma ótica é viável apreender a matança argelina de hoje[10] ou a carnificina fratricida sérvio-croata-bósnia de ontem[11] – um ontem muito próximo, facilmente atualizável[12]. A primeira, antes dirigida contra os ocidentais residentes na Argélia independente, agora voltada contra a própria população muçulmana, ostenta quase que diariamente quadros de horror reminiscentes da Noite de São Bartolomeu francesa. A segunda, em área periférica da orgulhosa civilização européia, que produziu o racionalismo iluminista e também o nacional-socialismo, transformou, do dia para a noite, vizinhos cordiais, habitantes das mesmas ruas e falantes da mesma língua, em feras antagônicas selvagens. Da mesma forma que na Alemanha nazista, a religião na Bósnia tornou-se, em si e por si, uma etnia. Enquanto os sérvios da Bósnia podiam identificar-se "nacionalmente" com a cultura e a religião ortodoxa dos sérvios da Sérvia e o mesmo ocorria com os croatas bósnios, católicos romanos, em relação aos nacionais da Croácia, os muçulmanos da Bósnia não eram nada mais do que bósnios muçulmanos. Assim como os judeus alemães nos anos da década de 1930 nada mais eram do que alemães judeus.

Erigido com feições místicas de religião nacional, o nazismo "ariano" não via os judeus como inimigos, como o foram os ingle-

---

9. A pena da crucificação é legalmente prevista em diversos países islâmicos seguidores da *sharia*. Não tenho notícia, porém, de sua aplicação.
10. Recordo que este texto é de 1998. O furor fundamentalista na Argélia durou por quase toda a década de 1990, tendo chegado a ceifar mais de 200 mil vidas.
11. O "ontem" se referia ao período das guerras que perduraram de 1991 a 1995.
12. Como pouco depois se viu no Kossovo e quase se repetiu na Macedônia.

ses, franceses e norte-americanos. Via-os como uma "raça" a ser exterminada, tal como a dos escravos existia para ser escravizada. Foi distorção semelhante que propiciou, na antiga República Socialista iugoslava da Bósnia-Herzegovina, a sofisticação perversa da chamada "limpeza étnica", razoavelmente consumada na instável paz obtida. Sofisticação, sim, pelas peculiaridades antropológicas dos estupros coletivos lá realizados sistematicamente: senão seguidos de morte, além de eventualmente gerar fetos "ortodoxos" em mulheres muçulmanas e católicas[13], provocavam com freqüência a rejeição das sobreviventes, grávidas ou não, por suas próprias comunidades. Para tanto, contavam os estupradores não somente com os preconceitos de todos os povos da região, mas também, junto aos bósnios muçulmanos, caso a gravidez se consumasse, com a regra religiosa que determina a transmissão hereditária do islamismo pela ascendência paterna. À perversidade intrínseca dessa "limpeza" absurda acrescentava-se maciçamente um nível de sadismo incomum, quase indescritível, nas violações de direitos humanos registradas em sua execução, apenas contemplável pela razão humana na medida que a desrazão prevalecente descartasse a condição humana das vítimas[14].

Não exatamente decorrentes de religiões, mas nelas – ou, mais corretamente, em seus doutrinadores – quase sempre respaldadas, outras formas de desumanização quotidiana, de abrangência enorme e efeitos incomparáveis, ainda perduram com maior ou menor intensidade. É esse o fenômeno que explica a prática tradicional da mutilação genital feminina, ainda arraigada em tantas e diversas culturas[15],

13. O contrário – estupros coletivos de sérvias por bósnios muçulmanos e croatas – também se deu, mas com menor incidência. Em 1993, relato publicado pela Anistia Internacional mencionava a existência de 30 mil meninas e mulheres muçulmanas e croatas engravidadas em estupros coletivos, e de cerca de vinte campos de concentração, mantidos pelos sérvios, exclusivamente para prisioneiras do sexo feminino, onde tal prática se realizava sistematicamente (Anistia Internacional, *Rape and Sexual Abuse: Torture and ill Treatment of Women in Detention*, ver Catharine MacKinnon, "Crimes of War, Crimes of Peace", em Stephen Shute & Susan Hurley (ed.), *On Human Rights – The Oxford Amnesty Lectures*, p.86)

14. Múltiplos episódios de um sadismo extremo foram recolhidos de vítimas e testemunhas em informes da Anistia Internacional e dos relatores especiais da Comissão dos Direitos Humanos das Nações Unidas, sendo alguns amplamente divulgados pela imprensa. A título meramente ilustrativo, menciono o caso de muçulmano capturado pelos sérvios, forçado a decepar com os dentes o pênis de outro prisioneiro da mesma religião (narrado por David Rieff, "Letter from Bosnia", *New Yorker*, 23 de novembro de 1992, citado por Richard Horty em obra que mencionarei adiante no texto) e o da mãe aprisionada que, após ter sido estuprada, recebeu para amamentar a cabeça degolada de seu bebê (descrito por Slavenka Drakulic em artigo publicado pelo *International Herald Tribune*, edição de 14 de dezembro de 1992, citado por Stephen Luke & Susan Hartley, op. cit., p.2).

15. Não é preciso buscar sociedades "primitivas" para se verificar a persistência renitente e a difusão da clitoridectomia. Em país de civilização tão antiga quanto o Egito, as estimativas indicam que 70% das mulheres urbanas e 90% das residentes em zonas rurais

senão equiparada à castração de animais para a engorda, no mínimo assemelhada à esterilização de bichinhos de estimação. Menos sanguinolentas, mas igualmente desumanas, a subalternidade forçada da mulher, a segregação discriminatória de negros, indígenas e mestiços, a perseguição aos imigrantes de tez escura e "amarela" ou de costumes originais reputados exóticos, a estigmatização dos homossexuais e o confinamento dos deficientes resultam igualmente de uma mesma postura que inferioriza o "diferente", negando o reconhecimento pleno de sua humanidade.

A SITUAÇÃO NA "PÓS-MODERNIDADE"

Filhos legítimos da modernidade e herdeiros presuntivos da Ilustração, os direitos humanos vivem situação contraditória nesta fase de "pós-modernidade". Adquiriram inusitada força discursiva, mas são ameaçados de todos os lados. Afirmaram-se como baliza da legitimidade institucional, mas sofrem rudes golpes da globalização econômica. Fortaleceram-se na ciência política e são quase que descaracterizados pela filosofia epistemológica. Receberam, da Conferência Mundial de Viena de 1993, o selo governamental do universalismo em época de grande exacerbação dos particularismos.

Enfaticamente soerguidos na onda democrática associada ao fim da Guerra Fria e do "socialismo real", os direitos humanos, como substrato e fim da democracia, estabelecidos na Declaração Universal de 1948, foram, pela primeira vez, reconhecidos pelo conjunto completo de Estados de todo o planeta em 1993, na Declaração e Programa de Ação de Viena, adotada por consenso e sem reservas – embora com "declarações interpretativas"[16]. Abarcando no seu rol o direito ao desenvolvimento, transformaram-se, mais ainda, conceptualmente, em instrumentos imprescindíveis para a consecução de todos os objetivos sociais tratados nas grandes conferências das Na-

são "circuncisadas". Após a ampla divulgação desses dados, e de flagrantes da prática da mutilação genital de meninas, na própria capital egípcia, veiculados pela CNN, em 1994, durante a Conferência do Cairo sobre população e desenvolvimento, o Governo decidiu proibir e punir sua realização. A decisão foi sustada, em 1996, ante recurso impetrado pelo clero fundamentalista, com o argumento de que a "cirurgia" seria exigência do Islã. Somente em dezembro de 1997 a questão foi resolvida, em favor da proibição, pela Suprema Corte Administrativa, que entendeu não ser tal prática um ditame original da religião.

16. A Declaração dos Direitos Humanos de 1948, ainda que denominada Universal, foi, como é sabido, aprovada por votação em que oito governos se abstiveram, em uma Assembléia Geral das Nações Unidas, então composta apenas por 56 países, estando a maior parte da humanidade ainda sob o jugo colonial. Foi, portanto, nesse sentido, somente com a adoção consensual da Declaração de Viena, em 1993, que os direitos humanos se tornaram universais "acima de qualquer dúvida", de acordo com seu primeiro artigo (Ver sobre o assunto em J.A. Lindgren Alves, *Os Direitos Humanos como Tema Global*, pp.151-152 e Cap.2: "O Significado Político da Conferência de Viena sobre Direitos Humanos").

ções Unidas nos anos de 1990, sobre os temas do meio-ambiente, da população, do desenvolvimento social, da situação da mulher e dos assentamentos humanos[17]. Pela União Européia, passaram a ser incluídos em todos os tratados de cooperação econômica com terceiros. No âmbito bilateral das relações interestatais tornaram-se pontos habituais das agendas debatidas. Em organizações antes a eles tão refratárias, como o Banco Mundial, emergiram, finalmente, como elementos pós necessários nos projetos em consideração. E até mesmo em foros regulatórios de outras matérias cruciais, como a Organização Mundial do Comércio, aparecem, volta e meia, na forma de discussões sobre a "cláusula social" ou o trabalho infantil.

Tópicos já rotineiros do discurso político e da diplomacia, os direitos humanos deixaram de ser, atualmente mais do que nunca, matéria da exclusiva jurisdição nacional, malgrado as recaídas esporádicas de alguns governos asiáticos que, após haverem subscrito pelo consenso a Declaração de Viena, ainda insistem, às vezes, no caráter "ocidental" de tais direitos. Como se origem fosse sinônimo de pertinência única! Nem nacional, nem de governos são eles hoje exclusividade, transnacionalizados que se encontram, continuamente, pela ação internacional meritória das ONGs, de fóruns de profissionais do Direito e da Justiça, das organizações sociais, de parlamentos nacionais e regionais, da Academia e das Artes, de políticos individualizados e, até, do cidadão comum, todos respaldados pelos meios de comunicação.

Nessa "aldeia semi-global" de comunicação planetária é difícil, quase impossível, ocultar qualquer coisa, inclusive as violações de direitos fundamentais. A matança de opositores a um governo na África é vista, e geralmente condenada, tanto (ou mais) no Brasil como no país em que ocorre. As notícias e fotografias de rebeliões em presídios paulistas são publicadas na Califórnia no dia seguinte à sua divulgação em São Paulo. O julgamento dos réus incriminados nos atentados a bomba contra prédios em Nova York ou Oklahoma City pode ser acompanhado tanto na América Latina como na Ásia. Assim como o castigo judicial ao açoite em Cingapura, as amputações e apedrejamentos legais na Arábia Saudita ou as sentenças de morte por injeção letal nos Estados Unidos podem gerar indignação na França, no Canadá, no Uruguai e na Austrália.

Vêem-se, portanto, as violações do Direito Internacional dos Direitos Humanos e os atos de violência criminosa em qualquer parte do mundo, assim como se pode acompanhar o desemprego europeu, o aumento da miséria africana, a proliferação das máfias na Rússia, a virulência de Chiapas, a prostituição infantil da Tailândia, a criminalidade do Brasil e o aumento da marginalização de indiví-

---

17. Ver sobre o assunto, J. A. Lindgren Alves, "A Agenda Social da ONU Contra a Desrazão 'Pós-moderna'",em *Anpocs, Revista Brasileira de Ciências Sociais*, pp.63-81.

duos nas urbes do Primeiro Mundo. A belíssima São Francisco, na Califórnia, tem hoje uma massa de mendigos que, lamentavelmente para ambas as cidades, faz lembrar a também belíssima Rio de Janeiro. De 6 a 12 mil *homeless* ("sem lar")negros, "latinos" e brancos – muitos brancos, de cabelos e olhos claros – vagueiam nessa cidade de 700 mil habitantes, a dormir ao relento nas calçadas e parques, os quais agora também, a exemplo do Rio de Janeiro, precedido por Nova York, começam a ser cercados[18]. O que não se parece compreender é a interligação de todos esses fatos. O que não se deseja ver são os subprodutos da globalização como vem sendo desenvolvida.

A globalização é um fato tendencial inegável, aparentemente irresistível. Pode vir a ser até boa no futuro, como o tem sido no presente para determinados setores de muitas sociedades. Dificilmente o estará sendo para os que têm perdido empregos e a esperança de empregos. Dificilmente o será para aqueles que, a fim de manter o trabalho remunerado que os sustenta, aceitam forçadamente reduções salariais. Provavelmente nunca o será para a massa de excluídos do mercado, em todos os países atuais.

Para a modernidade humanista, malgrado as distorções sempre havidas em sua implementação, a sociedade almejada, inclusive do ponto de vista liberal mais individualista, era uma sociedade em que todos pudessem gozar do direito humano "a um nível de vida adequado à saúde e ao bem-estar próprio e da família, inclusive alimentação, vestimenta, habitação, assistência médica e os serviços sociais necessários", assim como à segurança social, no caso de não os ter (Artigo 25 da Declaração Universal). Essa era a postura de Locke ao defender a propriedade como um direito fundamental, passível de limitações "para a preservação da sociedade"[19]. Para a "pós-modernidade performática", com critérios exclusivos de operacionalidade tecnológica, "não é pertinente estabelecer juízos de valor sobre o verdadeiro e o justo"[20]. Necessária é a racionalização econômica por meio da *streamlining* – agilização de procedimentos – e do *downsizing* – "enxugamento" de pessoal no serviço público e nas empresas, demitido como supérfluo, substituído ou não por máquinas "inteligentes".

18. Segundo reportagem especial sobre o assunto publicada no *San Francisco Chronicle*, edição de 5 de janeiro de 1998, enquanto em 1988, 17.600 famílias da área da Baía de São Francisco se haviam qualificado para receber ajuda estatal aos desabrigados, em 1995 o número de tais famílias havia subido para 21 mil, sem que os abrigos crescessem em número sequer aproximados. Assim, embora o desemprego tenha baixado oficialmente para apenas 3%, um total de 71.500 pessoas da região sobrevive sem moradia "pelo menos durante uma parte do ano" (April Lynch, "Forgotten in the Boom Times").

19. "the first and fundamental natural law (...) is the preservation of Society". Esta e outras passagens do *Second Treatise of Government* são citadas e eficientemente analisadas por Jack Donnelly em *Universal Human Rights in Theory and Practice*, pp.93-100.

20. Jean-François Lyotard, *La condition postmoderne*, p.8.

Na modernidade de ontem, o pobre era vítima de um sistema reconhecidamente iníquo, que procurava ou deveria auxiliá-lo. Na "pós-modernidade" contemporânea, ávida de eficiência e dinheiro, os pobres de sempre e os novos pobres são responsabilizados pela própria pobreza, não lhes devendo o Estado qualquer forma de apoio. Este fica por conta, quando existe, da magnanimidade individual e da filantropia organizada da sociedade civil. Os direitos humanos, tão valorizados no discurso, voltam a ser apenas aqueles "de primeira geração", civis e políticos, malgrado as asserções internacionais da indivisibilidade, interdependência e inter-relação de todos: civis, políticos, econômicos, sociais e culturais. Se, como efeito imediato dessa situação "pós-moderna" nos países mais ricos, os direitos políticos deixam de ser exercidos por opção individual voluntária – os índices de não-comparecimento às urnas são crescentes e significativos[21] –, tal fato é até positivo. Votam apenas os "incluídos", que, de modo geral, fortalecem a ideologia da eficiência. Aos pobres, culpabilizados por sua situação e pela ineficiência renitente do aparelho econômico, cabe a descrença na política e nos direitos humanos. Aos excluídos, desumanizados na prática e no credo do neoliberalismo – nos Estados Unidos chamados de neocapitalismo – restam a desesperança e a rua, a mendicância ou o crime como forma de vida, a desumanização retribuída ao próximo de sua "comunidade", ou ao "diferente" imigrado – já desumanizado alhures – como bode expiatório e válvula de escape para as desgraças sofridas.

Objeto por muitos séculos do fenômeno da desumanização sob formas diversas, os "diferentes", neste século, particularmente após a Segunda Guerra Mundial, organizaram-se e obtiveram importantes vitórias, todas estimuladas pelo nem sempre perceptível trabalho de conscientização das Nações Unidas na esfera dos direitos humanos. Por mais que ainda sejam, e é evidente que o são, com freqüência, discriminados, não seria possível a ninguém, em sã consciência, equiparar a situação atual dos negros, da mulher, dos estrangeiros, dos que professam religiões não-majoritárias, dos homossexuais e, até, dos indígenas, à condição em que se encontravam poucas décadas atrás. Se a igualdade postulada nas convenções da ONU ainda não é real, ela existe *de jure* em quase todos os países. E, pelo menos no Ocidente, de tradição liberal, instrumentos de proteção jurídica e de ação judicial compensatória para as discriminações e outras violações sofridas existem, com utilização e resultados variáveis. Todos foram

---

21. Robert Hughes recorda que o número de votantes nas eleições presidenciais norte-americanas caiu de 63% do total de eleitores em 1960 para 50,1% em 1988. O pequeno crescimento, para 55%, nas eleições de 1992, dever-se-ia, segundo ele, ao atrativo propiciado por Ross Perot como candidato antipolítico (*The Culture of Complaint*, pp.43-44).

estabelecidos pela modernidade "ilustrada", com base no humanismo universalista, que a filosofia atual desqualifica.

Enquanto a modernidade postulava uma razão universal, característica do ser humano, capaz de apreender a verdade e de construir, pela História, seu caminho para a liberdade, a "pós-modernidade" filosófica nega todas essas premissas. O ser humano é considerado prisioneiro da linguagem e das estruturas cognitivo-disciplinares em que vive. O conhecimento é possível apenas nas ciências exatas, assim mesmo com qualificações. A verdade não é um dado, mas uma construção cultural. O universal não existe, como tampouco a História ou um caminho para a liberdade. O próprio Homem, como criação epistemológica do Iluminismo, teria deixado de existir[22]. Inexistindo o homem ou a mulher como sujeitos da História, o que há são histórias múltiplas, fracionadas, sem sentido de progresso e sem "grandes narrativas" capazes de orientá-las[23]. Não existindo sequer uma subjetividade, já que o sujeito é condicionado por estruturas inexpugnáveis, e muito menos uma razão universal, o que persiste, afinal, são linguagens e culturas. Aquelas da Ilustração, falsamente emancipatórias, teriam sido, na prática, tão repressivas e punitivas quanto as da pré-modernidade.

É difícil, em tais condições, postular com seriedade direitos humanos universais. Tão difícil que a Anistia Internacional tem promovido conclaves das figuras mais expressivas do pensamento contemporâneo para buscar encontrar, nesse contexto de desconstrução – do sujeito autônomo e racional e dos "textos" em que se baseava –, uma fundamentação apropriada à continuação de seu trabalho. Num desses esforços intelectuais, publicado na série das *Oxford Amnesty Lectures* de 1992, Terry Eagleton observa, com perspicácia, que a desconstrução "pós-moderna" causa e sofre embaraços perante cada um dos dois termos da expressão "direitos humanos"[24]. Para justificá-los, de maneira obscura, dentro da confusão que ele próprio ajudou a criar, quiçá involuntariamente, Lyotard assimila o coletivo ao individual e afirma que, ao se matar um ser humano, "não se mata um animal da espécie *Homo Sapiens*; mata-se a comunidade humana nele presente como

---

22. Embora ele próprio recusasse o rótulo de "pós-moderno" e fosse um aguerrido defensor de direitos, é de Foucault a elaboração intelectual mais conseqüente que embasa a "desconstrução do sujeito", com sua conceituação das *epistemes* e sua análise das práticas disciplinares do mundo moderno. Assim como é dele a afirmação mais contundente: "O homem é uma invenção da qual a arqueologia do nosso pensamento mostra facilmente a data recente. E talvez o seu fim próximo". (*Les mots et les choses*, p.398).

23. A identificação do fim das "grandes narrativas" (do progresso da História e da emancipação do Homem) foi feita por Lyotard, em 1979, em *La condition postmoderne*.

24. Terry Eagleton, "Deconstruction and Human Rights", em Barbara Johnson (ed.), *Freedom and Interpretation – The Oxford Amnesty Lectures*, p.122.

capacidade e promessa ..."[25]. Bem mais fácil ou, pelo menos, mais lógico, afigura-se defender as identidades oprimidas, ou o direito à diferença, como desejava Foucault, que o fez apaixonadamente, em apoio às categorias do humano historicamente inferiorizadas, em particular a mulher, os homossexuais e os loucos.

Embora a explicitação das teorias hoje denominadas pós-modernas tenha sido originalmente efetuada por pensadores "de esquerda", como os pós-estruturalistas franceses, que expunham as inconsistências da modernidade eurocêntrica por aspirarem a uma liberdade mais real, suas percepções foram esposadas não somente pelos militantes de minorias (no caso da mulher, maioria) oprimidas, mas também por niilistas e conservadores; uns por interesse intelectual na compreensão do mundo, outros mais bem interessados na manutenção do *status quo*. Isso porque, se, por um lado, as teorias salientavam o direito à diferença, por outro invalidavam esforços para modificações sistêmicas. Afinal, ao neocapitalismo pouco importa se os consumidores são livres ou reprimidos. Interessa somente que o mercado funcione. Como dizia Lyotard: "O saber pós-moderno não é simplesmente o instrumento dos poderes. Ele refina nossa sensibilidade às diferenças e reforça nossa capacidade de suportar o incomensurável"[26]. Daí a fragmentação cultural adaptar-se tão bem à globalização econômico-tecnológica. Daí a adequação tão fluida entre as tendências centrípetas e centrífugas de nossa contemporaneidade, incidentes sobre domínios separados. Daí a exacerbação irracionalizada do direito à diferença em nosso tempo presente.

O direito à diferença, agora tão propalado, ainda que não positivado nos termos em que se postula, não é nenhuma novidade no campo dos direitos humanos. É ele que subjaz a toda a argumentação iluminista em favor da igualdade. Apenas parcialmente implementado – como, de resto, todos os direitos –, é ele que se busca assegurar nas estipulações antidiscriminatórias da Declaração Universal de 1948, dos pactos sobre direitos civis e políticos e sobre direitos econômicos, sociais e culturais, das convenções internacionais contra a discriminação racial e contra a discriminação da mulher, das declarações das Nações Unidas sobre os direitos das minorias e de muitos outros instrumentos. O problema que hoje se observa com relação ao direito à diferença é o uso abusivo que dele tem sido feito.

Enquanto as fórmulas antidiscriminatórias da modernidade eram igualitárias e universalistas, o direito à diferença, com as feições adquiridas nestes tempos "pós-modernos", parece encarar as di-

---

25. Jean-François Lyotard, "The Other's Rights", em Stephen Luke & Susan Hartley, op.cit., p.136.
26. Jean-François Lyotard, *La condition postmoderne*, pp.8-9 (tradução do Autor).

ferenças como superiores ao universal, o comunitário ou o meramente grupal acima do simplesmente humano. Em alguns casos a exacerbação desse enfoque pode produzir atitudes risíveis, como os excessos da linguagem "politicamente correta". Pode, também, em aliança com os efeitos colaterais da globalização econômica, reacender a rejeição ao "diferente" por membros da maioria – de que são evidências a renovada atração do ultranacionalismo, o neonazismo, o fundamentalismo de autodenominadas "milícias" e bandos armados em defesa dos "valores comunitários", as medidas antiimigratórias de todo o Primeiro Mundo, o racismo e a xenofobia largamente relançados com práticas ameaçadoras.

Quando a diferença é construída como um absoluto, é ela que define os parâmetros do humano: o extracomunitário é encarado menos como distinto do que como impuro e desumanizado. Pode, assim, se levada ao paroxismo, servir de justificativa à prática da "limpeza étnica". Nesse caso, a guerra da Bósnia não teria sido um episódio isolado, decorrente de peculiaridades balcânicas. Teria sido, sim, uma guerra pós-moderna, talvez apenas a primeira. Afinal, o que se tem visto em matéria de conflitos nesta fase pós-Guerra Fria, com maior virulência do que antes, não são tanto guerras "clássicas" entre nações independentes, mas conflagrações e querelas de etnias que não aceitam mais conviver, ainda que em igualdade, dentro do mesmo território[27].

Se for correta a previsão de Huntington de que o novo paradigma internacional é o do conflito de civilizações, não parece impossível que o paradigma nacional pós-moderno de qualquer sociedade de composição heterogênea venha a ser o do mútuo aniquilamento, ao invés do multiculturalismo proposto pela modernidade. Teria sido inútil, assim, o endosso dado pela Conferência de Viena de 1993 ao particularismo respeitador dos direitos, ao afirmar, consensualmente, no Artigo 5 de sua Declaração:

> Todos os direitos humanos são universais, indivisíveis, interdependentes e inter-relacionados. (...) As particularidades nacionais e regionais devem ser levadas em consideração, assim como os diversos contextos históricos, culturais e religiosos, mas é dever dos Estados promover e proteger todos os direitos humanos e liberdades fundamentais, independentemente de seus sistemas políticos, econômicos e culturais.

CONCLUSÃO

Havendo esta breve viagem à desumanização do humano excursionado por tantos horrores, a fotografia que lhe deu ensejo, com a

---

27. Penso, por exemplo, nos casos gravíssimos de Ruanda e do Burundi, assim como da Somália, sem deixar de considerar também outros, até resolvidos sem conflito, como o dos tchecos e eslovacos, separados não se sabe bem por quê e para quê.

cena do PM que pisava a cabeça de um jovem dominado, aparece claramente como um evento menor. O coturno do policial fardado ofendia, mas não chegou a esmagar. Os leitores do JB e sua argumentação veemente provavelmente não tinham intenções sanguinárias. Com essas ressalvas em mente, não se pode deixar de observar, porém, que tanto a atitude do PM como as metáforas dos missivistas – e talvez o desinteresse dos transeuntes – decorrem dessa sensação de distanciamento para com o indivíduo transgressor como um ser não propriamente humano. É preciso, sobretudo, não esquecer que tanto o PM arrogante como o abjeto criminoso comum são indivíduos de nossa espécie, produtos da mesma sociedade em que vivemos, nós, seres humanos honestos e pacíficos, no caso em questão, brasileiros, já então vivendo às vésperas do século XXI.

Ao refutar as críticas à cobertura jornalística do incidente do final de 1997, o JB justificou a fotografia destacada como "um retrato típico do despreparo do policial", assinalando não ter a intenção de "castrar ou acuar a polícia", mas sinalizar seu desejo de que ela "seja eficiente sem arrogância ou arbitrariedade"[28]. O editorial de 31 de dezembro em torno do mesmo episódio já havia, aliás, salientado o despreparo dos policiais do Rio "para enfrentar a responsabilidade de agentes da ordem", recordando a inexistência, há setenta anos, de um plano de segurança, o que significaria "ausência de prioridades para a ação policial preventiva e investigativa". O editorial recorria também ao exemplo de "outras cidades do mundo", como Nova York, que, depois de passar por problemas semelhantes, lograram, por meio da reestruturação policial, com eliminação das "maças podres", reduzir os índices da criminalidade "a patamar razoável".

Os argumentos do JB foram corretos e oportunos. É por aí, provavelmente, que as autoridades constituídas podem mais imediatamente atuar. A eles se poderia agregar a conhecida interpretação de que a militarização da polícia, ao educar o agente para uma guerra contra "o inimigo", facilita a extrapolação da função de combate ao crime na forma de abusos inaceitáveis em tempos de paz. A guerra, como é sabido, tem regras próprias no Direito Internacional.

Na mesma época em que o incidente de Bonsucesso era divulgado no Brasil, os *media* norte-americanos noticiavam nova queda no número de assassinatos em quase todos os Estados Unidos no ano de 1997. Na cidade de São Francisco, o número teria sido o mais baixo desde 1966: 65 homicídios. Isso se deveria, na interpretação do comandante da unidade policial encarregada, à credibilidade usufruída pelos agentes da polícia junto à população. Para outros integrantes das forças policiais, todavia, a redução dos crimes de morte se deve-

---

28. Edição de 3 de janeiro de 1998, p.9.

ria à desmontagem de cinco "grandes projetos habitacionais públicos", onde se abrigavam narcotraficantes. Nas palavras do agente citado: "Agora eles (os narcotraficantes) não podem mais se esconder nos projetos (conjuntos habitacionais); têm que operar nas ruas", o que facilitaria sua captura[29].

Enquanto a confiança da população é, evidentemente, fator louvável e importante para a eficiência do trabalho policial, a eficácia da destruição de conjuntos habitacionais como forma de combate à criminalidade é, no mínimo, duvidosa. E não somente por motivos éticos. Ela se assemelha bastante a uma manifestação "performática" da eficiência "pós-moderna", que pode reverberar em outras manifestações virulentas.

Mais inquietante e atinente a tudo o que se procurou argumentar até aqui, é outro fato estatístico dos Estados Unidos, divulgado na mesma ocasião: o crescimento dos *hate crimes*, ou crimes provocados pelo ódio discriminatório, que vitimaram 11 mil pessoas em 1997 contra 8.759 em 1996 – sendo destes 5.396 em função de raça, 1.401 por motivo de religião, 1.016 pela orientação sexual, 940 pela origem étnica e 6 por outras causas de intolerância, segundo dados do FBI[30].

Em prestigiado ensaio intitulado "Direitos Humanos, Racionalidade e Sentimentalidade", com o qual contribuiu para as reflexões patrocinadas pela Anistia Internacional em 1993, no qual se inspira o presente texto, o filósofo norte-americano Richard Rorty parte do princípio de que os violadores de direitos humanos não vêem suas vítimas como seres humanos, para propor que se abandone a tentativa de fundamentar tais direitos[31]. Sua crítica erudita "pós-moderna" à razão platônico-kantiana como base para a moralidade reconhece a presença dos direitos humanos na cultura de nossa era tão somente como um fato, a ser incentivado de maneira pragmática. Mais eficiente para o progresso da causa do que apelos à racionalidade seria uma "educação sentimental", que recorra exclusivamente à esfera afetiva. De nada adiantaria ressaltar que o conhecimento aponta para a igualdade intrínseca de todos os indivíduos, pois tal argumento ofenderia a comunidade na qual se insere o interlocutor. À indagação "Por que

29. Jim H.Zamora, "S.F. Murder Rate Falls to 30-year Low", *San Francisco Examiner*, 2 de janeiro de 1998.
30. Notícia não assinada, "Reno Seeks Legislation to Widen Hate Crime Legislation", *San Francisco Chronicle*, 9 de janeiro de 1998. Dados específicos sobre a Califórnia foram publicados no mesmo jornal, em 2 de janeiro de 1998, por Jaxon Van Derbeken & Manny Fernandez, com as seguintes chamadas auto-explicativas: "17% de aumento de crimes de ódio na Califórnia – críticos dizem que na realidade casos não registrados elevariam ainda mais esses números".
31. Richard Rorty, "Human Rights, Rationality, and Sentimentality", em Stephen Shute & Susan Hartley, op.cit. pp. 111-134.

deveria eu ser atencioso com um estrangeiro cujos hábitos me são repulsivos?" a resposta não deveria ser "Porque os costumes são moralmente irrelevantes", mas sim "Porque é difícil viver entre estrangeiros", ou "Porque ele pode um dia tornar-se seu cunhado", ou ainda "Porque a mãe dele se preocupa com seu destino". Segundo o entendimento de Rorty, todo o progresso da moralidade até agora ter-se-ia baseado em efeitos alcançados no domínio afetivo, não em avanços racionais, e assim deve continuar.

Se levarmos em consideração diversos aspectos da realidade contemporânea, não seria absurdo adotar-se a postura recomendada. Ela faz sentido sobretudo em países democráticos, até mesmo com relação ao tratamento de criminosos. Conforme demonstram as estatísticas crescentes, o crime não é exclusividade de elementos marginalizados. O grande número de assaltos, roubos e assassinatos, e todos os tipos de *hate crimes*, por parte de jovens e adultos da classe média, tem sido também uma constante, em escala planetária. No caso do Brasil, basta lembrarmos, a propósito, a morte do índio pataxó adormecido em Brasília, em 1996, encharcado de gasolina e executado a fogo, apenas "por brincadeira". O transgressor algemado, humilhado pelo PM do Rio, poderia também ser nosso filho. Mais difícil é entender de que maneira tal argumentação "pragmática" poderia obter resultados na luta contra o totalitarismo e o autoritarismo arbitrário, luta que esteve na origem da asserção dos direitos naturais e humanos e que permanece necessária em várias partes do mundo.

Por mais ostensivamente anti-histórica que seja a interpretação de Rorty sobre a exclusividade da empatia como força propulsora do progresso da moralidade "nos últimos duzentos anos" – interpretação que desconsidera o papel iniludível da razão da Ilustração para o estabelecimento dos direitos humanos na cultura contemporânea –, é evidente que a "educação sentimental" pode representar um instrumento importante para a consolidação desses direitos como fato cultural. É possível, até, que a lógica da afetividade seja a única capaz de fornecer esperanças aos direitos humanos na propalada "pós-modernidade". É pouco provável, porém, que ela seja suficiente para a superação necessária das contradições contemporâneas. Tampouco parece convincente que os apelos ao coração sejam sempre pragmaticamente superiores aos argumentos da razão. Se a antropologia destronou o eurocentrismo ensinando que todas as culturas são fruto de racionalização, não se afigura pertinente desprezar os pontos de convergência entre elas. Foi a racionalidade das diversas culturas que permitiu, dialogicamente, alcançar-se o consenso de Viena sobre a universalidade dos direitos humanos, sem que com isso se anulasse o racional e fundamentado direito à diferença.

Assim como os direitos humanos, a idéia da "pós-modernidade" também se apresenta hoje como um fato cultural bastante disseminado. Não está claro, porém, na cultura contemporânea, se a afirmação da "pós-modernidade" significa a superação da modernidade ou uma continuação auto-crítica da Ilustração. A segunda hipótese é o que pareciam desejar, ainda que não o dissessem, os pós-estruturalistas mais conseqüentes, pelo menos nos anos de 1960, ao identificarem as armadilhas do conhecimento e da razão estabelecida na busca de uma liberdade maior.

Ainda que essas incertezas venham a ser dirimidas algum dia, e todas as respostas se revelem afirmativas, permaneceria, no contexto descrito por Rorty, com sua "educação sentimental" pragmática, pós-platônica e pós-kantiana, pelo menos uma questão semântica de fundo, na linguagem desta cultura, a que os direitos humanos se incorporaram, com notável força discursiva, como um fato sem fundamento: não seria uma incongruência continuar-se a falar em direitos?

(1998)

2. A Declaração dos Direitos Humanos na Pós-Modernidade

INTRODUÇÃO

No curso de seu meio século de existência, a Declaração Universal dos Direitos Humanos, proclamada pelas Nações Unidas em 1948, cumpriu um papel extraordinário na história da humanidade. Codificou as esperanças de todos os oprimidos, fornecendo linguagem autorizada à semântica de suas reivindicações. Proporcionou base legislativa às lutas políticas pela liberdade e inspirou a maioria das constituições nacionais na positivação dos direitos da cidadania. Modificou o sistema "westfaliano" das relações internacionais, que tinha como atores exclusivos os Estados soberanos, conferindo à pessoa física a qualidade de sujeito do Direito além das jurisdições domésticas. Lançou os alicerces de uma nova e profusa disciplina jurídica, o Direito Internacional dos Direitos Humanos, descartando o critério da reciprocidade em favor de obrigações *erga omnes*. Estabeleceu parâmetros para a aferição da legitimidade de qualquer governo, substituindo a eficácia da força pela força da ética. Mobilizou consciências e agências, governamentais e não-governamentais, para atuações solidárias, esboçando uma sociedade civil transnacional e transcultural como possível embrião de uma verdadeira comunidade internacional.

É fato que nenhuma dessas conquistas se verificou sem controvérsias e lutas. Nem mesmo os Estados redatores originais da Declaração se dispuseram seriamente a cumpri-la desde o primeiro momento, conforme evidenciado nas resistências à outorga de natureza obrigatória aos direitos nela definidos. Em contraste com os dois anos e meio transcorridos para a negociação e proclamação da Declaração, os dois principais tratados de direitos humanos – o Pacto Internacional sobre Direitos Civis e Políticos e o Pacto Internacional sobre Direitos Econômicos, Sociais e Culturais –, de caráter compulsório para os respectivos Estados-partes, também negociados desde 1946, levaram vinte anos para ser aprovados na ONU (em 1966) e trinta para entrar em vigor no âmbito internacional (em 1976, ano em que obtiveram o número de ratificações necessárias). E até hoje não receberam a adesão de todos os países.

Malgrado essas e outras dificuldades, não deixa de ser curioso que a Declaração de 1948, com configuração de manifesto, meramente recomendatório – simples peça de *soft law*, na terminologia anglo-saxã – tenha conseguido repercussão tão generalizada quando era politicamente válido questionar sua universalidade. Mais paradoxal é, porém, a situação em que ela se encontra agora, quando se comemora seu cinqüentenário.

Formalmente universalizados pela Conferência de Viena de 1993, quando o fim da competição estratégica bipolar parecia propiciar-lhes a oportunidade de enorme fortalecimento, os direitos humanos se vêem atualmente ameaçados por múltiplos fatores. Alguns sempre existiram e, provavelmente, sempre existirão. Decorrentes de políticas de poder, do arbítrio autoritário, de preconceitos arraigados e da exploração econômica, tais ameaças não são nem antigas, nem modernas; são praticamente eternas, podendo variar na intensidade e nas formas em que se manifestam. Outras, contudo, são – ou se apresentam como – novas, características do período em que vivemos, senão exclusivas da época presente, profundamente sentidas sobretudo desde o fim da Guerra Fria. Mais difíceis de combater do que as ameaças tradicionais, os novos fatores contrários aos direitos humanos, insidiosos e efetivos, acham-se embutidos nos efeitos colaterais da globalização econômica e no anti-universalismo pós-moderno do mundo contemporâneo.

A QUESTÃO DA UNIVERSALIDADE

Herdeira do Iluminismo, assim como a própria ONU, a Declaração de 1948 explicita, no preâmbulo, sua doutrina. Esta se baseia no reconhecimento da "dignidade inerente a todos os membros da família humana e de seus direitos iguais e inalienáveis" como "fundamento da liberdade, da justiça e da paz no mundo". Para que os Estados, a título individual e em cooperação com as Nações Unidas, cumpram plenamente o compromisso de promover o respeito universal aos direitos humanos e liberdades fundamentais, assumido ao assinarem a

Carta de São Francisco e recordado no preâmbulo da Declaração, "uma compreensão comum desses direitos e liberdades" é reputada "da mais alta importância".

Ao preâmbulo se seguem trinta artigos. Nem todos são propriamente dispositivos. O Artigo 1º, também doutrinário, afirma: "Todas as pessoas nascem livres e iguais em dignidade e direitos. São dotadas de razão e consciência e devem agir em relação umas às outras com espírito de fraternidade". O Artigo 2º começa por entronizar axiologicamente o princípio da não-discriminação de qualquer espécie (em função de raça, cor, sexo, língua, religião, opinião política ou de outra natureza, origem nacional ou social, riqueza ou qualquer outra condição), acrescentando: "Toda pessoa tem capacidade para gozar os direitos e liberdades estabelecidos nesta Declaração". Passando da afirmação à linguagem imperativa, o mesmo Artigo 2º determina adiante que não será feita qualquer distinção fundada na condição política, jurídica ou internacional do país ou território a que pertença uma pessoa, quer se trate de um território independente, sob tutela, sem governo próprio, quer sujeito a qualquer outra limitação de soberania.

Essencial a um documento destinado a todos os seres humanos, num período em que dois-terços da humanidade ainda viviam em regime colonial, foi essa determinação do segundo parágrafo do Artigo 2º – na verdade, uma auto-restrição do Ocidente sobre sua atuação nas colônias, tantas vezes brutal – que permitiu à Declaração de 1948 ser denominada Universal, e não apenas Internacional, como seria de esperar[1].

Os direitos estabelecidos na Declaração, embora freqüentemente violados, são hoje em dia amplamente conhecidos: à vida, à liberdade, à segurança pessoal; de não ser torturado nem escravizado; de não ser detido ou exilado arbitrariamente; à igualdade jurídica e à proteção contra a discriminação; a julgamento justo; às liberdades de pensamento, expressão, religião, locomoção e reunião; à participação na política e na vida cultural da comunidade; à educação, ao trabalho e ao repouso; a um nível adequado de vida, e a uma série de outras necessidades naturais, sentidas por todos e intuídas como direitos próprios por qualquer cidadão consciente. Controvertido, na qualidade de direito humano fundamental, o direito à propriedade, "só ou em sociedade com outros", registrado no Artigo 17, desagradava sobretudo os países socialistas, enquanto os direitos econômicos e sociais não se adequavam à ortodoxia liberal capitalista. A igualdade de direitos entre homens e mulheres, sobretudo no casamento (Artigo 16), assim como a proibição de castigo

---

1. Conforme proposição de René Cassin (ver M. Glen Johnson, "Writing the Universal Declaration of Human Rights", em *The Universal Declaration of Human Rights – 45th Anniversary 1948-1993*, pp. 67-68). A Declaração de 1948 é o único instrumento de direitos humanos que se autoproclama "universal"; todos os demais são intitulados "internacionais".

cruel (Artigo 5º) causavam, por sua vez, dificuldades a países muçulmanos de legislação não-secular. Nenhum dos dispositivos chegava, contudo, a ofender as tradições de qualquer cultura ou sistema sócio-político. Ainda assim a Declaração dos Direitos Humanos foi submetida a voto, na Assembléia Geral da ONU, em 10 de dezembro de 1948, e aprovada por quarenta e oito a zero, mas com oito abstenções (África do Sul, Arábia Saudita e os países do bloco socialista).

Adotada, assim, sem consenso num foro então composto de apenas 56 Estados, ocidentais ou "ocidentalizados"[2], a Declaração Universal dos Direitos Humanos não foi, portanto, ao nascer, "universal" sequer para os que participaram de sua gestação. Mais razão tinham, nessas condições, os que dela não participaram – a grande maioria dos Estados hoje independentes – ao rotularem o documento como "produto do Ocidente".

Não tendo tido voz nas negociações pertinentes, porque eram quase todos colônias ocidentais, os países afro-asiáticos tinham razão, sim, em suas objeções à Declaração de 1948, assim como, em menor grau, os socialistas, que se abstiveram na votação (apesar de terem sido os principais propugnadores dos direitos econômicos e sociais, por ela internacionalmente estabelecidos). Todos, porém, deixaram de ter razão aos poucos, à medida que os direitos consagrados pelo documento foram entrando gradativamente nas consciências de seus nacionais[3], auxiliando-os, inclusive, nas lutas pela descolonização[4]. Deixaram de ter razão, também, pelo constante recurso que a ela sempre fizeram para a consecução de seus próprios objetivos internacionais, como na luta pela erradicação do *apartheid* e em defesa da causa palestina. Perderam a consistência, ainda, na medida em que foram aderindo, seletiva mas voluntariamente, a outros instrumentos internacionais nela baseados, como os dois Pactos Internacionais e as grandes convenções de direitos humanos[5] – nestes casos instrumentos jurídicos obrigatórios (*hard law*), que exigem ratificação e prevêem monitoramento.

2. O Movimento dos Não-Alinhados não existia; a China representada na ONU era a República insular de Chang Kai-chek; o Líbano era governado por cristãos; a Índia acabava de tornar-se independente e a América Latina não tinha ainda qualquer posição terceiro-mundista (a própria noção de "Terceiro Mundo" não existia).

3. Para se aquilatar, ainda que de maneira imprecisa, o grau de absorção da noção de direitos humanos pelas populações não-ocidentais, basta observar a quantidade de ONGS afro-asiáticas que atualmente acompanham as deliberações da Comissão dos Direitos Humanos das Nações Unidas, sua atuação nos foros paralelos das grandes conferências internacionais e as denúncias de violações em países próprios ou alheios encaminhadas por elas, regularmente, ao Secretariado da Alta Comissária para os Direitos Humanos, em Genebra.

4. O direito dos povos à autodeterminação, com que se abrem os dois Pactos Internacionais de direitos humanos, foi o primeiro "direito de terceira geração" acolhido no Direito Internacional. Isso se explica porque a autodeterminação da respectiva comunidade era, e ainda é, reputada essencial à vigência efetiva dos demais direitos.

5. No caso da Convenção Internacional sobre a Eliminação de Todas as Formas de Discriminação Racial, os países afro-asiáticos foram, de fato, os iniciadores. Nas demais, o

O passo mais significativo – ainda que não "definitivo" – no caminho da universalização formal da Declaração de 1948 foi dado na Conferência Mundial dos Direitos Humanos, realizada em Viena, em junho de 1993. Maior conclave internacional jamais reunido até então para tratar da matéria, congregando representantes de todas as grandes culturas, religiões e sistemas sócio-políticos, com delegações de todos os países (mais de 170) de um mundo já praticamente sem colônias, a Conferência de Viena adotou por consenso – portanto, sem votação e sem reservas – seu documento final: a Declaração e Programa de Ação de Viena. Este afirma, sem ambigüidades, no Artigo 1º: "A natureza universal desses direitos e liberdades não admite dúvidas".

É inegável que o consenso alcançado nessa conferência mundial exigiu longas e difíceis negociações, como é normal em eventos congêneres. Não houve, porém, propriamente, imposições de parte a parte vencedoras, nem o documento se propõe violar o âmago de qualquer cultura. Como assinala o Artigo 5º, depois de reafirmar a interdependência e indivisibilidade de todos os direitos humanos:

> As particularidades nacionais e regionais devem ser levadas em consideração, assim como os diversos contextos históricos, culturais e religiosos, mas é dever dos Estados promover e proteger todos os direitos humanos e liberdades fundamentais, independentemente de seus sistemas políticos, econômicos e culturais.

Se o Artigo 5º da Declaração de Viena pode soar insuficiente para militantes maximalistas, e incongruente para quem não participou das negociações, ele não o parece ser para a maioria dos Estados que antes rejeitavam a Declaração de 1948. Com raríssimas exceções, os governantes afro-asiáticos não têm mais recorrido ao argumento da ocidentalidade dos direitos humanos[6], como tampouco o fazem os governos socialistas de qualquer quadrante. Quando pressionados por alegações de violações, tais governantes procuram agora refutá-las com argumentos outros e não pelo apego a tradições culturais: justificam-nas pragmaticamente à luz de dificuldades internas, ou, mais construtivamente, reconhecem os problemas existentes, descrevendo os esforços empreendidos para resolvê-los[7].

---

grau de adesão é variável, embora tenham participado da elaboração de todas, entusiasticamente ou a contragosto. A Convenção sobre os Direitos da Criança, de 1989, é a única que já obteve ratificação praticamente universal: faltam apenas as da Somália, país esfacelado por guerras intestinas, e dos Estados Unidos.

6. A exceção mais insistente é do primeiro ministro da Malásia Mahathir Mohamad, que em 1997 ainda propunha a elaboração de uma nova Declaração.

7. Um exemplo notável desse tipo de atuação construtiva tem sido o das campanhas hoje realizadas por países africanos para a erradicação da prática "cultural" da clitoridectomia. O exemplo é tanto mais significativo quando se leva em conta que personalidades históricas da estatura de um Jomo Kenyata e outros heróis da luta anticolonial

Não é mais, portanto, desde 1993, pela ótica das doutrinas jurídicas, nem da política em sentido estrito, que o conceito de direitos humanos universais vem sendo desacreditado. A linguagem de tais direitos é hoje, ao contrário, parte integrante e rotineira do discurso internacional. As ameaças mais sérias à Declaração de 1948 encontram-se em outras esferas. E são potencialmente mais nefastas, porque envoltas por iniciativas "racionalistas" no campo econômico e argumentações filosóficas "emancipatórias" bem-intencionadas.

A GLOBALIZAÇÃO E AS NOVAS CONFIGURAÇÕES SOCIAIS

Uma das contradições evidentes de nossa época consiste no vigor com que os direitos humanos entraram no discurso contemporâneo como contrapartida natural da globalização, enquanto a realidade se revela tão diferente. Não é necessário ser "de esquerda" para observar o quanto as tendências econômicas e as inovações tecnológicas têm custado em matéria de instabilidade, desemprego e exclusão social. Ineluctável ou não, nos termos em que está posta, e independentemente dos juízos de valor que se lhe possa atribuir, a globalização dos anos de 1990, centrada no mercado, na informação e na tecnologia, conquanto atingindo (quase) todos os países, abarca diretamente pouco mais de um terço da população mundial. Os dois-terços restantes, em todos os continentes, dela apenas sentem, quando tanto, os reflexos negativos.

As características da globalização deste fim de século são bastante conhecidas, assim como são reconhecidos seus efeitos colaterais. A busca obsessiva da eficiência faz aumentar continuamente o número dos que por ela são marginalizados, inclusive nos países desenvolvidos[8]. Assim como a mecanização da agricultura provocou o êxodo rural, inflando as cidades e suas periferias, a racionalização atual da produção empurra os pobres ainda mais para as margens da economia, que não coincidem necessariamente com as periferias urbanas. Com a informatização crescente da indústria e dos serviços, o trabalho não-especializado torna-se supérfluo e o desemprego, estrutural. A mão-de-obra barata, ainda imprescindível na produção, é recrutada fora do espaço nacional, pelas filiais de grandes corporações instaladas no exterior, ou na acolhida – politicamente relutante – de estrangeiros imigrados[9]. Nas sociedades ricas ou emergentes, o

---

incluíam tal tradição no ativo cultural de sua gente – assim como o fazem ainda hoje alguns imãs "integristas" do mundo muçulmano.
   8. Os próprios Estados Unidos, em fase de expansão econômica e desemprego decrescente, ostentam hoje um número de mendigos incomum nas décadas passadas, além de uma população carcerária de mais de um milhão e meio (a maior do mundo).
   9. Na verdade, não é apenas a indústria tradicional que se extraterritorializa em busca de mão-de-obra barata. A da informática também o faz, quando isso lhe é vantajoso, seja

desmonte da previdência pública, alegadamente necessário à gestão estatal eficaz, transforma a exclusão em contrapartida aceitável da competitividade nacional. Nas sociedades pobres, a atração de investimentos externos é fator de vida e morte. Os atrativos não são, contudo, suficientes para garantir a permanência de capitais voláteis, que podem sair de qualquer país, do dia para a noite, em função de problemas observados em outras partes do mundo. Como paliativo aos efeitos colaterais da globalização, transfere-se à iniciativa privada e às organizações da sociedade civil a responsabilidade pela administração do social. Estas, não obstante, funcionam apenas na escala de seus meios e de seu humanitarismo. Abandona-se, assim, a concepção dos direitos econômico-sociais.

Enquanto para a sociedade de classes, da "antiga" modernidade, o proletariado precisava ser mantido com um mínimo de condições de subsistência (daí o *Welfare State*), para a sociedade eficientista, da globalização pós-moderna, o pobre é responsabilizado e estigmatizado pela própria pobreza. Longe de produzir sentimentos de solidariedade, é associado ideologicamente ao que há de mais visivelmente negativo nas esferas nacionais, em escala planetária: superpopulação, epidemias, destruição ambiental, vícios, tráfico de drogas, exploração do trabalho infantil, fanatismo, terrorismo, violência urbana e criminalidade[10]. As classes abastadas se isolam em sistemas de segurança privada. A classe média (que hoje abarca os operários empregados), num contexto de insegurança generalizada, cobra dos legisladores penas aumentadas para o criminoso comum. Ou, sentin-

---

exportando fábricas de *hardware*, seja importando quadros especializados ou especializáveis. A maior batalha do Vale do Silício californiano com o Congresso norte-americano tem sido para aumentar a quota de imigração de especialistas, particularmente indianos, capazes de suprir suas necessidades a custos baixos.

10. Os estereótipos são recorrentes. A superpopulação é sempre asiática ou latino-americana. A origem da AIDS tinha que ser africana. O garimpeiro brasileiro é mais daninho ao meio-ambiente do que as indústrias e o consumo dos países superindustrializados. O negro e o asiático fumam, bebem e se drogam mais do que o branco. A responsabilidade pelo narcotráfico é a produção do Terceiro Mundo, não a demanda universal. Os pais de famílias miseráveis que põem os filhos para trabalhar ou se prostituir fazem-no, provavelmente, porque são malvados. O fanatismo religioso é particularidade de povos primitivos, fora da civilização judaico-cristã, pois os integrismos protestantes, católicos e israelitas são, com certeza, sadios. O terrorismo é fenômeno quase sempre muçulmano, enquanto a Ku-Klux-Klan, as "milícias" norte-americanas e o neonazismo europeu são tolerados e, em alguns casos, considerados legais. O Rio de Janeiro, com sua população favelada, é, naturalmente, a cidade mais violenta do mundo. A criminalidade comum realmente não tem estereótipos de localização privilegiada. Mas tanto nas sociedades ricas, como nas emergentes, é vista de forma reducionista como "coisa de pobres", desconsiderando-se como irrelevante o fato de serem eles também as vítimas mais numerosas. Desconsideram-se, também, como menos ameaçadores os crimes "de colarinho branco", não obstante o raio incomparavelmente maior de seu alcance.

do os empregos e as fontes de remuneração ameaçadas, recorre a "bodes expiatórios" na intolerância contra o "diferente" nacional – religioso, racial ou étnico – ou contra o imigrante estrangeiro (às vezes simplesmente de outra região do país). Anulam-se, assim, os direitos civis.

O Estado, antes portador de mensagens idealmente igualitárias e emancipatórias, no socialismo e no liberalismo, além de garantidor confiável da convivência social, torna-se, pós-modernamente, simples gestor da competitividade econômica, interna e internacional. Sem sentido de progresso humano, a política, desacreditada porque ineficaz, passa a ser vista com maus olhos, pois abriga "em sua natureza" distorções deliberadas ou involuntárias, assim como a possibilidade de corrupção. A indiferença popular resultante leva ao absenteísmo eleitoral, quando legalmente factível[11], ou à compreensível falta de entusiasmo, em sistemas de voto obrigatório: quase nunca se vota *por*, vota-se geralmente *contra*. Perdem o valor, dessa forma, os direitos políticos, arduamente conquistados nas lutas da modernidade.

Desprovido de capacidade unificadora, tanto em decorrência de abusos na instrumentalização de "metanarrativas", quanto pela consciência contemporânea da "capilaridade do poder"[12], o Estado nacional como *locus* moderno da realização social, perde gradativamente até mesmo a função identitária. O indivíduo, muitas vezes discriminado dentro do território nacional pela parcialidade da implementação dos direitos humanos e liberdades fundamentais, vai buscar outros tipos de "comunidade" preferenciais como âncoras de autoproteção – ou, como se diz atualmente, para sua própria autoconstrução. Sem deixar de considerar-se nacional do país de nascença, o negro dos Estados Unidos é sobretudo *African American*, o índio é *Native American*, os homossexuais são *gays and lesbians* (alguns se identificam como membros de uma *Queer Nation*, diferenciada da "nação" heterossexual), todos, justificadamente, assertivos e reivindicatórios[13]. A iden-

---

11. Nas eleições primárias estaduais para o Senado dos Estados Unidos, em setembro de 1998, apenas 17% do eleitorado do estado de Nova York compareceram às urnas; 20% de Minnesota e 30% do estado de Washington, segundo dados publicados no *San Francisco Examiner*, edição de 17/09/1998, em matéria intitulada "Primaries Find U.S. Voters no more Apathetic than Usual" ("não menos apáticos" apesar dos escândalos amorosos envolvendo o presidente da República).

12. Os dois temas serão retomados adiante. Por ora basta atentar para os absurdos praticados pelos Estados nacionais em nome da metanarrativa do progresso (os exemplos paroxísticos foram o nazismo e o stalinismo), assim como para a aceitação negligente – ou conivente – pelas autoridades estatais das discriminações e agressões internas, inclusive contra a mulher.

13. Esse fenômeno é apenas incipiente no Brasil, cuja sociedade nacional, felizmente, ainda funciona como um tipo de *melting pot*, mais misturador e tolerante do que os Estados Unidos, apesar das aberrações históricas não-resolvidas em matéria de distribuição de renda e da persistência de discriminações e preconceitos vários.

tificação primária e "guetizada" também ocorre pela ascendência hereditária cultural, como indiano, paquistanês ou árabe nas sociedades européias e norte-americana, como meridional na Itália do Norte, como muçulmano no mundo cristão, como tibetano na China.

É claro que tais identificações são positivas e plenamente condizentes com a antidiscriminação prevista na Declaração Universal dos Direitos Humanos. O problema se apresenta quando se transformam em fundamentalismos. Estes, uma vez exacerbados, levam à limpeza étnica da Bósnia, ao genocídio de Ruanda, à brutalidade dos "islamistas"[14] argelinos, ao arcaísmo desvairado e antifeminino dos talibãs do Afeganistão. Podem, inclusive, "legitimar", em sentido contrário, o radicalismo "Wasp" nos Estados Unidos, o anti-arabismo da direita francesa, o separatismo da *Lega Lombarda* do Norte da Itália, a xenofobia européia, o ultranacionalismo fascistóide, o isolacionismo reacionário, o antifeminismo masculino – hoje em dia bastante controlado em quase todo o Ocidente –, o anti-homossexualismo virulento, ainda presente em quase todo o planeta.

Grande parte das lutas identitárias se deve, sem dúvida, na origem, ao princípio basilar da não-discriminação, e muitas das novas reivindicações comunitárias ainda se fundamentam na Declaração Universal de 1948[15]. Talvez por essa razão, nenhum dos grandes teóricos da pós-modernidade se tenha proposto negar a importância do documento, embora seja facílimo "desconstruir" seu texto[16]. É inegável, porém, que a própria noção de pós-modernidade, em qualquer sentido que se lhe dê, tende a enfraquecer seus objetivos.

A REJEIÇÃO DO ILUMINISMO

Menos popularizada no Brasil do que a de "globalização", mas amplamente difundida nas sociedades economicamente avançadas, a noção de uma "pós-modernidade", complexa e utilizada para os fins mais díspares, é outra que parece haver-se implantado concreta e solidamente na

---

14. Não confundir com "islamitas", sinônimo vernacular de muçulmano. Os *islamistas*, com o segundo "s", em "–istas", na terminologia corrente, são os fundamentalistas islâmicos que se propõem conquistar o poder político, pela força ou em eleições, para instalar o islã "autêntico" como religião dominante e sistema de organização societária.

15. É significativo, por exemplo, o esforço – bem-sucedido – do movimento internacional de mulheres para que as Conferências de Viena e de Beijing reconhecessem os direitos específicos da mulher como parte integrante dos direitos humanos (Artigo 18 da Declaração de Viena e Artigo 14 da Declaração de Beijing).

16. Não é preciso ter, aliás, a sofisticação de um Derrida para fazê-lo. Este, por sinal, embora já tenha até esboçado uma "desconstrução", confusa mas positiva, da Declaração de Independência dos Estados Unidos (Jacques Derrida, "Declarations of Independence", tradução de Tom Keenan & Tom Pepper, *New Political Science*, parece haver optado por deixar a Declaração Universal de 1948 em paz. Terá tido sobejas razões para isso.

época contemporânea. Desenvolvida em discussões acadêmicas e pouco verbalizada no quotidiano da cidadania, a pós-modernidade é detectável em práticas, políticas, lutas e reivindicações atuais.

Enquanto na modernidade os embates se desenrolavam em nome da comunidade nacional, da afirmação do "Homem" genérico e universal ou no contexto das lutas de classe, na pós-modernidade as batalhas da cidadania são, quase sempre, empreendidas em nome de uma comunidade de identificação menor do que o Estado nacional e diferente da classe social[17]. Os governos, por sua vez, de todos os quadrantes, assemelham-se a administradores de empresas, preocupados sobretudo, ou apenas, com a eficiência da gestão econômica – objetivo aparentemente impossível enquanto perdurar a inexistência de controle supranacional para as flutuações do capital especulativo (de montante superior ao PIB da maioria esmagadora dos países). Tal como o Poder "capilar" na interpretação de Foucault, a pós-modernidade é algo que não se autoanuncia, nem se personifica, e de que ninguém propriamente se investe: ambos simplesmente se exercem, de maneira assumida ou sub-reptícia. Para entendê-la, na acepção aqui utilizada, basta compará-la, em linhas muito gerais, à modernidade, que ela se propõe superar.

Impulsionada pelo Iluminismo europeu, que atingiu seu ápice no pensamento de Kant, a modernidade clássica se propunha racional, secular, democrática e universalista. A Razão era atributo da natureza humana. Ela emanciparia o Homem da subjugação política e social a que ele se auto-submetia pelo desconhecimento da Verdade[18]. As sociedades, na medida em que rejeitassem seu substrato religioso, derrubariam o absolutismo despótico e alcançariam, com o Direito, o progresso e a liberdade. O Homem era, pois, sujeito da História. E os direitos humanos, conforme definidos por Locke – para a Revolução Americana – e com aportes de Rousseau – para a Revolução Francesa –, eram, e são ainda, instrumentos importantíssimos, herdados do "Século das Luzes", para a consecução da liberdade, da igualdade e da fraternidade

As qualificações dessa trajetória humanista fulgurante começaram cedo, dentro do próprio Iluminismo, com Hegel, Herder e muitos outros pensadores. Para Marx, no século XIX (e grande parte do século XX), o Homem fazia sua História, mas não em circunstâncias por ele próprio escolhidas[19]. Marx foi o primeiro a recorrer claramente à es-

---

17. Conforme já assinalado na nota 13 *supra*, este não é ainda, nem precisa ser no futuro, o caso do Brasil. Não é improvável, porém, que tal venha a ocorrer também na sociedade brasileira, seja por evolução autônoma, seja pela contaminação que os fenômenos do Primeiro Mundo costumam provocar em praticamente todo o planeta.

18. Daí a máxima kantiana: "*Sapere aude!* Tem coragem de te servires de teu próprio entendimento!", apud Agapito Maestre (ed. e trad.), p. 17.

19. A frase, célebre, é do texto "O Dezoito Brumário de Louis Bonaparte", em David McLellan (ed), *Karl Marx – Selected Writings*. Nova York, Oxford University Press, 1977, p.300.

trutura – econômica – como fator limitativo da liberdade humana (a ser conquistada pela Revolução). Fê-lo, porém, dentro da lógica do racionalismo universalista – no caso, materialista – de que foi herdeiro assumido e propulsor. Já Nietzsche, pela ótica da cultura, com recurso à genealogia da moral e a análises epistemológicas diversas, abriu o caminho para o pós-modernismo filosófico, desmontando, de maneira assistemática mas firme, o racionalismo iluminista e a ética (alegadamente mesquinha e ilusória) que este disseminava.

Enquanto tais desenvolvimentos de longo curso ocorriam mais sensivelmente no pensamento social, Freud, na virada do século XIX para o XX, demonstrou, com o estudo do inconsciente, que o Homem não era uno nem autônomo, modificando substantivamente a compreensão da personalidade individual. Saussure, por sua vez, ao estudar a lingüística, identificou as relações de signos e estruturas de linguagem que condicionam o conhecimento. Lançavam-se, assim, as bases para a "desconstrução do sujeito".

Não é preciso fazer inventário das contribuições dos diversos teóricos influentes – estruturalistas e pós-estruturalistas, modernos e pós-modernos – para se chegar a um entendimento elementar da noção de pós-modernidade que hoje se faz presente nas práticas sociais. Nem tampouco relacionar todas as formas históricas de instrumentalização e manipulação distorcidas da racionalidade iluminista, particularmente em nosso século, para se compreender seu questionamento. Vale a pena, sim, recordar que Jean-François Lyotard, em 1979, deu ao termo "pós-modernidade" sua aplicação mais corrente, ao diagnosticar o fim das Grandes Narrativas – da Razão, da Emancipação e do Progresso humanos – como meios necessários de legitimação do conhecimento, passando este a ter objetivos meramente "performáticos", dentro de uma realidade sistêmica[20]. Por menos agradável que o seja, a observação das características atuais da globalização tende a confirmar esse diagnóstico.

Uma vez aceito o entendimento, hoje em dia generalizado, de que o homem e a mulher, em sua realidade mental e corpórea, são seres construídos dentro da cultura – ou, no dizer de Foucault, da *episteme* – em que vivem, não tendo uma natureza universal, e de que o conhecimento é inelutavelmente determinado pelas estruturas – econômicas, sociais, culturais e lingüísticas, nenhuma das quais é comum a todos os indivíduos – a verdade se relativiza. A Razão do Iluminismo é, assim, substituída, no máximo, por "razões" específicas. O poder, sendo mais do que o atributo da política e tendo uma microfísica que o dis-

---

20. Jean-François Lyotard, *La condition postmoderne: rapport sur le savoir*, 1979, pp. 7-11. A expressão empregada por Lyotard é "metadiscurso", generalizadamente interpretada como as "grandes narrativas" totalizantes.

tribui em práticas disciplinares rotineiras, não é e não pode ser exercido com finalidade emancipatória. Sem Grandes Narrativas, explicativas ou justificatórias, a História também deixa de existir como totalidade, com sentido de progresso, sendo substituída por "histórias" localizadas.

O ser humano "desconstruído" pela psicanálise, pela lingüística e pela etnologia – as três "contraciências" apontadas por Foucault –, pelos diferentes jogos de linguagem e "micronarrativas" simultâneas – identificados por Lyotard –, pelos "textos" em que se insere, dentro de uma intertextualidade sem fim – na interpretação de Derrida – não pode *ipso facto* ser sujeito. Para se autoconstituir como indivíduo, necessita recorrer a identidades várias. A identificação vai privilegiar a "comunidade", real ou imaginária, imposta ou selecionada, como espaço de realização. Este não corresponde ao Estado nacional, outra herança ideológica do Iluminismo, com seu poder/saber disciplinador, nem às classes sociais do marxismo, modificadas na composição ou seduzidas pelo capitalismo "de consumo". Mas se a comunidade nacional é atualmente inconsistente e a classe social um elemento fluido, uma comunidade internacional abrangente, além de utópica, estaria em contradição com os particularismos de cada um. O local se sobrepõe, assim, ao geral e os interesses se particularizam.

Na pós-modernidade, o eterno passa a ser contingente; o universal, ilusório, e a metafísica, uma invenção sem sentido. Esboroa-se, portanto, a idéia de fundamentos para a política, o direito, a ética e as relações sociais. Tudo passa a ser relativo, localizado e efêmero. É nessa situação que se desenvolvem – ou se esmaecem – os confrontos político-sociais, tendo por pano-de-fundo uma tecnologia "performática", um conhecimento elusivo e uma globalização excludente.

Como justificar, nessas condições, a atualidade da Declaração Universal dos Direitos Humanos, erigida sobre fundamentos iluministas, racionais e humanistas, num somatório (desequilibrado) de insumos das correntes liberal e socialista da modernidade? Como defender a idéia de "direitos iguais e inalienáveis como fundamento da liberdade e da paz no mundo"? Como insistir na afirmação de que "todas as pessoas são dotadas de razão e consciência e devem agir em relação umas às outras em espírito de fraternidade"? Como universalizar tais direitos, construídos historicamente na tradição ocidental, sem conferir-lhes feições imperialistas? Tais perguntas não comportam respostas fáceis. Já ocasionaram inúmeros estudos, nenhum dos quais definitivo[21]. O que se procurará em seguida é fazer um breve

---

21. Coletâneas significativas podem ser encontradas, por exemplo, em dois volumes de palestras e estudos organizados pela Anistia Internacional e publicados em Nova York pela Basic Books, em 1993: (a) Barbara Johnson (ed.), *Freedom and Interpretation – The*

esboço, superficial e apenas ilustrativo, das conciliações tentadas, para sugerir um curso de ação mais intuitivo do que "científico", mais pragmático do que "fundamentado". E, por isso mesmo, talvez, rotulável até de "pós-moderno".

CONCILIAÇÕES POSSÍVEIS

Embora a maior parte das rejeições categóricas à Declaração Universal dos Direitos Humanos nos dias de hoje ainda parta de líderes políticos nacionais[22] – em contradição com o texto da Declaração de Viena por eles próprios subscrita em 1993 – com o claro objetivo de justificar violações deliberadas em ações governamentais, o anti-universalismo vigente no pensamento social contemporâneo também põe, muitas vezes, em questão a validade desse documento. E o faz com objetivos alegadamente emancipatórios, ciente ou inconsciente de que o particularismo "de esquerda" acaba fortalecendo a brutalidade antidemocrática da direita mais reacionária. Radicalizações desse tipo de atitude supostamente libertária podem ser vistos seja entre etnólogos ocidentais demasiado apaixonados pelas culturas não-européias estudadas[23], seja entre ativistas sociais "de base" que rejeitam o Estado nacional pelos malefícios provocados junto a populações "colonizadas" em nome da cidadania moderna[24], seja entre

---

Oxford Amnesty Lectures 1992; (b) Stephen Shute & Susan Hartley (ed.)., *On Human Rights – The Oxford Amnesty Lectures 1993*.

22. Recordo novamente que este texto é de 1998. É evidente que depois do Onze de Setembro e das ações terroristas e antiterroristas a que vimos assistindo, essa rejeição se tornou muito mais ampla.

23. Na Subcomissão das Nações Unidas para a Prevenção da Discriminação e Proteção às Minorias, em 1996, quando da consideração do anteprojeto de Declaração sobre os Direitos dos Povos Indígenas a ser encaminhado à Comissão dos Direitos Humanos, chamei a atenção dos colegas redatores do texto para a falta de atenção para com os direitos das mulheres indígenas, freqüentemente massacradas ou maltratadas pelas tradições tribais. Minha observação, provocada por chamamento que me foi feito por um grupo de mulheres indígenas centro-americanas presentes à reunião, caiu em ouvidos moucos. De um colega latino-americano escutei a afirmação de que as culturas autóctones têm que ser preservadas em sua integralidade, inclusive quando praticam o infanticídio. Esse mesmo "perito" da Subcomissão não hesitava, porém, em patrocinar resoluções condenando países muçulmanos pela discriminação contra as mulheres, o Irã pela perseguição aos bahais, a Argélia pelas brutalidades do governo e dos fundamentalistas ou a Turquia por excessos no combate à insurgência curda.

24. É o caso, entre outros, de Gustavo Esteva e Madhu Suri Prakash (*Grassroots Post-modernism – Remaking the Soil of Cultures*, que rejeitam o Estado nacional como um todo e os direitos humanos como "cavalo de Tróia da recolonização", em defesa de culturas tradicionais do Terceiro Mundo, como única esperança contra o "Projeto Global" de dominação do mundo pelo Ocidente capitalista. Em seu afã anti-imperialista, criticam até mesmo os direitos econômicos e sociais (no que se identificam às posturas do liberalismo ocidental mais radical) e justificam, quando tradição autóctone, a prática da tortura.

militantes maximalistas de movimentos identitários que, na busca de aperfeiçoamentos legítimos para a Declaração de 1948, naturalmente imperfeita, involuntariamente abrem o caminho para sua destruição[25].

Mais prudentes e mais construtivas têm sido as variadas tentativas de compatibilização entre o particularismo das culturas diversas e o que há de efetivamente universal na idéia dos direitos fundamentais. Essa tarefa intelectual é complexa na medida em que a própria noção de direitos, assim como a de indivíduo, é oriunda do Ocidente. As culturas não-ocidentais, como é sabido, sempre acentuaram os deveres, privilegiando o coletivo sobre o pessoal, fosse em prol da "harmonia" social, fosse em defesa da ordem e da autoridade, religiosa ou secular, não importando sua arbitrariedade ou o grau de sofrimento exigido na vida de cada um.

As tentativas de conciliação entre os direitos humanos e as tradições "pré-modernas" têm sido desenvolvidas há tempos, por pensadores de todos os continentes, propondo-se soluções variadas: assimilação generalizada dos direitos individuais aos ensinamentos cristãos sobre a dignidade e a fraternidade humanas; interpretação atualizada e reforma da *sharia* islâmica; incorporação dos direitos humanos no *dharma* da tradição hindu; adoção de uma "hermenêutica diatópica", que, através do auto-reconhecimento da incompletude de toda e qualquer cultura, preencha reciprocamente as lacunas encontradas em cada uma com complementos alheios (proposta por Boaventura de Sousa Santos[26]); ação intercultural comunicativa em busca de consensos éticos (conforme a teoria de Habermas) e uma infinidade de outras idéias centradas no multiculturalismo.

A aceitação do multiculturalismo, como contrapartida à rejeição do humanismo universalista, é, aliás, senão o "fundamento", o objetivo essencial do pensamento pós-moderno. Este, como se sabe, deve-se em grande parte à autocrítica da cultura ocidental feita por alguns de seus filhos mais lúcidos, conhecidos como pós-estrutura-

---

25. O Caderno Mais! da *Folha de São Paulo* trouxe, na edição de 23/08/1998, matéria de Marcos Nobre, sob o título "Mulheres Revêem Direitos da Humanidade", na qual se reproduz entrevista com a militante italiana Gabriella Bonachi, assim como trechos de anteprojeto "pós-moderno" de uma nova Declaração Universal dos Direitos Humanos, recentemente elaborado por feministas italianas. Embora a proposta seja inegavelmente bem redigida, a insistência na reforma de um documento tão importante que, malgrado suas falhas, influenciou o mundo positivamente ao longo dos últimos cinqüenta anos, não é inédita, nem oportuna (depois da verdadeira "batalha" havida na Conferência de Beijing, em 1995, para o reconhecimento dos direitos das mulheres como parte integrante dos direitos humanos universais). Qualquer renegociação de Declaração de 1948 numa época de fundamentalismos exacerbados pode representar o fim da base legal do Direito Internacional dos Direitos Humanos e da luta planetária pelos direitos fundamentais de todos os seres humanos, e das mulheres em particular.

26. "Uma Concepção Multicultural de Direitos Humanos", em *Lua Nova*, n. 39, São Paulo, Cedec, 1997, pp. 115-122.

listas, todos impulsionados, em princípio, por aquilo que Foucault identificava como sua própria "impaciência pela liberdade"[27]. O problema com esse processo de auto-esclarecimento crítico, em continuidade com a ilustração emancipatória dos séculos XVIII e XIX, é que o afã denunciador das distorções do racionalismo ocidental terminou por desacreditar o Iluminismo como um todo, os fundamentos igualitários do humanismo universalista, assim como o sentido de progresso que inspirava as lutas políticas e sociais da Idade Moderna, tanto no Ocidente como no Oriente, tanto no Norte como no Sul[28].

Cientes do desafio que suas análises "superadoras" do Iluminismo clássico representam para a prática política, e conscientes da força liberadora da luta pelos direitos humanos como herança valiosa do Iluminismo, os pós-estruturalistas conseqüentes, "pais" quase sempre relutantes da pós-modernidade teórica, esforçam-se para demonstrar, com maior ou menor vigor, o caráter não-niilista de suas interpretações. Procuram apontar saídas para as camisas de força por eles identificadas nas metanarrativas do Iluminismo e para os impasses a que levam suas críticas arrasadoras. Tentam, assim, conciliar o fim do universalismo, por eles incriminado, com a idéia de justiça, a irredutibilidade particularista das estruturas de consciência com a noção de direitos humanos, a capilaridade do poder/saber com a luta pela identidade autônoma, a aceitação do contingente como meio para a obtenção de progresso, a substituição das Grandes Narrativas por microdiscursos capazes de levar à liberdade autêntica. Para Derrida, por exemplo, "inventor" da desconstrução dos textos iluministas (e da afirmação de que tudo é "texto"), "nada parece menos obsoleto do que o ideal clássico emancipatório" (*sic*)[29]. A justiça, "se alguma coisa desse tipo existe, fora e além do direito, não é desconstrutível". O Direito, sim, pode e deve ser desconstruído, pois "a desconstrução é a justiça"[30]. A Justiça não é porém uma categoria universal, e sim uma construção das diversas culturas. Na mesma direção, Lyotard afirma a importância das micronarrativas, no lugar do "metadiscurso" universalizante da Justiça, como única maneira de se evitar a imposição "terrorista" de um jogo de linguagem majoritário sobre a voz das minorias

---

27. Michel Foucault, "What is Enlightenment?", trad. Catherine Porter, em Paul Rabinow (ed.), *The Foucault Reader*, p.50.

28. Daí o rótulo de neoconservadores que os pós-estruturalistas receberam de Habermas, daí a rejeição de suas idéias pela esquerda tradicional, daí, também, sem dúvida, o entusiasmo com que elas foram acolhidas nos meios acadêmicos defensores do *status quo*. O que não invalida, por outro lado, a contribuição que trouxeram às lutas identitárias contemporâneas das minorias oprimidas e a uma compreensão desmistificada da própria modernidade.

29. Jacques Derrida, "Force de loi: Le 'fondement mystique de l'autorité'", em "Deconstrucion and the Possibility of Justice", 5-6, Jul./Aug.1990, p. 972.

30. Idem, ibidem, p.944.

oprimidas[31]. O fundamental é sempre respeitar "o outro", e "a comunidade nele presente como capacidade e promessa"[32]. Mais diretamente incidentes sobre a noção de Justiça, além de mais eficazes na realidade social, as análises de Foucault, movidas por sua ânsia liberatória, sobre a capilaridade do poder com sua microfísica disciplinar e sobre o caráter repressivo do Direito e do Estado modernos oferecem, sem dúvida, respaldos importantes para a constituição das novas "comunidades" infra e transnacionais antes referidas, assim como para a afirmação de direitos identitários – ou do "direito à diferença" – como contrapartida assertiva às discriminações sofridas.

Outros teóricos contemporâneos expressivos, todavia, conquanto reconhecendo a importância do neo-estruturalismo para a compreensão das distorções embutidas na modernidade iluminista, têm visão mais crítica dessa evolução do pensamento epistemológico, optando por insistir nos engodos que a ênfase relativista nas "culturas" propicia para a busca de conquistas sociais – e não somente pela ótica marxista. Conforme explicita, por exemplo, Terry Eagleton, a própria expressão "direitos humanos" causa embaraço à idéia "pós-moderna" da desconstrução. E um embaraço duplo, com cada uma das duas palavras, já que ambas remetem a um horizonte alegadamente superado de "humanismo metafísico, estrategicamente utilizável, mas ontologicamente sem fundamento"[33]. Talvez um pouco por isso, por concordar com a crítica de Derrida ao logocentrismo masculino – ou "falogocentrismo" – do Iluminismo ocidental, o americaníssimo pragmatista Richard Rorty propõe uma abordagem por ele denominada "feminina", afetiva e não-racionalista, à educação para os direitos humanos. Segundo Rorty, na medida em que nenhuma pessoa imune aos ensinamentos kantianos se reconhece apenas como ser humano, de valor igual ao do diferente, e sim como integrante de um grupo melhor do que os outros; ao invés de se apelar para fundamentos humanistas na persuasão contra as discriminações, mais útil é apelar-se para os sentimentos individuais: devo tratar bem o estrangeiro, não por ser ele moralmente igual a mim, mas porque ele ou ela está longe de sua gente, porque sua mãe está sofrendo ou porque pode um dia vir a tornar-se meu genro ou minha nora[34].

---

31. Para uma análise pormenorizada dos possíveis efeitos do pensamento de Derrida, Lyotard, Foucault, Nietzsche e Rorty na aplicação do Direito, ver Douglas E. Litowitz, *Postmodern Philosophy & Law*.

32. Jean-François Lyotard, "The Other's Rights", trad. Chris Miller & Robert Smith, em *On Human Rights – The Oxford Amnesty Lectures 1993* (ver nota 21 supra).

33. "Deconstruction and Human Rights", em *Freedom and Interpretation – The Oxford Amnesty Lectures 1992* (ver nota 21 supra), p.122.

34. "Human Rights, Rationality and Sentimentality", em *On Human Rights – The Oxford Amnesty Lectures 1993* (ver nota 21 supra), pp.111-134.

Dessas tentativas teóricas – assim como de outras congêneres – é difícil extrair justificativas concretas para a atualidade da Declaração Universal dos Direitos Humanos. O pragmatismo de Rorty pode ser eficaz em certas situações específicas, mas aniquila a noção de direito[35]. Se o pragmatismo é importante para que os direitos humanos deixem de ser somente uma utopia, outras possibilidades igualmente pragmáticas existem. E vêm, há muito, sendo tentadas, com resultados visíveis.

OS DIREITOS HUMANOS COMO VALORES TRANSCULTURAIS

Muito antes da emergência das teorias pós-estruturalistas e pós-modernas, a doutrina jusnaturalista, com a postulação de "direitos naturais", já havia perdido sua antiga preeminência. Os direitos, todos, no Direito Interno e no Direito Internacional, são reconhecidos, há décadas, como conquistas históricas, que extrapolam fundamentações metafísicas, religiosas ou seculares, e se adaptam às necessidades dos tempos. Por isso, e somente no sentido de uma progressão temporal não-valorativa, é possível se falar nas diferentes gerações de direitos humanos, em que os direitos econômicos e sociais, de segunda geração, consagrados na doutrina jurídica posteriormente aos direitos "lockeanos", mas devidamente incluídos na Declaração Universal dos Direitos Humanos, igualam-se em importância aos direitos civis e políticos, de primeira geração[36]. Sem perder de vista essa conhecida evolução doutrinária do Direito e tendo-se em conta as transformações históricas ocorridas no mundo desde 1948, o fato de que a Declaração proclamada como Universal pelas Nações Unidas tenha resistido incólume, por meio século, com adesão crescente até agora, é algo a ser seriamente considerado.

---

35. Como o presente texto foi também publicado em inglês, nos Estados Unidos, tive a oportunidade de enviá-lo ao próprio Richard Rorty. Dele recebi gentil resposta escrita, cuja parte mais substantiva me permito reproduzir no original: *"I agree with you that my way of thinking 'contradicts the very idea of rights' in the sense that it contradicts the idea that we are all somehow subject to a quasi-judicial code which is something distinct from our feelings of benevolence toward one another. On the other hand, I think that spreading such benevolence is the only way to get the dreams of Helsinki realized. Sad and sentimental stories seem to me the best ways of inculcating such benevolence, and Kantian rigorism one of the worst ways. But perhaps my hostility to Kantian rigorism leads me into counter-productive over-statement"* (carta datilografada em Stanford, datada de 15/06/1999, cujo original ainda guardo).

36. Os direitos de terceira geração, ou direitos de solidariedade (como o direito à autodeterminação e o direito ao desenvolvimento), podem ser encarados como complementação explicativa do campo de aplicação das duas primeiras, já que não alteram em nada a substância dos direitos civis, políticos, econômicos, sociais e culturais.

Como já assinalava Bobbio em 1964: "O problema fundamental em relação aos direitos do homem, hoje, não é tanto o de justificá-los, mas o de protegê-los. Trata-se de um problema não filosófico, mas político"[37]. Não há dúvida de que Bobbio tinha razão ao fazer tal afirmação. Afinal, são os políticos que decidem, *motu proprio* ou sob pressão, promover – ou não – o respeito pelos direitos humanos. O problema que se colocou com a pós-modernidade é que os argumentos dos filósofos, longe de justificar os direitos fundamentais consagrados na Declaração, podem representar, nas mãos de líderes políticos e religiosos a eles contrários, instrumentos legitimantes para sua rejeição. Se os direitos são uma invenção intransferível da cultura ocidental, ela própria injusta e apenas dissimuladamente libertária, como se pode coerentemente impedir os talibãs de enclausurarem as mulheres afegãs? Como exigir dos aiatolás iranianos que aceitem a comunidade bahai, proscrita em sua Constituição? Como exigir a revogação da *fatwa* de execução contra Salman Rushdie se as *fatwas* religiosas são irrevogáveis por definição?[38] Como promover a liberdade de crença e de expressão se a *sharia* islâmica prevê, até mesmo, a crucificação de apóstatas? Como condenar a repressão aos dissidentes chineses e norte-coreanos, quando o confucionismo, muito mais do que qualquer tipo de "socialismo", impõe como valor crucial a obediência à autoridade? A resposta não necessita ser metafísica, nem necessariamente "imperialista". Ela pode ser histórica e condizente com o Direito Internacional.

A persistência da Declaração Universal ao longo de cinqüenta anos comprova de per si que, independentemente de suas origens, os valores positivos de uma cultura podem, sim, ser transferidos de boa fé, sem violação dos cânones essenciais de cada civilização (os valores negativos, como "as histórias" demonstram, são assimilados com enorme facilidade). A maioria esmagadora dos países que acederam à independência após a proclamação da Declaração Universal dos Direitos Humanos não teve dificuldades para aceitar seus dispositivos, incorporando-os, inclusive, na legislação doméstica. Não o fizeram por imposição imperialista. Fizeram-no porque reconheciam a

---

37. Norberto Bobbio, *A Era dos Direitos*, p.24. A versão original do ensaio "Sobre o Fundamento dos Direitos Humanos" foi apresentada em simpósio italiano realizado em 1964. A terminologia (seja italiana em geral, seja de Bobbio em particular, ou de seu tradutor para o português) "direitos do homem" acha-se defasada em relação à expressão hoje em dia consagrada nos documentos da ONU ("human rights", "derechos humanos"), com exceção dos "droits de l'homme" ainda mantidos nas versões em francês.
38. O aceno ao Ocidente feito pelo presidente Khatami sobre a matéria em setembro de 1998, por ocasião de abertura da Assembléia Geral da ONU, e que levou ao restabelecimento de relações entre a Grã-Bretanha e o Irã, dizia apenas que o governo não iria executá-la. Não houve revogação da sentença "sagrada" de morte, determinada por aiatolá falecido, irrevogável e passível de execução por qualquer fiel, como logo esclareceram os doutores da ortodoxia xiita.

importância da Declaração Universal na luta anticolonialista. Fizeram-no porque queriam alcançar não somente a autonomia política, mas também a modernidade. A observância efetiva dos direitos humanos nas políticas e práticas desses e de todos os demais Estados, é uma outra questão. A justa valorização do *dharma* hinduísta feita por Gandhi não impediu seus seguidores de adotarem na Índia independente o sistema democrático, de abolirem legalmente as castas e de estimularem o conceito dos direitos humanos. Com exceção da Arábia Saudita, praticamente todos os países muçulmanos adotaram, no passado recente, sem maiores problemas, códigos penais e civis não-estritamente vinculados à *sharia* – corpo doutrinário de regras oriundo de interpretações corânicas dos primeiros séculos do Islã, mas não procedente de Maomé. A reinstauração obsessiva da *sharia* (que, marque-se bem, não passa de exegese, desprovida de natureza sacrossanta) como código legal – com a inferiorização jurídica da mulher e os castigos corporais contrários, em princípio, ao Artigo 5º da Declaração – é fenômeno recente, estimulado pela revolução iraniana de 1979 e acelerado no presente com o fortalecimento dos movimentos fundamentalistas. Mas estes não são exclusividade das culturas muçulmanas. Podem ser detectados, nas esferas religiosas e profanas, em praticamente todo o mundo, inclusive nas sociedades ocidentais desenvolvidas. Mais do que um acidente de percurso, uma regressão incidental à pré-modernidade arcaica, eles representam uma compensação ideológica "pós-moderna" para o fim dos metadiscursos seculares e para o fundamentalismo econômico do culto do mercado.

Ademais de inspirar, ainda, a maioria das legislações domésticas e as lutas reivindicatórias de todos os oprimidos, a Declaração Universal dos Direitos Humanos serve de base a um expressivo *corpus* de tratados e mecanismos internacionais a que os Estados aderem volitivamente. Na medida em que se impõe por opção voluntária das diferentes culturas, nada tem ela de efetivamente "imperialista". Como observa o embaixador Gilberto Sabóia, que coordenou as negociações da Conferência Mundial sobre Direitos Humanos de 1993: "O consenso obtido em Viena, em toda a sua fragilidade, torna possível esperar a superação das resistências e a afirmação da realizabilidade dos direitos humanos"[39].

Enquanto os direitos humanos se apresentam hoje, após a Conferência de Viena, "universalizados" pelo consenso de todos os Estados, eles se afiguram ainda mais como valores transculturais atualíssimos ao se observar a atuação, nacional e internacional, das ONGs a ele dedicadas. É

---

39. Gilberto Sabóia, "O Brasil e o Sistema Internacional dos Direitos Humanos", em *Textos do Brasil, Edição Especial*.

com base na Declaração Universal de 1948 e nos tratados e declarações por ela propiciados que todas essas organizações privadas das mais diversas origens – fenômeno também planetário do mundo contemporâneo – procuram promover seus objetivos públicos, na área dos direitos individuais dentro de cada Estado, ou na defesa dos direitos coletivos de grupos específicos.

Se, conforme ensina Foucault, o Direito foi inventado como uma forma de legitimação do poder estatal na "Idade Clássica", deixariam os direitos humanos de ser uma afirmação do indivíduo contra esse mesmo poder? Talvez sim, talvez não, dentro do contexto da Revolução Francesa, em sua fase napoleônica. Mas não numa época como a nossa, em que tais direitos são reconhecidos internacionalmente e se tornam passíveis de cobranças internas e interestatais, limitando significativamente o arbítrio do poder constituído. Mais ainda, com as interpretações a eles conferidas pelas Declarações de Viena de 1993 e de Beijing de 1995, deixaram de ser dirigidos apenas contra o Estado. Ao proteger mais claramente os direitos da mulher, das crianças, dos indígenas e das minorias oprimidas dentro das sociedades nacionais, os direitos humanos tornaram-se também instrumentos contra a "capilaridade do poder", exercido por agentes não-estatais. E cabe não somente ao Estado, mas à sociedade como um todo, a obrigação de evitar a violação difusa desses direitos específicos.

Se, conforme Derrida, a Justiça é uma referência indefinida para a aplicação do Direito e uma aporia que se impõe, mas não pode ser legalmente prescrita na forma de direitos e deveres[40], a Declaração de 1948, com seu formato de manifesto, pode, ao menos, oferecer algum tipo de baliza. Afinal nela se banham, atualmente, em maior ou menor grau, praticamente todas as civilizações. Da mesma forma, tendo em conta as preocupações de Lyotard, a Declaração pode ser vista, desde sua "universalização" pela Conferência de Viena e pelo recurso que a ela fazem as minorias "sem voz", como um instrumento aceitável de convergência de todas as micronarrativas e jogos de linguagem.

Até mesmo, portanto, para os pós-estruturalistas convictos ou pós-modernos exigentes, a Declaração Universal dos Direitos Humanos abre caminhos inestimáveis. Afinal, na mesma medida em que o pós-estruturalismo se propõe emancipatório, o multiculturalismo que ele justificadamente endossa não pode ser cego. Nem pode a pós-modernidade, como continuação ou superação do racionalismo iluminista, tornar-se fundamentalista.

A cinqüentenária Declaração Universal dos Direitos Humanos não é uma fórmula mágica, nem um decálogo sacrossanto. Seu preâmbulo e seu Artigo 1º soam hoje, sem dúvida, demasiado metafí-

---

40. Jacques Derrida, op. cit., pp.919-1034.

sicos. Segundo os ensinamentos dominantes no pensamento contemporâneo, as pessoas não nascem "livres e iguais" em nenhuma parte do planeta, nem compõem propriamente uma "família humana". A realidade demonstra também que os direitos nela entronizados não são consistentemente respeitados em nenhuma comunidade, nacional ou eletiva, real ou imaginária. Mas o Direito é, afinal, um discurso normativo que apenas aspira a conformar a realidade. Dada a força persuasiva e liberatória que ela tem demonstrado, ao longo de cinco décadas, para indivíduos e coletividades, a Declaração de 1948 precisa ser mantida como está. Rediscuti-la seria abrir uma caixa de Pandora, em momento propício para todos os demônios.

Sem manipulações esdrúxulas, a Declaração dos Direitos Humanos precisa, sim, ser fortalecida, como o foi nas grandes conferências desta década, de Viena (sobre direitos humanos), Cairo (sobre população), Copenhague (sobre desenvolvimento social), Beijing (sobre a mulher) e Istambul (sobre assentamentos humanos)[41], naquilo que ela procura ser: um mínimo denominador comum para um universo cultural variado, um parâmetro bem preciso para o comportamento de todos, um critério de progresso para as contingências desiguais de um mundo reconhecidamente injusto, um instrumento para a consecução dos demais objetivos societários sem que estes desconsiderem a dimensão humana.

Apesar de seu tamanho limitado, a Declaração Universal dos Direitos Humanos é, ainda, e deve permanecer, uma Grande Narrativa. Na condição pós-moderna deste final de milênio, ela parece ser a única que resta.

(1998)

---

41. Sobre o assunto, ver J. A. Lindgren Alves, "A Agenda Social da ONU Contra a Desrazão 'Pós-moderna'", em *Revista Brasileira de Ciências Sociais*, e "The United Nations, Postmodernity and Human Rights", em *University of San Francisco Law Review*, vol. 32, n. 3, Primavera de 1998.

3. Cidadania, Direitos Humanos e Globalização

> *Não a perda de direitos específicos, portanto, mas a perda de uma comunidade disposta e capaz de garantir quaisquer direitos tem sido a calamidade a afligir números sempre crescentes de pessoas[1].*
>
> HANNAH ARENDT

O fenômeno da globalização, entre os muitos efeitos que acarreta, tem provocado alterações profundas nas idéias de soberania e cidadania vigentes no mundo ocidental desde a Revolução Francesa. Esta já modificara ambos os conceitos, antes prevalecentes na versão absolutista, ao transferir a titularidade da soberania do monarca para os cidadãos, detentores de direitos. A modificação atual é, porém, mais radical. Não tanto porque a globalização tenda a deslocar a soberania para entidades políticas supranacionais, mas porque os agentes econômicos transestatais e as tecnologias da comunicação instantânea praticamente inviabilizam seu exercício. Ao inviabilizar o exercício da soberania, a globalização incontrolada engendra o risco de anular a cidadania e, com ela, os direitos humanos. É preciso, portanto, encontrar meios de resgatar a cidadania ainda que modificada, para que a convivência humana não retorne aos modelos hobbesianos, seja o da "lei da selva", do Homem como lobo do Homem, seja o da solução absolutista, esmagadora dos direitos. Os meios talvez possam ser os próprios direitos humanos, utilizados no discurso contemporâneo de maneira distorcida, devidamente reenfocados em sua indivisibilidade.

---

1. Not the loss of specific rights, then, but the loss of a community willing and able to guarantee any rights whatsoever, has been the calamity which has befallen ever-increasing numbers of people. *The Origins of Totalitarism* (1950).

O CONCEITO DE CIDADANIA

Desde que o absolutismo foi superado nos Estados modernos, os conceitos de soberania e cidadania são vinculados à idéia de direitos humanos. Enquanto outros elementos, como a localidade, a identidade e a história comum, influem na construção da nacionalidade, a noção de cidadania reporta-se à de Nação como espaço de realização individual e coletiva, politicamente organizada no Estado soberano, nacional ou plurinacional (a Suíça, por exemplo), como entidade garantidora dos direitos e do Direito. Obviamente isso não quer dizer que os direitos fundamentais tenham sido inteiramente respeitados, nem que todos os habitantes de um Estado qualquer tenham alguma vez vivido em perfeita harmonia. Significa que o Estado, administrado por representantes da própria cidadania, para levar seus nacionais à guerra, para estabelecer-lhes normas coercitivas ou para cobrar-lhes impostos, assumia o compromisso de assegurar seus direitos.

Ao proclamar, em 1789, a declaração de direitos de maior repercussão na História até a adoção pela ONU da Declaração Universal dos Direitos Humanos, a Assembléia Nacional francesa definiu a cidadania moderna até mesmo no título do documento, "Declaração dos Direitos do Homem e do Cidadão", ou seja, todo homem, como expressão da espécie, tem direitos inerentes a sua natureza humana, que são, porém, exercidos no contexto da cidadania. Com linguagem e efeitos universalizantes, a declaração da França revolucionária redefiniu também a soberania estatal, estabelecendo, em seu Artigo 2º, que "o objetivo de toda associação política é a preservação dos direitos naturais e inalienáveis do homem" (à liberdade, à propriedade, à segurança e à resistência à opressão) e no Artigo 3º, que "a fonte fundamental de toda soberania reside na nação".

Até mesmo a crítica marxista ao Estado e ao Direito subentende a vinculação entre cidadania e direitos humanos. As reservas de Marx aos "direitos burgueses" consagrados nas declarações norte-americanas e francesas do século XVIII prendiam-se à percepção de que, ao protegerem a propriedade privada como um atributo natural e inalienável, elas estabeleciam uma igualdade jurídica meramente formal, legitimando a exploração capitalista do proletariado. A cidadania política seria, pois, a seu ver, um artifício do capitalismo para administrar a mais-valia em territórios estanques, ocultando a luta de classes, resolúvel somente pela revolução proletária, necessariamente internacionalista.

As análises não-marxistas mais influentes da vinculação entre a cidadania e os direitos humanos advêm de T. S. Marshall, desde o final da década de 1940 (a primeira edição de *Citizenship and Social Class* (Cidadania e Classe Social) é de 1950 e aprofunda idéias expostas conferência de 1949). Com base nas experiências britânica e norte-americana por ele examinadas mais de perto, os três elementos articuladores da cidadania moderna seriam os direitos civis, os direitos políticos e os direitos sociais, historicamente conquistados nessa ordem: os civis no século XVIII, os políticos no século XIX e os sociais no século XX. Diferentemente do entendimento marxista, os direitos civis e os direitos políticos não são, para Marshall e para a social-democracia clássica, dissimulações falsamente igualitaristas; são, ao contrário, instrumentos legais de luta para a conquista dos direitos econômicos e sociais sem recurso à revolução.

Embora com relação a governos autoritários, no final do século XX como no "Século das Luzes", as primeiras preocupações se voltem naturalmente para a obtenção das liberdades civis e políticas, nos países de regime democrático o entendimento hoje predominante no movimento em prol dos direitos humanos parece aproximar-se bastante da interpretação de Marshall (ainda que não formulada explicitamente nesses termos): os direitos humanos não abolem nem negam a idéia de luta de classes, mas são importantes para se atenuarem os malefícios sociais do capitalismo incontrolado. A atenuação se obtém pela expansão do conceito de direitos fundamentais e inalienáveis das tradicionais "liberdades burguesas" – ou direitos "de primeira geração", que exigiriam do Estado apenas "prestações negativas" – de forma a abranger também os direitos econômicos e sociais – ou direitos "de segunda geração", pelos quais o Estado passa a ter obrigação de realizar "prestações positivas" para a garantia do trabalho, da remuneração justa e eqüitativa, da proteção social, da educação gratuita (pelo menos nos graus elementares), de condições apropriadas de vida (em particular na esfera da saúde).

Em rapidíssimas pinceladas, esse é o quadro em que se desenvolve a cidadania no Estado constitucional moderno. Ele se acha consagrado, desde 1948, pela Declaração Universal dos Direitos Humanos, que entroniza no mesmo nível os direitos civis, políticos, econômicos, sociais e culturais de todo ser humano. Esse é o quadro que inspira os esforços contemporâneos nacionais – não apenas brasileiros, mas de qualquer sociedade democrática consciente (embora a doutrina jurídica norte-americana ainda relute em aceitar a idéia de direitos econômicos e sociais) – para a plena observância dos direitos humanos. Esse não é, porém, o quadro predominante no cenário internacional.

O QUADRO JURÍDICO INTERNACIONAL

Pela ótica estrita dos direitos humanos, muitos autores entendem que sua asserção internacional percorreu caminho inverso àquele observado por Marshall. Tendo em conta que a Organização Internacional do Trabalho (OIT) remonta à Liga das Nações (1919), antecedendo às Nações Unidas e à Declaração Universal, os direitos sociais teriam precedido temporalmente os direitos civis e políticos. O entendimento pode ser correto – embora não seja claro na doutrina se os direitos trabalhistas, inclusive o direito de constituir organizações sindicais e o direito à greve, são propriamente direitos sociais ou liberdades civis. Mas não dá conta das dificuldades empíricas do tema, nos tempos pretéritos e atuais.

Desde que se afirmaram como tema legítimo da agenda internacional, entre os propósitos das Nações Unidas, os direitos humanos sempre padeceram de desequilíbrios em seu tratamento, em favor dos direitos "de primeira geração". A essencialidade de todos os direitos e liberdades fundamentais, conquanto evidente na igual importância atribuída pela Declaração Universal a todos os direitos por ela relacionados, nunca se traduziu com adequação no próprio Direito Internacional dos Direitos Humanos. Os dois Pactos de 1966, um sobre direitos civis e políticos e outro sobre direitos econômicos, sociais e culturais, que dariam natureza jurídica obrigatória aos dispositivos da Declaração Universal, ainda que aprovados pela ONU simultaneamente (e sem abrigarem o direito à propriedade), eram profundamente diferentes em termos de mecanismos de proteção. O Pacto Internacional sobre Direitos Civis e Políticos dispunha desde o início de um comitê de peritos independentes encarregado de monitorar a implementação de suas disposições, com capacidade, inclusive, para acolher queixas individuais (conforme seu Protocolo Facultativo). Esse comitê é, sintomaticamente, denominado "Comitê dos Direitos Humanos". O Pacto Internacional sobre Direitos Econômicos, Sociais e Culturais não dispunha originalmente de mecanismo supervisor assemelhado. Somente em 1985 o Conselho Econômico e Social das Nações Unidas decidiu estabelecer um comitê de peritos para examinar os relatórios nacionais dos Estados-partes, formalmente idêntico a seu homólogo do outro Pacto, mas sem capacidade para acolher comunicações individuais. A própria denominação dos dois comitês põe em relevo a diferença de nível atribuída aos direitos protegidos por cada um: o novo "Comitê dos Direitos Econômicos, Sociais e Culturais" não denota no nome o fato de que esses direitos, tanto quanto os civis e políticos, também são inalienáveis e fundamentais.

Em função desse desequilíbrio, sempre agravado pelas atenções internacionais voltadas mais para as violações de direitos civis e políticos do que para a situação dos direitos econômicos e sociais, os países em desenvolvimento, com apoio dos antigos países socialistas, insistiam na necessidade de se reafirmar a indivisibilidade de todos os direitos humanos. Ela foi reafirmada pela ONU inúmeras vezes, em resoluções e documentos vários. O problema que acompanha essa insistência justa se encontra no fato de ela ter sido, e ainda ser, postulada com particular veemência por países que violam deliberadamente os direitos civis e políticos de seus cidadãos, com a alegação de que sua preocupação primeira é com o desenvolvimento e com os direitos econômicos e sociais. A alegação é comprovadamente absurda: o desenvolvimento entendido como simples crescimento econômico nunca foi de per si garantia de direitos, nem civis e políticos, nem econômicos e sociais. Como explicitava Marshall e a experiência confirma, os direitos civis e políticos são instrumentos legais importantes para a conquista da cidadania social. Sem eles a economia dos Estados até pode crescer – e a de muitos tem realmente crescido –, sem que esse "desenvolvimento" traga benefícios ao conjunto da cidadania.

O QUADRO INTERNACIONAL PÓS-GUERRA FRIA

Quando a Guerra Fria terminou, em fins de 1989, no episódio simbólico da queda do muro de Berlim, acreditou-se que o mundo havia entrado numa onda democratizante irreversível (a obra mais significativa do período foi o célebre ensaio de Francis Fukuyama sobre o fim da História, bastante controverso). Foi exatamente essa crença que inspirou a convocação, pelas Nações Unidas, da Conferência Mundial sobre Direitos Humanos, ocorrida em Viena em 1993.

A Conferência de Viena foi importante para a resolução de dificuldades conceituais que sempre envolveram os direitos humanos, como a questão de sua universalidade; a da legitimidade do monitoramento internacional de violações; a da inter-relação entre os direitos humanos, o desenvolvimento e a democracia; a do direito ao desenvolvimento e a da interdependência de todos os direitos fundamentais. A Declaração de Viena, com suas recomendações programáticas, constitui o documento mais abrangente sobre a matéria na esfera internacional, com uma característica inédita: adotada consensualmente por representantes de todos os Estados de um mundo já sem colônias, sua validade não pode ser contestada como fruto do imperialismo (o que era possível dizer-se, até então, com alguma lógica, da Declaração Universal de 1948, aprovada pelo voto positivo de apenas 48 países independentes, com 8 abstenções e 2 não-votantes, numa época em que a maioria da população extra-ocidental vivia em colônias do Ocidente, sem representação na ONU)[2].

Envolvendo 171 Estados, cerca de mil organizações não-governamentais e um total de mais de 10 mil indivíduos, a Conferência Mundial sobre Direitos Humanos teve efeito decisivo para a disseminação, em escala planetária, dos direitos humanos no discurso contemporâneo. Por mais que os governos criticados defendam-se como

---

2. Para uma descrição mais pormenorizada desse assunto e das reservas que o texto da Declaração ocasionava, ver *inter alia* José Augusto Lindgren Alves, *A Arquitetura Internacional dos Direitos Humanos*, pp. 30-33.

podem, inclusive com invocação de particularismos político-culturais e com alegações de que a abordagem internacional desses direitos é atentatória à soberania nacional, ou – o que é a mesma coisa dita de outra maneira – como violação do princípio da não-intervenção em assuntos internos (formalmente vigente nas relações interestatais desde os Tratados de Westfália de 1648, e consagrado entre os princípios das Nações Unidas, no Artigo 2º, parágrafo 7º, de sua Carta), esses argumentos são agora, no mínimo, contraditórios com o assentimento dado pelos representantes dos mesmos Estados à Declaração de Viena. A universalização do discurso político dos direitos humanos – útil, em qualquer circunstância, para a popularização da idéia de tais direitos – não se coaduna, porém, com o fenômeno da globalização em curso e com o discurso que a impulsiona nos moldes atuais. Incorre, por isso, no risco de deturpar-se, perdendo as características de abrangência e equilíbrio que haviam levado ao consenso de 1993.

O fenômeno mais marcante do mundo pós-Guerra Fria é, sem dúvida, a aceleração do processo de globalização econômica. Enquanto a situação estratégica planetária tinha conformação bipolar, com as ideologias liberal e comunista em competição, a existência de barreiras comerciais e não-comerciais era recurso protetivo dos Estados, aceito como necessário à defesa da soberania. O Estado-providência era forte, nos países desenvolvidos, sobretudo porque dificultava a contaminação das respectivas populações pela utopia antagônica. Com o fim da bipolaridade estratégica e da competição ideológica entre o liberalismo capitalista e o comunismo, a ideologia que se impôs em escala planetária não foi, entretanto, a da democracia baseada no *Welfare State*, justificado até mesmo pela filosofia lockeana[3]. Foi a do *laissez faire* absoluto, com a alegação de que a liberdade de mercado levaria à liberdade política e à democracia. Justificou-se dessa forma, até do ponto de vista da ética, o investimento econômico maciço em países de regimes autoritários e totalitários, neles se aceitando a substituição das liberdades civis e políticas pelo crescimento econômico como problema a ser resolvido pela "mão invisível do mercado"[4]. Por outro lado, nos países de sistema democrático, não somente as proteções mercadológicas, trabalhistas e previdenciárias passaram a ser objetadas em nome da modernidade. A própria noção de Estado-providência passou a ser condenada, porque declaradamente inepta à competitividade desejada, num momento em que o desemprego come-

---

3. Em *O Segundo Tratado do Governo*, Locke ressaltava, nos parágrafos 134 e 135, que o objetivo fundamental do Estado é a preservação da sociedade e de cada pessoa que a compõe, não se lhe permitindo "destruir, escravizar ou deliberadamente empobrecer seus súditos" (John Locke, *The Two Treatises of Government*, p. 184).

4. Daí a "exemplaridade" dos chamados "Tigres Asiáticos", erigidos em modelos a serem imitados no Terceiro Mundo.

çava a ser politicamente aceito como fatalidade "estrutural". É com essas premissas ideológicas que a globalização se tem acelerado em ritmo vertiginoso.

O problema para a democracia embutido no credo ultraliberal ora dominante é que, dentro do quadro jurídico-político conhecido até agora, os direitos humanos somente se realizam em sua indivisibilidade dentro de territórios nacionais e com as instituições do Estado-providência. Sem as prestações positivas necessárias, oferecidas por tais instituições como garantias de subsistência à população, a cidadania, na acepção de Marshall, é uma cidadania incompleta, assemelhada àquela criticada por Marx. Os direitos humanos, tão difundidos no planeta, acabam por parecer-se àquilo que, na cidadania democrática, eles se propõem combater: um discurso legitimante de iniqüidades que se agravam por efeito da própria globalização.

CENTRALIZAÇÃO E FRAGMENTAÇÃO

A globalização incontrolada tem provocado tendências centrípetas e centrífugas, apenas aparentemente antagônicas. O estabelecimento da economia-mundo – como tendência centrípeta – não unifica nada. Engendra, ao contrário, divisões continuamente acentuadas na esfera social e uma dispersão cultural enorme, disfarçada no fato de que todos os povos agora, quando podem, vestem calças "jeans", comem "hamburguers", ouvem e compõem "rock" e "rap", e querem ver filmes de Steven Spielberg.

Pela ótica econômico-social, o fenômeno derivado mais visível é a emergência de duas classes que extrapolam limites territoriais: a dos globalizados (aqueles abarcados positivamente pela globalização) e a dos excluídos (mais de três quartos da humanidade). Essa divisão é sensível em nível internacional e dentro das sociedades nacionais. Os globalizados de todos os rincões têm ou aspiram a padrões de consumo do Primeiro Mundo. Os excluídos (da globalização e do mercado) aspiram tão somente a condições mínimas de sobrevivência e, se não puderem contar com o direito inalienável à segurança social, são marginalizados da sociedade.

Em nível internacional, o agravamento da distância entre países ricos e pobres vem sendo denunciado em todos os relatórios de organizações intergovernamentais. Dos dados amplamente divulgados vale a pena recordar alguns mais ilustrativos. Segundo os Relatórios sobre o Desenvolvimento Humano, do Programa das Nações Unidas para o Desenvolvimento (PNUD), em 1962, os 20% mais ricos da população mundial tinham recursos 30 vezes superiores aos dos 20% mais pobres. Em 1994 esse diferencial passara a ser de 60 vezes e em 1997, de 74 vezes. Em 1997, os recursos acumulados de 600 milhões de pessoas dos países menos desenvolvidos não alcançavam a fortuna somada dos três maiores bilionários[5]. Para uma comparação mais próxima, inteligível em nossa própria pele, as 400 maiores fortunas individuais dos Estados Unidos, listadas anualmente pela revista *Forbes*, acumulam atualmente um total bastante superior ao do PIB do Brasil: 1 trilhão de dólares[6] (contra os nossos 800 bilhões de 1997, reduzidos em 1998 e, previsivelmente, em 1999). Enquanto quase todo o resto do mundo enfrenta situações agravadas, a quantidade de milionários norte-americanos, com fortunas cada vez mais impressionantes, vem aumentando acentuadamente: contra 1,3 milhões de famílias com renda líquida superior a US$ 1 milhão em 1989, o número atual é de 5 milhões, devendo, segundo estimativas da *Forbes*, quadruplicar nos próximos 10 anos[7].

Não é, porém, somente nos países em desenvolvimento que se concentra a exclusão social. Mais de 100 milhões de pessoas sofrem privações nas sociedades mais ricas. Os Estados Unidos, com a maior renda média dos países desenvolvidos, têm, segundo o PNUD, a maior população abaixo da linha de pobreza: 17% do total[8]. Ignacio Ramonet, do *Le Monde Diplomatique*, acrescenta que a União Européia tem atualmente 50 milhões de desempregados e 15 milhões de habitantes em condições miseráveis[9]. A diferença entre eles e os pobres do Terceiro Mundo está no nível das privações enfrentadas. A faixa de pobreza nos Estados Unidos é tão mais elevada que, segundo o Banco Mundial, 81% da população global contam com uma renda que naquele país seria suficiente apenas para um regime de subalimentação[10]. Na Europa ocidental, além disso, mais do que nos

---

5. Relatórios do PNUD sobre o Desenvolvimento Humano de 1994 e 1997 (dados de 1997 extraídos do texto de Ignacio Ramonet em resposta a Thomas Friedman, no debate "Dueling Globalizations", em *Foreign Policy*, n.116, outono de 1999, p. 126).

6. E da China, com seus 1,2 bilhões de habitantes! ("The Forbes 400", edição especial da *Forbes*, outubro de 1999, p. 169).

7. Dinesh D'Souza, "The Billionaire Next Door", ibid., p. 52. Dos 400 relacionados em 1999, com renda líquida não inferior a US $ 625 milhões, 268 são bilionários, 79 a mais do que em 1998.

8. *Human Development Report 1998*, p.2. Melhores índices de desenvolvimento humano têm aqueles países onde as instituições do *Welfare State* são mais sólidas, como a Suécia (7% de pobres) ou os Países Baixos (8%).

9. Ignacio Ramonet, "A New Totalitarianism", *Foreign Policy*, n. 116, outono de 1999, p.118.

10. Apud *Veja*. Edição de 6 de outubro de 1999, ano 32, n.40, p. 136. O escritório federal do censo norte-americano (*Census Bureau*) estabelecia como faixa de pobreza, abaixo da qual as famílias têm direito a receber vales alimentares e outros benefícios, rendimentos brutos anuais da ordem de US$ 16,600.00 e estava estudando a possibilidade de elevar esse limite para US$ 19,500.00 (Louis Uchitelle, "Devising New Math to Define Poverty", em *New York Times*, edição de 18/10/99, pp. A1 e A14). Qualquer dessas duas quantias, num país onde o custo de vida médio não é muito mais elevado do que no Brasil, seria simplesmente astronômica para os pobres brasileiros.

Estados Unidos, as proteções sociais mínimas do Estado-providência em defesa da cidadania perduram – e se transnacionalizam na União Européia – contra os preceitos do credo que delas se propõe desfazer. Os globalizados de qualquer região tendem a saudar a globalização incontrolada com entusiasmo. Nas sociedades ricas, cujos segmentos solidamente "incluídos" de empresários e trabalhadores especializados em tecnologias de ponta são os verdadeiros sujeitos da globalização, os efeitos colaterais são sentidos principalmente no incômodo da imigração aumentada, ou na ansiedade provocada pela oscilação de bolsas, quando há crises em países emergentes. Os incômodos são controlados, conforme o caso, com barreiras quantitativas ou de outra ordem à entrada de imigrantes não-qualificados e pela reorientação das aplicações financeiras para mercados mais promissores no momento, enquanto se aliviam as consciências com a prática da filantropia (descontada no imposto de renda). Nas camadas intermediárias os efeitos podem representar o fim do emprego e a exclusão do consumo – hoje expressão sinônima de marginalização social, com tudo o que pode implicar em termos de miséria, violência e criminalidade, sobretudo em países que não conseguem oferecer compensações previdenciárias ou outras alternativas de subsistência.

Para a criminalidade comum, observada com maior freqüência entre as camadas mais pobres (também pelo lado das vítimas), a saída nos Estados Unidos (que algumas pessoas de boa fé parecem ter a intenção de copiar alhures) tem sido a repressão rigorosa, com a intolerância punitiva transformada em plataforma eleitoral unânime. A reclusão prisional passa a ser a regra para qualquer comportamento delitivo, levando muitas vezes a sentenciamento absurdo. Pela regra imperativa dos *three strikes* (três golpes) vigente na Califórnia, há, nesse Estado mais rico da mais opulenta Federação, indivíduos em situações que lembram a do Jean Valjean de Victor Hugo. Duas vezes reincidentes no mesmo delito, ou com três infrações variadas, cumprem penas mínimas de 25 anos até a de prisão perpétua todos os delinqüentes violentos ou não, sejam homicidas contumazes não-condenados à morte, sejam pessoas marginalizadas que furtam comida, cidadãos normalmente ordeiros que dirigem seus carros após ingestão de bebida, pequenos traficantes ou portadores de maconha[11] (os estrangeiros, legais ou ilegais, são, em seguida, deportados, quando a pena não é de prisão perpétua). Como recursos econômicos não faltam para esses fins, os Estados Unidos têm hoje a maior população carcerária do mundo: quase 2 milhões de prisioneiros, segundo

---

11. Segundo noticiado, 88% das prisões registradas nacionalmente em conexão com drogas em 1998 teriam sido por posse e não por tráfico de maconha (Reuters, "1998 pot arrests near record; most for possession", em *San Francisco Examiner*, 18/10/1999).

informações do Departamento de Justiça, após sete anos consecutivos de redução nos números totais e relativos de delitos graves[12]. Daí a interpretação de Zygmunt Bauman de que, nas sociedades pós-modernas do capitalismo globalizado, mais do que no período clássico analisado por Foucault, o problema da exclusão social tende a ser resolvido pelo encarceramento, agora sem objetivos disciplinares ou de recuperação[13].

Em quase todas as sociedades, um vasto segmento populacional, situado na tradicional classe média (que abrange atualmente os trabalhadores formalmente empregados, sobretudo do Primeiro Mundo) usufrui de alguns benefícios da globalização. Viaja-se hoje muito mais do que antes; os turistas já não são propriamente cidadãos privilegiados; a Internet propicia comunicação instantânea e barata com todo o mundo (desde que se tenha acesso a computador ligado à rede), a competição internacional torna mais acessíveis produtos antes adquiridos somente pelos mais abastados e a sedução consumista é praticamente imbatível. As empresas multinacionais trazem novos empregos e novos hábitos aos países em desenvolvimento – ainda que muitas vezes à custa de desemprego maior –, enquanto os trabalhadores dos países mais ricos batem-se para evitar a transferência territorial dos empregos que têm, acusando os países mais pobres de *dumping* social. A volatilidade dos capitais financeiros em busca de juros fáceis e a montagem e desmontagem de investimentos produtivos, sempre em busca de mão-de-obra barata, com incentivos fiscais, podem jogar muitos desses indivíduos semi-globalizados abaixo da linha de pobreza.

As diferenças entre as novas classes nas sociedades desenvolvidas e subdesenvolvidas são essencialmente quantitativas. Nas primeiras, os globalizados são muitos e os excluídos, relativamente poucos, enquanto a maioria da população é semi-globalizada. Nas sociedades mais pobres, evidentemente, os números se invertem, com a qualificação de que os semi-globalizados são substancialmente menos "incluídos", caindo na faixa de exclusão com muita facilidade. É

---

12. Com 12,5 milhões de delitos graves registrados em 1998, o somatório de assassinatos, estupros, assaltos, roubos violentos e furtos, inclusive de veículos, nos Estados Unidos, foi inferior em 5,3% ao de 1997. A taxa de crimes de 4.616 por 100 mil habitantes acusou redução de 6% com relação a 1997, 14% a 1994 e 20% a 1989 (Mark Helm, "Murder rate lowest in three decades – serious crime drop for 7th straight year", ibidem). É interessante notar que as autoridades federais, conquanto efusivas com esse declínio, explicam-no sobretudo por razões demográficas (envelhecimento do grupo nascido no *baby boom*, entre 1946 e 1964, correspondente a 25% da população), não pelo crescimento econômico do país, nem pelo rigor repressivo. O aumento constante da população carcerária se deve reconhecidamente à intensificação da campanha de "guerra às drogas".

13. Zygmunt Bauman, *Globalization – The Human Consequences*, pp. 103-127. O encarceramento dos excluídos, com o recurso crescente à prisão para a também crescente penalização de atos relativamente banais, seria a contrapartida natural do autoconfinamento dos ricos, em sociedades crescentemente inseguras.

importante assinalar que essas duas novas classes, oriundas da globalização incontrolada, não eliminam a divisão tradicional entre ricos e pobres, tendo de permeio a classe média. O que se encontra muitas vezes superada é a idéia de solidariedade classista numa realidade demasiado competitiva, em que as iniciativas de "racionalização" significam quase sempre demissões em massa. Como, em termos de recursos, as classes médias de países pobres já se assemelham às classes pobres de países ricos, enquanto os pobres são mais pobres e os ricos têm níveis comparáveis aos dos homólogos desenvolvidos, o dualismo social dos países emergentes se aprofunda infinitamente. É significativo que, segundo dados da Fundação Seade divulgados no Brasil em outubro de 1999, na área do país mais diretamente afetada pelo fenômeno da globalização, a Região Metropolitana de São Paulo, a renda familiar tenha crescido 37% para os 10% mais ricos e 24% para os 10% mais pobres, desde o lançamento do Plano Real – que, não obstante, logrou promover para cima da faixa brasileira de pobreza mais de 10 milhões de indivíduos (14 milhões, segundo as estatísticas dos períodos iniciais).

Impulsionada pela globalização incontrolada e pelo alegado fim das ideologias alternativas ao *status quo*, com o respaldo militante das teorias pós-estruturalistas, um outro tipo de fragmentação se manifesta, de caráter cultural, na exacerbação do comunitarismo simbólico ou imaginário. Como o Estado é aparentemente fraco, em todos os quadrantes da Terra, e o espaço nacional não assegura a realização dos direitos fundamentais de todos, a Nação como conjunto abrangente perde em parte sua conotação valorativa. Não sendo realista a auto-identificação por classe, conceito relativizado pelo consumo de massas e pela competição exacerbada por empregos escassos, nem pela idéia de Nação politicamente organizada em Estado, entidade sem capacidade de garantir a não-discriminação entre seus cidadãos, o indivíduo passa a identificar-se com outro tipo de comunidade, por coloração epidérmica ou religião, por gênero ou orientação sexual, por origem étnica ou ancestralidade nacional diversa da maioria. Na Europa, crescentemente integrada pelas instituições da União Européia, assiste-se hoje a uma acentuada revalorização de localismos subnacionais, inclusive com o cultivo de línguas antes quase extintas, como o bretão no Norte da França, o gaélico na Escócia e no País de Gales, ou o catalão oficializado na cosmopolita Barcelona e em toda a Catalunha. Nos próprios Estados Unidos, país extraordinariamente patriótico que funciona como pólo econômico e estratégico do planeta globalizado, o cidadão norte-americano se orgulha – mais, sem dúvida, do que as outras nações – de sua nacionalidade jurídica. Mas ela não é sua única, nem principal, lealdade. A identidade é crescentemente marcada antes como branca ou negra, protestante ou não-protestante (judia, muçulmana, católica romana, ortodoxa, hindu ou esotérica de mil matizes), feminina, masculina ou homossexual, nativa, hawaiana ou asiática. A descendência étnica vira "raça": brancos (euro-americanos, sobretudo anglo-saxões) ou hispânicos (que não incluem os espanhóis, europeus), sendo semitas apenas os judeus, não os árabes.

Se, por um lado, esse mosaico de lealdades tem permitido às comunidades simbólicas lutarem pelo reconhecimento de direitos particularizados (através, por exemplo, da "ação afirmativa" ou do aprendizado de qualquer matéria do currículo escolar na língua de origem[14]), por outro, ao enfraquecer a noção marshalliana de cidadania, ele pode ter também efeitos perigosos. A afirmação do "direito à diferença" é positiva quando utilizada num sentido antidiscriminatório. Se instrumentalizada, porém, numa linha de radicalização, ou em sociedades em que o dualismo entre os segmentos modernos e arcaicos seja muito acentuado, ela pode levar a impasses para avanços sociais, até porque o "direito à diferença" de uns pode servir de escusa à intolerância de outros.

Resultante da mistura de causas econômicas e culturais, a fragmentação da comunidade nacional assume feições paroxísticas quando as comunidades simbólicas de auto-identificação se tornam fundamentalistas, em torno da religião, da etnia ou de qualquer outro desses liames simbólicos. Até o fim da Guerra Fria, o fenômeno parecia localizado em regiões específicas, servindo de amálgama ideológico para alguns movimentos anti-ocidentais ou contrários às forças dominantes: os *Black Muslims* norte-americanos, organizados na Nação do Islã (antípoda à "Identidade Cristã"[15], inspiradora da Ku-Klux-Klan); a revolução xiita do Irã (contra o regime ocidentalizado do Xá), o Exército Republicano Irlandês (contra o domínio de Londres); os separatistas bascos na Espanha etc. No início da década de 1990, o fundamentalismo étnico baseado na religião e transformado em "nacionalismo" anacrônico para a constituição de Estados independentes manifestou-se de forma brutal, sobretudo nos Bálcãs iugoslavos. Espalhou-se pelo mundo muçulmano, com atentados terroristas anti-ocidentais ou anti-seculares, dentro e fora dos países de origem, de forma tão vigorosa que permitiu ao Ocidente, durante certo tempo, assimilar o fundamentalismo à religião islâmica (sem levar em conta que sua primeira manifestação na década foi cristã e européia, nas terras da Iugoslávia pós-comunista). Em 1999, o integrismo muçulmano não soa diferente de outros fundamentalismos mais ou menos virulentos, hinduísta, católico, protestante, judeu ortodoxo, ou diante da proliferação de seitas salvacionistas, da força persistente de bandos e partidos de ultra-

---

14. Conquistas sobretudo norte-americanas que, por sinal, vêm sendo contestadas e revertidas por leis estaduais aprovadas em referendo popular.

15. Movimento protestante originado na Europa no século XIX e ainda agora existente nos Estados Unidos, que encara apenas os brancos como filhos de Deus, sendo todas as demais "raças espúrias", oriundas do diabo.

direita na Europa, do ressurgimento das milícias "nativistas" e outros grupos militantes propagadores do ódio (*hate groups*) antinegro, antijudeu, anti-imigrante, anti-homossexual e antiaborto (que defendem a vida do feto colocando bombas em clínicas) nos Estados Unidos – sem falar dos casos isolados, cada dia mais freqüentes, de jovens que executam seus colegas com armas de fogo, para em seguida suicidar-se, em colégios de classe média abastada.

É difícil apontar com precisão as causas que influem nesse estado de coisas. Nas discussões sociológicas fala-se da natureza da "nova cidadania", definida pela capacidade de consumo, sob risco de exclusão; da substituição, nas sociedades pós-modernas, da ética pela "estética", que leva ao desejo de posse de bens desnecessários, simbolizantes de *status*, eternamente insatisfeito, porque a produção se encarrega de gerar novas "necessidades"; da descrença generalizada na política como campo de luta social; da falta de comunicação interpessoal direta dentro da sociedade tecnológica pós-industrial, levando o indivíduo atomizado a buscar identificações imaginárias para compensar a perda de vínculos tradicionais; da falta de utopias seculares com sentido teleológico para a realização de esforços sociais coletivos de maior envergadura. Ainda que muitos desses argumentos se amoldem essencialmente a situações do Primeiro Mundo, pois no Terceiro a luta majoritária ainda é "primitiva", por condições de sobrevivência, eles também se aplicam, com maior ou menor adequação, aos segmentos globalizados e semiglobalizados de todas as áreas do planeta. Os problemas propulsores dessa fragmentação têm, de qualquer forma, pelo que tudo indica, muito a ver com o culto do mercado como ideologia dominante, astutamente disfarçada de não-ideologia.

Como os antigos romanos já diziam e praticavam: *Divide et impera*! Quanto mais esgarçada a comunidade nacional, quanto mais fracos, em todos os sentidos, os Estados novos e antigos, quanto mais insignificantes, econômica e politicamente, as unidades dotadas de soberania política, mais fácil é a afirmação do capital, produtivo e improdutivo, no mercado mundializado. Não é nenhum esquerdista, mas o megainvestidor George Soros quem reconhece (nesses termos) a "aliança prevalecente na política entre os fundamentalistas do mercado e os fundamentalistas religiosos"[16].

A CIDADANIA NO MUNDO GLOBALIZADO

Ao estudar o fenômeno dos totalitarismos de nosso século, à luz sobretudo dos horrores perpetrados contra os judeus destituídos da cidadania alemã pelo regime nazista, Hannah Arendt definiu a cidadania

---

16. George Soros, *The Crisis of Global Capitalism*, p. 231.

como o pertencimento a uma comunidade disposta e capaz de lutar pelos direitos de seus integrantes, como o "direito de ter direitos"[17]. Com seus efeitos excludentes, a globalização, nos termos em que está posta, produz um resultado curioso: de um lado, os globalizados, em qualquer sistema político, gozam de todos os direitos que lhes interessam; de outro, os socialmente excluídos, providos ou desprovidos de direitos políticos, têm, em teoria, quase sempre, uma cidadania política, mas ela não lhes proporciona, na prática, nem direitos, nem esperanças.

A globalização é, de qualquer forma, fenômeno factual, com aspectos positivos e negativos. Em paralelo às facilidades reais, mencionadas um pouco acima, que encantam e seduzem globalizados e semiglobalizados, pode ser computada em seu ativo a disseminação das idéias de liberdade e democracia (juntamente com as de ódios e fundamentalismos) propiciada mais pela rapidez das comunicações do que pela liberdade de mercado. A tecnologia, aparentemente libertadora, acarreta, por sua vez, dificuldades adicionais em matéria de desemprego, supostamente estruturadas pela mundialização do mercado.

Grande parte das discussões atuais, no Brasil e no exterior, giram em torno de posições em favor ou contra a globalização. Tais discussões, por mais brilhantes que sejam os argumentos levantados, tendem a ser sempre desfocadas. Sendo um fato cada dia mais inconteste, a globalização em si não comporta posturas pró ou contra, independentemente da boa fé que as possa (ou não) inspirar. Nada impede, porém, que se busquem alternativas para uma inserção positiva no desenvolvimento desse fato, nem para que se procurem estabelecer controles para o processo. A não ser, obviamente, a vontade e o poder daqueles que dele se beneficiam nas condições atuais. Na medida em que o fenômeno não é localizado, nem no tempo (a globalização não é de hoje, vem sendo construída há séculos), nem no espaço (envolve pelos aspectos positivos e negativos praticamente todo o globo terrestre), o isolacionismo e o globalismo ideológico não encontram soluções para os males do presente, até porque não as procuram. O isolacionismo é irrealista e pode ser contraproducente na medida em que se dispõe a barrar os aspectos positivos do processo, sedutores e, em certos casos, úteis. O *laissez faire*, por sua vez, não oferece contrapartidas para os efeitos negativos.

Outras formas de responder ao desafio do processo globalizador, nem isolacionistas, nem conservadoras, estão em curso há anos, tendo ultrapassado o estádio de posturas. Algumas são pouco palpáveis, porque se desenvolvem no plano de valores; outras, bastante objetivas, têm tido resultados concretos. As mais visíveis são os esforços intergovernamentais para a constituição de mercados integrados re-

---

17. Hannah Arendt, *The Origins of Totalitarianism*, pp. 299-302.

gionais, como a União Européia, a NAFTA e o Mercosul. A primeira, mais antiga, mais abrangente e mais sólida, supera agora largamente a etapa de construção de um simples mercado comum. É dotada de legislação e instituições supranacionais que esboçam uma nova cidadania, dos "cidadãos europeus" previstos nos acordos de Maastricht, construída pouco a pouco no caminho inverso daquele identificado por Marshall: dos direitos econômicos passando aos sociais e destes para os civis, para chegar, talvez, no futuro, à cidadania política européia, sem esmagar as nacionalidades[18]. Mais incipiente é o processo de integração desenvolvido no âmbito do Mercosul, que não prevê, no momento, nada de semelhante, mas conta com órgão consultivo que extrapola a esfera econômica. Ele também, mais do que a NAFTA, pode, talvez, encaminhar-se para modificações no territorialismo das cidadanias[19].

Na escala planetária nada parecido ocorre de concreto, nem indica que venha a ocorrer. Fala-se, com freqüência, de comunidades transnacionais existentes na linha das comunidades simbólicas de identificação que dividem as comunidades nacionais (negros, mulheres, homossexuais, nacionalidades de origem ou descendência, etnias e religiões em diáspora)[20], assim como de "comunidades de objetivos", que lutam por causas específicas (ambientalismo, movimento das

---

18. Para um exame exaustivo do assunto, ver Joaquim Leonel de Rezende Alvim, *Citoyenneté européenne: contribution à l'étude d'un lien polycentrique*, Villeneuve d'Ascq, Presses Universitaires du Septentrion, 1999 (tese de doutorado defendida em 1997). Na medida em que o processo de unificação europeu, iniciado pelo Tratado de Roma de 1950 e agora aprofundado pelos acordos de Maastricht de 1991, responde aos desafios da globalização econômica dentro da lógica do liberalismo prevalecente na escala mundial, procurando adaptá-la às peculiaridades européias, a crescente revalorização dos localismos tem sido interpretada como uma reação cultural assemelhada à fragmentação genericamente observada alhures, mas, nesses casos, como decorrência da intensificação da transferência das soberanias nacionais para instituições assumidamente supranacionais. Não é à toa que o Conselho da Europa, órgão máximo da União Européia, adotou decisão no sentido de encorajar o uso e o ensino de línguas locais. Como declara o escritor Maurice Le Bris, que escreve em bretão para os habitantes da Bretanha: "Nós agora aceitamos que nossa identidade pode ter diversas camadas. Podemo-nos sentir europeus, franceses e bretões simultaneamente. Mas a definição deve permanecer em aberto. Do contrário, você se torna um bastião, uma Sérvia" (*apud* Marlise Simons, "In New Europe, a Lingual Hodgepodge", *New York Times*, 17/10/1998, p. A4).

19. É significativo que desde 1992-1993 os sindicatos dos quatro países que compõem o Mercosul tenham decidido participar com voz ativa do processo de integração negociado pelos respectivos governos. Ainda que sua atuação se tenha pautado até agora mais pelo recorte de nacional do que pelo enfoque classista, o envolvimento das centrais de trabalhadores da Argentina, Brasil, Paraguai e Uruguai (ver sobre a matéria Tullo Vigevani, *Mercosul – Impactos para Trabalhadores e Sindicatos*, São Paulo, LTr/Fapesp/Cedec, 1998) é fenômeno a ser acompanhado com interesse também pelo que pode vir a representar sob o prisma de uma eventual "cidadania" regionalizada.

20. Ver, por exemplo, Arjun Appadurai, *Modernity at Large – Cultural Dimensions of Globalization*.

mulheres e dos direitos humanos). Como recurso retórico fala-se também de uma "sociedade civil internacional" identificada na atuação das ONGs e da Academia na esfera de valores. Tudo isso vem sendo, evidentemente, reforçado pela rapidez da comunicação moderna, física e virtual. Não constitui, porém, nem de longe, uma cidadania universal. Até porque, mundializado o mercado, quem dispõe dos instrumentos para a conquista de direitos não são propriamente homens e mulheres, mas empresas e capitais.

Dentro desse panorama confuso de tendências conflitantes, há pelo menos um elemento positivo. Pela primeira vez na História, valores universalmente compartilhados hoje se afirmam com legitimidade na agenda internacional. As conferências mundiais da ONU na década de 1990 trataram de temas efetivamente globais e, malgrado as dificuldades havidas nas negociações, todas adotaram seus documentos por consenso. O que se faz pelo meio ambiente, após a Rio-92, é pouco, mas incomparavelmente mais do que se fazia antes. As mulheres enfrentam dificuldades e retrocessos na luta por seus direitos, mas nunca como neste fim de século tiveram voz tão ativa no espaço público. Os direitos humanos são violados e distorcidos, mas jamais tiveram no passado a força mobilizadora, em escala planetária, do presente. Os valores podem estar sendo usados de maneira utilitária, às vezes em empreitadas duvidosas, como a da OTAN, recentemente, no Kossovo. Entretanto, ainda que para legitimar políticas de poder, são eles agora ingredientes necessários a que os próprios Estados poderosos não podem deixar de recorrer[21].

Os efeitos das conferências mundiais da década de 1990 sobre os temas globais têm sido limitados. Seus documentos foram, todavia, todos consensuais. Foram-no, é bem verdade, porque se tratava de declarações e programas recomendatórios, sem força jurídica cogente. Mas o foram também porque tinham características abrangentes, não-seletivas e equilibradas, acolhendo os direitos humanos como elementos imprescindíveis ao alcance das metas acordadas. Respaldados no consenso e com as características com que foram adotados, os documentos das conferências podem e devem ser utilizados, não como obstáculos fictícios, mas como instrumentos humanizadores do processo de globalização. Isso não será feito espontaneamente pelos governos: alguns porque, submetidos a variados tipos de pressão, não dispõem de força autônoma suficiente; outros porque, usufruindo de vantagens na situação vigente, simplesmente não a querem modificar. Quem os pode utilizar com convicção e sem constrangimentos de outra ordem na esfera internacional são as comunidades

---

21. Ver sobre o assunto Gelson Fonseca Jr, *A Legitimidade e outras Questões Internacionais*, em especial a Parte II.

novas acima referidas, simbólicas, "de objetivos", de ONGS e acadêmicas, em particular os movimentos sociais abrangentes, ambientalistas, de direitos humanos, de mulheres e de trabalhadores. Se o fizerem resolutamente, não apenas no âmbito da ONU ou junto a governos isolados, em campanhas consistentes de mobilização mundial, confirmarão a impressão incipiente de que representam o embrião de uma sociedade civil transfronteiriça, capaz de algum dia conformar uma cidadania universal[22].

OS DIREITOS HUMANOS COMO INSTRUMENTO HUMANIZADOR

Passados dez anos desde o fim da Guerra Fria, o que permanece no mundo com incidência planetária são apenas o mercado e o discurso dos direitos humanos[23]. Verso e anverso da mesma medalha no sentido mais nobre da social-democracia, na situação presente eles se têm associado no enfraquecimento do indivíduo cidadão: o mercado porque excludente, os direitos humanos porque incompletos. Já que a cidadania se exerce por intermédio dos direitos, agora parece ser hora de retomar seu discurso num sentido diferente daquele em que vem sendo empregado, mais acorde com o consenso de Viena.

A solidariedade internacional existe e se manifesta de formas várias. Foi ela, mais do que a vontade dos Estados, movidos por interesses num jogo complicado de poder, que levou os próprios Estados a construírem, na ONU e em esferas regionais, um arcabouço jurídico para os direitos fundamentais do indivíduo, somente realizáveis na órbita doméstica de cada cidadania. Hoje, a solidariedade se expressa na prática do humanitarismo. Os direitos humanos, por seu lado, perderam o vigor combativo. Não tendo possibilidade de impor sua indivisibilidade em Estados democráticos – e é somente nestes que se podem realizar como direitos –, acabam funcionando a conta-gotas, com efeitos paliativos para casos específicos, em defesa de algumas crianças, de algumas mulheres, de alguns indivíduos flagrantemente discriminados, de algumas pessoas despersonalizadas em situações-limites. Ou são brandidos com veemência somente em sua versão punitiva, necessária como dissuasão, mas nunca, de maneira alguma, correspondente a sua totalidade. A punição de violadores é premissa

---

22. Porque o presente texto é de 1999, ele não menciona o Fórum Social Mundial, de Porto Alegre, e o importante papel que desenvolve para fortalecer esses laços de solidariedade internacional não-governamental e não-corporativa, reconhecido talvez mais fora do que dentro do Brasil (digo isto com base na abundância de publicações sobre ele que vejo nas livrarias de Paris e de Genebra).

23. Em 2004, eu acrescentaria em especial o medo, da miséria, do terrorismo, do contra-terrorismo, da criminalidade e da intolerância de todos os tipos.

em que se baseia o Estado de Direito, cujo descumprimento escarnece a idéia de Justiça. Não pode, porém, ser a única causa mobilizadora na luta maior e constante pelos direitos humanos, de sentido emancipatório.

Se a solidariedade foi capaz de utilizar os direitos "de primeira geração" como instrumento da ação internacional contra ditaduras, não parece inviável que o mesmo tipo de atuação possa desenvolver-se contra o absolutismo do mercado. Nas lutas nacionais da cidadania viu-se, e ainda se crê, que isso é, em princípio, possível. Na esfera internacional, mais difícil é saber o destinatário certo, tão elusivo e difuso, das ações a serem empreendidas. Assim como pouco adianta, na prática, denúncias de violações contra governos democráticos que sinceramente desejam fazer respeitar os direitos civis – e as violações devem sempre ser denunciadas –, pouco adiantariam cobranças internacionais apenas contra Governos que não atendem adequadamente aos direitos econômicos e sociais quando não o podem fazer nas circunstâncias vigentes. A batalha democrática por melhores condições para a realização desses direitos dentro do quadro atual é obviamente necessária, mas essencialmente interna, no exercício da cidadania em moldes tradicionais.

Para ter efeitos como contrapeso à globalização incontrolada, não apenas na área econômico-social, mas também na civil e política, as denúncias internacionais devem ir de encontro aos verdadeiros agentes do processo: empresas transnacionais e organismos financeiros, bancos e investidores, fundos de pensões com aplicações internacionais e associações de classe patronais e sindicais, a Organização Mundial do Comércio e o FMI, a Comissão dos Direitos Humanos em Genebra e o foro empresarial de Davos. A atuação não pode tampouco restringir-se a denúncias. Experiências interessantes começam a ser empreendidas nos Estados Unidos, no campo do direito privado, que talvez possam ser multiplicadas em outras jurisdições: as ONGS de direitos humanos vêm movendo ações de indenizações vultosas contra empresas que abusam de trabalhadores, não somente quando violam seus direitos civis, mas também quando os exploram aproveitando-se das condições de mercado (contra a Gap em ilhas do Pacífico, contra maquiladoras com mão de obra mexicana, contra imobiliárias que despejam sem compensação adequada inquilinos pobres e assim por diante). Tal como já se vêem esporadicamente "correntes" na Internet, contra a compra de produtos de determinados países como protesto por atentados aos direitos civis e políticos (por exemplo, contra a Indonésia, durante os massacres pós-referendo no Timor Leste), não é inconcebível algo de semelhante contra empresas e organismos que estimulam o desemprego nacional ou estrangeiro.

Nada disso é propriamente novo. O processo criminal movido contra a Nestlé na década de 1970, relatado em livro já "clássico" por

Antonio Cassese[24], é emblemático. Acusada criminalmente por grupo organizado de cidadãos suíços de promover a fome e mortes de crianças no Terceiro Mundo com sua propaganda de leite em pó em sociedades que não dispunham de meios sequer para esterilizar mamadeiras, a Nestlé foi inocentada por Tribunal de Berna, enquanto os acusadores pagaram multas por difamação. A Nestlé, porém, e outras exportadoras de alimentos processados adotaram um "código de ética", adaptando suas técnicas de propaganda de maneira menos nociva aos países-alvos. Paralelamente, movimentos da sociedade civil norte-americana lançaram forte boicote aos produtos da Nestlé, e a Organização Mundial da Saúde conseguiu, pouco tempo depois, estabelecer parâmetros universais para o assunto. Ganharam, com certeza, por outro lado, maior vigor em todo o mundo as campanhas educativas pelo aleitamento materno.

O que se propõe aqui não é tampouco original. Estudos e recomendações nessa linha são abundantes há anos. Em artigo recentemente publicado nos Estados Unidos, Chris Jochnick oferece referencial jurídico internacional para o embasamento de ações contra atores não-estatais que infringem direitos econômicos e sociais em situações diversas[25]. Seu estudo abrange, entre os alvos contemplados, as corporações, as instituições financeiras e aquilo que ele chama de *third-party States* ("Estados terceiros"): países cujas iniciativas diretas ou indiretas causam os problemas registrados no Estado em consideração.

O que se visualiza aqui é, sem embargo, mais ambicioso. Tendo por alvo o *laissez faire* imperante no processo de globalização atual com o objetivo de humanizá-lo, a atuação necessária exigiria mobilização muito maior. Seu foco não seriam apenas os direitos econômicos e sociais, de baixo apelo e pequena credibilidade no quadro internacional. Seriam os direitos humanos na própria maneira enviesada em que se acham incorporados no discurso contemporâneo, com ênfase nos direitos "de primeira geração": à vida, à liberdade e à segurança da pessoa (Artigo 3º da Declaração Universal). Já que a fome conscientemente causada é também uma forma de tortura, poder-se-ia invocar igualmente o direito de não ser torturado (Artigo 5º da Declaração Universal e 7º do Pacto Internacional sobre Direitos Civis e Políticos). A idéia pode parecer utópica, mas não é, com certeza, absurda. Se o ambientalismo militante foi capaz de salvar as baleias da extinção anunciada e de levar ao estabelecimento de normas que têm diminuído o nível poluente das indústrias, não é impossível que a militância constante e esclarecida pró-direitos humanos consiga criar solidariedades capazes de estabelecer critérios humanos para a eficiência no mercado mundializado.

---

24. Antonio Cassese, *Human Rights in a Changing World*, pp. 138-151.
25. Chris Jochnick, "Confronting the impunity of non-state actors: new fields for the promotion of human rights", em *The Human Rights Quarterly*, pp. 56-79.

O discurso dos direitos humanos é pouco imediatista, mas tem derrubado ditadores. Há relativamente pouco tempo destituiu o sistema do *apartheid*. Quando não chega a demitir pela base governos autoritários de natureza secular, tende pelo menos a controlar seu arbítrio, utilizando tão somente a "mobilização da vergonha"[26]. Se a imagem é importante para os governos, ela o é *a fortiori* para os agentes do mercado. Se o mesmo tipo de pressão brandida contra os autoritarismos for exercida e divulgada com insistência "mercadológica" contra os agentes da globalização, algum resultado terá. Ajudará, quando menos, a fazer ver as complexas interligações do mundo contemporâneo, nitidamente ignoradas do homem comum das sociedades ricas, que, não obstante, pratica com denodo – e descontos tributários – filantropia e humanitarismo.

Os direitos humanos não são panacéia para os males do mundo. Têm, contudo, atração aos olhos do público de países desenvolvidos e dispõem de notável transversalidade no espectro político – exceto para os extremismos de direita e de esquerda, ou para os fundamentalismos que sinceramente encaram a política como braço temporal de disposições divinas. Assim como qualificaram juridicamente o conceito de soberania, transferindo-lhe a titularidade do Príncipe para o cidadão, os direitos humanos podem ainda, quiçá, pela ótica econômica, ajudar mais uma vez, com a mobilização externa, o exercício da cidadania.

Não existindo uma cidadania internacional, os direitos humanos não têm, no mundo globalizado de hoje, a força instrumental identificada por Marshall, no passado, para a construção da cidadania social dentro de Estados soberanos. Mas os direitos humanos, inclusive os de primeira geração, malgrado as reservas de Marx, sempre foram um recurso progressista, dos desprovidos de poder, para obter modificações no *status quo*. Da mesma forma que foram utilizados pela burguesia contra o *Ancien Régime* (Antigo Regime) e pelos trabalhadores europeus para o reconhecimento de seus direitos, podem e devem ser reapropriados em sua indivisibilidade para a obtenção de ganhos perante os globalizados em favor dos excluídos. Não se quer com isto incentivar a exumação de condicionalismos peremptos que subordinavam os direitos civis e políticos à prévia consecução de metas desenvolvimentistas, alegadamente em favor dos direitos econômicos e sociais, nem endossar as posturas anacrônicas que ainda neles se escudam na tentativa de escapar ao monitoramento internacional. Os direitos humanos devem, sem dúvida, ser utilizados também na denúncia do arbítrio das ditaduras, dos excessos praticados por movimentos que se proponham chegar ao poder violando os direitos do cidadão comum, bem como de práticas atentatórias aos direitos

---

26. A expressão é de Alice Henkin, do Aspen Institute. Aprendi-a de Paulo Sérgio Pinheiro, que a cita com freqüência.

civis persistentes em regimes democráticos. Comprovadamente incapazes, porém, de produzir efeitos mais sólidos em Estados liberais que por eles se pretendem pautar e não conseguem, melhor será reorientá-los prioritariamente no sentido da luta social internacionalizada, para o estabelecimento de controles ao capital financeiro e de parâmetros aceitáveis à competitividade no mercado mundial. Tais controles são hoje imprescindíveis aos próprios direitos civis, que, sem eles, comprovam-se frágeis e reversíveis. Se os direitos humanos não servirem a essa causa justa, dificilmente outra coisa servirá.

(1999)

4. No Peito e na Raça – A Americanização do Brasil e a Brasilianização da América*

O DESCOBRIMENTO DA "RAÇA" NO BRASIL

Embora como país independente o Brasil ainda não tenha sequer 200 anos, o qüingentésimo aniversário do descobrimento de nossas terras pelos navegadores portugueses é momento oportuno para se proceder a novas avaliações sobre o que efetivamente significa ser brasileiro. Afinal, antes e acima do brado de independência pelo príncipe reinol arrebatado que, depois de imperador nos trópicos, iria tornar-se rei de Portugal, ou uma proclamação de República a que assistiu "bestializada"[1] a grande maioria da população, foi a presença lusitana na margem sul-americana do Atlântico que propiciou a construção gradativa de nossa nacionalidade. Mas é igualmente importante procurar saber o que o brasileiro quer ser.

Após um primeiro período, em que *brasileiro* na Terra de Santa Cruz era qualificativo vernáculo para o indivíduo dedicado ao mercadejo da madeira cor de brasa, nos três séculos em que o Brasil foi colônia o "brasileiro" gentílico se aplicava, por oposição ao "reinol" oriundo da metrópole, aos portugueses nascidos em nossa periferia descontígua da Ibéria. Os autóctones da América, em todas as latitudes, dado o equívoco hemisférico de Colombo, eram – e ainda são –

* Artigo comemorativo dos 500 anos do Descobrimento
1. No dizer de Aristides Lobo, retomado e amplamente explicitado por José Murilo de Carvalho em *Os Bestializados – O Rio de Janeiro e a República que Não Foi*.

"índios", designados ou não por cognome grupal, quando não chamados por epíteto desairoso como "bugre". Escravos africanos não passavam de "pretos", sendo qualificados também como "bugres" ou "boçais", que se tornavam "ladinos" na medida em que falassem português. Seus filhos nascidos na terra não eram "afro-brasileiros", mas "crioulos". "Negro" era o termo genérico para todo elemento "de cor", que obtinha relativo embranquecimento taxionômico quando alforriado ou já nascido forro[2]. Sujeita a variações regionais ou episódicas, tal classificação geral, feita pelos segmentos dominantes, não chegou a ser alterada pela elevação oitocentista da colônia a vice-reino. Nem o Rio de Janeiro, fortuitamente transformado em sede monárquica do império lusitano, transformou *ipso facto* os "brasileiros" em reinóis.

Para a construção de uma nacionalidade própria, malgrado a maioria negra de sua população[3], o Brasil "branco" recém-independente, de origem portuguesa e cultura europeizada, paradoxalmente recorreu ao indígena, não-cidadão do novo Estado, como símbolo da brasilidade. Considerado indômito e já liberto da escravidão, o habitante natural de nossas terras "paradisíacas" deveria inspirar todos os brasileiros do império na construção da pátria livre, pela qual se disporiam a morrer. Pastiches tropicais dos cavaleiros medievos romantizados na Europa, de armaduras metamorfoseadas em tangas pudibundas, tupis, tapuias e quejandos – que nem por isso deixaram de ser expulsos de seus territórios ancestrais, quando não fisicamente dizimados – ajustavam-se com seus cocares, no imaginário imperial, às sobrecasacas dominantes do regime escravagista. O negro de pés descalços, que carregava nas costas a economia, não era propriamente brasileiro, nem, muito menos, cidadão[4].

Com a Proclamação de 1889, ano e meio após a abolição, e a extensão da cidadania nacional (limitada pela renda e excludente das mulheres) em 1891 a todos os grupos populacionais aculturados, o Brasil descobriu a "raça". Descobriu e apavorou-se. Ao contrário do império escravocrata, "caucasiano" trigueiro com poucas exceções entre os cidadãos ativos, a República reconhecia-se constitucionalmente policrômica, mas não gostava do que via. Para "civilizar-se" –

---

2. Em contraste com o preconceito antinegro de portugueses brasileiros e reinóis, ilustrado por infinitos casos relatados, José Honório Rodrigues registra que, desde alvará de 1773, "eram os pretos libertos hábeis para todas as honras e cargos públicos" (*Brasil e África: Outro Horizonte*, p. 88).

3. Num total de 3,8 milhões de habitantes, 1.930.000 eram negros, 526.500, mulatos e 1.043.000, brancos, no período de 1817-1818, segundo cálculos do Visconde de Rio Branco citados por José Honório Rodrigues (*ibid.*, pp.80-81). E o número de africanos importados só fez aumentar até 1850.

4. Os pés obrigatoriamente descalços eram a marca visível da escravidão (ver Luiz Felipe de Alencastro, "Vida Privada e Ordem Privada no Império", em *História da Vida Privada no Brasil*, p. 79). O negro ou mestiço livre tinha cidadania legal equiparada à do branco.

e suplementar a mão-de-obra faltante desde o fim do tráfico negreiro – recorreu à imigração européia dirigida (apenas a contragosto abriu as portas à imigração japonesa)[5]. Isso porque, conforme então se entendia como verdade evidente, teorizada por ideólogos ilustres, cultura e civilização somente poderiam ser brancas. Assim o mostrara eternamente a Europa, e o confirmava no presente sua filha mais bem sucedida: a "América" – do Norte.

Desde essa época, os Estados Unidos começavam a destronar o Velho Continente como modelo de progresso, a ser copiado no projeto modernizante dos governantes nacionais. Foi, portanto, contemporâneo de nossa velha República, o início do processo endógeno e exógeno, hoje sabidamente inexorável, de americanização do Brasil – por mais que as reformas urbanas da *belle époque* brasileira copiassem a da Paris de Napoleão III. E tudo isso se processava, como sempre, no peito e na raça, de acordo com nossa conhecida "cordialidade", à revelia dos milhões de "bestializados".

Somente com Gilberto Freyre o Brasil se reconheceu mulato. Mulato, caboclo, pardo, cafuso, curiboca, mestiço mazombo, enfim, sua população sempre fora, desde que os primeiros portugueses vieram instalar-se, sem mulheres, nas terras coloniais transatlânticas, desde que os primeiros escravos africanos foram trazidos à força para trabalhar na lavoura do açúcar. Não obstante a tentativa de embranquecimento demográfico realizada até então pela política imigratória, a partir da década de 1930, o Brasil oficial, precedido nos anos de 1920 pelo Brasil artístico do Movimento Modernista, passou aos poucos a declarar assumir-se filho natural e cultural das três "raças" formadoras – ou, conforme explicitava Freyre, resultado antropológico de acasalamentos híbridos, por vezes até sacramentados pela religião oficial, do varão português com a índia fêmea, dos senhores e sinhozinhos da casa grande com as negras domésticas e da senzala. Isso sem falar da massa maior e mais popular de nossa gente, oriunda da mestiçagem entre afro-brasileiros forros e foragidos com brancos pobres e a população nativa, nesses casos sem qualquer nexo sociológico entre o sexo e a parceria de esteira, rede e capim.

Muitos repudiaram e ainda repudiam Gilberto Freyre, pela alegada falta de rigor científico, porque seus excessos tendiam a valorizar

---

5. Na verdade, o caráter predominantemente "africano" da população já preocupava o império, que, para "embranquecê-la", deu início à importação dirigida de mão-de-obra européia, aceitando um primeiro contingente de chineses na década de 1850. A República chegou a proibir por Decreto, em 1890, a entrada de asiáticos e africanos livres, contra a vontade dos fazendeiros necessitados de trabalhadores de qualquer origem. Foi a pressão dos proprietários rurais sobre o governo que levou a República a reverter o veto à imigração asiática em 1892, propiciando a chegada dos primeiros japoneses em 1908 (ver Luiz Felipe de Alencastro, "Caras e Modos dos Migrantes e Imigrantes", 1ª parte, 1997, ibid., pp.239-316).

exageradamente a colonização portuguesa, porque suas interpretações se prestavam para fundamentar o mito de nossa "democracia racial" (por mais que sua obra mais importante, *Casa Grande & Senzala*, descrevesse justo o oposto). Não terão sido, porém, apenas aos cientistas sociais minuciosos, militantes anti-imperialistas e ativistas da consciência negra que Freyre desagradou. Certamente muitos compatriotas racistas ou simplesmente alienados, que se consideravam possivelmente caucasóides puros, tampouco ficaram satisfeitos.

Negativo para o movimento negro, positivo para uso externo, o fato é que o mito da democracia racial "pegou", no Brasil e no exterior. Conhecido como país do samba, das mulatas e do futebol (futebol do negro Pelé e do mulato Garrincha, mais que do alourado Zico ou do "italiano" Toninho Cerezo), o Brasil é ainda apontado alhures, com freqüência, como terra de miscigenação, tolerância e igualdade racial. Até por Nelson Mandela.

Sabe-se, no presente, e em geral se admite, que nossa democracia racial era meramente formal. Compreende-se, no Brasil atual, que esse mito prejudicou uma conscientização mais tempestiva dos fatores discriminatórios que mantêm em posição de inferioridade os cidadãos "de cor". A crença numa ausência de preconceitos malévolos intrínseca a nosso povo, ainda que decorrente das condições de escravidão de que fez uso a "lascívia" lusitana, ademais de encobrir o racismo existente, facilita a perpetuidade das condições sociais de pobreza e marginalização da maioria de nossos negros. Ao mesmo tempo em que faz arrefecer as cobranças de parte dos discriminados, desvanece eventuais sentimentos de culpa nas camadas dominantes. Por outro lado, é também inegável que em poucos outros lugares, se é que algum há em qualquer dos continentes, tanta gente aparentemente branca voluntária e prazerosamente se declara preta, mulata, cabocla ou "com um pé na África". A ilusão de uma democracia racial faz, sem dúvida, confundir uma realidade complexa, em que o preconceito se pratica, mas não se assume. É difícil, contudo, visualizar quem possa condenar a sério como nefasta a poesia de um Vinicius de Moraes no belíssimo "Samba da Bênção" ao afirmar-se com orgulho "o branco mais preto do Brasil".

A ASSERÇÃO DA CONSCIÊNCIA NEGRA

Ultrapassada a fase histórica em que a esquerda rejeitava o corte racial nas reivindicações sociais como empecilho à conscientização classista, a afirmação do negro como negro na sociedade brasileira é fenômeno recente, de inquestionável valor. Além de importante para a recuperação da auto-estima daqueles que são vítimas de preconceitos discriminatórios, assim como para a cobrança legítima dos direitos que lhes são devidos dentro da sociedade nacional, tal afirmação é causa protegida no Direito Constitucional interno e pelo Direito Internacional. A Declaração Universal dos Direitos Humanos, de 1948, tem como premissa básica o princípio da não-discriminação, afirmando os direitos e liberdades fundamentais de todas as pessoas "sem distinção de qualquer espécie, seja de raça, cor, sexo, língua, religião, opinião política ou de qualquer outra natureza, origem nacional ou social, riqueza, nascimento, ou qualquer outra condição" (Artigo 2º). Regulamentada pelo Pacto Internacional de Direitos Civis e Políticos, que exige dos Estados-partes – entre os quais se inclui o Brasil – a adoção de leis e outras medidas destinadas a implementar os direitos por ele protegidos sem qualquer tipo de discriminação, as práticas do racismo são, além disso, objeto do primeiro grande tratado sobre direitos humanos adotado pelas Nações Unidas: a Convenção Internacional sobre a Eliminação de Todas as Formas de Discriminação Racial, de 1965, assinada sem reservas pelo Brasil em 7 de março de 1966, ratificada em 27 de março de 1968 e promulgada internamente pelo Decreto 65.810, de 8 de dezembro de 1969.

Como ensina Joel Rufino dos Santos, a luta organizada do negro brasileiro contra o racismo teve seus primórdios às vésperas da Revolução de 1930, quando "semi-intelectuais e subproletários" criaram em São Paulo uma "imprensa negra", dando origem à Frente Negra Brasileira. Concomitante à fase de elaboração da ideologia da democracia racial, a Frente foi extinta em 1937, quando o golpe pôs fim à incipiente abertura democrática instaurada pela Revolução[6].

Longamente submergida na "síndrome da caiação" e politicamente sufocada durante o regime militar, que cultivava o mito da inexistência de discriminações, a incipiente auto-afirmação do negro brasileiro, a partir do anos de 1960, ainda assim disseminou-se. Vem desse período, sobretudo, a valorização da personagem histórica de Zumbi, amplamente utilizada pela oposição democrática como símbolo de luta pela liberdade, assim como o apoio praticamente unânime da sociedade nacional à política africana desenvolvida pelo Itamaraty nos anos de 1970 e 1980. Somente, porém, com a redemocratização as reivindicações dos negros puderam tornar-se mais audíveis. Como resultado delas, a Constituição de 1988 foi bastante explícita: a par das disposições genéricas antidiscriminatórias, criminalizou o racismo, protegeu as manifestações das culturas indígenas e afro-brasileiras, determinou a proteção legal aos documentos e locais dos antigos quilombos e, nas disposições transitórias, assegurou o reconhecimento das terras ocupadas pelos quilombolas remanescentes[7].

6. Joel Rufino dos Santos, "A Inserção do Negro e seus Dilemas", em *Parcerias Estratégicas*, pp. 115-117.
7. Artigo 5º *caput*, VI e XLII; Artigo 215, par. 1º e 2º; Artigo 216, par. 5º e Artigo 68 das Disposições Constitucionais Transitórias.

Na seqüência de várias iniciativas que levaram ao tombamento do sítio histórico da Serra da Barriga onde se situava a "Angola Janga" de Zumbi, também em 1988 foi constituída a Fundação Cultural Palmares, junto ao Ministério da Cultura, com o objetivo de "promover a preservação dos valores culturais, sociais e econômicos, decorrentes da influência negra na formação da sociedade brasileira"[8]. Na historiografia, desde os anos de 1970, as pesquisas começaram a demonstrar claramente o papel ativo do negro em nossa História – como, por exemplo, sua participação decisiva em quase todas as rebeliões da colônia e do império, assim como a chamada Revolta do Ladinos, determinante para a abolição da escravatura –, revertendo a visão de submissão escrava e passividade antes predominante. Mais conseqüentemente ainda, começaram a formar-se na sociedade civil organizações não-governamentais negras e brancas progressistas para apoio a grupos específicos. Em 1995, num contexto de reconhecimento maior dos direitos humanos, o Governo Federal criou, com sede no Ministério da Justiça, o Grupo de Trabalho Interministerial para a Valorização da População Negra, congregando representantes de diversos órgãos oficiais e do movimento negro, com o objetivo de estudar e propor medidas concretas para elevar as condições sociais desse vasto segmento populacional brasileiro[9]. Passou, desde então, a apoiar e promover decisivamente antigas reivindicações dos negros e indígenas brasileiros nas mais diversas áreas, inclusive para a preservação de marcos de suas tradições religiosas e culturais e na demarcação de terras ancestrais de quilombolas, além das de povos indígenas.

Assim como o movimento internacional pelos direitos humanos em geral foi fortemente influenciado, e em certos aspectos liderado, pelos Estados Unidos, também o movimento negro brasileiro foi naturalmente estimulado pela luta vitoriosa dos negros norte-americanos pelos direitos civis. Conquanto os objetivos perseguidos fossem na origem bastante distintos – os afro-americanos postulando, nos anos de 1950 e 1960, o reconhecimento legal de direitos iguais civis e políticos; os afro-brasileiros reivindicando a observância, pelo Estado e pela sociedade, dos direitos iguais já reconhecidos na Lei –, a contaminação de posturas, também aí no sentido Norte-Sul, era esperável, tendo sido particularmente marcante nas décadas de 1970 e 1980.

Hoje, muito mais do que antes, o movimento negro brasileiro, em suas diversas ramificações, tem características próprias, inspiradas ou não em iniciativas e conquistas norte-americanas. O intercâmbio de experiências com os irmãos do Norte é freqüente, o respaldo mútuo, espontâneo, e os objetivos, atualmente assemelhados. Aparentemente,

---

8. Lei 7.668, de 22 de agosto de 1988, Art. 1º.
9. Decreto presidencial de 20 de novembro de 1995.

tais objetivos têm agora características tão comuns que se vem tornando corrente, nos Estados Unidos, a interpretação de que a questão racial norte-americana se abrasileirou[10].

QUALIFICAÇÕES NECESSÁRIAS

A idéia da "brasilianização da América" subentende que a segregação racial ostensiva foi substituída nos Estados Unidos pela separação de raças pela classe social. Não mais permitida no sistema legal, a discriminação se dissimularia em diversas esferas, com o risco de eternizar-se. Para alguns indivíduos de todas as cores, ela estaria sendo estimulada pelo prolongamento indefinido da própria "ação afirmativa" – sistema de preferências legais nas matrículas do ensino público, inclusive universitário, e na contratação de pessoas e serviços pelo Estado, contemplado na Convenção Internacional sobre a Eliminação de Todas as Formas de Discriminação Racial como remédio antidiscriminatório de caráter provisório (Artigo 1º, parágrafo 4º), que se teria transformado, com o passar do tempo, em fator de perpetuação de preconceitos e discriminações veladas[11].

Que a situação legal do negro norte-americano evoluiu para a da igualdade formal em todo o país não resta dúvida. Que suas principais reivindicações agora se assemelham às do negro brasileiro – em patamares tão distintos quanto os respectivos graus de desenvolvimento econômico e riqueza acumulada dos Estados Unidos e do Brasil – é bastante plausível. Para aceitar-se, porém, como verdade a brasilianização da questão racial norte-americana são necessárias muitas qualificações, tanto pelos aspectos positivos como pelos negativos.

Os negros dos Estados Unidos, autodenominados "americanos africanos" (*African Americans*, talvez por acharem que a expressão vernacular correta *Afro-American* seja politicamente incorreta), além de terem hoje participação ponderável na vida política e econômica nacional, compõem a população negra de melhor nível médio de vida do planeta. Educada e substancialmente abastada, em virtude do sistema da "ação afirmativa" ora crescentemente repudiado, a burguesia afro-norte-americana não somente corresponde a parcela expressiva do

---

10. A expressão *Brazilianization of América* tem sido usada nos Estados Unidos, com graus variados de elaboração, pela Academia e pela literatura especializada. A título exemplificativo, ver o livro de Anthony W. Marx, *Making Race and Nation* (Cambridge University Press, 1998, p. 273) e a introdução à pesquisa de Bellah *et. Al., Habits of the Heart* (University of California Press, 1996, p. XXIV). Sentido especial de alerta é dado à expressão por Michael Lind, que consta ter sido o primeiro a utilizá-la, em *The Next American Nation*, pp. 14 e 215-216.

11. Por isso alguns de seus beneficiários têm-se manifestado favoráveis à abolição do sistema.

mercado, como também influi significativamente na condução do país. Ocupa cargos importantes dos três ramos do Poder, nos três níveis da Federação, e funções de direção em empresas prósperas (quase sempre "étnicas").

Os problemas mais comuns, resultantes de preconceitos, para os contingentes negros norte-americanos são, até certo ponto, parecidos com aqueles encontrados no Brasil: para os agentes brancos ou negros da polícia, a cor do elemento visado é o primeiro critério de suspeição; clubes ricos geralmente rejeitam associados "de cor"; crianças negras têm mais dificuldades de aprendizado do que as brancas; a maioria da população abaixo da linha de pobreza é negra, "hispânica" ou de outras minorias; a vizinhança urbana inter-racial é rara (todos os grupos minoritários tendem a autoconcentrar-se em guetos).

Há, todavia, um tipo de problema que a experiência histórica do Brasil praticamente desconhece: a cultura do ódio racial. Para procurar descrevê-la, a fim de que se apreenda a força de suas manifestações contemporâneas, vale a pena fazer um corte "cinematográfico" nesta exposição. O corte nos leva ao Texas, com *zoom* sobre a pequena cidade de Jasper.

O "REFRÃO QUE NUNCA SE EXTINGUE"

Quando, em 23 de fevereiro de 1999, o júri declarou culpado o primeiro dos três envolvidos no assassinato de James Byrd Jr., o mundo respirou aliviado. O réu, John William King, era o motorista da camioneta a que fora acorrentada, sete meses antes, a vítima previamente espancada, arrastada e esfacelada viva por três milhas de estrada, finalmente morta ao chocar-se com canaleta que lhe decepou braço e cabeça. Tudo por motivos literalmente epidérmicos. Arrogante ainda depois de preso (e também depois de condenado), o criminoso branco, de nome majestático e corpo tatuado de heráldica odiosa, assumira na cadeia postura soberana: fizera passar a seus dois cúmplices "arianos" bilhete encorajador, afirmando que haviam feito história e seriam lembrados com orgulho.

Os três assassinos de James Byrd Jr. não entrarão para a História como heróis ou mártires, conforme os termos do bilhete. Não entrarão sequer como vilões muito especiais. Fazem parte da História dos Estados Unidos por motivo bem diferente: John William King foi o primeiro branco no Texas condenado à pena capital por homicídio de um negro. De seus dois cúmplices, julgados mais tarde também por jurados brancos, um foi igualmente condenado à morte e o outro, à prisão perpétua.

Para um observador desavisado pode ter surpreendido o registro pela imprensa de que membros da Ku Klux Klan estiveram presentes às imediações do tribunal de Jasper durante o julgamento de

King. Na mente de quem se encontra geograficamente distante, inclusive o público norte-americano das grandes cidades, os rituais de cruzes incendiadas, vestes brancas e capuzes daquela organização racista afiguram-se encenações hollywoodianas de um passado esmaecido. Resvalam na consciência como os relatos de antigas crueldades contra os escravos do Brasil. Mais surpreendente ainda parecerá o registro de que os membros da Ku Klux Klan de Jasper nas adjacências do local de julgamento incluíam-se entre manifestantes que condenavam o homicídio de um negro[12].

Na realidade, linchamentos como meio de intimidação de afroamericanos contra o exercício de direitos humanos no sul dos Estados Unidos – 4 mil indivíduos linchados entre o fim da Guerra de Secessão e a década de 1930[13] – são coisa do passado. Episódios como esse relatado causam repulsa e indignação generalizadas, que comprovam a grande evolução da mentalidade sulina. Também muito evoluiu o sistema penal: em contraste com os apenas 49 indiciados e 4 encarcerados entre as "dezenas de milhares de linchadores" de 1870 a 1930[14], as detenções e processos de pessoas de qualquer cor são agora céleres e eficientes. A abolição das famosas "leis Jim Crow" segregacionistas – por seqüência de decisões da Suprema Corte, iniciadas com a declaração da inconstitucionalidade da segregação nas escolas públicas em 1954 – foi o ponto de inflexão do grande desenvolvimento societário conquistado pela mobilização nacional dos negros, de que foi figura dominante o Reverendo Martin Luther King Jr.

Apesar desses avanços incontestes, a Ku Klux Klan ainda existe. Não mais reputada uma organização terrorista, nem voltada, em princípio, para ações de intimidação pela força, ela é tolerada com base nas liberdades de expressão e reunião da Primeira Emenda à Constituição.

Fundada no Tennessee, em 1866, como clube social de veteranos do ex-exército confederado, a Ku Klux Klan logo passou a ameaçar os ex-escravos e seus descendentes. Declarada inconstitucional em 1882 e praticamente dissolvida no final do século XIX, ressurgiu na Georgia em 1915, com o mesmo nome (que teria sido extraído do grego *kyklos*, origem distante de "círculo"), como um movimento de regresso aos valores tradicionais do Sul agrário, baseados no protestantismo branco fundamentalista, segundo o qual apenas os brancos

---

12. Menos surpreendente terá sido a presença de membros armados dos "Novos Panteras Negras" para "defender os negros de qualquer eventual agressão branca" (ver matéria "Morte ao Monstro", de Eduardo Ferraz na *Isto É*, n. 1535, de 03/03/1999, pp. 40-41).

13. Brent Staples, "Jasper, Tex., and the Ghosts of Lynchings Past", *The New York Times*, 25/12/1999.

14. Idem, Ibidem.

anglo-saxões são filhos de Deus[15]. Atingiu seu apogeu na década de 1920 (chegou a ter 4 milhões de afiliados), perdeu influência nos anos de 1930 com a Grande Depressão e voltou a crescer em número de membros e em agressividade nos anos de 1950 e 1960 em oposição ao movimento pelos direitos civis[16].

Desde 1920 os objetivos antiintegracionistas da Ku Klux Klan passaram a visar, além dos negros, os judeus, os católicos e os imigrantes em geral. À motivação racista acrescentou-se, na época, o anti-sindicalismo e um antibolchevismo exacerbado que cresceu ao longo da Guerra Fria. Para ela, toda a mobilização afro-americana em defesa de direitos universais não passava de agitação comunista.

Os atos de brutalidade racista começaram a ser seriamente investigados e reprimidos nos anos de 1960, durante o governo do presidente Lyndon Johnson, a partir do assassinato no Alabama da ativista branca antidiscriminatória Viola Liuzzo. Data de 1988 o último grande caso judicial envolvendo altas personalidades da Ku Klux Klan sanguinária. Embora os réus tenham sido absolvidos, esse processo marcou o fim das atividades violentas da sociedade "secreta", cujos membros desde então se dedicam aberta e diretamente à política.

Não mais uma única organização semiclandestina, mas uma miríade de pequenos grupos, frouxamente interligados nas United Klans of America (Clãs Unidos da América) e pelos seus *Knights* (Cavaleiros), a Klan, como é chamada simplificadamente, mobiliza campanhas, apóia e financia candidatos, freqüenta as páginas de jornais com entrevistas de seus hierarcas esdrúxulos – "grandes dragões", "grandes titãs" e "feiticeiros imperiais" – que mantêm nas reuniões grupais a mesma indumentária de roupões brancos e os mesmos ritos de queima de cruzes. Membros dos agora diversos clãs concorrem a cargos públicos importantes. O mais conhecido nacionalmente em disputas eleitorais é o "Cavaleiro" David Duke, que, em 1988, chegou a lançar-se candidato à presidência dos Estados Unidos pelo Partido Popular, de extrema direita. Não ganhou, mas foi eleito, em 1989, pelo Partido Republicano, deputado estadual na Louisiana, com plataforma de oposição à "ação afirmativa". Em 1999 ainda aparecia nos jornais como possível candidato a cargo eletivo federal.

Conquanto tenha abdicado das táticas agressivas, a Klan continua a promover os valores dos fundamentalistas "brancos anglo-saxões protestantes" (os famosos Wasps), preferencialmente separatistas (propugnam a divisão dos Estados Unidos em dois ou três países, sendo, neste segundo caso, um bem maior para os brancos, um para

---

15. Este assunto será retomado e explicitado adiante.
16. Todos os dados factuais deste trecho, quando não objeto de anotação específica, foram extraídos do livro de James Ridgeway, *Blood in the Face* e da *Encyclopaedia Britannica* (edição de 1991).

os negros e outro para as outras "raças"), divulgando-os sem restrições. Faz proselitismo entre os jovens, atraindo para suas fileiras grupos *skinheads* dispersos e desorganizados. Articula-se, para a promoção de seus objetivos, com outros grupos e partidos "supremacistas" domésticos mais ou menos legais. Mantém conexões internacionais com neonazistas canadenses e europeus.

Domesticada em sua virulência, com maior ou menor visibilidade de acordo com a época e as políticas dominantes, a Ku Klux Klan organizacionalmente modificada perdura, portanto, até hoje. Nas palavras de James Ridgeway: "Em muito da história americana, a Ku Klux Klan tem sido um refrão que nunca se extingue de todo, um canto de sereia da supremacia branca periodicamente renovável"[17].

Se, por um lado, a Klan sempre foi amplamente conhecida, por outro, menos conhecidos eram, até o atentado de Oklahoma City de 1995 (que destruiu todo um prédio público, com mais de uma centena de vítimas), os demais grupos paramilitares nela inspirados, espalhados pelo país. Suas denominações variam desde as ostensivamente racistas – *Aryan Nations* (Nações Arianas), *National Association for the Advancement of White People* (Associação Nacional para o Progresso da Gente Branca) e *White Aryan Resistance* (Resistência Ariana Branca) – até as esotéricas – *Posse Comitatus* e *Invisible Empire* (Império Invisível). As que se tornaram mais famosas são as chamadas *militias*, particularizadas pelo nome do Estado em que atuam: "Milícias de Michigan", "Milícias de Montana", "Milícias da Califórnia" etc. Estas têm proliferado sobretudo desde 1993, quando, em Wako, no Texas, o cerco e a posterior ação da polícia contra membros de seita milenarista, autoconfinados numa fazenda, culminaram na morte de muitas pessoas, inclusive crianças. Não necessariamente racistas – algumas ostentam negros entre seus membros (como, aliás, alguns grupos da Ku Klux Klan já têm, paradoxalmente, afiliados hispânicos) –, nem necessariamente aliadas entre si, todas se identificam em pelo menos duas constantes: a ojeriza ao Governo da União e a rejeição peremptória a qualquer esboço de regulamentação para a posse de armas. O governo é visto como violador da Constituição federal e cerceador das liberdades individuais, que impõe impostos descabidos, interfere em áreas fora de sua competência e entrega a soberania nacional à ONU e outras organizações internacionais. A posse livre de armas de qualquer tipo, inclusive as de uso militar, é considerada um direito fundamental, sacramentado pela Segunda Emenda à Constituição, necessário à proteção do indivíduo e das respectivas comunidades contra o Governo Federal. Monitoradas pelo FBI, essas entidades se respaldam legalmen-

---

17. James Ridgeway, op. cit., p.52 (minha tradução).

te na mesma Primeira Emenda constitucional que legitima a existência da Ku Klux Klan[18].

Quando o diretor Costa Gavras, no final dos anos de 1980, retratou, no filme *Betrayed*, a caçada noturna "desportiva" a um negro por fazendeiros brancos associados em organização clandestina sem uniforme da Klan, pintou adequadamente personagens paradoxais: amorosos, trabalhadores e dedicados à família, mas de um racismo desvairado. Inspiraram-no, provavelmente, as sociedades secretas antigovernamentais, bastante assemelhadas às "milícias", mas exclusivamente anglo-saxãs e protestantes, como a *Posse Comitatus*. Tais associações, multiplicadas até recentemente e engrossadas por agricultores falidos do Meio-Oeste e do Sul, encaravam, e ainda encaram, como autoridade legítima apenas o xerife comunal. Respaldam-se teologicamente no movimento denominado "Identidade Cristã", originário da Grã-Bretanha no século XIX, impulsionado sobretudo pelo anti-se-

18. Em palestra pública na sede do prestigioso "Commonwealth Club of California", em São Francisco, em 04/12/97, Jack H. Stuart, "oficial de informação" das "Milícias da Califórnia", deu a seguinte descrição do movimento das "milícias": "... *Over recent years, as government grew and started pushing people around, resistance and rage began to grow. Then the abuse of federal police in Waco, Texas, and Ruby Ridge, Idaho, frightened the people. And triggered the formation of militias all over the nation. (...) The Militias of California are composed of men and women of all races, nationalities, and religions. (...) Typically he, or she, is a person who feels we are losing our Constitutional Republic.(...) We are losing our rights and freedoms step by step. We see laws and regulations multiplying exponentially. (...) We see our sovereign nation and our military being turned over to the United Nations through complex treaties with treasonous provisions that violate our Constitution. (...) The primary purpose of the Militias of California is to support and defend the Constitutions of the United States and the State of California by providing a credible threat to unconstitutional abuse of government power. (..) We are not a threat to national security. Quite the contrary, we present a formidable adjunct to State and National troops. We are the home guard! ...*" (texto datilografado, distribuído no evento, uma mesa-redonda de que participaram, como debatedores, um Almirante na reserva e um advogado ex-agente do FBI que infiltrara o movimento, ambos opositores das "milícias"). [Durante os anos recentes, à medida que o governo crescia e começava a manipular as pessoas, a resistência e a raiva começaram a aumentar. Então, os abusos cometidos pela polícia federal em Waco, Texas, e Ruby Ridge, Idaho, passaram a amedrontar as pessoas. E desencadearam a formação de milícias por toda a nação. (...) As milícias da Califórnia são compostas por homens e mulheres de todas as raças, nacionalidades, e religiões. (...) Tipicamente, ele ou ela é uma pessoa tomada pelo sentimento de que estamos perdendo a nossa República constitucional. (...) Estamos perdendo os nossos direitos e a nossa liberdade passo a passo. (...) Vemos as leis e regulamentações multiplicando-se exponencialmente. (...) Vemos nossa nação soberana e nossos militares entregues às Nações Unidas em razão de acordos complexos com cláusulas traiçoeiras que violam a nossa Constituição. (...) O primeiro propósito das milícias da Califórnia é proteger e defender a Constituição dos Estados Unidos e a do Estado da Califórnia provendo uma ameaça verossímil contra o abuso inconstitucional do poder governamental. (...) Não somos uma ameaça à segurança nacional. Bem ao contrário, proporcionamos um formidável complemento às tropas nacionais e estaduais. Somos a *home guard*, a guarda de nossos lares.]

mitismo. Segundo sua interpretação "histórica" da Bíblia, os anglo-saxões seriam os verdadeiros descendentes das tribos perdidas de Israel, enquanto todos os demais seriam "povos de lama", oriundos de Satanás. Essa vertente do protestantismo branco fundamentalista, que sempre inspirou a Ku Klux Klan, assemelha-se àquela das igrejas reformadas holandesas, que, com sofisticação maior, deu substrato teológico ao *apartheid* constitucional da África do Sul[19].

Enquanto os grupos da Klan e outros que compõem as chamadas "Nações Arianas" (vinculadas ao nazi-fascismo alemão passado e contemporâneo) cresceram nos anos de 1980 e princípios da década de 1990, o que tem aumentado atualmente é a violência racial das gangues *skinhead*[20]. Mark Poloc, porta-voz do *Southern Poverty Law Center*, atribui tal mudança a causas essencialmente demográficas: as associações organizadas e hierarquizadas atraem particularmente indivíduos de meia idade, que delas se dissociam quando a situação econômica melhora. Os *skinheads* são jovens, muitos dos quais adolescentes, com dificuldades para entrar no mercado de trabalho, sem diploma universitário[21]. Às explicações econômicas acrescentam-se outras "pós-modernas": o anseio de auto-identificação microcomunitária a todo custo e a facilidade de circulação da propaganda por meios eletrônicos.

Muito do que foi dito aqui sobre as manifestações contemporâneas – não, obviamente, as históricas – do racismo branco contra os negros pode ser invertido, em escala e tempo menores, da reação dos afro-americanos contra os brancos. A própria interpretação bíblica da "Identidade Cristã" teve contrapartida negra entre os muçulmanos da "Nação do Islã" – ou *American Muslim Mission*, a que pertenceu Malcolm X – sob a liderança de Elijah Muhammad. Este professava que os negros, além de dotados de superioridade moral e cultural, teriam sido destinados por Alá a assumir a liderança cultural e política da Terra[22]. Contra um fundamentalismo, outro fundamentalismo.

Em paródia real à caçada do filme de Costa Gavras, a jovem morena texana Amy Robinson foi seqüestrada em Fort Worth, em fevereiro de

---

19. Ver Marianne Cornevin, *L'apartheid: pouvoir et falsification historique*, pp. 25-27 e 29-35.

20. Segundo o *Southern Poverty Law Center*, entidade do Alabama que monitora em todo o país os grupos que promovem o ódio racial – *hate groups* –, as "sociedades secretas" ter-se-iam reduzido em 25% de 1995 para 1996, num total de 140, ao passo que as gangues *skinheads* teriam aumentado no período em 23%, chegando a 37 em 1996 (James Brooke, "Spate of Skinhead Violence Catches Denver by Surprise", *The New York Times*, 21/11/1997).

21. Idem, ibidem.

22. Embora a *American Muslim Mission* como movimento centralizado tenha sido dissolvida em 1985, um de seus ramos, sob a liderança de Louis Farrakhan e com o nome exclusivo de "Nação do Islã", mantém-se ativo até hoje e tem promovido forte arregimentação na década de 1990, de que foi exemplo a "marcha de um milhão" sobre Washington.

1998, e assassinada por dois homens brancos que a utilizaram para a prática de tiro-ao-alvo. Desapontaram-se os assassinos ao sabê-la branca, já depois de morta, porque seu plano original teria sido de "sair para matar alguns negros". Em outubro do mesmo ano, uma gangue negra de Buffalo, no Estado de Nova York, espancou até a morte um indivíduo branco – e homossexual – que andava em direção a seu carro. Segundo testemunhas, os jovens agressores saltavam, com gritos de entusiasmo, para caírem com os pés no rosto da vítima prostrada.

Ao relatar esses dois e outros casos equivalentes, o jornalista Bob Herbert observa que, ao contrário do que a maioria dos norte-americanos gostaria de crer, a brutalidade do assassinato de James Byrd Jr., em Jasper – caso com o qual se inicia esta seção – não seria uma aberração[23]. Tampouco parecem aberrações, à luz do ódio racial recíproco ainda cultivado por tantas entidades, os motins que destruíram parte de Los Angeles em abril de 1992, em conseqüência da absolvição, em primeiro julgamento, dos policiais que haviam espancado um ano antes, diante de câmera filmadora, o cidadão negro Rodney King.

Com efeito, os chamados *hate crimes*, crimes motivados pelo ódio racial ou outros preconceitos agressivos, constituem a única modalidade de delito grave com incidência crescente nos Estados Unidos de hoje. Juntamente com os episódios de crimes violentos gratuitamente praticados por adolescentes em escolas, os *hate crimes* preocuparam seriamente a administração Clinton, que havia proposto medidas para contê-los: exigências legais que dificultariam a venda de armas, exclusão de certos armamentos do comércio, controle da ficha policial de cada comprador etc. As medidas ainda se acham em estudos ou em tramitação no Congresso. A qualificação criminal de um delito como *hate crime* já é há tempos agravante penal.

Dizer-se, nesse contexto, diante da herança de antagonismo belicoso, persistente nas franjas – às vezes no seio – da sociedade norte-americana, que a questão racial do país se abrasileirou parece precipitado. Falta-nos, no Brasil contemporâneo, esse ingrediente "cultural". Casos como o do índio pataxó morto em Brasília, em 1997, incendiado por adolescentes "brancos" enquanto dormia, existem, sem dúvida, mas não têm substrato ideológico consistente. O mesmo se pode dizer dos massacres de indígenas na Amazônia – que nem por isso, ressalte-se bem, deixam de ser massacres. Os esquadrões da morte e grupos de extermínio brasileiros são tenebrosos, mas não escolhem suas vítimas pela "raça". O recente aparecimento de grupelhos racistas *skinheads* em grandes cidades do Brasil acusa, por sua vez, uma nova modalidade de euro-americanização nacional.

---

23. Bob Herbert, "Staring at Hatred", *The New York Times*, 28/02/1999.

O PRETO-E-BRANCO ESMAECIDO

Um dos motivos de justa satisfação regularmente expressada por autoridades federais, estaduais e municipais norte-americanas nos últimos anos tem sido a constante diminuição do número de homicídios e outros crimes violentos, particularmente nas grandes cidades. Coincidente com a presente fase de expansão da economia nacional, essa retração da criminalidade comum tem, em princípio, tudo a ver com a melhoria das condições de vida da população.

Em paralelo à forte redução do desemprego e demais resultados positivos recentes no campo social, outro fator que alegadamente tem contribuído para a redução dos crimes nos Estados Unidos é a chamada "tolerância zero" nas práticas policiais e judiciais adotadas. Nas esferas regidas por leis federais, como as da imigração e do narcotráfico, isso se traduz, por exemplo, em novas disposições pelas quais o imigrante que tenha sido incriminado três vezes por qualquer infração (como dirigir alcoolizado), ou que tenha sido envolvido uma única vez no tráfico de drogas, é repatriado inapelavelmente depois de cumprir pena. A expulsão se dá quaisquer que sejam a situação legal do estrangeiro e seus vínculos familiares no país. A "guerra contra as drogas", com penas de prisão para as pessoas envolvidas em qualquer delito nele enquadrado, inclusive o varejo de maconha, é a principal responsável pelo enorme crescimento nacional da população carcerária, uma das maiores do mundo, situada na casa de 1 milhão e 800 mil, segundo dados divulgados pelo Departamento de Justiça[24]. Nas jurisdições estaduais, regras como a dos *three strikes* ("três golpes") penalizam com períodos de 25 anos ou prisão perpétua qualquer tipo de infrator pegado pela terceira vez. Aumentam, por outro lado, a freqüência do sentenciamento à pena capital, inclusive de menores.

Suprimida em 1972 por decisão da Suprema Corte, que a considerou inconstitucional porque aplicada de maneira arbitrária, a pena de morte foi reabilitada nos Estados Unidos em 1976 pela mesma – e máxima – instância. No julgamento do caso Gregg *versus* Georgia, entendeu a Suprema Corte que a morte como punição judicial não violaria a Constituição desde que administrada sem arbitrariedade ou discriminação[25]. Readmitida assim no ordenamento doméstico, a pena de morte é

---

24. "Prison Population Hits 1.8 Million", *San Francisco Chronicle*, 15/3/1999. Segundo a mesma fonte, a taxa de presidiários por 100 mil habitantes teria passado de 313 em 1985 para 668 em 1998. Enquanto isso, segundo o FBI, o número de crimes violentos por cada 100 mil habitantes ter-se-ia reduzido de 757 em 1992 para 610 em 1997. Neste início do ano 2000 já se fala em dois milhões de presos.

25. Bacre Waly Ndyaie, *Report of the Special Rapporteur on Extrajudicial, Summary or Arbitrary Executions*, documento das Nações Unidas E/CN.4/1998/68/Add.3, par. 41.

adotada em 38 dos 50 Estados, assim como pela justiça federal. Dessas 39 jurisdições, a federal e 15 das estaduais estabelecem a idade mínima de 18 anos para os infratores a que tal pena se aplica. O limite reduz-se a 17 anos em quatro Estados e a 16 em outros vinte. De 1983 a 1998, o número de adolescentes condenados à morte aumentou 109%[26].

Sem pretender retomar a discussão sobre a pena de morte ou os argumentos que levam as Nações Unidas e a OEA a desenvolverem insistente campanha para sua erradicação, nem proferir julgamento sobre a aplicação da pena capital a menores infratores, outros aspectos das práticas da "tolerância zero" devem ser aqui mencionados, porque atinentes ao tema. O primeiro, bastante óbvio, é de cunho econômico e muito argüído: os recursos financeiros destinados a cobrir os custos sempre crescentes da construção e manutenção de presídios, ainda que terceirizados, poderiam ser utilizados em programas sociais para o aprimoramento da situação dos desfavorecidos. E estes ainda são maciçamente localizados nas minorias raciais ou étnicas. O segundo fato, muito conhecido, é que o aumento vertiginoso do número de prisioneiros se tem concentrado sobretudo entre negros e hispânicos. Ao contrário de 1950, quando os brancos compunham 65% e os membros de grupos minoritários apenas 35% da população carcerária, hoje a relação se teria invertido: os negros, representando somente 13% da população do país, corresponderiam a quase metade de todos os presidiários[27]. Ainda que tais proporções estejam exageradas, padrão aproximado a elas se verifica, se forem acrescentadas as demais minorias no número de sentenciados à pena de morte: de um total de 3.269 indivíduos que, em fins de 1997, aguardavam execução, 47,05% eram brancos; 40,99% negros; 6,94% hispânicos; 1,41% indígenas; 0,70% asiáticos. Dos 403 prisioneiros executados desde que a pena de morte foi readmitida, em 1976, até 1997, apenas seis eram brancos responsabilizados pela morte de negros. Tais dados, recolhidos pelo Relator Especial das Nações Unidas para Execuções Sumárias ou Arbitrárias em setembro/outubro de 1997, associados a outros elementos por ele compilados, levaram-no a afirmar em seu relatório à Comissão dos Direitos Humanos: "A raça, a origem étnica e a situação econômica parecem determinantes de quem receberá ou não uma sentença de morte"[28].

---

26. Connie de la Vega & Jennifer Brown, "Can a United States Treaty Reservation Provide a Sanctuary for the Juvenile Death Penalty?", *University of San Francisco Law Review*, vol.32, n. 4, Verão de 1998, p. 738.

27. Dados do "National Center on Institutions and Alternatives", de Arlington, Virginia, publicados na matéria "Number of Blacks in Jail Rising Toward 1 Million – Crime Policy Called Substitute for Public Policy" pelo *Boston Globe* e pelo *San Francisco Chronicle*, 8 de março de 1999.

28. Bacre Waly Ndyaie, *op.cit.*, par.62.

Assim como a brutalidade do crime de Jasper em 1998 redespertou a consciência norte-americana para o problema persistente do ódio racial, o fuzilamento, em Nova York, em 4 de fevereiro de 1999, de negro inocente e desarmado, em ação policial de busca a um estuprador, reacendeu no país o debate sobre os estereótipos discriminatórios da polícia. Alvo de 41 disparos, 19 dos quais o atingiram, feitos por quatro agentes brancos à espreita de sua casa no Bronx, o imigrante Amadou Diallo, que nada tinha a ver com o caso, tornou-se, depois de morto, símbolo da visão preconceituosa das forças de segurança, que tendem a encarar minorias raciais ou étnicas como celeiros preferenciais do crime. Protestos de cunho racial desencadeados pelo episódio têm sido tão intensos – mais de 1 mil manifestantes detidos até o início de fevereiro de 2000 – que, para o julgamento dos policiais envolvidos por júri neutro, desapaixonado, a Justiça houve por bem promover o desaforamento do caso de Nova York para Albany, no interior do Estado[29].

Denúncias de duplicidade nas atividades de controle criminal são constantes: carros dirigidos por negros seriam três vezes mais visados nas violações de trânsito; viajantes "de cor" ou "hispânicos" são mais revistados nos aeroportos do que os brancos; as prisões de afro-americanos relacionadas a drogas ocorrem em proporções elevadíssimas para os padrões demográficos (em Columbus, Ohio, os negros constituem somente 11% da população e correspondem a 90% dos presos).

Para explicar essas e outras distorções por ele mencionadas a título ilustrativo, o professor David Cole, da Universidade de Georgetown, afirma que o desequilíbrio repressivo e judicial nos Estados Unidos é sistêmico, não-acidental. Vincular-se-ia a dois níveis não-escritos de direitos constitucionais existentes na prática: um para os brancos privilegiados das classes alta e média, outro para os pobres e as minorias em geral (sendo ambos os termos virtualmente sinônimos). Em teorização que nos faz recordar atitudes da classe média brasileira favoráveis ao extermínio de "bandidos", manifestadas sobretudo por ocasião do incidente da Casa de Detenção de São Paulo (Carandiru) em 1992, Cole interpreta que a maioria endossa (sem o dizer) a duplicidade da polícia e da Justiça na aplicação das leis porque são as distorções que lhe permitem desfrutar tão bem da proteção constitucional às liberdades dela[30]. Contrariamente ao que se poderia imaginar à primeira vista, tal teorização não cabe no caso brasileiro, pelos motivos descritos mais abaixo.

29. Ao se escreverem estas linhas, o assunto tem sido objeto de matérias diárias nos principais jornais do país. O número de manifestantes detidos apareceu no *San Francisco Chronicle*, em 01/02/1999.

30. David Cole, *No Equal Justice – Race and Class in the American Criminal Justice System*, passim.

CONCLUSÃO PROVISÓRIA

Se, após assinalar os enormes avanços alcançados pelos negros dos Estados Unidos, o presente texto salientou aspectos negativos da questão racial norte-americana, não é porque ela seja pior do que a do Brasil ou do resto do mundo. É porque ela exerce influência incomparável a de qualquer outro modelo. E tem características específicas nem sempre conhecidas ou levadas adequadamente em conta. O brasileiro precisa saber o que vale a pena ou não reproduzir, com as adaptações necessárias a nossa realidade.

Desconsiderando-se a questão do ódio racial, cultivado em bolsões delimitados, e mantidas as diferenças entre uma sociedade rica minuciosamente construída em torno de leis e outra relativamente pobre, menos institucionalizada, não há dúvida de que a questão racial norte-americana tende ao abrasileiramento, tanto por aspectos positivos – abolição da segregação legal – quanto pelos negativos – discriminações na aplicação do Direito Penal ou como resultado dele.

É verdade que, na miséria generalizada em que vive, o negro brasileiro incriminado em qualquer delito, defendido por advogado dativo sem interesse financeiro na causa, acaba sendo ainda mais discriminado do que seu irmão do Norte. Sofre, também, muito mais, como todos os prisioneiros não-privilegiados do Brasil, pelas condições lamentáveis de sobrevivência em nossos cárceres sujos, envelhecidos, exíguos, abarrotados. Os preconceitos discriminatórios da polícia em ambos os países são, porém, semelhantes. E o rigor positivista dos respectivos magistrados provoca efeitos parecidos. Felizmente o sistema judicial do Brasil não prevê a pena de morte (embora, como se sabe, a violência policial venha "compensando essa omissão"), nem estipula sistemas punitivos de "tolerância zero" ou a regra dos "três golpes" (embora tudo isso venha sendo discutido como possíveis meios – ilusórios – de dissuasão à criminalidade acentuada).

Quanto à duplicidade no tratamento de ricos e pobres, interpretada por David Cole com enfoque racial sistêmico no caso norte-americano, constitui, lamentavelmente, fenômeno universal, registrado em todas as sociedades, de origem anterior à emergência do sistema capitalista. Por isso é tão resolutamente condenada pelas religiões universalizantes, como o cristianismo e o islamismo, e juridicamente combatida pelo princípio da não-discriminação dos instrumentos de direitos humanos. Existe, sem dúvida, no Brasil, com conotação racial igualmente freqüente. Não tem, contudo, no caso brasileiro, o caráter regulador, racional e frio visualizado por Cole, em função de nossa "cordialidade", impulsiva e irracionalista, explicada por Sérgio Buarque de Holanda. A duplicidade brasileira na polícia e na Justiça não acarreta maior segurança para qualquer segmento de nossa população. Corresponde muito mais à "invasão da mentalidade da casa grande nas cidades", que "conquistou todas as profissões, sem exclusão das mais humildes"[31].

Na esfera material, conforme já assinalado, a situação dos afro-(norte)-americanos é, em média, incomparavelmente superior à dos afrobrasileiros, em função do diferencial de prosperidade entre as duas economias e em virtude do sistema da "ação afirmativa" ainda adotado em muitos dos Estados Unidos. Não obstante essa superioridade, as conclusões da *Newsweek* em recente levantamento sobre a afluência dos *African Americans* caberiam perfeitamente na visão da consciência negra brasileira sobre a situação nacional:

> Com todo o progresso das últimas décadas, continuamos a falar da América negra como um lugar e um povo à parte. Apesar de nosso discurso em favor do conceito de igualdade, olhamos com equanimidade e, até, com orgulho, para o perfil estatístico dos americanos negros que, se fosse dos brancos, causaria horror e consternação[32].

DE VOLTA AO BRASIL

Como visto no início deste texto, para a superação do mito da democracia racial no Brasil foi necessária a asserção da consciência negra. Numa sociedade de contornos raciais tão fluidos, a "diferença" precisava realmente ser assumida como força mobilizadora. Houve, porém, quem chegasse a dizer, no país e no exterior, que a situação racial brasileira, com discriminações veladas, seria pior do que a dos Estados Unidos da fase segregacionista e da África do Sul no período do *apartheid*, como se a miscigenação fosse um erro a ser evitado.

Depois de se declarar tanto tempo moreno, "marrom", "café-com-leite" ou "escuro", o mulato brasileiro de qualquer tonalidade se sentiu na obrigação de afirmar-se resolutamente negro. Não porque não se enquadrasse nas "condições de branquidade" estabelecidas por D. João, quando Príncipe Regente, para as tropas e milícias da Capitania do Rio Grande do Sul: "todos os milicianos serão tirados da classe dos brancos, e serão reputados como tais aqueles cujos bisavós não tiverem sido pretos, e cujos pais tenham nascido livres"[33]. As "quantificações hereditárias" de branquidade jamais existiram no Brasil independente e, se existissem, desqualificariam as elites nacionais. Fê-lo porque assim fazia o movimento da consciência negra norte-americano em reação aos critérios anglo-saxões, para os quais uma gota de sangue negro – ou asiático, nativo ou "hispânico" – era suficien-

---

31. Sérgio Buarque de Holanda, *Raízes do Brasil*, p. 87.
32. Ellis Cose et al., "The Good News About Black America", p. 40 (minha tradução).
33. Artigo 6º, parágrafo 4º das Instruções para a Carta Régia de 20 de julho de 1809 (apud José Honório Rodrigues, op. cit., p. 84).

te para excluir o indivíduo da plena cidadania[34]. Fê-lo também, é verdade, porque era chamado de "preto" ou "crioulo" pelo compatriota "branco" supostamente não-racista (embora tais rotulações não carregassem, em média, com exceções, o mesmo nível de agressividade do *nigger* norte-americano, sempre usado como ofensa). Fá-lo agora porque entende que a solidariedade racial é importante para elevar as condições sociais da vasta parcela não-branca da população nacional. Grave será se o fizer tão somente por ser "politicamente correto", sem se dar conta de que os excessos do "politicamente correto" apenas se coadunam com sociedades inspiradas em noções fundamentalistas.

Para o olhar fundamentalista de qualquer credo, o Brasil é difícil de entender. Tente-se explicar a um integrista religioso ou ateu a origem africana da grande festa de *réveillon* carioca e logo se observará sua perplexidade. Explique-se-lhe que seis dias depois de celebrarem o Natal, milhões de brasileiros de todas as cores e crenças vestem-se de branco e jogam flores ao mar em homenagem a Iemanjá, como prelúdio a gigantesco espetáculo semicívico de fogos de artifício (nosso "4 de Julho") e veja-se até que ponto ele – "ariano" ou militante radical da negritude – controlará sua repugnância. Para o ativista negro norte-americano, quase tanto quanto para o orgulhoso Wasp, religiões africanas politeístas são vistas quase sempre sob um viés de exotismo, sejam elas praticadas no Brasil, no Haiti, em Cuba ou na Louisiana. O islamismo negro, monoteísta, é aceitável como afirmação racial, pouco importando a origem branca e árabe de sua doutrina e disseminação. O sincretismo afro-cristão é "politicamente incorreto". Pouco ou nada noticiou a imprensa norte-americana quando, em novembro de 1999, o terreiro de candomblé do Ilê Axé Opô Afonjá na "cidade do Salvador", com suas inúmeras igrejas barrocas, foi tombado pelo governo brasileiro como monumento do Patrimônio Histórico e Artístico Nacional, em gesto significativo de resgate da cultura negra, acorde com a vontade majoritária dos afro-brasileiros refletida em nossa Constituição. Em contraste com esse silêncio, os desentendimentos entre bispos católicos da Bahia sobre o apoio ou rejeição a atos de reconhecimento às religiões africanas foram matéria destacada no *New York Times*, com pitadelas de sarcasmo[35]. Isso é fácil de compreender.

---

34. Intuída pelo autor, ao longo dos anos, em contactos com ativistas negros de ambos os países, essa interpretação é corroborada por estudiosos do assunto, como Alba Zaluar "A Globalização do Crime e os Limites da Explicação Global", em Gilberto Velho e Marcos Alvito (org.), *Cidadania e Violência*, pp. 62-63 e Anthony Marx (op. cit, p. 272). Este segundo conta, inclusive, que certas correntes do movimento afro-americano têm agora chegado a propor a reinstauração de um sistema "Jim Crow", agora por elas definido, insistindo na "regra de uma gota de sangue" com o intuito de assegurar a unidade negra face ao abandono dos ideais igualitaristas pelo Congresso de maioria republicana (ibid., p. 247).

35. Larry Rohter, "Catholics Battle Brazilian Faith in 'Black Rome'", *The New York Times*, 10/01/2000, p. A 3.

Não se pretende negar aqui, nem de longe, que o Brasil seja um país violento. A própria origem da primeira favela carioca – *locus* emblemático da violência social e criminal brasileira – recorda um dos episódios mais sangrentos de nossa História republicana: a Guerra de Canudos. Foram os ex-combatentes retornados do sertão baiano, acompanhados de suas esposas, que, não tendo alternativa de moradia no Rio de Janeiro, instalaram-se precariamente no morro da Providência, rebatizado "da Favela" como a colina onde haviam ficado estacionados diante do arraial de Antônio Conselheiro – "favela" pelas favas que lá havia[36].

Antes concentrada sobretudo nas favelas e seus equivalentes de todas as grandes cidades do país, a violência urbana no Brasil de 500 anos não mais se circunscreve a áreas determinadas (embora ela ainda ocorra sobretudo entre os pobres). Como "resposta" aos incidentes norte-americanos acima descritos poder-se-ia apontar um rosário de episódios de nossa História recente, a demonstrarem que o brasileiro "cordial" não é necessariamente bonzinho. Os casos do parque São Lucas, Carandiru, Candelária, Vigário Geral, Corumbiara, Eldorado dos Carajás e outros, em que morreram muitos negros, evidenciam, ademais, que a brutalidade nacional não é exclusividade de "bandidos". Poder-se-ia igualmente assinalar que, em contraste com os 6,1 homicídios por 100 mil habitantes dos Estados Unidos, o Brasil tem média de 24,1, três vezes maior do que a média mundial de 8,5[37]. Não se deve esquecer, por outro lado, que o Brasil nunca teve uma Ku Klux Klan, não conta com "milícias supremacistas" e, embora tenha abolido a escravidão mais tarde, nunca teve um sistema "Jim Crow", legalizado por um século nos Estados sulistas da "América"[38].

Tampouco pretende este texto negar o racismo nacional e muito menos a situação de miséria em que vive a maior parte de nossa população "de cor" – negra, mulata, cabocla, índia e esbranquiçada. Profundamente sacrificada pelas condições materiais, é ela que compõe também a lista mais numerosa de vítimas da violência criminal e policial. A elevação dos níveis de vida desse vasto contingente, assim

---

36. Ver Maria Cristina Cortez Wissenbach, "Da Escravidão à Liberdade: Dimensões de uma Privacidade Possível", em *História da Vida Privada no Brasil*, pp.96-97.
37. O Rio de Janeiro acusa 59,4 homicídios e São Paulo 55,6 por 100 mil habitantes, enquanto Nova York registra apenas 18,40 (cifras e mapa publicados com a matéria de Gilberto Dimenstein "Mapa Mundi do Crime Iguala Ricos e Pobres", *Folha de S. Paulo*, 02/05/1999, Caderno Especial Cidades, tendo por fontes estudos das Nações Unidas, Interpol, Secretaria de Segurança Pública do Estado de São Paulo e Secretaria de Segurança Pública do Estado do Rio de Janeiro).
38. Ao contrário do que ocorreu no sul dos Estados Unidos, já no império independente, desde que dispusessem da mesma renda mínima exigida de todos os homens maiores de 25 anos, os ex-escravos (e os analfabetos em geral) podiam legalmente ser eleitores e vereadores (Luiz Felipe Alencastro, "Vida Privada e Ordem Privada no Império", *op. cit.*, p. 21).

como o reconhecimento de sua contribuição passada e presente à formação nacional, é imprescindível não somente por uma questão de eqüidade, ou por motivos de segurança da sociedade como um todo. Ela o é também para a consolidação de nossa brasilidade comum.

A afirmação do "negro" brasileiro como categoria social, tal como a do "índio", não precisa ser, portanto, e felizmente não é, fundamentalista, contrária à miscigenação humana e cultural. Além de saber que é cientificamente questionável a própria idéia de raça e que não existem raças puras, muito menos no Brasil, a prática nacional, conquanto não-endossada por "valores tradicionais" das elites dominantes, sempre foi de mestiçagem e sincretismo nas camadas populares. A contrapartida, muito mais necessária e urgente, ao não-fundamentalismo do negro, é óbvia e explicitada por Ana Maria Silva, do grupo Amma – Psique e Negritude: "Os não-negros que discriminam precisam rever sua dificuldade em lidar com a diferença, pois a desvalorização e negação do negro é também a negação do brasileiro"[39].

O Brasil real e mestiço, que já não se oferece como modelo de virtude racial, não sabe, não consegue, nem quer falar e agir sempre de maneira "politicamente correta". Faz, sim, esforços, e precisa fazer mais, para que a linguagem, o ensino e os *media* não perpetuem estereótipos nocivos. A idéia do "politicamente correto" é boa, mas a obsessão em torno dela parece reverberação do segregacionismo anglo-saxão nas minorias discriminadas. No fundo do peito, com ou sem democracia racial, o homem do povo brasileiro, de qualquer cor ou tonalidade, continua a chamar de "nega" sua bem-amada, detesta observar-se excessivamente "branquelo", vibra com falsas louras de tez natural morena, dá graças ao Deus cristão por poder recorrer aos orixás nos terreiros de umbanda e, se estiver enamorado/a, casa "na raça" com compatriota de "outra cor", por mais que esse matrimônio possa desagradar a parentes e ideólogos da autodiferenciação radical. Por convicção ou demagogia, quase todos os brasileiros continuarão a declarar-se, pelo menos parcialmente, descendentes de africanos ou de índios.

A americanização cultural do Brasil evidentemente prossegue, como, aliás, vem ocorrendo no mundo inteiro, acelerada pela globalização da economia e das comunicações. Nos anos de 1950 e 1960, na sua melhor vertente, ela propiciou a Bossa Nova, de início branca e lírica, encaminhando-se aos poucos para o morro, o Nordeste e a consciência social. Nos anos de 1970 e 1980 a afro-americanização ajudou o mulato brasileiro a virar negro, e o negro indeciso a tornar-se rigidamente "étnico" (embora a expressão "afro-brasileiro" não se tenha tornado obrigatória como prova da "correção política" do locutor).

---

39. Apud Immaculada Lopez, "A cor da pobreza", *Problemas Brasileiros*, p. 17.

No Brasil de 500 anos ela ensina esse tipo peculiar de multiculturalismo cultivado pelos "estudos culturais" das universidades dos Estados Unidos, ao mesmo tempo que induz os jovens negros brasileiros das periferias metropolitanas aos bailes *funk* violentos e às disputas pelos tênis "Nike" ou "Reebok", que dão lucro sobretudo ao homem branco.

A metáfora da brasilianização da América na interpretação de Michael Lind é mais conseqüente do que na pena dos demais. Para Lind, a insistência obstinada no multiculturalismo não levaria à "balcanização"[40] dos Estados Unidos, com todas as raças e minorias em guerra, como é geralmente advertido pelos opositores do ensino bilíngüe e da "ação afirmativa". Uma vez que a América, "tal como o Brasil" (*sic*), dispõe de uma cultura nacional suficientemente unificadora para comportar um "sistema informal e impreciso de castas", a brasilianização da América levaria, sim, à eternização do *status quo*, com uma classe branca crescentemente rica e autoprotegida, utilizando serviços privados de saúde, educação e segurança, enquanto as minorias raciais – negra, hispânica, nativa, asiática e de outros matizes –, incomparavelmente mais pobres, digladiar-se-iam entre elas pelos serviços públicos escassos[41].

A interpretação catastrófica de Lind não deixa de servir de alerta às avessas também para os brasileiros. Se o Brasil não se brasilianizar num projeto nacional includente, com ações governamentais e não-governamentais adaptadas à nossa realidade, a rígida americanização econômica e cultural pode levar nossa gente, num patamar inferior, com miséria maior e "etnias" impossíveis de definir pela origem, àquilo que ele teme na América "brasilianizada".

No período atual, de unificação de mercados e fragmentação societária pelo "comunitarismo", em que poucos crêem no progresso resultante de disputas e compromissos sociais, seria bom se o brasileiro do século XXI, em paralelo às asserções necessárias à realização dos direitos humanos, de responsabilidade do Estado, incorporasse mais profundamente outro aspecto da cultura norte-americana, pouco conhecido no Brasil americanizado: o arraigado sentido de "comunidade localista" que, indo além do identitarismo utilitário, cultiva serviços em comum gratuitos até para a manutenção da limpeza de parques utilizados por todos (S. Francisco é um grande exemplo). Ele não se traduz apenas no patriotismo que articula minorias díspares com a idéia poderosa da "América". Traduz-se também em práticas, difundidas entre todos os cidadãos, de trabalho voluntário para a

---

40. Termo também cunhado por visão preconceituosa, não de Lind, mas do "Ocidente", com relação à península mais oriental da Europa.

41. Michael Lind, op. cit., p.216.

comunidade em sentido mais amplo (além de freqüentemente espontâneo, na área da baía de S. Francisco os empregadores têm a obrigação legal de conceder aos empregados dias livres para esse fim), assim como no investimento filantrópico de fundações em atividades de apoio aos mais carentes.

Negligenciadas ou estimuladas por sucessivos governos, as organizações não-governamentais brasileiras que vêm atuando em apoio às populações necessitadas, inclusive as que se orientam pela "raça" e pela cor, têm feito um trabalho extraordinário, ainda pouco percebido. Numa situação mundial em que, queiramos ou não, parece fortalecer-se a noção de "Estado mínimo", esse trabalho de formiguinhas, que hoje tem o respaldo de programas nacionais e agências internacionais, pode não resolver em definitivo o problema das disparidades, sejam elas raciais ou sociais. Melhora, não obstante, as condições do público atingido e contribui, com certeza, para o bem-estar geral.

Para avanços mais conseqüentes, duradouros, é, porém, imprescindível que a comunidade de identificação imediata nunca perca de vista o conjunto em que se enquadra. Até porque, para exercer as pressões políticas necessárias à defesa de causas urgentes, sejam elas delimitadas ou "universais" para a Nação, a atuação pluri-racial é muito mais eficaz do que ações auto-segregadas. Não foram brancos, nem negros ou indígenas que lutaram pela redemocratização do Brasil nos anos de 1980. Tampouco foram grupos identitários ou segmentos populacionais específicos que afluíram às ruas para exigir a saída do presidente eleito que montara um governo anômalo, absurdamente corrupto, no início dos anos 1990. Foi o povo brasileiro esmagadoramente unido no exercício consciente de sua cidadania.

O direito à diferença é válido e deve ser exercido na medida em que procure assegurar condições efetivas de igualdade e não-discriminação para todos. Apesar dos defeitos abundantes que carrega e hoje em dia reconhece, o Brasil ainda é um projeto nacional integrador que vale a pena. Não pode, a longo prazo, ser encarado de forma fragmentada.

(2000)

5. Excessos do Culturalismo: Pós-modernidade ou Americanização da Esquerda?

> *Talvez, porém, essa história não seja afinal tão nova. Lembramo-nos, com efeito, do prazer com que Freud descobriu uma cultura tribal obscura que, única entre as inúmeras tradições de análise de sonhos existentes no mundo, havia conseguido ir de encontro à noção de que todos os sonhos tinham significados sexuais ocultos – a exceção era exatamente dos sonhos sexuais, que significam outra coisa! O mesmo parece ocorrer com o debate pós-modernista e a sociedade burocrática despolitizada à qual ele corresponde, onde as posições aparentemente culturais se revelam formas simbólicas do discurso político moralizante, exceto pela nota mais simples abertamente política, que sugere uma forma de escorregadela de volta à cultura.*
>
> FREDRIC JAMESON[1]

> *É crucial perceber como o racismo pós-moderno emerge como conseqüência última da suspensão pós-política do político, da redução do Estado a mero agente policial a serviço das (consensualmente estabelecidas) necessidades das forças de mercado e do humanitarismo tolerante, multiculturalista.*
>
> SLAVOJ ZIZEK[2]

1. Perhaps, however, this is not so new a story after all. One remembers, indeed, Freud's delight at discovering na obscure tribal culture, which alone among the multitudinous traditions of dream-analyses on the earth had managed to hit on the notion that all dreams had hidden sexual meanings – except for sexual dreams, which meant something else! So also it would seem in the postmodernist debate, and the depoliticized bureaucratic society to which it corresponds, where all seemingly cultural positions turn out to be symbolic moralizing, except for the single overtly political note, which suggests a slippage from politics back into culture again. "The Politics of Theory – Ideological Positions in the Postmodernist Debate" (1974), em *The Ideologies of Theory*, vol. 2 (Minneapolis, University of Minnesota Press, 1988).

2. It is crucial to perceive postmodern racism emerges as the ultimate consequence of the postpolitical suspension of the political, of the reduction of the state to a mere police agent servicing the (consensually established) needs of market forces and multiculturalist, tolerant humanitarianism. "A Leftist Plea for 'Eurocentrism'", em *Critical Inquiry*, University of Chicago, 1998, p.997.

INTRODUÇÃO

No cenário de desumanização em que acaba de transcorrer a passagem do século XX ao século XXI, os males do nosso mundo canhestramente globalizado são quase sempre atribuídos, com justíssimas razões, ao absolutismo do mercado como única Verdade nos quatro cantos da Terra. Raramente assumido, pelos agentes que o propagam, com a designação doutrinária que o torna reconhecido, o neoliberalismo penetra e se consolida inclusive nas cidadelas antes mais inexpugnáveis ao imperialismo do capital. Menos perceptível, porque muito mais sutil, e muito menos criticada, porque geralmente vista apenas por seu lado positivo, a mesma disseminação se dá com as idéias da pós-modernidade e seu antiuniversalismo.

Originárias do Ocidente tanto quanto o Iluminismo por elas denunciado, as teorias "pós-modernas" são hoje em dia estudadas em quase todo o planeta, na Europa como nas Américas, na Índia como na Eslovênia, na Sérvia como na Austrália, nos centros de estudos de Berkeley como nas universidades de Pequim (ou Beijing, como se diz agora). Entendê-las é sempre bom, em qualquer parte do mundo. Difícil é evitar que sua manipulação não acabe funcionando como alavanca e escusa aos males generalizados pelo absolutismo do mercado.

Enquanto na esfera da economia o neoliberalismo é, segundo se alega, a doutrina necessária daquilo que a tradução do "idioma global" rotula de capitalismo tardio (em inglês, *late capitalism*), a pós-modernidade – ou pós-modernismo, no dizer de grandes críticos como Fredric Jameson e Terry Eagleton – é a lógica cultural que o fundamenta e dele emana na esfera das artes, da literatura, das ciências humanas e de práticas político-sociais correntes. Por menos que assim deseje o *logos* relativizante do pós-modernismo "epistêmico" (para falar com Foucault), simultaneamente individualista e anti-subjetivista numa desconstrução infinita (para falar com Derrida), sua *praxis* da diferença exacerbada fatalmente concorre para que o mercado se apresente como o "valor universal" que sobrou. Mais do que pelo fim da Guerra Fria e do chamado "socialismo real", isso se tornou possível porque em algum momento do século XX, particularmente em torno de 1968, os antigos atores das lutas universalistas passaram a encarar separadamente cultura e economia. E, como quase tudo o que tem ocorrido na experiência histórica do mundo desde o século XVIII, para o bem e para o mal, essa separação metodológica, intelectualmente engendrada no pensamento europeu, traduziu-se em práticas consistentes primeiro nos Estados Unidos. De lá se espalhou por todos os continentes, num processo de americanização muito pouco analisado.

Quando se diz "americanização", pensa-se logo, pelo lado positivo, no espírito empreendedor que constrói obras fabulosas, no pragmatismo imediatista do pensamento e da ação, na paixão pelo novo como sinônimo de progresso, na divulgação dos ideais e dos meios de higiene e conforto, no liberalismo político e nas instituições modelos das democracias modernas. Pelo lado negativo, costumam vir à mente, ademais da imagem caricatural do capitalista gordo (que antes fumava charuto e hoje é antitabagista para não pagar indenizações) a esmagar o trabalhador, a propaganda eficaz comercial ou política, o cinema-entretenimento de Hollywood, os hambúrgueres engolidos com Coca ou Pepsi Cola, o consumismo frenético como forma de autoafirmação pessoal, a dominação da realidade pelos *media* – ou pela "mídia", como se diz no Brasil de hoje, com redação aportuguesada e gênero e número invertidos de *palavra latina pronunciada em inglês!*

Há, também, evidentemente, americanizações que são neutras, como a dos *jeans* e do *rock*, totalmente universalizados. Mas há outro tipo de americanização cultural a que poucos se referem, porque talvez dela não se dêem a devida conta: a americanização de certos movimentos sociais importantes. Sua compreensão é necessária ao nosso Brasil dual, onde o arcaico e o pós-moderno convivem num (des)equilíbrio absurdo, a fim de que a luta pela melhoria da situação nacional não se venha a revelar ainda mais problemática do muito que já tem sido.

Para procurar entender essa "americanização da esquerda" é preciso retroceder no tempo a uma fase também tumultuada, mas num sentido libertário, distinto de nosso tumulto atual.

OS *GOOD OLD SIXTIES* E A CULTURALIZAÇÃO DA POLÍTICA

Os "bons anos 60" são para qualquer um a época dos Beatles e da Bossa Nova, do LSD e dos grandes festivais, de Kennedy e de Khrushev, do Sputnik e da viagem à Lua, de Che Guevara e de Mao, da pílula anticoncepcional e do sexo livre sem Aids. São igualmente anos de Guerra Fria e Guerra do Vietnã, de desobediência civil e rebelião dos jovens, de revolução e contra-revolução, da Primavera de Praga e da Doutrina Brejnev. São também, em vastas partes do mundo relativamente periféricas (o Brasil entre elas), anos de agitação e golpes militares, de passeatas e repressão, de idealismo utópico e ditaduras crescentemente sombrias. Para a Organização das Nações Unidas (ONU) a década de 1960 foi, sobretudo, a década da descolonização. Foi nela que se deu a independência do maior número de Estados afro-asiáticos emersos do sistema colonial. Foi nela que se estabeleceu o conceito então positivo de um Terceiro Mundo capaz de produzir progresso com liberdade para toda a "aldeia global", e ganhou foros de possibilidade tangível uma Nova Ordem Econômica Internacional – sepultada antes de nascer. Foi, apesar de tudo, no cômputo geral do mundo, uma época de otimismo, embalado por esperanças emancipatórias, com crença num futuro solidário, diferente da época presente.

Entre os acontecimentos de maior influência local e internacional até agora, a década de 1960 testemunhou os êxitos do movimento negro norte-americano pelos direitos civis, assim como o encerramento de sua mobilização nacional unitária e unificadora. Testemunhou, da mesma forma, o fortalecimento do movimento de mulheres como força social autônoma, assinalando o início da revolução que causou. Ambos os movimentos e suas transformações tiveram e têm ainda reflexos bastante profundos no cenário brasileiro.

Os Avatares do Movimento Norte-americano pelos Direitos Civis

É ponto pacífico entre historiadores da matéria que o assassinato de Martin Luther King Jr., em 4 de abril de 1968, praticamente encerrou a fase do movimento norte-americano pelos direitos civis que exigia do governo da União responsabilidade e ação garantidora da não-discriminação racial. Encerrou-o não somente porque foi conseqüência imediata dessa morte a aprovação pelo Congresso do *Civil Rights Act* de 1968, que deveria culminar a reforma legislativa em defesa da igualdade formal, proibindo a discriminação habitacional e federalizando a obrigação de controlar ingerências contra direitos da pessoa. Encerrou-o sobretudo porque, depois dela, as facções predominantes no movimento negro – que já existiam antes, mas não eram tão expressivas – não mais compartilhariam o "sonho" de Martin Luther King de uma "cidadania de primeira classe" numa sociedade em que as pessoas não fossem julgadas "pela cor de sua pele, mas pelo conteúdo de seu caráter"[3]. Visibilidade e impacto maior, nos Estados Unidos e no resto do mundo, passaria a ter, desde então, a movimentação *Black Power*, cujo líder Stokely Carmichael logo advertiu a "América Branca" do erro que ela teria cometido: o de "matar o único homem de nossa raça, na geração mais velha do país, a quem os militantes, os revolucionários e as massas de pessoas negras ainda escutariam"[4].

Na seqüela do assassinato de Luther King, os guetos urbanos negros entraram em convulsão. Os levantes civis de caráter racial, em mais de uma centena de cidades, e a repressão a eles tiveram um saldo negativo de quarenta mortos, três mil feridos e bilhões de dólares perdidos em propriedades destruídas[5]. Pior e mais conseqüente foi o fortalecimento, naquele período, da convicção entre os jovens

---

3. Apud. Manfred Berg, "1968: A Turning Point in American Race Relations?", em Carole Fink et al. (eds.), *1968 – The World Transformed*, p. 417. O célebre discurso de King que insistia no "I have a dream..." foi feito no encerramento da Marcha sobre Washington, em agosto de 1963.
4. Idem, ibidem, p. 398.
5. Contas de Alan Brinkley, "1968 and the Unraveling of Liberal America", idem, p. 224.

negros de que a sociedade norte-americana seria, nas palavras de Alan Brinkley, "irredimivelmente racista", e o "liberalismo tolerante e inter-racial, inadequado à tarefa da libertação"[6]. Para isso também contribuiu o assassinato de Robert Kennedy, pré-candidato à Presidência da República pelo Partido Democrata, em 6 de junho de 1968, como que a confirmar a incapacidade de assimilação das aspirações igualitaristas da população pobre em geral, e das minorias étnicas em particular, pelo liberalismo que ele simbolizara.

Reação a um sistema segregacionista que, conforme herança classificatória escravista do antigo Império Britânico, definia a população não-branca pelo critério de "uma gota de sangue" (este permitira no passado a escravização "legal" de quem tivesse algum ascendente negro e até hoje rejeita a mestiçagem como espúria), o radicalismo *Black Power*, que se tornou predominante no movimento negro norte-americano, ainda assim não era monolítico. Na classificação de Manfred Berg, havia entre seus militantes diferentes facções, "pluralistas" e "nacionalistas". Os "pluralistas" postulavam o "controle comunitário" do comércio, das escolas e da polícia nas áreas de população negra, além de organizações políticas efetivamente independentes (em contraste com a *National Association for the Advancement of Colored People*-NAACP, maior agrupamento nacional, até agora existente, que sempre dialogou com o governo, exerce pressão no Congresso e repudia o racismo às avessas). Mas eram reputados moderados por aceitarem a idéia de uma "sociedade norte-americana". Os "nacionalistas", por sua vez, subdividiam-se em separatistas territoriais, revolucionários anticapitalistas e culturalistas afrocêntricos. Todos utilizavam conceitos e terminologia marxista, mas todos davam prioridade – ou exclusividade – ao recorte racial sobre o recorte de classe[7].

A continuação dessa história é bastante conhecida. Enquanto os programas sociais da "guerra contra a pobreza" de Lyndon Johnson sucumbiam ante os gastos – e derrotas – da guerra do Vietnã, e a "Nova Esquerda" assumia um revolucionarismo extremamente difuso, a exacerbação "nacionalista" – hoje se diz *culturalista* – do movimento negro alienou os brancos liberais que com ele se aliavam e votavam no Partido Democrata. O segregacionismo branco voltou ao proscênio com a candidatura independente de George Wallace à Presidência da República[8]; a classe média, que simpatizara com os negros sofredores do início da década, passou a encarar o movimento negro como uma ameaça à Nação; Richard Nixon foi eleito presidente pelo Partido Republicano no final de 1968 (tendo sido ele quem, afi-

---

6. Idem, ibidem.
7. Manfred Berg, op. cit., p. 408.
8. O ex-governador do Alabama, candidatado pelo Partido Independente, não ganhou, mas obteve votação impressionante.

nal, adotou o sistema de quotas nas contratações de serviços públicos, que complementariam a "ação afirmativa" da esfera da educação). O movimento negro norte-americano, como instrumento articulador de reivindicações no cenário político nacional, praticamente deixou de existir. Manteve, por outro lado, perfil alto e militante no exterior. Já havendo influído na Convenção Internacional sobre a Eliminação de Todas as Formas de Discriminação Racial, de 1965 (cujo artigo 4º preconiza o sistema de preferências da "ação afirmativa"), seu consistente ativismo na campanha internacional contra o *apartheid* sul-africano, até a abolição desse regime, teve provavelmente maior repercussão junto a governos estrangeiros do que junto aos governos de Washington. Serviu e serve ainda de modelo, em muitos aspectos, às lutas dos negros brasileiros e de outros países, por reconhecimento e melhores condições sociais. Dentro do país, porém, sua influência se manifesta agora quase exclusivamente no campo cultural. Escritores negros, norte-americanos e de outras nacionalidades, passaram a fazer parte do cânon obrigatório escolar; os livros didáticos atuais procuram valorizar o elemento negro na história do país; as grandes universidades contam com departamentos de estudos étnicos. Até mesmo uma celebração alternativa ao Natal, a Kwanzaa, inventada em Los Angeles, em 1996, por Ronald McKinley (rebatizado Maulana Karenga) com denominação swahili e inspiração africana, mas inexistente na África, foi oficializada no calendário cívico-escolar entre 26 e 31 de dezembro, para livrar os afro-americanos da "humilhação" de comemorarem um festejo europeu[9].

Sintomaticamente, numa população negra ainda majoritariamente cristã e protestante, hoje em dia já bastante dividida pelo viés classista (inclusive no que diz respeito às posições diante da ação afirmativa, ora em declínio no país), o grupo politicamente militante mais numeroso, herdeiro da tradição *Black Power* nos dias atuais, parece ser a Nação do Islã, liderada por Louis Farrakhan, espécie de resposta culturalista ao movimento branco da Identidade Cristã, protestante e profundamente racista[10].

---

9. Nas escolas públicas elementares de S. Francisco, crianças de todas as etnias, que não têm nenhuma idéia do que seja o swahili, muito menos da parte do mundo em que essa língua é falada, são forçadas a decorar palavras exóticas, mal-pronunciadas em inglês, cujo significado comporia os "conceitos-chaves", muito idealizados, da Kwanzaa, recentemente inventada nos Estados Unidos (ninguém me contou esse fato; dele fui testemunha observando os estudos de minha própria filha em *elementary school californiana*). Menos mal quando se recorda que foi também na Califórnia (região de S. Francisco) e aproximadamente na mesma época que a esquerda cultural afro-americana tentou, sem êxito, adotar o inglês mal-falado dos negros incultos como língua oficial de ensino comunitário, denominada "Ebonics" (de *ebony*, ébano).

10. Descrevi as características de ambas no capítulo anterior.

Em 1968, pouco após a morte de Martin Luther King, seu herdeiro e continuador político Ralph Abernethy tentou reeditar a histórica Marcha sobre Washington de 1963, decisiva no contexto da luta pelos direitos civis, na qual King uma vez mais expusera, com grande repercussão, seu "sonho" igualitarista[11]. A passeata de Abernethy, cinco anos depois, tinha o objetivo de manter viva a mobilização integracionista, já então voltada contra a pobreza e a discriminação econômica incidente sobretudo nos negros, acorde com a visão de King (por ele preconizada, mas hoje quase totalmente esquecida) de que os direitos civis não se realizam separadamente dos direitos econômico-sociais. O evento de 1968 obteve participação e repercussão diminutas. Em 1995 o líder muçulmano Louis Farrakhan decidiu fazer o mesmo de 1963 e convocou uma "Marcha de Um Milhão" sobre Washington. Tendo ou não tendo realmente um milhão de participantes, a convergência de negros em 1995 sobre a capital da República impressionou pela magnitude e trouxe à Nação do Islã grande notoriedade. Impressionou, da mesma forma, num sentido radicalmente oposto, porque, ao contrário do caráter abrangente e multirracial de sua antecessora exitosa dos tempos de Luther King, a marcha de Farrakhan excluiu não somente os brancos, mas também as mulheres de qualquer raça ou cor[12].

Ao alienar as mulheres dessa grande iniciativa e, conseqüentemente, da atividade política em geral, em paralelo à exibição de um fundamentalismo retrógrado que poucas nações islâmicas africanas ou asiáticas ainda ousariam ostentar[13], a Nação do Islã norte-americana se auto-elimina a possibilidade de receber apoio de outros movimentos sociais conseqüentes, particularmente daquele que mais cresceu desde a década de 1960, nos Estados Unidos e internacionalmente: o movimento das mulheres.

---

11. Ver nota 1 supra. Na verdade, a metáfora do sonho fora usada antes por Martin Luther King em diferentes sermões, mas foi na Marcha de 1963 que o discurso se tornou nacional e internacionalmente conhecido.

12. Manfred Berg, op. cit., p. 419. No entender de Berg, essa marcha deve ser vista como uma manifestação importante de solidariedade e orgulho racial de um vasto segmento da população que ainda se considera vítima de discriminações. Mas a mensagem de auto-afirmação, capitalismo negro, disciplina e combate às drogas da Nação do Islã, com seus "vigilantes muçulmanos" e seu racismo radical, antibranco e anti-semita, seria "conservadora".

13. A revolução iraniana contou com participação decisiva das mulheres. Ainda que depois lhes tenham imposto o *tchador*, os aiatolás não chegaram a excluí-las totalmente da política. Apenas a Arábia Saudita e alguns poucos emirados árabes do Golfo, para não falar do desvario dos talibãs afegães, seguem políticas de exclusão total das mulheres de qualquer atividade pública.

O Movimento Internacional das Mulheres: Feminismo da Igualdade e Feminismo da Diferença

É fato bastante documentado, pelo menos no Ocidente, que a luta histórica das mulheres por seus direitos humanos, gerais e a elas específicos, vem de longa data. Todos conhecem a figura das *sufragettes* norte-americanas e britânicas em suas manifestações pelos direitos políticos da população feminina, por tanto tempo denegados ainda no século XX. Muitas mulheres e homens, não necessariamente militantes, são familiarizados com o extraordinário projeto de Declaração dos Direitos da Mulher, redigido por Olympe de Gouges no calor da Revolução Francesa. Alguns – mais corretamente, algumas – terão lido a obra de Mary Wollstonecraft, *A Vindication of the Rights of Women* (Uma Defesa dos Direitos da Mulher), também do século XVIII. Praticamente todas as sociedades, ocidentais e orientais, atualmente cultivam com admiração as personagens históricas respectivas que funcionaram como precursoras do movimento feminista. Foi, contudo, na década de 1960, no contexto das lutas anti-autoritárias da chamada Nova Esquerda, com sua visão abrangente das opressões disseminadas nas sociedades capitalistas assim como nos países de socialismo burocrático, e com o célebre *slogan* de que "o pessoal é político", que o movimento social das mulheres, tal como atualmente entendido, começou a firmar-se com autonomia e vigor. Emergiu nos Estados Unidos em paralelo aos movimentos contra a Guerra do Vietnã e pelos direitos civis, recebendo deste segundo influência notável. Um de seus marcos foi, por sinal, a fundação por Betty Friedan, em 6 de outubro de 1966, da *National Organization of Women* (NOW) (Organização Nacional da Mulher), que a exemplo do NAACP dos negros, postulava a igualdade de direitos – nesse caso com os homens – em todos os aspectos da vida social, econômica e institucional[14].

Cronista "engajado" da rebelião dos anos de 1960, Todd Gitlin descreve, com episódios ilustrativos, como as estudantes e jovens norte-americanas militantes da Nova Esquerda foram-se distanciando gradativamente de seus companheiros de campanhas libertárias e igualitaristas, no curso de 1968. Faziam-no ao observarem, na pele própria e das outras, a distância existente entre o antiautoritarismo por eles propugnado e o conservadorismo opressivo que mantinham nas relações privadas[15]. A autonomia, originalmente forjada em grupos de estudo que liam Simone de Beauvoir e Betty Friedan, desenvolvia teorias próprias, emancipatórias, a respaldar sua asserção política e se organizava em redes, nacionais e transnacionais, para a

---

14. Manuel Castells, *The Power of Identity*, p. 177.
15. Tod Gitlin, *The Sixties: Years of Hope, Days of Rage* (ver sobretudo o Capítulo 16: "Women: Revolution in the Revolution", pp. 362-376).

ação desejada. Germinaria primeiro na forma do movimento *Women's Lib*, que iria incentivar suas homólogas transcontinentais na Europa Ocidental, na América Latina, no Japão e no Brasil, ainda durante a efervescência social de 1968. Ao contrário do movimento negro norte-americano, arrefecido no final dos anos de 1960 em contraste com a radicalização das facções culturalistas, o movimento de mulheres ganhou força decisiva a partir dos anos de 1970. Isso se deu tanto em função de seu ativismo manifestado em diferentes países, como por sua penetração no âmbito da Organização das Nações Unidas (ONU) e a incorporação de sua causa pelo Conselho Econômico e Social. A ONU proclamou o ano de 1975 como "Ano Internacional da Mulher", convocando, na cidade do México, a I Conferência Mundial sobre a Mulher: Igualdade, Desenvolvimento e Paz. Esta, por sua vez, ensejou a elaboração da Convenção sobre a Eliminação de Todas as Formas de Discriminação contra a Mulher, adotada pela Assembléia Geral das Nações Unidas em 1979 (internacionalmente em vigor desde 1981, embora com muitas reservas), um dos mais importantes instrumentos jurídicos do Direito Internacional dos Direitos Humanos. Além disso, a Conferência do México de 1975 iniciou a série de encontros mundiais sobre a situação da mulher, o quarto dos quais foi a Conferência de Beijing, de 1995, maior encontro internacional já realizado em todos os tempos.

Não cabe aqui uma tentativa de análise das diferentes vertentes do movimento feminista, que variavam desde posições igualitaristas, liberais ou socialistas (feminismo da igualdade), às posturas essencialistas, antipatriarcais e "separatistas", associadas ou não ao lesbianismo ideologicamente assumido (feminismo da diferença), muitas vezes em articulação com o movimento dos *gays*[16]. Cabe, sim, observar que, ademais da entrada maciça das mulheres no mercado de trabalho em escala planetária, de sua crescente presença na vida pública, política e econômica, da maioria dos países, das conquistas representadas pelas creches e legislações de apoio à maternidade, pela afirmação de seus direitos reprodutivos e sexuais, o movimento de mulheres praticamente modificou em todo o mundo a maneira de pensar e, em muitas partes, o comportamento de todos. Com raras exceções deliberadas e ainda muitos deslizes de linguagem geralmente inadvertidos (até mesmo entre as mulheres), o homem já não se apresenta sozinho como sinônimo da espécie; os direitos humanos, em todas as suas categorias, passaram a abranger também, necessariamente,

---

16. Para uma análise dessas vertentes, ver Manuel Castells, op. cit., particularmente o capítulo intitulado "The End of Patriarchalism". As expressões "feminismo da igualdade" e "feminismo da diferença", bastante difundidas, eu retirei de María-Milagros Rivero Garretas, *Nombrar el Mundo en Femenino: Pensamiento de las Mujeres y Teoría Femenista*.

todos os direitos da mulher, inclusive aqueles que lhe são específicos; o discurso oficial dos governos e movimentos sociais – sem falar no da Academia – passou a atentar mais seriamente para as distorções que o discurso tradicional embutia, facilitando a perpetuação de opressões; a mulher tornou-se afinal reconhecida universalmente como sujeito da História (exceto provavelmente para pós-modernos empedernidos que rejeitam as noções "iluministas" de História e de sujeito, de natureza humana e, sobretudo, de valores universais)[17].

De todos os conceitos oriundos do pensamento feminista, o que se tem comprovado mais permanente e conseqüente é o do gênero. Na expressiva colocação de Gerda Lerner, este seria "a definição cultural de uma conduta como apropriada aos sexos em uma sociedade dada em uma época dada. Gênero é uma série de papéis culturais. É um disfarce, uma máscara, uma camisa de força na qual os homens e mulheres dançam sua dança desigual"[18].

Interpretado a partir da linguagem dominante, mas em oposição a um determinismo biológico atribuído ao sexo, o conceito feminista de gênero desvendou as relações de poder que subjaziam à limitação "natural" da mulher ao espaço doméstico, revelando a posição de inferioridade que lhe era culturalmente imposta. Foi, no dizer de María-Milagros Rivero Garretas, "uma categoria de análise tremendamente libertadora quando cunhada no início dos anos de 1970", embora com o passar do tempo ela se tenha revelado "menos revolucionária do que as de patriarcado ou de política sexual"[19]. Talvez precisamente por isso, por ser menos revolucionária, a conceituação feminista de gênero tenha obtido aceitação praticamente universal. Incorporada também pelos homens, ela é hoje consagrada em diversos documentos normativos internacionais, em particular na Plataforma de Ação da Conferência de Beijing de 1995. Esta assinala em seu terceiro parágrafo:

> A Plataforma de Ação salienta que as mulheres compartilham problemas comuns que só podem ser resolvidos por seu trabalho conjunto e em parceria com os homens para alcançar o objetivo da igualdade de gênero em todo o mundo. Ela respeita e valoriza a total diversidade de situações e condições das mulheres e reconhece que algumas mulheres enfrentam barreiras especiais a sua capacitação[20].

---

17. Recordo que este texto foi escrito em 2001, tendo em mente a perspectiva da Conferência de Durban contra a Discriminação Racial. Hoje, infelizmente, quando vemos tudo regredir, a situação das mulheres também se vem deteriorando em quase todos os quadrantes.
18. Apud María-Milagros Rivero Garretas, ibidem, p. 79 (minha tradução).
19. Ibidem, p. 78.
20. *Report of the Fourth World Conference on Women* (*Beijing, 4-15 September 1995*), Documento das Nações Unidas a/conf.177/20, p. 10 (minha tradução).

Ainda que o chamado "feminismo da diferença" continue a produzir teorias revolucionárias com algum alcance prático entre grupos reduzidos, não é ele que se tem demonstrado útil para os avanços das mulheres em geral. Seja na Conferência de Beijing, seja na prática social de quase todos os países, é o "feminismo da igualdade" que tem conseguido vitórias, acrescidas ao longo dos anos (malgrado graves regressões em determinadas regiões e culturas). Tais conquistas gradativas, que representam, no conjunto, profunda ruptura com uma tradição histórica de 4 mil anos, asseguram plenamente, ao movimento de mulheres nascido na década de 1960, inquestionável caráter revolucionário, não sendo exagerado afirmar ter ele constituído, no século XX, a única revolução que deu certo – apesar de obviamente inacabada[21].

OS IMPASSES DO CULTURALISMO EXACERBADO

Se até o momento este texto se concentrou nas experiências dos movimentos dos negros e das mulheres, iniciados nos Estados Unidos e extrapolados para o resto do mundo com as necessárias adaptações, é porque ambos trazem em si, no que têm de vitoriosos, a mensagem do universalismo sem a qual se dissolve a idéia dos direitos humanos. No entanto, para muitos intelectuais que se pretendem comunitariamente orgânicos numa linha gramsciana desvinculada de classe, essas "facções" de maior êxito em ambos os movimentos alegadamente não representariam "a esquerda". Esta se traduziria exclusivamente no "culturalismo" impermeável e aguerrido praticado nos países anglo-saxões e postulado alhures.

Não é preciso recorrer ao chavão do "politicamente correto" para criticar os excessos do culturalismo. A um observador distanciado, como o autor destas linhas, impressiona a freqüência com que se lê e ouve, nos Estados Unidos, a expressão *culture wars* (guerras de culturas), significando os desentendimentos provocados pelo radicalismo identitário da militância "cultural", o patrulhamento por ela dos estudos e da linguagem em geral, especialmente a acadêmica, em detrimento da participação efetiva em causas sociais abrangentes. Impressiona, igualmente, a massa de estudos aprofundados por intelectuais de diversos matizes, mas certamente não "de direita", preocupados com a fragmentação política propiciada pelo multiculturalismo praticado na sociedade norte-americana[22]. Exagerada ou

---

21. Ver nota 15 *supra*. Em 2004, ao rever este texto, tenho dúvidas sobre a atualidade desta afirmação à medida que o século XXI vai avançando no tempo e regredindo na História.

22. Entre a massa de autores e títulos que tratam do problema, posso citar, como exemplos, o liberal Michael Lind em *The Next American Nation*, o ex-ativista da Nova

acurada, soa significativa a imagem já quase clássica de Todd Gitlin, em seu "Crepúsculo dos sonhos comuns", de que "enquanto a esquerda marchava sobre os departamentos de inglês nas universidades, a direita conquistava a Casa Branca"[23]. Bastante citada pelos politólogos que compartilham tal preocupação, a frase de Todd Gitlin resume acuradamente as idéias e inquietações dele próprio e de todos os demais. Pois foi historicamente a partir da opção pelo "direito à diferença" exacerbado da militância radical de grandes movimentos sociais que o conservadorismo se estabeleceu quase permanentemente na política do país. Firmou-se, aliás, antes e mais profundamente do que o próprio neoliberalismo (este iniciado com Reagan) como uma espécie de "consenso", a ponto de tornar quase negligenciáveis, de ênfases, quando não conjunturais e momentâneas, as distinções programáticas dos Partidos Democrata e Republicano.

É verdade que as preocupações dos autores aqui aludidos voltam-se para a situação dos Estados Unidos em sua especificidade. Ecoam, com análises e sugestões, dúvidas levantadas em muitas áreas – e muito exploradas pela direita – se ainda existiria de fato uma "nação norte-americana". Mas a insistência dessas preocupações deve servir de alerta também para outros povos em que o multiculturalismo segregador, contrário a misturas territoriais e miscigenações biológicas, faz-se presente igualmente, com graus maiores ou menores de explosividade latente.

Com ou sem nexo causal imediato, desde que os grandes movimentos sociais, começando pelos Estados Unidos, passaram a atentar mais para objetivos identitários do que para a comunidade nacional e o universo de todos os seres humanos, o neoliberalismo implantou-se decisivamente em todo o globo terrestre. As "guerras culturais", por sua vez, adquiriram, no mundo, feições concretas, não apenas metafóricas. Os conflitos novos da ex-Iugoslávia, da Tchetchênia, da Ásia Central ex-soviética, de Ruanda, do Burundi, do Congo, assim como outros, antigos, recrudescidos por quase todo o continente asiático, são casos de gravidade variada em que minorias identitárias étnicas ou religiosas se insurgem ou são esmagadas com violência, na periferia do mundo globalizado pelo neoliberalismo "multiculturalista". A mesma lógica se manifesta no centro europeu do sistema internacional, em incidentes de agressão discriminatória, muitas vezes respaldada por políticas "nacionalistas", contra imigrantes, ciganos e judeus. Não é necessário ter gran-

---

Esquerda Todd Gitlin no muito conhecido *The Twilight of Common Dreams*, o gozador Robert Hughes, em seu quase *best seller The Culture of Complaint*, o filósofo pragmático, antimetafísico e pós-moderno heterodoxo Richard Rorty, em *Achieving our Nation*.

23. Tod Gitlin, *The Twilight of Common Dreams: Why America is Wracked by Culture Wars*, ("Marching on the English Department While the Right Took the White House"), pp. 126-165.

de especialização no tema das minorias para perceber, como o professor Will Kymlicka, que "desde o fim da Guerra Fria, os conflitos etnoculturais tornaram-se a fonte mais comum de violência política no mundo, e eles não mostram qualquer sinal de arrefecimento"[24]. Nem é de estranhar que um dos críticos mais veementes e profundos da obsessão multiculturalista – que ele chama de pós-moderna e pós-política, associada ao livre mercado e ao humanitarismo contemporâneo – surgido nos anos de 1990 seja originário de país que antes integrava a esfacelada Iugoslávia: o filósofo esloveno Slavoj Zizek, do Instituto de Ciências Sociais da Universidade de Ljubljana[25].

Não se quer aqui dizer que a insistência no cultural como instrumento de autoconscientização não tenha representado papel emancipatório importante, ou que o resgate da cultura de um determinismo econômico excessivamente dogmático, impulsionado com brilho pelo pós-estruturalismo francês e adotada com grande convicção pela "Nova Esquerda" dos anos de 1960 e 1970, não tenha sido útil, em especial no Ocidente. Porque esclarecedora de muitos aspectos nocivos, até então encobertos, das sociedades "ilustradas", a separação interpretativa desses dois condicionantes do real – cultura e economia – conscientizou vastos segmentos populacionais para mobilizações libertárias. A compreensão das opressões disfarçadas no discurso universalista tradicional, da onipresença do poder sobre os corpos dos indivíduos – explicitada por Foucault e muito desenvolvida no pensamento feminista –, da instrumentalização da razão iluminista para fins anti-humanistas – analisada por Horkheimer e Adorno (que não eram nem "pós-estruturalistas", nem "pós-modernistas") –, foi elemento propulsor dos poucos avanços sociais efetivamente alcançados na segunda metade do século passado. Mas é válido indagar até que ponto a globalização incontrolada teria dado margem ao nível atual absurdo de fragmentação e indiferentismo egocêntrico espalhados pelo planeta, para não falar do fundamentalismo religioso retrógrado, se as alas "esclarecidas" dos movimentos sociais não tivessem adotado, com o fervor que o fizeram, um perspectivismo radical; se, com a obsessão identitária, não tivessem acabado por reduzir suas metas a fins microcomunitários; se a noção do direito à diferença não tivesse sobrepujado a dos direitos humanos universais; se a esquerda da esquerda – sua suposta vanguarda – não se tivesse também americanizado.

Com preocupações voltadas para seu país, o norte-americano Todd Gitlin observa:

---

24. Will Kymlicka (ed.), *The Rights of Minority Cultures*, p. 1 (minha tradução).
25. Ver segunda epígrafe no início deste ensaio.

Muitos expoentes da política de identidades são fundamentalistas – na linguagem da Academia, "essencialistas" – e a crença em diferenças grupais essenciais facilmente transita para a crença numa superioridade. (...) O cultivo da diferença não é nada de novo, mas a pura profusão de identidades que reivindicam separação política hoje é sem precedentes. E aqui está talvez a novidade mais estranha da situação presente: que o conjunto de reconhecimentos grupais tome tanta energia daquilo que se apresenta como Esquerda[26].

A observação de Gitlin, professor em Barkeley, Califórnia, motivada pelo cenário que o circunda, é complementada, tomando por base a Europa, com maior abrangência e foco, pelo irlandês Terry Eagleton, professor em Oxford, para quem:

O Ocidente está agora inchado de políticos radicais cuja ignorância das tradições socialistas, nem por isso menos suas, é, entre outras coisas, decorrência de amnésia pós-modernista. (...) Encontramo-nos agora confrontados com a situação meio farsante de uma esquerda cultural que mantém um silêncio embaraçado ou indiferente sobre aquele poder que é a cor invisível da própria vida diária, que determina nossa existência – às vezes literalmente – em qualquer lugar, que decide em larga medida o destino das nações e os conflitos destrutivos entre elas. É como se quase todas as outras formas de sistemas opressivos – Estado, "media", patriarcado, racismo, neocolonialismo – pudessem ser debatidas sem problema, mas não aquele que tão freqüentemente define a agenda de longo prazo para todos esses assuntos, ou pelo menos está implicado com eles até a raiz[27].

O poder a que se refere Terry Eagleton é, evidentemente, o poder do capital; o sistema, o do capitalismo em sua fase atual, de competitividade irrestrita, contrária ao Estado provedor de um mínimo de bem-estar social, que, entretanto, não cessa de reconhecer "direitos de minorias".

ESPECIFICIDADES NORTE-AMERICANAS INTRANSPONÍVEIS

Em decorrência do afrocentrismo originalmente *Black Power*, o negro norte-americano é hoje oficialmente designado *African American* (não *Afro-American*, como seria gramaticalmente correto, aparentemente porque, no entender dos radicais, a expressão "hifenizada" implicaria a valorização do termo "americano" sobre o prefixo "afro")[28]. Por emulação, os indígenas, antigos "peles vermelhas" – que também começaram a atuar coordenadamente em 1968[29] – passaram a chamar-se *Native Americans*. Para uma sociedade que sem-

---

26. Tod Gitlin, *The Twilight of Common Dreams*, ed. cit., pp. 164-5 (minha tradução).
27. T. Eagleton, *The Illusions of Postmodernism*, pp. 22-23 (minha tradução).
28. Todd Gitlin, que repudia o uso crítico da expressão "politicamente correto", conta, não obstante, como um estudante negro, em atitude absurda, manifestou-se ofendido com o fato de determinado livro didático inadvertidamente usar a expressão (correta) *Afro-American*, apontando isso como uma "clara evidência de racismo" do autor (ibidem, p. 18)
29. Ocuparam a ilha da Baía de S. Francisco, onde se localiza o presídio de Alcatraz, durante várias semanas, com o objetivo de chamar atenção para seus infortúnios.

pre foi muito mais um mosaico de peças justapostas do que o cadinho misturador (*melting pot*) pelo qual a propaganda oficial a definia, o gentílico composto tornou-se um grande achado. Os brancos minoritários, inicialmente perseguidos ou objeto de preconceitos, também se autodenominaram "americanos irlandeses" (*Irish Americans*), "americanos poloneses" (*Polish Americans*) e assim por diante, para valorizar as respectivas origens "nacionais", ainda que em ascendência distante. Sempre desconsiderando a mestiçagem como categorização válida, por mais que ela seja evidente e, no caso em questão, autenticamente norte-americana, o serviço de imigração e os censos oficiais passaram a exigir que os indivíduos "não-brancos" se autoclassificassem como *African American, Native American, Asian, Pacific Islander,* ou pelo termo quase injurioso de *Hispanic* (que se aplica a todos os latino-americanos, inclusive brasileiros não-negros, assim como aos mapuches, aimaras ou quêtchuas aculturados, ou descendentes de incas, astecas e maias, mas não aos cidadãos espanhóis)[30], enquanto os brancos de origem européia são simplesmente brancos (por mais que se considerem culturalmente russos, gregos, italianos etc).

Nos Estados Unidos, com suas peculiaridades históricas, econômicas e organizacionais, as identificações diferenciais obsessivas dos descendentes de escravos, de *coolies* e de imigrantes de toda e qualquer origem – contrastantes com o que ocorre com inegável naturalidade no Brasil (sem aqui pretender exumar o defunto mito de nossa "democracia racial") – têm suas razões de ser até extraculturais. Uma delas, não-contemplada *a priori*, mas não-negligenciável *a posteriori*, é a própria expansão capitalista do mercado doméstico de bens de consumo, com a oferta de produtos e a propaganda ajustadas ao recorte identitário das minorias-alvos. Estas, com um total nacional de 77 milhões de pessoas e já representando mais de metade da população da Califórnia, levam as agências publicitárias a movimentarem anualmente 2 bilhões de dólares em campanhas adaptadas ao perfil psicossomático e idiossincrático de cada minoria[31].

---

30. Já tive a oportunidade de assinalar a público de S. Francisco, que me achou "divertido", serem os brasileiros tão hispânicos, no máximo, quanto os norte-americanos anglo-saxões são góticos. Quanto a nossos irmãos da América Latina nos Estados Unidos, eles aceitam, como nós, brasileiros, sem nenhuma hesitação, a qualificação de *Latinos* (dita em inglês com um "o" no fim, para diferenciar de *Latin*, que quer dizer latino, derivado do Lácio ou da língua latina de Roma Antiga). Nunca ouvi, porém, um mexicano, chileno, boliviano ou peruano qualificar-se voluntariamente como hispânico. Afinal, isso para eles deve corresponder a um brasileiro autoclassificar-se como "lusitano".

31. Ver sobre o assunto o interessante artigo de M. Halter, "Chasing the Rainbow: Cashing in on Ethnic Pride", *San Francisco Chronicle*, 10/12/2000, Caderno Sunday. A autora, professora de história na Universidade de Boston, chama atenção *inter alia* para o fato de que a própria Kwanzaa, celebrada a partir de 26 de dezembro para marcar o caráter anticonsumista da "tradição" negra, em contraste com o Natal, branco e comercializado,

Do ponto de vista histórico, é praticamente incontroverso entre os estudiosos da matéria que a nação norte-americana idealizada pelos *Fouding Fathers* (Pais Fundadores) era para ser exclusivamente branca, protestante e anglo-saxã – ou, mais corretamente, anglo-germânica em geral. Ainda que a composição da população se tenha alterado substancialmente com o passar do tempo, essa idealização anglo-germanófila, antiintegracionista e antimiscigenante subjazia à idéia da "sociedade norte-americana" até recentemente. Era natural, portanto, que as "minorias" étnicas encontrassem meios organizacionais para se afirmarem como "cidadãs" efetivas, ainda que para isso sua "nacionalidade" precisasse aparecer composta, remetendo-se às origens ascendentes, em contraste com uma cidadania jurídica simplesmente "americana". Além disso, a auto-identificação dos indivíduos nessas categorias restritivas era, e ainda é, necessária para que a respectiva microcomunidade receba os recursos orçamentários distribuídos às diferentes *constituencies* de acordo com o número de seus integrantes, inclusive para o ensino público das respectivas línguas e/ou "tradições".

Michael Lind divide a história dos Estados Unidos desde a Guerra de Independência em três fases distintas. A Primeira República, que ele chama de Anglo-América, estendeu-se até a Guerra de Secessão. Nela havia dúvidas até se os irlandeses, por serem católicos, seriam realmente "americanos", quanto mais os judeus e os negros. A Segunda República, ou Euro-América, conquanto iniciada após a abolição da escravatura, definiria como condição de "americanidade" apenas a ascendência européia e uma religião cristã, não necessariamente o protestantismo. Esse abrandamento de critérios visava a abarcar na "nação americana" as massas de imigrantes brancos entrados no país desde o final do século XIX até a década de 1950. Os negros, evidentemente, continuavam excluídos. A Terceira República, ou a América Multicultural, corresponde à época atual, tendo-se iniciado com o movimento pelos direitos civis. Ao contrário, porém, do que o movimento postulava, Michael Lind detecta hoje uma verdadeira inversão de resultados:

> Uma revolução que começou como uma tentativa de expurgar o direito e a política de classificações raciais e de alargar a classe média com a inclusão dos desprivilegiados encontra-se hoje desvirtuada pela massa de produtos e brinquedos especialmente fabricados com adaptações para venda nesse período, a cujo consumo se entregam com afinco e deleite os afro-americanos. Da mesma forma que as lojas se enchem da menorahs estilizados e caros para os judeus celebrarem, pouco antes do Natal cristão, a Hanukkah israelita, cada dia mais "glamourosa" nos Estados Unidos, oficializada por políticos de todos os credos, que não perdem a oportunidade de ostentar em cerimônias públicas sua tolerância multiculturalista. O mesmo sentido capitalista evidente poderia ser lembrado a propósito, por exemplo, dos cruzeiros marítimos e vôos *charter* organizados para gays, uma vez que a orientação sexual é hoje também uma categoria cultural.

terminou, ironicamente, dando origem ao renascimento do governo com consciência de raça e ao triunfo do conservadorismo econômico[32].

Nos meios acadêmicos dos Estados Unidos (e do Canadá) multiplicam-se os estudos dedicados aos direitos das minorias e às formas possíveis de implementá-los com legitimidade, inclusive no que diz respeito à representação política[33]. Quase todos se voltam para a situação norte-americana em sua especificidade, abordando muito superficialmente casos graves como o dos Bálcãs. E a sociedade norte-americana, passada ou atual, é tão distinta das sociedades "homogêneas" européias (em que as camadas heterogêneas se têm comprovado geralmente tão belicosas ou se acham tão cerceadas que não dá para falar em direitos coletivos), quanto de uma sociedade historicamente miscigenada como a brasileira, ou cubana, ou venezuelana (em que nada do que é discutido nos textos em questão tem possibilidade de aplicação real). Exemplo desse tipo de estudo certamente intransferível para outras realidades – se é que tem alguma possibilidade de aplicação concreta nos próprios Estados Unidos (ou Canadá) – pode ser visto nas propostas de Iris Marion Young para dar legitimidade à representação de grupos minoritários na esfera política, por meio da alocação de fundos para que os grupos possam reunir-se e elaborar linhas de ação a serem consideradas pelos *decision-makers* etc. Independentemente do mérito teórico das propostas, a lista de "grupos" contemplados por Iris Marion Young relaciona as seguintes "categorias": "mulheres, negros, americanos nativos, *chicanos*, portorriquenhos e outros americanos de língua espanhola, americanos asiáticos, homens *gays*, lésbicas, pessoas da classe trabalhadora *(working class people)*, pessoas pobres *(poor people)*, idosos e pessoas portadoras de deficiências físicas ou mentais"[34]. A par da intransferibilidade das sugestões da autora – pelas características distintas das minorias existentes em outros países, pela imprecisão das fronteiras grupais em populações maciçamente miscigenadas, pela evidente indisponibilidade de recursos públicos para a implementação de tais consultas regulares em países do Terceiro Mundo –, poder-se-ia inquirir se esse tipo de formulação, e até de preocupação, não seria mera decorrência de hábito que o culturalismo identitário dos anos de 1960 e 1970 e o multiculturalismo oficial vigente desde então criaram no pensamento de esquerda. Afinal, se os "grupos" contemplados na proposta de Young envolvem as "pessoas pobres"

---

32. Michael Lind, *The Next American Nation*, pp. 11-12.

33. Uma dessas coletâneas de estudos pode ser encontrada na já citada antologia editada por Will Kymlicka (que é professor em universidades canadenses) em 1995.

34. Apud A. Philips, "Democracy and Difference: Some Problems for Feminist Theory", em Will Kymlicka, op. cit., p. 291.

em geral e as "pessoas da classe trabalhadora", seria necessária essa divisão toda? Não seria mais lógico lutar simplesmente pelos direitos de representação adequada dos pobres e trabalhadores? Faz sentido falar nos pobres como uma minoria cultural assemelhada, por exemplo, à dos *chicanos*? Será que a mulher rica não-trabalhadora faz questão de representação especial? Será que o burocrata negro bem-sucedido ou o *chicano* proprietário de firma lucrativa, investidores ambos em mercados financeiros, que votam no Partido Republicano e são contra a manutenção dos sistemas de "ação afirmativa", estarão tão preocupados com a representação de sua "cultura africana" ou "hispânica"?[35]

Com o crescimento exponencial das minorias raciais hispânica e asiática (na Califórnia, o mais populoso dos cinqüenta estados, os brancos já são apenas 46,7%), com o desmantelamento em curso da "ação afirmativa" e com a tendência à abolição do ensino público bilíngüe, o multiculturalismo atual norte-americano, que nada tem a ver com o pluralismo integrador (que se buscava sobretudo com as medidas preferenciais da "ação afirmativa"), torna-se uma forma de asserção identitária crescentemente expletiva, que pouco traz de concreto – a não ser, talvez, em matéria de auto-estima. Mas aí pode apresentar-se um novo problema: o que ocorre com os mestiços? Afinal, se é evidente que as "culturas" se mesclam fatalmente produzindo sincretismos, por que não o podem fazer biologicamente os indivíduos? Será que os filhos resultantes dessa mescla tão salutar não têm o direito de identificar-se como sua síntese natural? O mulato precisa ter vergonha de ser mulato? O caboclo necessita esconder sua mestiçagem numa "caiação às avessas" que o obriga a declarar-se "índio" (denominação ambígua decorrente do engano hemisférico de Colombo)? Que seriam, então, os caboverdianos, uma nação integralmente composta de mestiços luso-africanos assumidos como tais (e que graças a isso se declara isenta do fenômeno do racismo)?

Jamais reconhecidos como mestiços (palavra que só o preconceito racial pode considerar pejorativa[36]), os norte-americanos de pais

---

35. Não quero, evidentemente, dizer com isto que todos o chicanos e negros bem-sucedidos sejam republicanos (ao contrário, a maioria parece ainda ser democrata), ou que sejam contrários à ação afirmativa (a maioria dos bem-sucedidos ainda a favorece e a defende com vigor). Menos ainda pretendo afirmar que eles não sejam objeto de discriminações. O que quero dizer é que sua visão pode ser diferente daqueles que se mantêm em piores condições sociais, preferindo uma assimilação mais completa no *mainstream* da sociedade norte-americana. E que, em função de seu êxito individual na "sociedade nacional", a asserção "cultural" de suas origens, reais ou idealizadas, pode constituir mais um fator de incômodo do que uma forma desejada de auto-afirmação.

36. Já ouvi de um estudante norte-americano, revisor de texto meu, que era desaconselhável usar a palavra Jew ("judeu"), porque "soaria ofensiva" (*sic*). Ele propu-

mesclados podem agora, desde o censo de 2000, autodefinir-se como plurirraciais, pertencentes a mais de uma "etnia de origem" (*African American* e *Hispanic*, por exemplo), mas não como os mulatos, caboclos, cafusos ou genericamente "pardos" (como nos recenseamentos brasileiros) que efetivamente são. Não o fazem, em primeiro lugar, porque os formulários do censo não contemplam essa opção. Em segundo lugar, não o fazem por temerem reduções de recursos para a *constituency* racial com que mais se identificam ou que por uma razão ou outra desejam apoiar[37]. Não o fazem, também, porque, tendo sido por tanto tempo considerados negros pelo critério escravista britânico da gota de sangue "contaminadora", legalmente mantido após a independência, a abolição da escravatura e a Guerra Civil do século XIX, inclusive com proibição legal, em certas áreas, de casamentos mistos, o critério se acha hoje interiorizado de tal maneira que ao próprio mestiço pareceria "de direita" declarar-se miscigenado[38].

Numa sociedade em que a mistura etno-racial é forçada a gerar identidades duplas ou múltiplas, não sínteses inovativas, uma sociedade mestiça será sempre objeto de desconfiança e o sincretismo cultural, sempre visto com maus olhos. Assim como para o indivíduo oriundo de acasalamento inter-racial soaria vergonhoso classificar-se como mestiço nos Estados Unidos, o próprio jazz, evidentemente híbrido, reconhecido por todos no passado como predominantemente negro, começa a ter sua negritude contestada[39].

---

nha como alternativa *Israeli*, que quer dizer "israelense", do Estado de Israel, não "israelita". Expliquei-lhe que se eu fosse judeu, de religião ou tradição judaica, ficaria ofendido, sim, com a observação dele.

37. A imprensa interpreta que o número surpreendentemente pequeno de pessoas que se autoqualificaram como pertencentes a mais de uma etnia – média nacional de apenas 2,4% no recenseamento de 2000 tenha-se devido a esse temor (R. Kim & C. Ness, "Mixed Race Americans are Happy Finally to Make the Count", *San Francisco Chronicle*, 30/03/2001).

38. Orgulhoso da extraordinária diversidade racial apurada na Califórnia pela censo de 2000, o liberalíssimo *San Francisco Chronicle*, em editorial intitulado "California's Changing Face", declarava que "(...) *the greatest impact of this amazing diversity is that the 5 percent of Californians who identify themselves as multiracial have muted such arbitrary racial designations as 'white', 'brown', or 'black'*" [(...) o maior impacto desta espantosa diversidade é que os 5% de californianos que se identificam como indivíduos multirraciais recusaram-se a usar expressões raciais tão arbitrárias como "branco", "moreno", ou "negro"]. E evidenciando a falácia do *melting pot* norte-americano tão alardeado na propaganda oficial, celebrava: "*Welcome to the new face of California – not yet a melting pot, but something far more glorious than the sum of its parts*", [Bem vindo a nova face da Califórnia – ainda não um *melting pot* (cadinho – para a fusão de raças e culturas), mas algo bem mais glorioso do que a soma de suas partes]. (30/mar./2001).

39. Ocorreram, na Califórnia, no início da década, debates, cujo resultado desconheço, envolvendo de um lado críticos de jazz, de outro ex-militantes *black power*, para tentarem chegar a uma conclusão se o jazz é ou não é música negra. Ouvi dizer que questionamentos desse tipo têm sido feitos no Brasil com relação ao samba.

Para o movimento negro norte-americano (ou o pouco que resta dele com expressividade política), a sociedade brasileira, além de injusta, que efetivamente é, constitui um fato histórico difícil de ser entendido. Isso vai se refletir nas análises feitas por seus militantes, solidários com os negros brasileiros, as quais inescapavelmente percebem o Brasil pela ótica de suas experiências. E também quase inescapavelmente o militante negro brasileiro, sob compreensível influência da solidariedade afro-norte-americana, tende a internalizar essa visão de fora como se ela fosse a única capaz de promover a igualdade real, tão longamente postergada sob o véu de uma falsa não-discriminação no decurso de nossa História.

A PÓS-MODERNIDADE NA ATUAÇÃO SOCIAL

Naquilo que representa sua conquista mais durável, segundo análise intimorata de Terry Eagleton, o pós-modernismo ajudou a estabelecer as questões de gênero, sexualidade e etnicidade na agenda política de maneira tão firme que se torna hoje impossível imaginar seu abandono sem uma luta decisiva[40]. *Ajudou*, como o professor de Oxford faz questão de sublinhar, porque, conforme por ele recordado e aqui explicitado, o movimento pelos direitos civis e o movimento de mulheres precederam temporalmente à pós-modernidade e ao conjunto de teorias que se impuseram como pós-modernismo[41]. Mas esse estabelecimento das novas questões identitárias foi feito, ainda na observação de Terry Eagleton, "em mera substituição às formas mais clássicas das políticas de esquerda, que lidavam com classe, Estado, ideologia, revolução, modos de produção material"[42].

Ao respaldar com seu arsenal teórico o essencialismo identitário nos movimentos sociais, o pensamento pós-moderno estimulou o perspectivismo epistemológico na teoria do conhecimento e reintroduziu o relativismo dos valores no fulcro das ciências humanas. Produziu, assim, uma inversão inusitada nas posições da esquerda, do universalismo igualitarista à defesa intransigente do direito à diferença, colocando-a numa situação bastante aproximada daquela que sempre foi a da direita, defensora de tradições e crenças singulares como elementos imprescindíveis ao progresso do grupo. Como diz Eric Hobsbawm:

> Hoje tanto a Direita como a Esquerda acham-se dominadas por políticas de identidade. Infelizmente, o perigo de desintegração numa simples aliança de minorias é

---

40. Terry Eagleton, op. cit., p. 22.
41. Idem, ibidem, p. 136. Além disso, como assinala Terry Eagleton, nem todos os ativistas desses movimentos definiriam sua política em termos pós-modernos.
42. Idem, ibidem, p. 22.

inusualmente grande para a Esquerda, pois o declínio dos grandes slogans universalistas do Iluminismo, que eram essencialmente slogans de Esquerda, deixa-a sem qualquer caminho óbvio para formular o interesse comum através de fronteiras seccionais. O único dos chamados 'novos movimentos sociais' que atravessa todas essas fronteiras é o dos ecologistas. Mas, infelizmente, seu atrativo político é limitado e tende a permanecer assim[43].

Perfeitas na substância, essas críticas e inquietações, enunciadas na Europa por pensadores ligados à chamada "esquerda antiga", socialista revolucionária ou social-democrata, voltam-se sobretudo, ainda que não apenas, para a esquerda norte-americana, cuja capacidade de influência externa é, no mundo pós-Guerra Fria, esmagadoramente maior do que a de qualquer outra. Nas palavras sempre francas de Terry Eagleton,

> Muito do pós-modernismo originou-se dos Estados Unidos, ou pelo menos criou raízes rapidamente por lá, e reflete alguns dos problemas políticos mais intratáveis daquele país. É assim, talvez, um pouco etnocêntrico desse antietnocentrismo, embora não um gesto desconhecido daquela nação, projetar seu quintal político sobre o mundo ao largo. Há hoje um instituto de estudos pós-modernos na Universidade de Beijing, enquanto a China importa Derrida junto com Diet Coke[44].

A influência da esquerda cultural norte-americana é, sem dúvida, sensível no meio universitário de outros países, assim como entre lideranças de movimentos sociais contemporâneos. Ainda que não seja exclusiva, ela fortalece no Brasil, tal como em quase todo o resto do mundo, uma admiração acrítica pelas teorias pós-modernas. É ela que faz muitos militantes brasileiros assumirem posições que nos Estados Unidos podem, talvez, justificar-se pela opulência incomparável, mas no Brasil soam absurdas e impraticáveis ante nossas características antropológicas e condições econômicas (como a reivindicação de indenizações pela escravidão passada).

A grande americanização acrítica que ocorreu em todo o mundo desde o final da Guerra Fria parece, contudo, ter atingido seu apogeu até meados da década passada. Na fase máxima de seu triunfalismo, projetado no pensamento econômico neoliberal como um consenso respaldado até por antigos pensadores "progressistas", chegara-se a afirmar que a divisão de posições políticas entre esquerda e direita se encontrava superada. Por sorte, Norberto Bobbio, com sua sapiência tranqüila, foi um dos primeiros a chamar atenção para tal falácia. E a recolocar as posições da esquerda em seu eixo natural universalista, até diante de problemas que exijam ações particularizadas. Fê-lo de maneira límpida, ao afirmar, em 1994:

---

43. Eric Hobsbawm, "The Universalism of the Left", em M.R.Ishay (ed.), *The Human Rights Reader: Major Political Essays, Speeches and Documents from the Bible to the Present*, p. 279 (minha tradução).
44. Terry Eagleton, op. cit., p. 122 (minha tradução).

Nenhuma pessoa de esquerda pode deixar de admitir que a esquerda de hoje não é mais a de ontem. Mas, enquanto existirem homens cujo empenho político seja movido por um profundo sentimento de insatisfação e de sofrimento perante as iniqüidades das sociedades contemporâneas – hoje talvez menos ofensivas do que em épocas passadas, mas bem mais visíveis –, eles carregarão consigo os ideais que há mais de um século têm distinguido todas as esquerdas da história[45].

Se, como interpreta Terry Eagleton, a maior contribuição do pós-modernismo às lutas sociais contemporâneas foi a asserção do gênero, da sexualidade e da etnicidade na agenda política, isso foi e permanece positivo. O que não se pode permitir é que o identitário se erija em absoluto, que o essencialismo cultural se torne a única preocupação política, que o perspectivismo domine a idéia do conhecimento, renegando a possibilidade do real universal como caminho para o progresso desejado. As diferenças precisam, sim, ser respeitadas – muito mais do que "toleradas" –, mas elas não se podem sobrepor ao ideal da igualdade, eterna e incontestemente de esquerda, e que, exatamente por isso, deu origem e justificação às próprias lutas identitárias das minorias oprimidas.

Em Seattle, em 1999, contra a conferência ministerial da OMC, assim como em Washington e Praga, em 2000, contra o FMI e o Banco Mundial, os movimentos mais heterogêneos, inclusive norte-americanos, articulados em cadeia, amalgamados por algum tipo de identidade, demonstraram, na forma de protestos e passeatas, estar conscientes de que precisam unir-se para lograr objetivos mais amplos, de sentido universal e igualitarista. Uma primeira tentativa de organização mais coerente ocorreu em Porto Alegre, no Fórum Social Mundial do início de 2001. Os objetivos focais desses movimentos não foram ainda alcançados, até mesmo porque eles são hoje de difícil definição. Mas uma conquista, pelo menos, com certeza eles já ajudaram a obter: no discurso contemporâneo agora ninguém mais fala em "consenso neoliberal".

O MOVIMENTO SOCIAL PELOS DIREITOS HUMANOS

No texto citado um pouco acima, Eric Hobsbawm declara que apenas o ecologismo, entre os novos movimentos sociais, ultrapassa todas as fronteiras seccionais da esquerda. Já Boaventura de Sousa Santos reconhece, alhures, com alguma perplexidade, que é na linguagem dos direitos humanos que hoje se manifestam os agentes sociais cuja mobilização emancipatória no passado girava em torno das idéias de socialismo e revolução[46].

---

45. Norberto Bobbio, *Direita e Esquerda: Razões e Significados de uma Distinção Política*, pp. 23-24.
46. Boaventura de Sousa Santos, "Uma Concepção Multicultural de Direitos Humanos", *Lua Nova*, p. 105.

Na verdade, o movimento internacional dos direitos humanos também ultrapassa fronteiras seccionais – menos, naturalmente, as seções que compõem a extrema esquerda, assim como a extrema direita, refratárias por definição à idéia de direitos. O problema é que esse "novo movimento social", ainda mais do que os outros, antigos e modernos, sofre forte influência de posições norte-americanas. Por isso, com exceção do período próximo a 1993, quando ajudou a mobilizar o mundo para a Conferência de Viena sobre direitos humanos, seu "atrativo político" se afigura ainda mais limitado do que o do ambientalismo. Sem preocupações econômicas corretas, com os direitos econômicos e sociais crescentemente transferidos à filantropia da sociedade civil e os direitos civis impostos internacionalmente pela ótica do humanitarismo (militar ou não), a nova normatividade emergente para os direitos humanos configura, no lúcido e chocante entendimento de Slavoj Zizek, "a forma em que se apresenta seu exato oposto"[47].

Levando em conta a influência enorme dos Estados Unidos nessa esfera, para termos esperança é preciso estabelecer uma clara distinção entre os grupos norte-americanos que efetivamente defendem os direitos humanos da Declaração Universal, inclusive com cobranças aos próprios Estados Unidos, e aqueles de visão mais curta, reprodutores acríticos do que lhes ensinam os ideólogos do patriotismo "ianque", que condenam sem senso crítico tudo o que não espelhe os direitos civis norte-americanos. Os primeiros, se influentes no mundo, podem ajudar concretamente a luta pelos direitos de todos. Os segundos podem até ter razão em muitas oportunidades, ao não encontrarem alhures o respeito dos Estados Unidos pelos direitos civis, mas tendem a perdê-la logo, pois ignoram – sem querer ou deliberadamente – a trama de influências complexas, nacionais e internacionais, políticas, jurídicas, religiosas e sobretudo econômicas, que interagem nesses direitos.

A nós, os influídos de sempre, cabe porém a maior das responsabilidades, na medida em que dela depende nossa sobrevivência autônoma: a responsabilidade de escolher adequadamente quem, afinal, tem legitimidade e percepção abrangente para nos ajudar na matéria, num mundo em que os universais vêm perdendo o lugar para os valores identitários diversos. Ou optar por seguir às apalpadelas nosso próprio caminho, cientes de que o Brasil não pode, não deseja, nem tem condições de ser, a sério, culturalmente essencialista.

O Brasil precisa ser, sim, com certeza, antidiscriminatório. Até porque, queiramos ou não os cidadãos brasileiros, a "diferença" é parte ontológica de nossa verdadeira identidade. É, portanto, absoluta-

---

47. Slavoj Zizek, *Did Somebody Say Totalitarianism? Five Intervention in the (mis)use of a Notion*, pp. 244-245.

mente inaceitável a disparidade de níveis econômicos que separam os segmentos negros e brancos de nossa população, assim como a violência criminal e policial, que brutaliza a todos, mas prioritariamente os negros e mestiços, porque situados na parte mais baixa de nossa escala social. Mas a melhor distribuição da abundância ou da escassez, juntamente com a da justiça, já tão postergada no decurso da História pátria, não ocorrerá se abandonarmos, em favor de uma eficácia ilusória engendrada pela globalização sem amarras, a possibilidade de adoção de políticas públicas voltadas para as vastas camadas de brasileiros pobres e miseráveis, sem identidade ou cidadania dignas desses termos. Ou se simplesmente importarmos sem a devida massa crítica modelos que podem até ser válidos, mas ainda sequer deram certo nas sociedades específicas dentro das quais se criaram.

(2001)

6. A Conferência de Durban Contra o Racismo e a Responsabilidade de Todos

> *Yo soy yo y mi circunstancia y si no la salvo a ella no me salvo yo.*
>
> ORTEGA Y GASSET*

Uma Digressão Prévia Necessária: O Acontecimento que Mudou o Mundo

Quando os delegados e observadores à terceira conferência contra a discriminação racial organizada pelas Nações Unidas deixaram o recinto em Durban, na África do Sul, em 8 de setembro de 2001, ainda atordoados com as dificuldades e embates diplomáticos virulentos desse encontro político multilateral, não podiam imaginar o que se iria passar pouco tempo depois. Sabiam que somente à custa de acomodações e manobras de procedimento haviam conseguido a adoção "consensual" (grifem-se bem as aspas) dos documentos finais. Isso já era, ou deveria ser, razão mais do que suficiente para temperar otimismos. De qualquer forma, para eles, os resultados da Conferência ofereciam, sem dúvida, aspectos positivos, que se deveriam refletir em ações para enfrentar o problema das discriminações em todos os cantos do mundo. Havia, portanto, razões de contentamento.

O que os participantes desse encontro internacional realizado na margem sul-africana do Oceano Índico não podiam prever é que, apenas três dias depois, quando muitos (inclusive este que agora escreve) ainda se encontravam em trânsito de retorno, os maiores atentados terroristas da História iriam tornar as dificuldades da Conferência irrisórias e seus documentos finais, como que soterrados nos escom-

---

* "Meditaciones del Quijote" (1914), em *Obras Completas*, vol. 1, Madri, p. 322.

bros do World Trade Center de Nova York e de uma ala do Pentágono em Washington. Jamais poderiam imaginar que, com sua enormidade catastrófica, os golpes de 11 de setembro de 2001, nos Estados Unidos, além de realçar a aparente (note-se bem o qualificativo "aparente") irrelevância de desavenças discursivas em qualquer foro, iriam propiciar a restauração real no mundo de um "estado da natureza" hobbesiano, amedrontador em múltiplos sentidos.

Esclareça-se, todavia, desde logo, que, ao contrário do que se poderia supor, não se pretende neste artigo analisar o terrorismo, nem o tipo de combate contra ele que vem sendo realizado. O escopo do texto é outro.

É compreensível que os ataques arrasadores, ao deixarem todo o planeta em estado inicialmente catatônico, tenham sufocado possíveis entusiasmos com os avanços da recém-encerrada Conferência – menores do que se desejava, mas ainda assim construtivos em muitas áreas específicas. Por se relacionarem, de alguma maneira irracional, com problemas observados na negociação dos documentos, não era sequer descabida, num átimo irrefletido, uma associação de idéias entre os aviões-bombas manejados por suicidas e certas posturas mantidas ao longo das discussões. Que, depois do Onze de Setembro, tenha-se dado, nos Estados Unidos e em quase todos os demais países, prioridade a medidas antiterroristas era também natural. O que não fez sentido nunca, e não faz sentido agora, é encarar a conferência mundial de 2001 contra o racismo e a discriminação racial como despicienda, a exemplo das precessoras (mencionadas mais abaixo), destinada ao ostracismo por motivos que lhe são próprios.

Introdução: a Conferência que Não Terminou...

As críticas a esse primeiro grande encontro do século são acerbas e freqüentes. Algumas, ideológicas, simplesmente refletem políticas longamente assumidas, que nada parecem capaz de alterar. Outras decorrem de irrealismo ingênuo, tendente a desconsiderar a complexidade do evento, ou de um simplismo que o separa das circunstâncias de sua realização. As primeiras críticas, por sua natureza fatalmente reducionista, não procuram, nem aceitariam, qualquer tipo de resposta. As segundas, quando bem-intencionadas, talvez possam ser respondidas com um pouco de reflexão. Afinal, poucos acontecimentos recentes permanecem tão mal compreendidos quanto esse conclave mundial.

Parodiando a imagem de Zuenir Ventura para o ano de 1968[1], a Conferência de Durban contra o Racismo, em 2001, foi uma "confe-

---

1. Z. Ventura, *1968: O Ano que Não Terminou – a Aventura de uma Geração*.

rência que não terminou". Na verdade, tendo em conta que toda reunião sobre assunto da esfera social estabelece parâmetros para esforços de longa duração – e aqui estamos mais para a *longue durée* de Braudel do que para o longo prazo de retorno de alguns investimentos econômicos –, é possível dizer, sem erro, que nenhuma conferência desse tipo efetivamente acaba. É, aliás, por isso que as conferências prevêem outros encontros, destinados a avaliar sua implementação. Contudo, diferentemente das congêneres do final do século xx, sobre o meio ambiente, os direitos humanos em geral, a população e os direitos da mulher, a primeira conferência do século xxi, inaugurada em 31 de agosto, quase não teve nem mesmo uma sessão de encerramento.

Marcada para terminar na tarde de 7 de setembro, seu desfecho protelado ocorreu depois do tempo previsto para sua duração, na tarde do dia 8. E, para ter seus resultados confirmados pela Assembléia Geral da ONU – ainda assim sem consenso, com dois votos contrários e duas abstenções[2] – foi preciso que a sessão ordinária de 2001 reconvocasse a Assembléia em período extra-regulamentar, no início de 2002. Mas é bom que se assinale, com toda a ênfase pertinente, que nada disso teve, em princípio, qualquer relação inteligível com os atentados do Onze de Setembro, ou com as medidas adotadas por Washington ou outros países na seqüência desse acontecimento extraordinário, que inegavelmente mudou o rumo da História.

Tendo partido do autor destas linhas, em 1994, quando membro do principal órgão subsidiário da Comissão dos Direitos Humanos das Nações Unidas, a idéia da convocação de uma conferência mundial contra o racismo contemporâneo para culminar o ciclo de conferências sobre temas globais ao terminar a Guerra Fria, estudiosos e militantes do assunto têm-lhe perguntado se os problemas apresentados na preparação e realização desse evento haviam sido previstos desde o início. A resposta é, certamente, não. Algumas das dificuldades já eram, então, obviamente, intuídas, mas não com a intensidade revelada. Outras se acrescentaram com o tempo ou em função de modificações da idéia original.

AS ORIGENS DA CONFERÊNCIA

Quando a proposta foi lançada na então denominada Subcomissão para a Prevenção da Discriminação e Proteção das Minorias[3] – que tinha, portanto, até no nome a obrigação prioritária de combater

---

2. Votaram contra, previsivelmente, os Estados Unidos e Israel, que se haviam retirado da conferência; abstiveram-se, surpreendentemente, a Austrália e o Canadá.
3. Hoje, Subcomissão para a Promoção e Proteção dos Direitos Humanos.

as discriminações – e foi, literalmente, subscrita pela unanimidade menos 1 dos 26 integrantes desse órgão[4], sendo adotada por consenso real (não, como se diz na ONU, simplesmente "sem voto"), o mundo vivia momento distinto.

As conferências do Rio de Janeiro, de 1992, sobre o meio ambiente, e de Viena, de 1993, sobre direitos humanos, embora também difíceis, haviam acabado de transcorrer satisfatoriamente. Pareciam, assim, reconfirmar uma nova fase de confiança na diplomacia parlamentar, recém-egressa da chamada "crise do multilateralismo", muito falada nos anos de 1980, enquanto perdurava a Guerra Fria. Esse vigor renovado das Nações Unidas como foro imprescindível à busca de soluções para problemas que se demonstravam planetários, em 1994 já lhes havia permitido a definição de um cronograma de encontros sobre os chamados "temas globais" que se estendia até 1996, com a conferência de Istambul sobre assentamentos humanos, a Habitat-II, passando em 1994 pelo Cairo, com o tema da população, e em 1995 por Copenhague, com o desenvolvimento social, e ainda por Beijing, com a situação da mulher[5]. Era, portanto, natural que a ONU procurasse um caminho novo também para enfrentar a persistência do racismo, que já havia justificado duas "Décadas" internacionais de planos, projetos e programas, sob a égide da Assembléia Geral, assim como duas conferências. E uma Terceira Década de Combate ao Racismo e à Discriminação Racial, lançada pela Resolução 48/91, de 20 de dezembro de 1993, estava então iniciando.

Foi no contexto da Primeira Década que haviam ocorrido as duas conferências precedentes, em 1978 e 1983[6], de pequena repercussão, inclusive porque realizadas em sede da própria ONU, em Genebra, fato que lhes dava um aspecto de reuniões rotineiras, incapazes de atrair as atenções dos *media* e dos movimentos anti-racistas das sociedades civis. Na verdade, porém, o racismo e a discriminação racial, juridicamente proscritos pela Convenção sobre a Eliminação de Todas as Formas de Discriminação Racial, internacionalmente em vigor desde 1969, nunca haviam sido abordados em sua incidência planetária. Qualquer reunião multilateral sobre a matéria era deturpada pela existência do *apartheid* sul-africano, verdadeiro absesso de

---

4. Apenas o perito egícpio Ahmed Khalifa deixou de co-patrociná-la (ou seja de se incluir na lista de co-autores), sem explicação inteligível, mas evidentemente a apoiou sem hesitações.

5. Para um exame das grandes conferências da década de 1990, ver José Augusto Lindgren Alves, *Relações Internacionais e Temas Sociais – a Década das Conferências*.

6. A Conferência de 1978 havia sido prevista no programa de ação da Primeira Década de Combate ao Racismo e à Discriminação Racial, inciada em 1973, conforme a Resolução 3057 (XXVIII), adotada pela Assembléia Geral da ONU em 2 de novembro de 1972. A Segunda Conferência, de 1983, foi convocada pela Resolução 35/33, de 14 de novembro de 1980, com o objetivo de avaliar as atividades da Primeira Década.

fixação de atenções pelo mal que trazia em si e como ameaça à paz e à segurança agravada pelo contexto de confrontação bipolar. A isso se somava, desde então, a sempre explosiva questão do Oriente Médio, trazida às discussões do tema com uma "legitimidade" irrefutável, porque decorrente da equiparação do sionismo ao racismo em inúmeros documentos vigentes[7].

Em 1994, o fim do regime aparteísta, coroado com a posse de Nelson Mandela como presidente da República da África do Sul, escolhido em eleições livres de que pela primeira vez participara todo o povo do país, abria o caminho para uma visão mais nítida do racismo como o fenômeno generalizado que é. E a equiparação internacional do sionismo ao racismo fora, por sua vez, abolida por resolução da Assembléia Geral das Nações Unidas desde 1991[8].

Enquanto esses fatos pareciam demonstrar a viabilidade de uma conferência mundial imbuída de novo espírito, outros elementos, velhos e recentes, fortaleciam a necessidade de sua realização. Após a eliminação, com auxílio das sanções da ONU, do sistema constitucional aberrante que erigira a segregação em essência do Estado mais poderoso da África subsaárica, numa época em que a igualdade formal entre as raças já fora estabelecida por lei em quase todos os países, era preciso que o mundo "globalizado" atentasse para as manifestações estruturais do racismo contemporâneo. Vigorosamente denunciado no Brasil pelo movimento negro e por membros da Academia, tão disseminado no "Ocidente" que autores norte-americanos hoje falam da "brasilianização da América"[9], o racismo insidioso, consciente ou inconsciente, que mantém grandes contingentes populacionais em situação de inferioridade social é, quiçá, mais difícil de combater do que as manifestações ostensivas de inferiorização racial, na medida em que se dissimula debaixo de direitos civis distorcidos.

A esses fatos capazes de fundamentar de per si uma nova conferência, a ser sediada na África do Sul pós-*apartheid* pelo valor simbólico da localização (assim se pensou desde o primeiro momento), acresciam novos surtos violentos de discriminação, xenofobia e *outras formas contemporâneas correlatas de intolerância*[10] que se vinham multiplicando mundo afora. Eles se consubstanciavam *inter*

---

7. Originada da Cúpula do Movimento dos Não-Alinhados de Argel, em 1973, a declaração do sionismo como uma forma de racismo foi estabelecida pela ONU na Resolução 3379 (XXX) da Assembléia Geral em 10 de novembro de 1975 e repetida em vários textos internacionais por quase vinte anos.

8. Pela Resolução 46/86, de 16 de dezembro de 1991, que simplesmente decidiu "revogar a determinação contida na resolução 3379 (XXX), de 10 de novembro de 1975.

9. Ver capítulo 4 *supra*.

10. A referência a "outras formas contemporâneas correlatas de intolerância" (*other related contemporary forms of intolerance*) foi usada por mim no título original da conferência proposta para cobrir determinados tipos de intolerância e discriminação muito em

alia em agressões a imigrantes na Europa; no ressurgimento de doutrinas "supremacistas" brancas nos Estados Unidos, inspiradoras de "milícias" armadas; nas matanças intertribais da África, paroxísticas no caso de Ruanda; no recrudescimento de conflitos etno-religiosos asiáticos, com mortes e profanações de templos; na violência e vandalismo de *skinheads* e grupos neonazistas dos dois lados do Atlântico (até mesmo no Brasil, que é capaz de copiar todos os piores modismos do chamado Primeiro Mundo); no agravamento do micronacionalismo fascistóide traduzido em "limpezas étnicas" e guerras civis cruentas. Ainda mais ominoso, tudo isso era acompanhado pelo fortalecimento eleitoral, nas democracias modelares, de partidos populistas de extrema direita, para os quais o "orgulho nacional" do "homem médio do povo", associado ao racismo, à xenofobia e ao anti-semitismo eram elementos demagógicos de plataformas programáticas.

Vivíamos, pois, num período em que, de um lado, o multilateralismo era visto positivamente como instrumento de melhora da situação planetária (e o próprio fim do *apartheid* era evidência de que o trabalho multilateral, no longo prazo, dava frutos). Mas vivíamos também, de outro, numa realidade em que, contrariando as imagens do "fim da História" e da democracia como novo "horizonte intransponível" da política, a bipolaridade estratégica havia cedido lugar a uma infinidade de tensões e conflitos bélicos, provocados por discriminações quase todas enquadradas na definição do Artigo 1º da Convenção Internacional sobre a Eliminação de Todas as Formas de Discriminação Racial, de 1965, a saber:

qualquer distinção, exclusão, restrição ou preferência baseadas em raça, cor, descendência ou origem nacional ou étnica que tem por objetivo ou efeito anular ou prejudicar o reconhecimento, gozo ou exercício, em igualdade de condições, dos direitos humanos e liberdades fundamentais nos domínios político, econômico, social, cultural ou qualquer outro da vida pública.

A percepção da necessidade de uma conferência para tratar desses problemas era nítida aos olhos de todos os membros da Subcomissão, que exercem seus mandatos nesse órgão da ONU a título pessoal, atuando, em princípio, segundo as próprias convicções. Dela emer-

voga naquela época, persistentes até hoje, que não se enquadravam claramente na definição legal da discriminação racial. Além de repetir parcialmente o título do Relator Especial da Comissão dos Direitos Humanos da ONU para as "formas contemporâneas de racismo, discriminação racial e xenofobia", ao referir-me a outras "formas correlatas de intolerância", pensava eu sobretudo nos conflitos da Bósnia-Herzegovina, onde, além de se tratar da mesma raça, da mesma língua e da mesma etnia eslava, a "nacionalidade" bósnia havia sido inventada para uma religião que sequer era praticada por todos os "muçulmanos" dessa ex-República Socialista Iugoslava pluricultural (no período de Tito, a "nacionalidade" muçulmana foi inventada, mas convivia de forma pacífica e com relações de amizade e parentesco com as comunidades ortodoxa-sérvia e católica-croata da mesma região).

giu, portanto, a Resolução 1994/2, denominada "Uma conferência mundial contra o racismo, a discriminação racial ou étnica, a xenofobia e outras formas contemporâneas correlatas de intolerância" (é importante notar que o título da resolução – assim como da conferência proposta – referia-se expressamente às formas *contemporâneas* das manifestações desse fenômeno), a se realizar em 1997, na seqüência de grandes encontros já realizados ou programados desde o fim da Guerra Fria[11].

A necessidade e as possibilidades promissoras de um evento sobre o racismo e a xenofobia contemporâneos também pareceram claras à Comissão dos Direitos Humanos das Nações Unidas, de caráter governamental, que endossou a proposta dessa Conferência na primeira sessão subseqüente à da Subcomissão, em 1995, assim como, no mesmo ano, ao Conselho Econômico e Social (Ecosoc), que aprovou e encaminhou a proposta à Assembléia Geral. Neste último foro, verdadeira instância decisória para empreendimentos dessa magnitude, a reação foi diferente. Países ocidentais manifestaram, já em 1995, dúvidas sobre a oportunidade da idéia. Afinal, uma conferência sobre esse tema, por mais global que se comprovasse, iria tratar de assuntos para eles particularmente incômodos. Sem mencionar que, nas circunstâncias da globalização atual, a exclusão social é efeito colateral esperado, a iniqüidade racial era uma seara em que, ao contrário das demais (meio ambiente, direitos humanos, crescimento populacional e situação da mulher), não lhes seria viável situar alhures o *locus* preferencial dos problemas[12]. Nem atribuir a outrem suas causas mais profundas.

---

11. A Resolução 1994/2, cujo texto (original em inglês) tive a honra de redigir para consideração pela Subcomissão e foi aprovado em 12 de agosto de 1994, refletia, em linguagem sucinta, quase todos os fatos e tendências aqui mencionados. Isso pode ser visto no preâmbulo, ao recordar tanto as conferências de 1978 e 1983 sobre o racismo (segundo parágrafo), como os bons resultados da Conferência de Viena de 1993 sobre os direitos humanos e a atenção por ela dedicada ao racismo (terceiro parágrafo); ao notar que "milhões de seres humanos continuam a ser vítimas de formas variadas de racismo e discriminação racial e étnica" (quarto parágrafo); ao levar em conta "a seqüência de conferências mundiais programadas pelas Nações Unidas para se realizarem antes do ano 2000" (sexto e último parágrafo preambular), para recomendar, no único parágrafo dispositivo, à Comissão dos Direitos Humanos que sugerisse, por intermédio do Ecosoc, à Assembléia Geral a "possibilidade de convocação de uma conferência mundial contra o racismo, a discriminação racial e étnica, a xenofobia e outras formas contemporâneas correlatas de intolerância, a se realizar em 1997" (a indicação de 1997 visava a aproveitar o *élan* das conferências já programadas, anuais desde a Rio-92 até a Habitat-II, de Istambul, em 1996; a menção nominal à discriminação *étnica*, já subentendida na definição do Artigo 1º da Convenção de 1965, era motivada pelas várias limpezas étnicas em curso, denunciadas então sobretudo na ex-Iugoslávia; a inclusão da xenofobia no título era uma maneira de garantir que o evento trataria de um dos fenômenos que mais se vinham agravando como "efeito colateral" da globalização econômica).

A Assembléia Geral somente aprovou a idéia da conferência na sessão regular de 1997, dentro da Resolução 52/111, sobre a "Terceira Década de Combate ao Racismo e à Discriminação Racial". Pelo Artigo 28 dessa longa resolução programática finalmente decidiu-se convocar uma "conferência mundial sobre o racismo e a discriminação racial, a xenofobia e intolerância correlata" (note-se que a menção às *outras formas contemporâneas correlatas de intolerância* havia sido substituída pela expressão inovadora "intolerância correlata", de sentido impreciso, diferente do que eu imaginara)[13]. Entre seus objetivos, além daqueles mais habituais (examinar os progressos alcançados e obstáculos enfrentados para a superação dos problemas; aumentar o nível de conscientização para eles; formular recomendações etc), incluía-se o de rever (*to review*) os "fatores políticos, históricos, econômicos, sociais, culturais e de outra ordem conducentes ao racismo, à discriminação racial, à xenofobia e à intolerância correlata", seguindo-se o de "formular recomendações concretas de medidas eficazes (*action-oriented*) nacionais, regionais e internacionais" para combater os problemas. Estavam aí as sementes de algumas das divergências mais difíceis. Ao modificar no título a fórmula original "... e outras formas contemporâneas correlatas de intolerância" para "intolerância correlata" a Assembléia expandia, talvez até com razão, o escopo da conferência para áreas indefinidas (algumas das quais, por mais pertinentes que fossem, não teriam sido aceitas sequer na Subcomissão). Ao incluir nos objetivos a revisão dos fatores históricos do racismo, a Resolução 52/111 abria o caminho para acusações que poderiam, em princípio, remontar até a Antigüidade distante e para cobranças atuais – as famosas "reparações" – entendidas de maneiras divergentes entre seus próprios defensores. Além disso a resolução decidia, no Artigo 29, que a conferência seria convocada "não depois do ano de 2001".

Contemplada pela Subcomissão como um evento dedicado aos problemas do presente, herdados ou não do passado, voltado para o futuro, a Conferência era encarada, na origem, como chave de ouro oportuna para a série final de encontros do século XX. Tal como aprovada pela Assembléia Geral, abrangendo todas as discriminações existentes, com cobranças (até em dinheiro) pelos males do passado, ela se tornava ambiciosa demais.

Complexa, mas não-irrealista nas circunstâncias de 1994, a Conferência contra o Racismo se afigurava onírica, mais do que in-

---

12. Sobre essa tendência do mundo desenvolvido, na fase imediata ao fim da Guerra Fria, de atribuir todas as mazelas do planeta aos pobres, ver *inter alia* meu já citado *Relações Internacionais e Temas Sociais – A Década das Conferências*, pp. 59-61.
13. Ver *supra* nota 10. As duas primeiras conferências chamavam-se simplesmente "Conferência Mundial de Combate ao Racismo e à Discriminação Racial" e "Segunda Conferência Mundial ... (idem)".

gênua, na situação sombria, justificadamente pessimista (ainda antes do Onze de Setembro), do início no século XXI.

AS PRINCIPAIS DIFICULDADES

Para quem observa superficialmente os desentendimentos havidos na Conferência de Durban pode parecer, à primeira vista, que os problemas tenham decorrido, de um lado, da insistência dos países árabes na reequiparação – não-explícita, mas evidentemente implícita – do sionismo ao racismo, já rejeitada pela ONU desde 1991, com a conseqüente defecção dos Estados Unidos e de Israel. De outro lado, as dificuldades estariam na rejeição ocidental às idéias de reparações pela prática da escravidão ou de pedidos de desculpas pelo colonialismo. Tais visões são verdadeiras, mas não suficientemente abrangentes.

Apegadas ao longo período em que a luta anticolonialista do Movimento Não-Alinhado encampava com grande vigor a causa palestina e se refletia facilmente em documentos da ONU, as delegações árabes foram realmente virulentas contra os judeus nas propostas de parágrafos que abordavam o conflito do Oriente Médio (não se podendo, porém, negligenciar o fato de que o novo governo conservador israelense tomava iniciativas consideradas provocatórias, como o reinício do estabelecimento de "colônias" em território palestino). Além de reintroduzirem indiretamente o entendimento de que sionismo é racismo, alguns parágrafos dos anteprojetos davam a entender que os sofrimentos dos muçulmanos em geral, e dos palestinos em particular, causados por Israel constituíam um novo "holocausto", ou declaravam que as políticas de Tel-Aviv correspondiam a ações de "limpeza étnica", "uma nova forma de *apartheid*" e um "crime contra a humanidade"[14]. De fato, a rotulação das práticas israelenses como um outro Holocausto (pela referência a "holocaustos" no plural), caso aceita, soaria mais ofensiva do que a velha fórmula do sionismo como racismo, pois equipararia o Estado de Israel à Alemanha de Hitler. Ao se apropriar de um dos mais dolorosos momentos da História do século XX, a referência a "holocaustos" no plural banalizaria o extermínio cruel e metódico dos judeus nos campos nazistas como um fenômeno não-excepcional. Contudo, é importante levar em conta que a rejeição peremptória a tais formulações já havia sido externada por grande número de delegações (inclusive a do Brasil) de diferentes grupos regionais no Comitê Preparatório, tendo ficado demonstrado que elas não seriam aceitas nos documentos oficiais da conferência.

---

14. Ver documento das Nações Unidas A/CONF.189/PC.3/7, de 12 de julho de 2001, em particular os projetos de parágrafos 29, 30, 60 e 63.

Quanto ao abandono das negociações pelos Estados Unidos e Israel em Durban, ela não chegou a representar novidade. A retirada de Washington, sob a administração de George W. Bush, de tratados, encontros e concertações internacionais já se tornara corriqueira. Exemplos haviam sido registrados com relação ao Protocolo de Kyoto, ao Tribunal Penal Internacional, à conferência internacional para o controle de armas leves e aos esforços para o estabelecimento de um regime de inspeções eficaz para a Convenção sobre Armas Biológicas (sem falar nos acordos bilaterais ABM com Moscou). Nem por isso esses esforços e construções jurídicas, ou quase-jurídicas, multilaterais passaram a ser desprezadas. No que diz respeito a reuniões mundiais específicas contra o racismo, pior já ocorrera em 1978, quando, por motivos assemelhados, as delegações ocidentais se ausentaram em bloco, esvaziando as negociações da primeira conferência. E na segunda conferência, em 1983, os Estados Unidos, Israel e a África do Sul também se retiraram, sendo a declaração final adotada por votação, de 101 contra 12[15] (o que significa que para esses 12 opositores, a Declaração de 1983 nunca foi reconhecida).

A diferença fundamental em Durban, para a qual não atentaram os governos de Washington e Tel-Aviv, porque não quiseram, estava no fato de que, em 2001, ao contrário do que se verificara quando da primeira e da segunda conferências contra o racismo, a aliança aguerrida do Movimento Não-Alinhado se desvanecera. Não mais contando com apoio do extinto bloco socialista, desde 1991 os próprios Não-Alinhados haviam sido forçados a aceitar a revogação da resolução inicial, de 1975, e, conseqüentemente, de todos os outros textos que estabeleciam ser o sionismo uma forma de racismo. Para o êxito da Conferência, as mais altas autoridades das Nações Unidas, do secretário geral, Kofi Annan, à Alta Comissária para os Direitos Humanos, Mary Robinson, recordavam de público, com insistência, achar-se essa questão definitivamente ultrapassada, não fazendo sentido reabri-la. Não seria, portanto, muito difícil, se para isso houvesse vontade política, superar, *em negociações construtivas*, a veemência daqueles que, instigados ou não pelas novas atitudes do governo de Israel, persistiam em querer transformar uma grave questão político-nacionalista de fundo religioso num problema de direitos humanos[16].

---

15. Extraio estes dados factuais – não a interpretação – de Michael Banton, "Lessons from the 2001 World Conference Against Racism", *Journal of Ethnic and Migration Studies*.

16. Não quero com isto negar as conhecidas violações de direitos humanos de palestinos pelas forças de Israel, condenadas pela ONU e pelo governo brasileiro. O que me soa inaceitável é a incriminação genérica da população de um dos lados do conflito (muitos judeus sionistas são favoráveis a negociações para o estabelecimento de dois Estados independentes; o *Premier* Rabin foi assassinado por causa disso) ou a relativização do genocídio de judeus pelos nazistas no trágico episódio conhecido como "o Holocausto", recordado e ensinado a todos com o objetivo de evitar sua repetição.

A questão das reparações pela escravidão, a que se associava a idéia de um pedido de perdão pelo colonialismo, foi, sem dúvida, das mais complexas, inclusive por não se tratar de reivindicação unívoca. Dentro dos movimentos negros do continente americano como um todo, as propostas já variavam desde a de adoção de políticas públicas eficazes, na linha das quotas ou preferências estabelecidas nos Estados Unidos na seqüência do movimento pelos direitos civis dos anos 1950/ 1960, a postulações de indenizações em dinheiro, a serem pagas, em bloco ou individualmente, aos descendentes vivos dos escravos (essa idéia nunca chegou a ser claramente explicitada, não se tendo sabido nunca quem pagaria o quê, como e a quem). Envolvia, em sentido inteiramente distinto, a reivindicação de compensações interestatais, cobradas pelo Grupo de Estados Africanos, na forma de doações financeiras, de esquecimento da dívida ou de assistência aumentada. Tal postulação, de sentido Sul-Norte, pela insistência com que se apresentava, demonstrava não apenas uma diferença de enfoque entre os africanos da África e seus parentes da diáspora, como também uma diferença essencial na maneira de interpretar a natureza da Conferência: para o Grupo Africano ela deixava de ser um encontro sobre direitos humanos para constituir um foro eminentemente econômico.

A todas essas cobranças o Grupo Ocidental se opunha, como era esperado. O que não era esperado foi o nível de rigidez e obstrução por ele manifestado nos parágrafos mais simples. Ao contrário do ocorrido em 1993, na Conferência de Viena, quando, em geral, ajudavam a formular linguagem conducente ao consenso, em Durban, países ocidentais freqüentemente assumiam posições "bizantinas", com propostas de alterações ridículas para os textos mais anódinos, como se quisessem deixar clara sua antipatia pela Conferência. Para as questões difíceis, uma de suas táticas consistia em espalhar boatos de uma possível retirada coletiva, deixando para "o dia seguinte" a decisão sobre a matéria. Mas essa tática, como ficou desde cedo comprovado, longe de obter concessões, sempre tendia, ao contrário, a aumentar a vociferação dos demais. Nessas condições, tanto quanto as posturas árabes, excessivas, mas monotemáticas, ou a insistência africana em reparações pela escravidão e pedido de perdão formal pelo colonialismo, a inflexibilidade e a provocação constante de Estados do Ocidente produzia a impressão desalentadora de que todo o trabalho de Durban seria uma experiência vã[17].

---

17. Para não cometer uma injustiça flagrante, não posso deixar de assinalar o extraordinário trabalho da Bélgica, na qualidade de coordenadora da União Européia, cuja paciência (irritante para os de fora), logrou manter os quinze unidos e presentes até o final do evento. Foi também a Bélgica, na pessoa do professor Marc Bossuyt, membro do Cerd (e co-patrocinador da proposta original da Conferência na Subcomissão), quem presidiu com proficiência e dedicação o Grupo de Trabalho negociador da Declaração.

Para se ter uma idéia minimamente aproximada da massa de dificuldades envolvidas na Conferência, convém que se tome em consideração todos os "temas" por ela tratados, pois todos eles continham fontes de controvérsias, às vezes surpreendentes (os "temas" foram aprovados, com colchetes indicativos de falta de consenso em torno da palavra "compensatórias" desde a primeira sessão do Comitê Preparatório, em Genebra, em maio de 2000, até o final da terceira e extraordinária sessão, de 30 de julho a 10 de agosto, também em Genebra, vinte dias antes do início da própria Conferência[18], assim encaminhados a Durban e finalmente lá endossados). Os "temas" eram:

• Fontes, causas, formas e manifestações contemporâneas de racismo, discriminação racial, xenofobia e intolerância correlata;
• Vítimas de racismo, discriminação racial, xenofobia e intolerância correlata;
• Medidas de prevenção, educação e proteção voltadas para a erradicação do racismo, da discriminação racial, da xenofobia e da intolerância correlata nos níveis nacional, regional e internacional;
• Provisão de remédios efetivos, recursos, correção, assim como medidas [compensatórias] e de outra ordem nos níveis nacional, regional e internacional;
• Estratégias para alcançar a igualdade plena e efetiva, inclusive por meio da cooperação internacional e do fortalecimento das Nações Unidas e outros mecanismos internacionais para o combate ao racismo, à discriminação racial, à xenofobia e à intolerância correlata, assim como o acompanhamento de sua implementação[19].

Até mesmo os dois primeiros "temas", aparentemente inocentes, a definição das fontes e causas do racismo, assim como a relação de suas vítimas, foram submetidos a tantas e tamanhas controvérsias que, para se tentar saná-las, foram agrupados num dos três grandes conjuntos de "questões difíceis", ainda nas discussões do Comitê Preparatório, sendo atribuída ao México a função de "facilitador" para buscar o consenso. Os problemas que se apresentavam eram

---

18. A terceira sessão do Comitê Preparatório (em Genebra de 30 de julho a 10 de agosto), não prevista nas resoluções sobre a Conferência, foi decidida exatamente em função da massa de discordâncias, que as duas sessões anteriores não haviam conseguido aplainar (a segunda sessão ocorreu de 21 de maio a 1º de junho de 2001). Mas isso não chegava a ser novidade, nem a significar dificuldades intransponíveis, na medida em que a Conferência de Viena de 1993 teve algo de assemelhado, senão pior, no processo preparatório (ver José Augusto Lindgren Alves, *Relações Internacionais e Temas Sociais – A Década das Conferências*, p. 92).

19. Documento das Nações Unidas A/CONF.189/1/Rev.1, de 2 de setembro de 2001. A palavra "compensatória" foi mantida entre colchetes, indicativos da falta de consenso, até a adoção da Agenda pela Conferência, no dia 31 de agosto de 2001.

vários. A Índia não aceitava que se incluíssem os párias ou *dalits* entre as vítimas (enquanto do lado de fora das salas de reunião párias procedentes do subcontinente indiano e simpatizantes vários de outras nacionalidades faziam manifestações e vigílias para que a situação dos "intocáveis" não fosse deixada de lado), com a alegação de que as castas não decorrem de raça. As mulheres, estimuladas por suas conquistas nas conferências do Cairo, em 1994, e de Beijing, em 1995, insistiam, pela voz de muitas delegações, na inclusão do gênero como fonte de discriminações agravadas. Utilizando-se da expressão "intolerância correlata", os países ocidentais *lato sensu*, nesse caso liderados pelo Brasil, traziam ao proscênio o problema da discriminação por orientação sexual, sofrida pelos homossexuais, muito comum e generalizado, mas ainda tabu em diversos meios e sociedades, algumas das quais não a reconhece sequer como discriminação já que a homossexualidade é legalmente criminalizada por preconceito ou motivação religiosa.

Somente na véspera da data prevista de encerramento da Conferência, a exausta delegação mexicana logrou anunciar o acordo − absurdamente tautológico − a que se conseguira chegar sobre o tema das "vítimas", assim como a formulação − minimalista, reproduzindo *ipsis litteris* o Artigo 1º da Convenção sobre a Eliminação de Todas as Formas de Discriminação Racial, 1965 − das "causas (ou fontes)" de discriminações primárias, acrescentando-se como fontes adicionais para as discriminações múltiplas ou agravadas a expressão acomodatícia "por outros motivos correlatos", seguida de termos incontroversos, extraídos da Declaração Universal dos Direitos Humanos, a título exemplificativo. Tal acordo se lê nos artigos 1 e 2 da Declaração de Durban[20], que rezam:

1. Declaramos que, para efeitos da presente Declaração e Programa de Ação, as vítimas do racismo, discriminação racial, xenofobia e formas correlatas de intolerância são os indivíduos ou grupos de indivíduos que sejam ou tenham sido afetados negativamente por esses flagelos, submetidos a eles ou seu alvo.
2. Reconhecemos que o racismo, a discriminação racial, a xenofobia e as formas correlatas de intolerância são produzidas por motivos de raça, cor, descendência, origem nacional ou étnica, e que as vítimas podem sofrer formas múltiplas ou agravadas de discriminação por outros motivos correlatos, como o sexo, o idioma, a religião, opiniões políticas ou de outra índole, origem social, situação econômica, nascimento ou outra condição[21].

---

20. A Declaração e o Programa de Ação de Durban constam do Relatório da Conferência Mundial contra o Racismo, a Discriminação Racial, a Xenofobia e Intolerância Correlata, documento das Nações Unidas A/CONF.189/12. As citações aqui feitas foram traduzidas por mim dos textos em inglês e em espanhol.
21. Note-se que nem sequer o termo "gênero" (de conotação sociológica, ao contrário de "sexo", meramente biológico), postulado pelo movimento de mulheres e previamente usado nos documentos de Beijing, foi aceito. Para esclarecer quaisquer dúvidas, nas

Sem pretender esgotar, nem de longe, a descrição das controvérsias e circunstâncias que quase levaram à inexistência de documentos finais em Durban, pode-se assinalar, por exemplo, sobre os temas das "medidas de prevenção, educação e proteção para erradicar o racismo" e das "estratégias para se alcançar a igualdade plena", que a expressão corrente *ação afirmativa* foi banida da Conferência, por mais que os movimentos negros – inclusive o brasileiro – e outros grupos organizados presentes ao evento a defendessem. E foi banida exatamente pelo país que a inventou, na linguagem e na prática: os Estados Unidos. Isso porque, como é sabido, ainda nos tempos do democrata liberal Bill Clinton, alguns Estados norte-americanos, começando pela Califórnia, já a haviam legalmente abolido. No governo republicano, tal tendência deveria logicamente intensificar-se. Daí a objeção dos delegados norte-americanos sempre que ela aparecia. E de nada adiantou para a linguagem dos documentos a retirada dos Estados Unidos. Seus aliados mais fiéis presentes velaram com um zelo digno da "novilíngua" (*newspeak*) do célebre *1984* de George Orwell, para que essa expressão, hoje universalmente consagrada, não reaparecesse em qualquer parágrafo.

Outro fato que merece ser lembrado, pela ironia de que se reveste, foi a quantidade de vezes que, em meio a negociações emperradas sobre os assuntos mais delicados, certas delegações européias à Conferência de Durban fizeram questão de afirmar sua não-aceitação da própria noção de "raça". Como se Ernest Renan, Le Bon, Lapouge, Gumplowicz, Franz Gall e nosso velho conhecido Conde de Gobineau, diplomata francês na corte de D. Pedro II, sem falar de Spencer e Galton, teóricos da supremacia branca "científica", não tivessem todos sido europeus! E, sem precisar recorrer às doutrinas mais tenebrosas do nacional-socialismo do Terceiro *Reich* alemão, como se eles não tivessem servido de fonte e estímulo para políticas discriminatórias conseqüentes, estendidas além da Europa e aplicadas até por países não-europeus (como o Brasil e a Argentina, na esfera da imigração dirigida, por longos períodos depois da independência)![22] Por mais meritória que fosse essa negação insistente do conceito de "raça" (provavelmente para assinalar a rejeição oficial da

---

poucas vezes em que a palavra aparece, como no trigésimo terceiro parágrafo preambular (que reitera a conveniência de se aplicar uma perspectiva de gênero na proteção dos direitos humanos e liberdades fundamentais, para evitar discriminações contra a mulher), uma nota de rodapé explicita que o termo se refere "a ambos os sexos, varão e mulher, no contexto da sociedade", não comportando qualquer outro significado.

22. Para uma descrição do racismo científico e sua evolução para o "novo racismo" atual, ver Michel Wiewiorka, *Le racisme, une introduction*. Sobre o "novo racismo europeu", ver do mesmo Michel Wiewiorka et al., *Racisme et xénophobie en Europe – une comparaison internationale*.

Europa contemporânea às recentes "curvas de Bell" norte-americanas e outros disparates esporádicos que ainda fazem sucesso no Ocidente "branco"), ela funcionava em Durban como mero complicador adicional para discussões acirradas. Além disso, é preciso ter em mente que, se elevada a extremos, essa negação fora de contexto poderia *ad absurdum* esvaziar a *rationale* da Conferência, da Convenção sobre a Eliminação de Todas as Formas de Discriminação Racial e dos demais instrumentos de combate ao racismo. Por uma questão de lógica, a inexistência de raças poderia representar inexistência de racismo, justificando uma inação, que ninguém ousaria, na Conferência, suscitar como posição.

Todos de boa fé sabemos que "raça" é sobretudo uma construção social, negativa ou positiva conforme o objetivo que se lhe queira dar. Pode ou não envolver traços físicos, cor de pele, língua, religião ou costumes "racializados". Com sentido romanticamente comunitário, a idéia de "raça" fundamentou a formação dos Estados nacionais europeus (particularmente a Alemanha e a Itália unificadas no século XIX, mas a data nacional de Portugal, que celebra Camões e sua poesia, chama-se também "Dia da Raça"), assim como serviu de base à expansão colonialista, justificando a dominação "civilizadora" de populações "inferiores". Nesse mesmo sentido identitário, agora com os sinais trocados, a raça tem sido atualmente usada pela esquerda como amálgama de auto-afirmação para quem antes era, ou ainda permanece, depreciado pelos demais. E ao mesmo tempo serve ao diferencialismo racista da direita, que rejeita os imigrantes, os estrangeiros, os diferentes, porque "culturalmente inassimiláveis".

O problema não está na existência ou não de raças, mas no sentido que se dá ao termo. Se atribuirmos caracteres inerentes, naturais e inescapáveis, às diferenças físicas, psíquicas, lingüísticas ou etno-religiosas de qualquer população, estaremos sendo racistas, quase sempre para o mal. Como explicita Wierwiorka, o racismo hoje em voga é muito mais cultural e diferencialista do que científico e instrumental, como ocorreu no passado. Seja com base "científica", universalista, mas inferiorizante, ou "cultural" diferencialista e excludente, a verdade nua e crua é que o racismo existe, segrega, discrimina e mata. Fenômeno socioeconômico e político, ele faz estragos terríveis em primeiro lugar às vítimas e sua coletividade. Fá-lo também à sociedade como um todo, onde os inocentes, acomodados ou não, são igualmente alvo do ódio retribuído.

Posturas ridículas no contexto das negociações à parte, é bom que a Conferência tenha afirmado, no artigo 7 da Declaração:

> 7. (...) Toda doutrina de superioridade racial é cientificamente falsa, moralmente condenável, socialmente injusta e perigosa, devendo ser rechaçada juntamente com as teorias que procuram determinar a existência de raças humanas separadas.

Também parece positivo o fato de que a União Européia, em adição a esse artigo, tenha feito questão de assinalar, no encerramento do encontro, pela voz da delegação da Bélgica, então presidente dos "quinze", que todos os seus Estados-membros

rechaçam firmemente qualquer doutrina que proclame a superioridade racial, juntamente com as teorias que tentam determinar a existência de raças humanas distintas [...]. Isto não implica negação do conceito de raça como motivo de discriminação, nem negação das manifestações de racismo e discriminação racial, segundo definidas pelo Artigo 1º da Convenção (de 1965), que ainda existem em todo mundo.

À luz das atitudes coletivas de repúdio, adotadas pouco antes pela União Européia, diante da chegada ao poder de partido considerado seminazista em um de seus Estados membros (a Áustria), e do crescimento da popularidade de "frentes", "ligas" ou partidos ultranacionalistas – micronacionalistas em alguns casos – com programas baseados na fustigação de imigrantes provenientes de regiões mais pobres, tal declaração dos quinze, logo seguida pela Suíça, mais do que uma explicação genérica, soava como uma autocrítica ou, quiçá, auto-advertência. Pois neste início de século, em tendência confirmada eleitoralmente na Europa ao longo de 2002, assim como desde antes em países da Ásia, a atribuição de culpa aos estrangeiros pelas mazelas vividas tornou-se verdadeira constante.

A BUSCA DE SOLUÇÕES

Sublinhando mais uma vez que as divergências acima mencionadas foram importantes, mas nem de longe as únicas, cabe agora dar uma idéia dos processos pelos quais se "solucionaram" as principais dificuldades, a saber: o grupo de parágrafos relacionados com o conflito árabe-israelense e o dos atinentes às chamadas "questões históricas", em que se incluía a idéia de reparações atuais. Para ambos, a exemplo do que se passava com o já descrito problema das "fontes e vítimas" com coordenação do México, haviam sido designados, na última sessão do Comitê Preparatório, dois "coordenadores": a África do Sul (na qualidade de país anfitrião) para o Oriente Médio e o Brasil para os "temas do passado". Nada foi possível adiantar, até porque os Estados diretamente interessados não queriam reunir-se. Em Durban, a presidente da Conferência, Nkosazana Dlamini Zuma, ministra das Relações Exteriores da África do Sul, decidiu reconstituir os três grupos informais de trabalho, mantendo como coordenadores o México para o primeiro conjunto, sobre as "fontes e vítimas"; o Brasil (na figura do embaixador Gilberto Sabóia, chefe alterno da delegação brasileira)[23], como coorde-

---

23. O chefe titular da delegação do Brasil foi o então ministro da Justiça José Gregori, que proferiu a alocução oficial em Plenário. O embaixador Sabóia exercia, na época, as

nador das "questões históricas", assistido pelo Quênia; a Noruega, em função dos "acordos de Oslo", para os parágrafos relativos ao Oriente Médio, auxiliada pela Namíbia.

Na medida em que, em contraste com os dois primeiros grupos, aquele correspondente ao Oriente Médio não mostrava nenhuma evolução positiva com o passar dos dias, a chanceler sul-africana arrogou a si mesma essa tarefa de coordenação aparentemente impossível, estabelecendo como auxiliares cinco representantes dos diferentes grupos regionais. Tanto o México, como o Brasil e a chanceler sul-africana, após ouvirem as diferentes – e múltiplas – posições conflitantes sobre os diferentes parágrafos, tomaram o mesmo tipo de iniciativa: a partir das intervenções ouvidas – muitas vezes até o amanhecer –, escreveram novos conjuntos de parágrafos para os assuntos respectivos, os quais deveriam substituir, na Declaração e Programa de Ação de Durban, tudo o que se referisse às questões em pauta, apagando-se, pois, aquilo que constava, sem acordo, dos anteprojetos recebidos do Comitê Preparatório[24].

Com exceção dos assuntos coordenados pelo México ("fontes e vítimas"), cuja redação final minimalista foi apresentada ao Comitê de Redação pouco antes da data marcada para o encerramento da Conferência, os novos parágrafos sobre o Oriente Médio e sobre os assuntos históricos foram apresentados pelos respectivos coordenadores, já no dia 8 (a Conferência deveria ter terminado no dia 7), diretamente ao Comitê Plenário, que os acolheu. Mas aí se iniciou um novo processo que quase põe tudo a perder.

Insatisfeitos com o tom mais moderado dos parágrafos sobre o Oriente Médio, os países integrantes da Organização da Conferência Islâmica, pela voz da delegação da Síria, retomaram alguns dos parágrafos mais controvertidos dos anteprojetos, superados pelos novos textos recém-aprovados como supostamente consensuais, e os reapresentaram à consideração do Comitê. Diante da surpresa generalizada, muita movimentação na mesa, consultas formuladas ao Consultor Jurídico da ONU, e após uma nova suspensão dos trabalhos de duas horas (quando a Conferência deveria ter terminado na véspera!), o Brasil, em ação corajosa, visando a salvar a Conferência, formulou,

---

funções de Secretário de Estado para os Direitos Humanos. Abrigando grande número de autoridades e representantes dos três Poderes em níveis diversos da Federação, assim como integrantes de movimentos da sociedade civil, a delegação do Brasil em Durban foi uma das mais numerosas. A ela se associavam mais de 200 militantes, que compareceram ao fórum de ONGS, ao lado do Centro de Conferências, e mantinham, com a delegação oficial, interação constante, notavelmente cooperativa. É de notar, também, que a Relatoria Geral da Conferência coube, por eleição, a uma brasileira, muito atuante na sociedade civil: Edna Roland.

24. Documentos A/CONF.189/4 e A/CONF.189/5.

com base no regulamento vigente, moção de não-consideração desses textos reapresentados. Nova confusão se armou, na medida em que delegados atordoados não notaram ou não entenderam que, também de acordo com o regulamento, a moção brasileira, para ser válida, precisaria ser secundada de público por pelo menos dois outros países, enquanto a Síria e a Argélia a ela logo se opuseram. Isolado (pela incompetência alheia), o Brasil viu-se forçado a retirar a proposta. Quando finalmente entendida a oportunidade desperdiçada, a Bélgica, em nome dos quinze membros da União Européia, retomou a iniciativa brasileira, reapresentando ao Comitê Principal a moção de não-consideração. A moção foi, então, submetida a votação, sendo aprovada por 51 a favor, 37 contra e 11 abstenções. Passou, assim, por voto a moção de não-consideração desses parágrafos controvertidos (portanto, definitivamente anulados), mas não foi objeto de escrutínio o conjunto alternativo. Isso permitiu ao Comitê Principal e, posteriormente, ao Plenário, adotar sem voto a Declaração e o Programa de Ação, tornando os resultados de Durban *ipso facto* mais positivos do que os das duas conferências anteriores sobre o racismo, de 1978 e 1983[25].

Embora não caiba aqui repetir integralmente os textos afinal aprovados para essas questões candentes, vale a pena recordar, porque auto-explicativos à luz do que já foi antes assinalado, alguns desses novos parágrafos adotados sem voto (todos os quais foram inseridos, após outros contratempos entre o fim da Conferência e a Assembléia Geral, na Declaração de Durban):

a) a propósito do conflito árabe-israelense
58. Recordamos que o Holocausto não deve ser nunca esquecido.
61. Reconhecemos com profunda preocupação o aumento do anti-semitismo e da islamofobia em diversas partes do mundo, assim como o aparecimento de movimentos raciais e violentos baseados no racismo e em idéias discriminatórias contra as comunidades judia, muçulmana e árabe.
63. Preocupam-nos os padecimentos do povo palestino submetido à ocupação estrangeira. Reconhecemos o direito inalienável do povo palestino à autodeterminação e ao estabelecimento de um Estado independente e reconhecemos o direito à segurança de todos os Estados da região, inclusive Israel. Fazemos um chamamento a todos os Estados para que apóiem o processo de paz e o levem a uma pronta conclusão.

---

25. Não posso deixar de assinalar, até por impulso patriótico, que foi duas vezes graças ao Brasil, e pela mesma pessoa, o embaixador Gilberto Sabóia, que a Conferência de Durban teve êxito: ao coordenar as discussões e, conseqüentemente, a redação dos parágrafos alternativos importantíssimos sobre as chamadas questões do passado, assim como pela "ousadia" de formular sozinho a moção procedimental de não-consideração para os parágrafos inaceitáveis concernentes ao Oriente Médio. E é sempre bom recordar que também o Brasil, na mesma pessoa do embaixador Gilberto Sabóia, já havia sido responsável, em 1993, pela redação consensual da Declaração e Programa de Ação de Viena, na Conferência Mundial sobre Direitos Humanos.

64. Apelamos por uma paz justa, abrangente e duradoura na região, em que todos os povos coexistam e desfrutem de igualdade, justiça e os direitos humanos internacionalmente reconhecidos, assim como de segurança.

65. Reconhecemos o direito dos refugiados de regressarem voluntariamente a seus lares e propriedades em condições de dignidade e segurança, e instamos a todos os Estados que facilitem esse retorno.

b) sobre as "questões históricas"

13. Reconhecemos que a escravidão e o tráfico de escravos, em particular o tráfico transatlântico, foram tragédias atrozes na história da humanidade, não apenas por sua abominável barbárie, mas também por sua magnitude, seu caráter organizado e, especialmente, sua negação da essência das vítimas. Reconhecemos ainda que a escravidão e o tráfico de escravos, especialmente o tráfico transatlântico, são, e sempre deveriam ter sido, um crime contra a humanidade e se encontram entre as maiores fontes e manifestações de racismo, discriminação racial, xenofobia e intolerância correlata, e que os africanos e afrodescendentes, os asiáticos e descendentes de asiáticos, assim como os povos indígenas, foram vítimas de tais práticas e continuam a sê-lo de suas conseqüências.

14. Reconhecemos que o colonialismo levou ao racismo, à discriminação racial, à xenofobia e a formas correlatas de intolerância, e que os africanos e afrodescendentes, os asiáticos e descendentes de asiáticos, assim como os povos indígenas, foram vítimas do colonialismo e continuam a sê-lo de suas conseqüências. Reconhecemos os sofrimentos causados pelo colonialismo e afirmamos que, onde e quando quer que ele tenha ocorrido, deve ser condenado e impedido de ocorrer novamente. Ademais lamentamos que os efeitos e a persistência dessas estruturas e práticas sejam dos fatores que contribuem para as desigualdades sociais e econômicas duradouras em muitas partes do mundo de hoje.

100. Reconhecemos e lamentamos profundamente os sofrimentos e males indizíveis infligidos a milhões de homens, mulheres e crianças como resultado da escravidão, do tráfico de escravos, do tráfico transatlântico de escravos, do *apartheid* e de tragédias passadas. Notamos também que alguns Estados têm tomado a iniciativa de pedir perdão e de pagar indenização, conforme apropriado, para as graves e maciças violações cometidas.

101. Com vistas a dar por encerrados esses capítulos sombrios da história e como um meio de reconciliação e cicatrização de feridas, convidamos a comunidade internacional e seus membros a honrar a memória das vítimas dessas tragédias. Ademais notamos que alguns têm tomado a iniciativa de lamentar ou de expressar remorso ou de pedir perdão, e instamos a todos que ainda não tenham contribuído para restaurar a dignidade das vítimas que procurem meios apropriados de o fazer. Nesse sentido, expressamos nossa apreciação pelos países que já o fizeram.

Embora os artigos acima reproduzidos de maneira não-seqüencial já formem lista comprida, o total de textos redigidos pelos coordenadores e inseridos na Declaração de Durban em substituição àqueles dos anteprojetos para os quais não havia possibilidade de consenso é mais longo. Tais como finalmente adotados, os novos textos não agradaram inteiramente a nenhuma das posições maximalistas. Mas isso é diplomacia, na melhor acepção do termo: a busca de um mínimo denominador comum que não permitirá a ninguém apresentar-se como vencedor absoluto, nem ser apontado como totalmente derrotado. Assim sendo, como é normal em qualquer evento do gênero, diversas delegações, na sessão de encerramento, fizeram questão de assinalar reservas ou explicações interpretativas.

Com relação aos parágrafos sobre o Oriente Médio, alguns ocidentais registraram reservas ao texto que constitui atualmente o parágrafo 65, supra-reproduzido, pois consideravam que o direito de regresso dos refugiados por ele consignado constituiria um complicador adicional aos (hoje totalmente esquecidos) "acordos de Oslo", justificando, em última instância, rejeição à existência do Estado de Israel. Mas é fato também que, no contexto, ele pode ser lido como o simples direito de regresso a suas casas dos palestinos expelidos em função de "assentamentos" israelenses em territórios ocupados por guerras (é importante recordar que a autorização para o reinício do estabelecimento de tais "colônias" foi das primeiras atitudes adotadas pelo governo de Ariel Sharon). Os árabes, por sua vez, juntamente com outras delegações de países muçulmanos, declararam, em linhas gerais, que os parágrafos adotados sobre o Oriente Médio não refletiam corretamente a gravidade da situação (e o futuro próximo iria comprovar que não estavam errados, no que concerne tanto aos palestinos como à população israelense). A propósito das "questões históricas", resolvidas de maneira notavelmente construtiva, verifica-se, por exemplo, que as "reparações" ou "pedidos de perdão" pela escravidão e o colonialismo não são exigidos, porque não o poderiam ser. Mas elogiam-se os países que tenham tomado essas iniciativas e faz-se chamamento àqueles que não o fizeram para que encontrem maneiras adequadas de "restabelecer a dignidade das vítimas". Tampouco foi aceita a qualificação da escravidão passada como um "crime contra a humanidade", como era desejo dos africanos, porque ela poderia, segundo consta, servir de base a cobranças judiciais. De qualquer forma, historicamente a escravidão era prática corrente e tristemente legal, não existindo no Direito essa tipologia de crime (só estabelecida, após a Segunda Guerra Mundial, pelos Tribunais de Nuremberg e de Tóquio). Daí a fórmula do parágrafo 13 declarar a escravidão e o tráfico de escravos como um crime contra a humanidade (subentende-se que o são quando praticados atualmente), acrescentando que sempre o deveriam ter sido. Muitas delegações africanas e caribenhas expressaram em declarações finais apoio aos textos acordados, mas sublinharam mais uma vez suas opiniões originais. E a respeito da questão das fontes e vítimas, definidas de forma tautológica e minimalista, até mesmo o Brasil, em sua declaração final, considerou os resultados aquém do desejado, por não explicitarem o gênero, as deficiências e a orientação sexual entre os motivos de discriminação múltipla ou agravada[26].

---

26. Todas as declarações e manifestações de reservas se acham reproduzidas no relatório da Conferência à Assembléia Geral – o já citado documento A/CONF.189/12.

OS PONTOS MAIS POSITIVOS

Para os negociadores em Durban, exaustos e confundidos, os pontos mais positivos pareceriam ser exatamente aqueles mais polêmicos, para os quais afinal se conseguira acordo, ainda que extraído a forceps. Pelo menos porque esse difícil acordo lhes parecia haver "salvado" a Conferência do mesmo destino de ostracismo que tiveram os dois encontros precedentes sobre o racismo, nas décadas de 1970 e 1980. E até certo ponto teriam razão.

Se é inadequado falar de "acordo" para os parágrafos sobre o conflito árabe-israelense, que, conforme já visto, somente prevaleceram por manobra procedimental, o mesmo não se pode dizer dos chamados "temas do passado". Sem dúvida menos incisivos e menos propícios à abertura de processos indenizatórios do que desejavam países e movimentos sociais, eles são, ainda assim, o que de mais avançado existe na esfera internacional como condenação semijurídica ao colonialismo, à escravidão e ao tráfico de escravos, incriminados, inclusive, como origem de muitos dos sofrimentos presentes, de índios e afrodescendentes.

Os índios – aliás, os poucos povos indígenas que encaram o direito de autodeterminação como caminho para a independência – podem ter-se sentido frustrados pelas ressalvas feitas na Declaração de que o reconhecimento dos direitos dos povos indígenas era feito conforme os princípios de soberania e integridade territorial dos Estados, sem repercussões sobre negociações em curso e sobre direitos reconhecidos em normas jurídicas internacionais (artigos 23 e 24). Mas a expressão "povos indígenas" viu-se sacramentada como tal, tendo-se tornado inclusive um dos subtítulos na parte do Programa de Ação concernente às vítimas do racismo e da discriminação racial. Nele diversas medidas são propostas aos Estados para o reconhecimento dos direitos dos indígenas, a começar pelo respeito a sua cultura e sua participação em todas as decisões que os envolvam (parágrafos 15 a 23 do Programa – o recorte de gênero é, aliás, assinalado nesses parágrafos como causa freqüente de atos de discriminação múltipla ou agravada: contra as mulheres e meninas índias).

Se os avanços obtidos para os povos indígenas soam relativamente pouco inovadores, na medida em que eles têm sido objeto de atenções das Nações Unidas há muitos anos, o reconhecimento das dificuldades que enfrentam os africanos e seus descendentes na diáspora, assim como a grande quantidade de artigos e recomendações para corrigir as disparidades de que são vítimas nas sociedades atuais constituem uma importante novidade. A eles se dedica o primeiro subtítulo do capítulo das vítimas no Programa de Ação, com inúmeras recomendações aos Estados (parágrafos 4 a 14 do Programa), as quais, ademais de visarem a sua proteção judicial, ao reconhecimento de sua cultura e à supressão das discriminações contra suas tradições e religiões, propõem uma série de iniciativas nas áreas de educação e participação na vida pública, que, sem se utilizarem da expressão *ação afirmativa*, claramente correspondem ao que ela significa. Na mesma linha, a própria Declaração já assinala, no capítulo das "vítimas" em geral, a necessidade de adoção de "medidas afirmativas ou medidas especiais" para promover a plena integração dessas pessoas e grupos discriminados na sociedade, ilustrando a recomendação com a proposta de

medidas especiais para lograr representação apropriada nas instituições de ensino, na moradia, nos partidos políticos, nos parlamentos e no emprego, em particular em órgãos judiciais e policiais, no exército e outros serviços civis, o que, em alguns casos pode exigir reformas eleitorais, reformas agrárias e campanhas em prol da participação eqüitativa (artigo 108).

Em paralelo às atenções prioritárias acordadas aos africanos e afrodescendentes, aos asiáticos e seus descentes no exterior, aos povos e indivíduos indígenas, a Declaração de Durban foi o primeiro documento do gênero a reconhecer "com profunda preocupação as atuais manifestações de racismo" e violência contra os *Roma/Gypsies/ Sinti/Travellers* – todas elas autodenominações de diferentes comunidades nômades na Europa, antes agrupadas sob o nome genérico, hoje considerado pejorativo, de "ciganos" – e a conseqüente necessidade de se elaborarem políticas e mecanismos que os protejam. Por motivos apontados anteriormente, não foi possível à Conferência de Durban tratar do problema das castas e das discriminações impostas aos párias ou *dalits* intocáveis, de acordo com tradições religiosas ou não. É, por outro lado, incontestável que Durban, de conformidade com as intenções originais que embasaram a proposta da Conferência desde 1994, deu atenção adequada à xenofobia como um dos mais graves problemas da atualidade mundial. Em seu artigo 16, a Declaração diz:

16. Reconhecemos que a xenofobia contra os não-nacionais, em particular os migrantes, os refugiados e os solicitantes de asilo, constitui uma das principais fontes do racismo contemporâneo, e que as violações de direitos humanos cometidas contra membros desses grupos ocorrem largamente no contexto de práticas discriminatórias, xenófobas e racistas.

Conseqüentemente, as recomendações de medidas feitas aos Estados, no Programa de Ação, para combater discriminações simples ou agravadas contra trabalhadores migrantes, refugiados e outros estrangeiros que se encontrem legal ou ilegalmente na respectiva jurisdição são pormenorizadas, estendendo-se por muitos parágrafos.

Outros assuntos atuais que também estiveram na base das motivações originais da proposta da Conferência na Subcomissão contêm-se nos seguintes parágrafos transcritos a título exemplificativo:

27. Expressamos nossa preocupação com o fato de que, além de o racismo vir ganhando terreno, formas e manifestações contemporâneas de racismo e xenofobia estão tentando voltar a adquirir reconhecimento político, moral e até legal de muitas maneiras, inclusive por intermédio das plataformas de algumas organizações e partidos políticos, e da disseminação por meio de tecnologias modernas de idéias baseadas no conceito de superioridade racial.

83. Ressaltamos o papel chave que os líderes e partidos políticos podem e devem desempenhar na luta contra o racismo, a discriminação racial, a xenofobia e a intolerância correlata, e encorajamos os partidos políticos a tomarem medidas concretas para promover solidariedade, tolerância e respeito.

84. Condenamos a persistência e o reaparecimento do neonazismo, do neofascismo e das ideologias violentas baseadas em preconceitos raciais ou nacionais, e declaramos que esses fenômenos não se podem justificar em qualquer caso, nem em qualquer circunstância.

Não cabe aqui uma análise aprofundada de como a globalização econômica, sem orientação social ou contrapesos para seus "efeitos colaterais", tem sido responsável pelo ressurgimento de fundamentalismos religiosos, étnicos, raciais e nacionais. A literatura sobre a matéria é convincente e abundante. De qualquer forma, ainda que alguém queira negar essa responsabilidade, até porque, realmente, ninguém soube ainda indicar maneiras de corrigi-la sem regressar a fórmulas ultrapassadas, ninguém tampouco poderá negar que a globalização é o pano de fundo em que emergem todos esses "casos" e "circunstâncias", aludidos no Artigo 84. É importante que a Conferência de Durban não tenha evadido a questão, caso contrário somente abordaria sintomas. Fê-lo, aliás, bem no início, em seu longo Artigo 11, onde diz, entre outras frases:

Embora a globalização ofereça grandes oportunidades, no presente seus benefícios se distribuem de forma muito desigual, como também o são seus custos. (...) Esses efeitos (da globalização) podem agravar *inter alia* a pobreza, o subdesenvolvimento, a marginalização, a exclusão social, a homogeneização cultural e as desigualdades econômicas que podem ocorrer na base de linhas raciais, dentro dos Estados e entre eles, com conseqüências negativas. (...) Somente desenvolvendo esforços amplos e sustentados para criar um futuro comum, fundamentado em nossa comum humanidade em toda sua diversidade, poder-se-á produzir uma globalização plenamente includente e eqüitativa.

Com o mesmo tipo de preocupação estrutural voltada para a realidade presente, o Artigo 18 ressalta que:

... a pobreza, o subdesenvolvimento, a marginalização, a exclusão social e as disparidades econômicas estão estreitamente vinculadas ao racismo, à discriminação racial, à xenofobia e à intolerância correlata e contribuem para a persistência de atitudes e práticas racistas que, por sua vez, geram mais pobreza.

Partindo do geral para o específico, o Artigo 74 da Declaração trata do trabalho infantil, muito falado atualmente e quase sempre condenado, pela ótica dos direitos humanos, com um simplismo contraproducente – como se tal trabalho decorresse apenas da ambição exploradora dos pais, ou dos respectivos governos. Contrariando essa linha, o texto em questão se mostra, com linguagem comedida, bastante arguto:

> 74. Reconhecemos que o trabalho infantil está relacionado com a pobreza, a falta de desenvolvimento e condições socioeconômicas correlatas e que, em alguns casos, poderia perpetuar a pobreza e a discriminação racial por privar de maneira desproporcional as crianças dos grupos afetados da possibilidade de adquirir as aptidões humanas necessárias a uma vida produtiva e para beneficiar-se do crescimento econômico.

É pouco, sem dúvida, e cheio de precauções sem sentido para mentes que conhecem de perto o problema, às vezes na própria pele. Mas é o máximo que já se disse sobre um fenômeno crescente, cujas raízes profundas violam muito de frente o credo neoliberal vigente na globalização sem controles.

AVALIAÇÃO E CONCLUSÃO

Em artigo publicado ainda antes do encerramento da Conferência, o jornalista Bob Herbert, como que para justificar a saída antecipada da delegação oficial norte-americana, dizia, no *New York Times,* que o encontro de Durban estava fadado à irrelevância desde sua concepção, porque os problemas da intolerância étnica, religiosa e de gênero são "grandes e complexos demais para serem tratados por uma Conferência da ONU". Não fosse o autor geralmente perspicaz e construtivo na análise dos problemas raciais dos Estados Unidos, se lhe deveria perguntar: "Se não a ONU, quem?" Mas a complementação do mesmo artigo explicitava um pouco mais as razões de sua descrença: os organizadores podem ter tido os motivos mais elevados, mas "não se pode lançar uma luta global contra o racismo a partir de uma base de má fé e hipocrisia"[27].

Os críticos à Conferência de Durban são muitos, de natureza e níveis variados. Mas não é factível apontar um único país ou grupo de países como responsável exclusivo pelas provocações e falhas ocorridas. Nem faz sentido observar somente as limitações e insucessos do evento, sem registrar os pontos positivos que ele também comportou.

Na esfera dos Estados, conforme aqui explicado, os governos que se opunham à reunião pouco fizeram para que ela se concretizasse. Quando a Conferência foi, afinal, aprovada pela Assembléia Geral da ONU, tornando-se, em princípio, irreversível, tampouco se decidiram a encará-la de maneira construtiva. De outro lado, os que a favoreciam porque tinham reivindicações a fazer, ou porque pretendiam insistir em posições políticas, por sua vez, também não faziam esforços para garantir seu sucesso. Mantiveram, ao contrário, até o

---

27. Bob Herbert, "Doomed to Irrelevance", *The New York Times.*

último momento uma rigidez absoluta, inimiga do consenso, baseada na crença de que eram – ou, pelo menos, tinham sido – a verdadeira parte ofendida. Os ofensores, por sua vez, recusavam as acusações, já que a ofensa, nos tempos em que a praticaram, não era criminosa. Formava-se assim um círculo vicioso que quase tecia um nó górdio[28]. Foram as delegações com postura equilibradas, como aquelas que funcionaram como "coordenadoras" para as questões difíceis, que conseguiram evitar o aperto completo do nó, ou o uso da espada para desfazer o embaraço – o que acarretaria, em qualquer dos casos, o fim de qualquer esperança de se salvar o evento.

É curioso notar como, ao contrário do que se observou no Brasil, onde os preparativos foram intensos, envolvendo entusiasticamente o governo e a sociedade civil (inclusive numa Conferência Nacional que adiantou pontos importantes depois refletidos nos documentos de Durban e adotados pelo governo), no país que historicamente mais inspirou em todo o mundo movimentos pelos "direitos civis", os órgãos de imprensa mais importantes, a televisão, ONGS influentes e até setores da Academia dedicados aos estudos sociais (com, evidentemente, honrosas e expressivas exceções), muitas vezes transformados em departamentos de "estudos culturais", pareciam quase não dar atenção ao evento. Quinze dias antes de seu início, em seminário sobre o "Racismo nos Estados Unidos e no Brasil" realizado na Universidade de Sacramento, Califórnia, com co-patrocínio da Universidade da Bahia, os afro-norte-americanos presentes, ao contrário dos brasileiros, não pareciam sequer saber que um encontro mundial contra a discriminação racial estava prestes a iniciar-se, sob o patrocínio das Nações Unidas, na terra de Nelson Mandela[29]. Ainda assim, ademais dos 2.300 delegados oficiais de 163 países, sendo 16 chefes de Estado ou de Governo, 58 ministros de Relações Exteriores e 44 ministros de outras pastas, quase 4 mil representantes de organizações não-governamentais e 1.100 jornalistas foram registrados pela ONU em Durban. Sem falar dos eventos paralelos havidos antes e durante a Conferência, relacionados no Relatório à

---

28. Infelizmente o nó se apertou ainda mais depois da Conferência, pelo maximalismo extremado de uns e pela inflexibilidade de outros, na seqüência que teve o tema na Comissão dos Direitos Humanos das Nações Unidas, na sessão de 2002 (os ocidentais votaram em bloco contra a resolução sobre o assunto).

29. Notei isso, estarrecido, porque, então na qualidade de Cônsul Geral do Brasil em S. Francisco, fui convidado a participar do seminário e aceitei. Por seus organizadores e outros militantes negros norte-americanos soube posteriormente que o "movimento negro" do país se encontrava cindido a propósito das "reparações" e, por isso e talvez outras razões, não tinha interesse consistente numa conferência que tornaria evidente suas cisões internas. Talvez por esse motivo o governo dos Estados Unidos tenha tido a possibilidade de retirar-se de Durban sem repercussões críticas maiores na imprensa e na opinião pública doméstica. Os militantes norte-americanos que lá permaneceram declararam a homólogos

Assembléia Geral[30] (somente o Fórum de ONGS contou com 8 mil participantes, em representação de 3 mil organizações não-governamentais de todos os continentes), parece legítimo dizer que um encontro de tais proporções pode ter sido tudo, menos irrelevante. A mobilização que causou é *per se* uma forma de conscientização, quando por mais não seja, pelo efeito demonstração.

De todas as críticas conhecidas à Conferência de Durban, a que mais surpreendeu o autor destas linhas veio de Michael Banton, professor de sociologia em Bristol e ex-membro do Comitê para a Eliminação da Discriminação Racial ou Cerd (*treaty body* que monitora a implementação da Convenção Internacional sobre a Eliminação de Todas as Formas de Discriminação Racial)[31], precisamente porque ele, com a experiência que tem e a respeitabilidade de que goza, não tinha o direito de ser tão ingênuo, nem tão negativista. Diz Michael Banton que, "se a primeira conferência mundial foi um desastre, a terceira foi uma calamidade que feriu a reputação da ONU e as atitudes em favor da cooperação internacional"[32]. Além de repetir algumas das objeções mais óbvias veiculadas por países ocidentais às posturas árabes sobre o Oriente Médio – as quais, como já visto, não foram incorporadas aos documentos com sua virulência original –, grande parte de suas repreensões dizem respeito ao fato de "a Conferência" não ter optado por cobrar dos países o cumprimento das obrigações que assumem ao aderirem à Convenção sobre a Eliminação de Todas as Formas de Discriminação Racial, e ao fato de "a Conferência" não ter dado maior valor à atuação do Cerd, inclusive no que diz respeito à questão das reparações – como se a Conferência fosse uma entidade autônoma, capaz de tomar decisões independentes da vontade de seus participantes[33]. Pior ainda, Banton não quer reconhecer o óbvio de que "calamidade" não foi a conferência em si, mas, no dizer de Ortega y Gasset, "a circunstância" em que ela se realizou.

A verdade é que Durban foi a melhor conferência que se poderia realizar *sobre temas tão abrangentes, em condições tão adversas,*

---

brasileiros, membros de nossa delegação, que se sentiam bem representados pela atuação do Brasil – o que não deixa de ser outro aspecto, neste caso bastante positivo, da "brasilianização da América".

30. Ver nota 21 supra.

31. Para uma breve visão do que é o Cerd e do trabalho que realiza, ver José Augusto Lindgren Alves, "Racismo e Direitos Humanos: a 60ª Sessão do Cerd", *Carta Internacional*, p.19 e/ou *Cadernos de Direito*, da Unimep, vol.1, n. 2, Piracicaba, 2002, pp. 225-227.

32. Michael Banton, op. cit., p. 360.

33. Além disso, o Cerd é objeto específico de dois importantes parágrafos do Programa de Ação, os de números 177 e 178, destinados a fortalecer o Comitê, além de o ser indiretamente na infinidade de outras recomendações e artigos que, desde o Preâmbulo da Declaração, assinalam a importância da adesão de todos os Estados à Convenção de 1965 e de sua plena implementação.

numa situação internacional que, como se não bastasse a *doxa* econômica neoliberal (para falar com Bourdieu) avessa a preocupações sociais, já se mostrava cada dia menos favorável ao multilateralismo e à diplomacia parlamentar. O simples fato de ela ter tido seus documentos finais adotados sem voto (a votação havida, é sempre bom relembrar, foi para rejeitar a reapresentação extemporânea de propostas superadas) representa, como já dito, um progresso com relação às conferências de 1978 e 1983. Muito mais do que isso, porém, os documentos de Durban trazem novos conceitos e compromissos importantes, particularmente para o combate ao racismo estrutural. Estes podem ser utilizados como guias à atuação dos Estados, internamente e em ações internacionais, ou como instrumento semijurídico para cobranças das sociedades aos governos.

Nenhuma conferência resolve por ela mesma os problemas que se dispõe abordar. O máximo que pode fazer é sugerir caminhos para que possamos "salvar nossa circunstância". Como ensinava Ortega y Gasset desde 1914, na frase reproduzida em epígrafe a este artigo, se não salvamos a ela, não salvamos a nós mesmos.

Conforme terá ficado aqui abundantemente demonstrado, as responsabilidades pelos problemas verificados em Durban são de diversos atores. A responsabilidade pela implementação da maioria das recomendações – como aquelas concernentes a "medidas afirmativas" que começaram a ser aplicadas no Brasil depois dessa Conferência – dependerá, por sua vez, como é o caso de qualquer documento emergente de encontro multilateral, da seriedade com que cada Estado encara as decisões coletivas de que tenha participado (e, com exceção de Israel e dos Estados Unidos, todos foram partícipes). Dependerá também da capacidade de utilização desses documentos pela sociedade civil. Dependerá finalmente, em última e mais definitiva instância, de uma conscientização generalizada – hoje em dia praticamente impossível – de que, como diz a Declaração de Durban em artigo supracitado, somente com a criação de um futuro de condições mais equânimes, "baseado em nossa comum humanidade em toda sua diversidade", a globalização poderá ter efeitos antidiscriminatórios.

(2002)

POST-SCRIPTUM

Muito antes de Ortega y Gassett haver escrito que "eu sou eu e minha circunstância", uma de suas máximas ontológicas mais célebres, outro pensador europeu, agora fora de moda, havia afirmado, com um otimismo que nada tinha de pós-moderno: "Os homens fazem sua própria história, mas não da maneira que lhes agrada; não a fazem em circunstâncias escolhidas por eles próprios"[34].

Os acontecimentos subseqüentes à Conferência de Durban mostram que "a circunstância" em que o mundo se encontra não tem cessado de agravar-se a cada dia que passa. Uma parte dessa "circunstância" continuamente pior é sistêmica. Prossegue nas mesmas linhas descritas neste artigo redigido em fins de 2002, agravada porque os homens (e as mulheres) não se dispõem seriamente a salvá-la. Outra parte dessa "circunstância" atual é, porém, surpreendente: resulta de ações deliberadamente praticadas pelos homens para fazerem sua própria história. Uns, autores e continuadores do megaacontecimento do Onze de Setembro, determinados a destruir circunstâncias que não controlam, parecem ter optado pela total ruptura do sistema. Outros escolheram formas de luta contra os primeiros que agravam ainda mais as circunstâncias de todos. Com motivações distintas e intenções discrepantes, ambos os grupos, pós-modernos à sua maneira, parecem não se importar com a possibilidade de que suas escolhas não façam, mas, ao contrário, destruam tudo aquilo que ainda pode ser História.

(Setembro de 2004)

---

34. Karl Marx, "The 18th Brumaire", em D. McLellan (ed.), *Selected Writings*, Oxford University Press, 1979.

7. O Contrário dos Direitos Humanos (Explicitando Zizek)*

> ... não vivemos nós na era dos direitos humanos universais, que se afirmam até mesmo contra a soberania estatal? O bombardeio da Iugoslávia pela Otan não foi o primeiro caso de intervenção militar realizada em decorrência de pura preocupação normativa (ou, pelo menos, apresentando-se como assim realizada), sem referência a qualquer interesse político-econômico "patológico". Essa nova normatividade emergente para os "direitos humanos" é, entretanto, a forma em que aparece seu exato oposto.
>
> SLAVOJ ZIZEK**

Pré-introdução que Não Chega a Ser Prefácio

Por mais que hoje se possa imaginar o contrário, quando o grande pensador *cult* da atualidade, Slavoj Zizek, escreveu que a "nova normatividade emergente para os direitos humanos é a forma em que aparece seu exato oposto", ele não tinha em mente nada a ver com os ataques que destruíram as torres do World Trade Center em Nova York e uma ala do Pentágono em Washington, D.C. Tampouco podia ter ele em mente as ações e disposições legislativas adotadas em seguida pelos Estados Unidos em sua "guerra contra o terrorismo", muitas das quais colocam direitos civis preciosos em *sursis* e em *suspense*. O livro em que esse filósofo, psicanalista e crítico cultural esloveno registrou tal frase contundente, no parágrafo aqui reproduzido parcialmente em epígrafe, fora posto à venda nas livrarias nor-

---

*. Texto originalmente redigido antes e complementado depois dos atentados do Onze de Setembro.

**. "...do we not live in the era of universal human rights which assert themselves even against state sovereignty,? Was the Nato bombing of Yugoslavia not the first case of military intervention accomplished (or, at least, *presenting* itself as accomplished) out of pure normative concern, without reference to any 'pathological' politico-economic interest? This newly emerging normativity of 'human rights' is nevertheless *the form of appearance of its very opposite*.", *Did Somebody Say Totalitarianism? Five Interpretations on the (Mis)Use of a Notion*, pp. 244-245 (minha tradução).

te-americanas no mesmo ano de 2001, mas vários meses antes do fatídico (em múltiplos significados) Onze de Setembro. Não se referindo a tendências relacionadas a esses atentados e levando em consideração a relevância sem precedentes que o tema dos direitos humanos havia passado a ter na agenda internacional do pós-Guerra Fria, particularmente por meio de construções normativas contra a impunidade dos grandes violadores, não estaria essa afirmação deslocada no tempo? Não seria ela contraditória com os fatos?

Que quereria dizer Zizek com "o oposto dos direitos humanos"? A conhecida e desgastada reiteração da inexistência de direitos universais na medida em que estes são criações históricas, originárias de uma cultura específica? Ou, de maneira prosaica, menos principista, a habitual violação sistemática – não seria melhor dizer "sistêmica"? – desses direitos fundamentais, que sem dúvida existem e são de todos?

Tratar-se-ia de frase *pour épater* do mais novo *enfant terrible* das ciências sociais? Seu autor não é, com efeito, pensador irreverente de um país "desconhecido", que, não contente de unir Lacan, Hegel e Kant em análises anti-capitalistas, libertárias, supostamente anacrônicas, insiste em não separar a cultura *pop* e a filosofia ocidental mais erudita? Ou seria porque, europeu periférico de nascença, esse pesquisador antes "balcânico", do Instituto de Estudos Sociais de Ljubljana, teimosamente insiste em ir contra a moda (multi)culturalista dos grandes centros ocidentais irradiadores do pensamento pós-moderno, arraigadamente "perspectivistas" e dissimuladamente relativistas (a serviço voluntário ou involuntário do universalismo "do mercado") para defender com ardor e consciência crítica os valores universais do próprio Ocidente iluminista?

Na seqüência da passagem em que essa frase se insere, Zizek a explicita em contexto filosófico, reinterpretando, com auxílio de Claude Lefort e Jacques Rancière, a posição cética de Marx a propósito dos direitos humanos e da igualdade formal: o abismo escondido por seu enunciado adviria do fato de que a forma não é mera forma. Implica uma dinâmica concreta, contrária à busca de condições para a igualdade universal efetiva, que deixa marcas profundas na materialidade social[1]. Sem elucubrações desse tipo, mas delas se aproximando ou distanciando às vezes, conforme o caso, o que se pretende aqui é mais simples: avaliar a pertinência dessa afirmação atualmente inusitada à luz das vicissitudes empíricas com que já se vinha defrontando a luta pelos direitos humanos antes mesmo do Onze de Setembro.

1. Idem, ibidem, p. 245.

Introdução Real: Progressos e Paradoxos

Quem observava, em meados de 2001, determinados fatos recentes, como a entrega do ex-presidente Milosevic da Iugoslávia ao Tribunal da ONU na Haia, as iniciativas para levar o general Pinochet a julgamento no Chile (após sua quase extradição da Inglaterra para a Espanha), os processos judiciais externos ou domésticos contra ex-governantes centro e sul-americanos envolvidos em massacres de civis (casos de ex-dirigentes guatemaltecos e do líder da junta militar argentina Jorge Rafael Videla), assim como o sentenciamento, no Brasil, a 632 anos de prisão, do comandante das tropas da PM que ocuparam a Casa de Detenção do Carandiru no episódio de 1992, poderia ter, muito possivelmente, a sensação de que a situação dos direitos humanos estava-se tornando mais promissora no mundo. Poderia até, com algum otimismo, acreditar que o caminho para uma verdadeira justiça internacional vinha-se consolidando, neste início de século, com as sementes lançadas na última década do século passado. Era isso que pareciam apontar, entre outras novidades, as crescentes ratificações do estatuto do Tribunal Penal Internacional aprovado pela Conferência de Roma de 1998, o julgamento pelo tribunal *ad hoc* para a ex-Iugoslávia de indiciados croatas e bósnios muçulmanos (em demonstração aparente de que não havia parcialidade anti-sérvia naquele tribunal), os processos da ONU em Arusha ou da justiça belga em Bruxelas contra indivíduos hutus que participaram do genocídio de tutsis de Ruanda, em 1995.

Com efeito, e malgrado a rejeição pelos Estados Unidos do Tribunal Penal Internacional[2], esse "otimismo judicial" era tão palpável que levara um grupo de trinta juristas de várias nacionalidades, inclusive alguns orientais, a definirem, na Escola Woodrow Wilson de Assuntos Públicos e Internacionais da Universidade de Princeton, uma série de catorze diretrizes, denominadas "Princípios de Princeton" (*the Princeton Principles on Universal Jurisdiction*), para servirem de orientação aos julgamentos internacionais de indivíduos, ex-chefes de Estado ou não, responsáveis por crimes que extrapolam jurisdições territoriais[3]. E foi esse mesmo otimis-

---

2. O governo democrata do presidente Clinton, já quase certo da derrota eleitoral de seu candidato Al Gore, assinou o estatuto do tribunal de Roma em 31 de dezembro de 2000, em gesto meramente simbólico, ciente de que o presidente Bush não o encaminharia ao Congresso para aprovação e subseqüente ratificação, dada a conhecida oposição do Partido Republicano e do estamento militar.

3. Barbara Crossette, "Guide Proposed for Trials of Rogue Leaders", *The New York Times*, p. A2. Para exame de um caso exemplificativo de delito objeto de jurisdição internacional, juridicamente definido desde antes da adoção dos estatutos do Tribunal Penal Internacional, em 1998, ver J. A. Lindgren Alves, *A Arquitetura Internacional dos Direitos Humanos*, pp. 140-141 (a propósito dos Artigos 5º a 8º da Convenção Contra a Tortura e Outros Tratamentos ou Penas Cruéis, Desumanos ou Degradantes, de 1985).

mo, no que ele tinha de mais ingênuo – ou teria sido, ao contrário, uma fundada desconfiança nos instrumentos desse otimismo o estímulo para submetê-los a teste? –, que inspirara um grupo de advogados ocidentais a apresentarem à promotora do Tribunal Internacional para a ex-Iugoslávia, em abril de 1999, com apoio da Anistia Internacional, pedido de indiciamento dos líderes da OTAN pelos sofrimentos infligidos à população civil da Sérvia durante a guerra do Kossovo (o pedido foi rejeitado com a alegação de que não havia sido feita – e não se poderia fazer – atribuição individual de responsabilidades)[4].

Por mais que se possam questionar as premissas em que se baseavam todas essas novidades judiciais (a seletividade "da ONU" na montagem de tribunais *ad hoc*, a entrega praticamente "comprada" do ex-presidente Milosevic ao tribunal da Haia[5], a parcialidade na escolha dos ex-dirigentes que se pretende punir nas iniciativas mais conhecidas, a alegada desatenção com a soberania nacional chilena no pedido de extradição de Pinochet pela justiça espanhola – assim como o fato de a condenação do responsável pela ação da PM contra os prisioneiros rebelados na Casa de Detenção de São Paulo, circunscrito à esfera brasileira e objeto de recurso, não significar ainda o encerramento do caso com punição exemplar), é difícil contestar a importância intrínseca desses fatos. Eles constituíam e constituem ainda passos importantes, de grande simbolismo, para o funcionamento de mecanismos de justiça elaborados pouco a pouco no contexto das Nações Unidas, ou, no que diz respeito ao caso brasileiro aqui mencionado, encaminham-se na direção do atendimento de clamores da cidadania acordes com os direitos humanos e as Regras Mínimas das Nações Unidas para o Tratamento de Prisioneiros (por mais que alguns setores de nossa sociedade tenham, na época do massacre do Carandiru, defendido a matança dos presos rebelados como forma legítima de limpeza social).

Se esses e outros fatos, abundantes e significativos, eram – e são ainda – inegavelmente positivos para os direitos humanos; se estes direitos se tornaram uma constante no discurso contemporâneo, além de tema de monitoramento internacional autorizado por conferência

---

4. Ver sobre o assunto, com apreciações radicalmente opostas, Michael Parenti, *To Kill a Nation – the Attack on Yugoslavia*, Londres e Nova York, Verso, 2000, pp. 127-128 (Parenti conta que, numa segunda investida judicial, em novembro de 1999, dois advogados canadenses chegaram a indiciar nominalmente 67 personalidades da aliança atlântica, sem qualquer resultado prático), e Henry Kissinger, "The Pitfalls of International Jurisdiction", *Foreign Affairs*, p. 93.

5. A entrega foi feita por decisão do presidente da Sérvia, Zoran Djindjic, contra a vontade do novo presidente da Iugoslávia, Vojislav Kostunica (eleito como candidato de oposição a Milosevic, nas eleições do final do ano 2000), ante exigência dos Estados Unidos nesse sentido, afirmada muitas vezes antes e reiterada em julho, em conferência internacional de assistência à Iugoslávia redemocratizada, como condição para a liberação da ajuda econômica de que o país necessitava desesperadamente após os bombardeios da OTAN.

mundial[6]; se os direitos humanos, na década de 1990, foram pela primeira vez erigidos em justificativa ética para intervenções armadas "desinteressadas" (como afirmavam os líderes da OTAN durante os bombardeios da Iugoslávia na guerra do Kossovo), então faz todo sentido indagar por que motivos tais direitos, reputados universais, são ainda – ou, mais precisamente, são de novo – desconsiderados ou repudiados sob o rótulo legalmente anacrônico, mas cultural e politicamente persistente, com força atual redobrada, de que não passam de manifestação do imperialismo ocidental.

Por que motivo, ao mesmo tempo em que são citados com tanta freqüência em quase todo o planeta, os direitos humanos continuam objeto de tamanha descrença (e tamanho desconhecimento!) de parte daqueles que mais deveriam proteger? Que razões mais ou menos abrangentes do que a conhecida duplicidade (*double-standards*) dos poderosos nessa matéria teriam levado o mesmo Slavoj Zizek, em outro texto também pré-Onze de Setembro, a identificar nesses direitos uma "ética perversa" (*sic*)[7], com significado mais amplo do que o de Marx ao condenar os direitos humanos (tais como estabelecidos no século XVIII e conhecidos no XIX) como instrumentos para a legitimação da exploração do trabalhador? Que fundamentos concretos, ademais daquele da desproporcional destruição da Sérvia pelas forças poderosíssimas da OTAN, embasariam a afirmação interpretativa daquele atual cidadão da República da Eslovênia, um pensador que nunca teve inclinações pró-nacionalismo sérvio (ou pró-Tito, e, muito menos, pró-Milosevic), de que "a nova normatividade emergente para os 'direitos humanos' é *a forma em que aparece seu exato oposto*" (o grifo é do próprio Zizek)?

HUMANITARISMO "PARA INGLÊS VER"?

Quando, nos estertores da Guerra Fria, a França, impulsionada pelos *Médecins Sans Frontières*[8], submeteu à Assembléia Geral das Nações Unidas, na sessão de 1988, o projeto de resolução sobre assis-

---

6. A Conferência Mundial sobre Direitos Humanos, realizada em Viena, em 1993 (ver sobre o assunto, J.A. Lindgren Alves, *Os Direitos Humanos como Tema Global*, pp. 28-29).
7. Slavoj Zizek, "Direitos Humanos e Ética Perversa", Caderno Mais!, pp 13-14, *Folha de S. Paulo*, 1º/jul./2001. Esse artigo foi motivado sobretudo pela entrega de Milosevic ao Tribunal da Haia, no momento em que Zizek terminava a leitura de livro, lançado algum tempo antes nos Estados Unidos, sobre Henry Kissinger (Christopher Hitchens, *The Trial of Henry Kissinger*, Nova York, Verso), no qual este é qualificado como criminoso de guerra, facilmente imputável, mas na prática intocável pelas cortes internacionais recentemente criadas.
8. Mais conhecida organização não-governamental prestadora de assistência humanitária em áreas de conflito bélico no final do século XX, ganhadora do Prêmio Nobel da Paz de 1999.

tência humanitária que deu origem à expressão "direito de ingerência", sua preocupação explicitada era com as dificuldades interpostas por determinados governos de países conflagrados, como o Afeganistão (de regime secular pró-soviético) e o Sudão (muçulmano sunita fundamentalista, em luta contra os "cristãos" do Sul), à concessão de auxílio médico e alimentar a vítimas integrantes – muitas vezes apenas pela etnia – de movimentos insurrecionais. A Resolução 45/131, em que se transformou o projeto francês, após os debates e questionamentos esperados, foi, não obstante, adotada por consenso[9]. Sua *rationale* era, afinal, uma extensão indubitavelmente lógica do direito internacional dos direitos humanos, em sua vertente humanitária: o direito elementar de todas as pessoas, vitimadas por cataclismas de origem natural ou humana, de receberem a assistência necessária a sua sobrevivência. Visto por outro ângulo, não o dos titulares individualizados desse direito fundamental, mas o das entidades prestadoras de auxílio, tratava-se do direito das organizações humanitárias, não-governamentais e não-subordinadas ao Comitê Internacional da Cruz Vermelha, de terem acesso às vítimas de qualquer desastre ou conflito, independentemente de sua posição perante o governo do Estado respectivo, para a prestação de assistência[10].

Desde a adoção dessa resolução, muitas outras, na Assembléia Geral e, em especial, no Conselho de Segurança das Nações Unidas, estenderam enormemente o direito de acesso às vítimas. As do Conselho de Segurança, raramente consensuais, conferiram a esse novo direito, antes não previsto em qualquer ramo disciplinar do Direito Internacional, feições sobretudo militares. Fizeram-no ao avaliar *a posteriori* ou ao promover *ab initio* a intervenção de forças armadas estatais em conflitos alheios, com objetivos humanitários – sem definir em termos genéricos, universais e regulamentadores, como é da essência do Direito, as características desse informalmente chamado "direito de ingerência".

O primeiro exemplo da nova ingerência militar humanitária configurou-se na ação de auxílio e proteção aos kurdos do Iraque, na seqüela da Guerra do Golfo de 1991, envolvendo não somente a con-

---

9. Para uma descrição do assunto feita por quem o acompanhou como interessado direto, pela ótica dos prestadores de assistência, ver Bernard Kouchner (ex-diretor dos Médecins Sans Frontières), *Le malheur des autres*, pp. 257-308.

10. A atuação dos Estados perante a ação do Comitê Internacional da Cruz Vermelha, organização de nacionalidade suíça caracterizada pela obrigação de neutralidade absoluta, é regulada pelas Convenções de Genebra de 1949 e seus protocolos adicionais de 1977, que conformam o atual Direito na guerra, ou seja, o conjunto de regras jurídicas formalmente adotadas por quase todos os países, a serem seguidas pelos beligerantes com relação a prisioneiros, náufragos, feridos e populações civis. Em conjunto com a legislação internacional sobre refugiados, esse ramo do Direito adotado em Genebra logo após a Segunda Guerra Mundial, compõe o hoje clássico Direito Internacional Humanitário.

tenção bélica das forças de Bagdá para o lançamento de comida e medicamentos por pára-quedas às populações em fuga, como também a proibição de vôos de aeronaves iraquianas em grande parte do espaço aéreo do próprio país. Outras experiências ilustrativas dessa nova modalidade de ingerência autorizada logo se seguiram: na Somália (para o fornecimento de alimentos à população submetida à anomia de uma guerra de clãs devastadora), em países da América Central (para a manutenção da paz e do respeito aos direitos humanos entre forças do governo e movimentos insurgentes); nas guerras interétnicas do território da antiga Iugoslávia (em operações de *peace-enforcement*, terrivelmente tardias, entre forças militares e paramilitares de diferentes facções micronacionalistas).

Todos esses episódios de intervenção armada contavam com o respaldo da "comunidade internacional", representada pela ONU, à atuação de Estados e organizações específicas (os Estados Unidos na Somália, a OEA/Estados Unidos no Haiti, a Ecowas africana na África Ocidental), ou se concretizavam no posicionamento de forças multinacionais diretamente sob a égide das próprias Nações Unidas – os famosos "capacetes azuis" – nas áreas de conflito. Exitosas, como na Namíbia e em El Salvador, ou fragorosamente mal-sucedidas, como na Somália, na Croácia e na Bósnia-Herzegovina, essas iniciativas se regiam por "normas" tão legítimas quanto possível nas condições existentes, porquanto consubstanciadas em resoluções da única instância "constitucional" multilateral – por menos eqüitativa que seja a composição do conselho que trata das questões atinentes às ameaças à paz e à segurança internacionais. E, embora na Bósnia, a partir do malogro dos chamados "espaços protegidos" (*safe havens*) como o de Srebenica, as forças de paz da ONU tenham sido autorizadas a usar da força, inclusive aérea, para impor essa malograda "proteção" às populações civis perseguidas, nenhuma dessas operações contemplou a exclusividade de bombardeios aéreos como solução para os problemas de direitos humanos ou direito humanitário.

O primeiro caso recente em que o "humanitarismo" foi decidido "unilateralmente"[11] (por aliança militar de que não era membro o Estado-alvo), sem ser levado à consideração das Nações Unidas (fosse porque a OTAN considerasse a Europa sua *chasse gardée*, fosse porque certamente não haveria apoio de todos os membros permanentes do Conselho de Segurança), foi o da guerra do Kossovo – na verdade, a guerra da OTAN contra o que sobrara da antiga Iugoslávia (Sérvia e Montenegro), especialmente a Sérvia. Sua justificativa eram

---

11. Insisto na idéia de caso recente porque muitas das intervenções armadas unilaterais em território alheio se deram com a escusa de proteger populações perseguidas (ver, por exemplo, o caso da Alemanha nazista nos Sudetos tchecos).

as violações de direitos humanos dos kossovares, cidadãos iugoslavos de etnia albanesa, residentes (e crescentemente insurretos) na província sérvia do Kossovo, perpetradas pelos sérvios lá residentes ou para lá transferidos por Belgrado, na condição de refugiados expulsos da Krajina (região do território croata tradicionalmente povoada por sérvios), depois da guerra de secessão da República da Croácia.

Não cabe aqui questionar a veracidade dos informes sobre as atrocidades praticadas pelas partes em conflito no território da ex-Iugoslávia, nem tampouco o nacionalismo agressivo demagógico e oportunisticamente instigado nas respectivas populações, com efeitos aterradores, por líderes do gênero de um Slobodan Milosevic[12]. Cabe, sim, indagar como foi possível conceber um combate legítimo em defesa de direitos humanos por meio de bombardeios acionados a milhares de metros de altitude, que sequer visavam claramente instalações, militares ou não, dos responsáveis pelas violações. Cabe, sim, refletir se é possível fundamentar com o Direito e com a Ética uma guerra supostamente "justa" realizada contra alvos quase sempre civis (além de pontes, estradas e usinas, o próprio edifício da emissora de televisão local, numa repetição por forças de países democráticos do que haviam feito os soviéticos na Primavera de Praga, com seu notório pavor da liberdade de expressão). Caberia, ainda, perguntar se é aceitável, em nome dos direitos humanos, proteger coletividades por meio de ataques que, ao longo de 78 dias, além de vitimarem cidadãos totalmente desvinculados da prática de massacres, arrasaram, *em efeito não-colateral*, as condições de viabilidade do país que os sustentava[13].

12. Ainda que a exacerbação belicosa do micronacionalismo, que existira latente nas seis antigas repúblicas socialistas iugoslavas sem impedir a convivência e a miscigenação, tenha sido praticada com igual virulência por todos os líderes separatistas da região, até mesmo com recurso à revalorização de um passado nazista "independente" (no caso da Croácia). A quem tiver interesse em conhecer exemplos dessas práticas de exaltação fascistóide ultranacionalista dos diversos líderes iugoslavos, em crítica perspicaz, às vezes até saborosa, feita por quem as viu de perto, sentindo-as na própria pele de cidadã croata, recomendo as crônicas jornalísticas de Slavenka Drakulic em *Café Europa – Life After Communism*, (original em inglês, primeira edição em Londres, pela Abacus, 1996).

13. Para que não se confunda minha opinião sobre os fatos ocorridos com uma manifestação de parcialidade pró-Sérvia ou anti-Otan, registro ter acompanhado com grande desgosto e indignação as denúncias de atrocidades contra os albaneses do Kossovo amplamente divulgadas antes do início dos bombardeios, em 24 de março de 1999. Sei também que, no Kossovo, cerca de 12 mil albaneses morreram e 800 mil partiram em busca de refúgio alhures, sobretudo nas vizinhas Repúblicas da Albânia e da Macedônia (a maioria já retornou). A dúvida que se me colocou desde o início é se os bombardeios aéreos serviriam de fato como dissuasão ou como motivação adicional para o agravamento das violações de direitos humanos dos kossovares pelas forças sérvias, quase sempre paramilitares. Segundo a literatura mais séria hoje abundante sobre o assunto, a segunda hipótese foi a que se configurou real.

Foi exatamente com os qualificativos de "guerra justa e necessária", em defesa de "nossos valores", na proteção de "nossos interesses" e "para avançar a causa da paz", que o presidente Bill Clinton explicou aos norte-americanos o início dos ataques aéreos contra a Iugoslávia, acrescentando que "(S)e tivéssemos hesitado, o resultado teria sido um desastre moral e estratégico. Os kossovares albaneses ter-se-iam tornado um povo sem pátria, vivendo em condições difíceis em um dos países mais pobres da Europa" (ao que se poderia indagar, depois da rendição iugoslava, se a situação moral e estratégica dos Estados Unidos e da Europa, assim como as condições e perspectivas dos kossovares se tornaram diferentes para melhor). Com discurso parecido e justificativas iguais, pronunciaram-se os demais líderes da OTAN.

De todas as declarações sobre o assunto feitas em março de 1999, a que se tornou mais famosa foi do primeiro ministro britânico, Tony Blair, que definiu elegantemente a emergência de "um novo internacionalismo", de conteúdo estritamente humanitário:

> Estamos lutando por um mundo onde os ditadores não possam mais infligir sofrimentos horrendos a seu próprio povo com o objetivo de continuarem no poder. Entramos num novo milênio em que os ditadores saberão que não podem realizar limpezas étnicas ou reprimir seus povos com impunidade[14].

Seria muito bom se a certeza expressada nessa declaração viesse a confirmar-se de forma tão convincente que o "novo internacionalismo" pudesse servir de dissuasão efetiva a ditadores mal-intencionados. Seria ainda muito bom se os bombardeios da OTAN tivessem logrado, pelo menos, convencer os próprios albaneses, kossovares ou não, de que o caminho mais adequado para a consecução da não-discriminação étnica, a que todos fazem jus dentro de qualquer território, e da autonomia efetiva alegadamente colimadas na Iugoslávia atual não deveria ser o de retaliações assassinas anti-sérvias no Kossovo "libertado", ou o de novas ações armadas contra alvos na Macedônia – que, evidentemente, nada têm a ver com a figura de Slobodan Milosevic. Seria, ainda, extraordinário se o "novo internacionalismo" fosse capaz de dissuadir o terrorismo fundamentalista, particularmente aquele de caráter suicida, que algum tempo depois iria manifestar-se nos atentados em Nova York e Washington, instrumentalizados por aviões de passageiros, e que, de per si ou agravados pela "guerra contra o terrorismo", nos termos em que foi declarada em reação a eles, inauguraria a nova era de pavor em que todos passamos a viver.

---

14. Apud Noam Chomsky, *The New Military Humanism – Lessons from Kosovo*, pp. 3-4, reproduzindo citações em matérias da *Newsweek* de 19 abr. 1999 e do *New York Times* de 16 mai. 1999 (minha tradução).

Qualquer que tenha sido o valor real dos bombardeios da OTAN contra a reduzida Iugoslávia, não é necessário duvidar das convicções humanitárias expressadas na época pelos líderes da aliança atlântica. É verdade inconteste que o governo Milosevic já havia apoiado, estimulado e praticado muitos horrores na Croácia e na Bósnia (embora a recíproca dos adversários também fosse verdadeira), não faltando indicações de que eles se repetiriam na província irriquieta do Kossovo, de maioria albanesa. Tampouco é necessário dar razão a um analista como Michael Parenti, que enxerga na guerra do Kossovo apenas a ambição capitalista de eliminar a todo custo os últimos resquícios de economias estatais no mundo "globalizado"[15]. Ou endossar o entendimento do sempre incômodo, hoje certamente considerado "antipatriótico", norte-americano Noam Chomsky, com interpretação parecida à de seu concidadão Parenti, menos voltada para o imperialismo econômico do que para o exercício do poder esmagador do Ocidente, orquestrado pela única grande potência, contra qualquer resistência a sua dominação[16]. Nem é necessário levar em conta a massa de escritos críticos à ação aliada amplamente divulgados nos Estados Unidos, inclusive pela grande imprensa, *mas somente após os ataques da OTAN e o fim da Guerra do Kossovo*, para compreender que o "novo internacionalismo" (na expressão de Tony Blair), ou "novo humanismo militar" (na expressão do alemão Ulrich Beck, apropriada por Chomsky)[17], é, no mínimo, controverso[18].

Independentemente de outros fatores possivelmente influentes, a guerra do Kossovo, nos termos em que se desenrolou, ocorreu porque havia no Ocidente o sentimento de que "alguma coisa precisava ser feita"; de que os Estados Unidos e a Europa Atlântica não poderiam continuar apáticos ante a previsível repetição do "fenômeno bósnio", com tudo o que ele acarretara de violência e barbárie em pleno território europeu; de que a Europa altaneira, como berço do Ocidente, e seu filho transoceânico mais poderoso não poderiam deixar para a ONU a tarefa de impor pela força a arrumação da própria casa – e, com ela, na medida do possível, o respeito aos direitos humanos, de origem histórica na "cultura" euro-norte-americana. Ou, ainda no dizer objetivo do primeiro ministro Tony Blair, porque "(N)o seu qüinquagésimo aniversário, a OTAN precisa(va) prevalecer"[19].

---

15. Michael Parenti, *To Kill a Nation – The Attack on Yugoslavia*. Volitiva ou involuntariamente, a Iugoslávia de Milosevic ainda não se tinha inserido na ética do mercado.
16. Noam Chomsky, op. cit. e "Crisis in the Balkans", em *Rogue States*, Cambridge (Massachussetts), South End Press, 2000, pp. 34-50.
17. Ver nota 15 *supra*, p. 4.
18. É aparentemente por isso, e não apenas porque os novos "terroristas", logo após a guerra do Kossovo, passaram a ser as antigas vítimas por ela protegidas contra os sérvios, que a OTAN demonstrou-se tão mais cautelosa – e construtiva – na Macedônia.
19. Apud Noam Chomsky, op. cit. nota 15 *supra*, p. 51. Recorde-se que os 50 anos da OTAN foram celebrados em Washington, em abril de 1999, enquanto ocorria a "limpeza

À luz, porém, dos resultados obtidos pelos bombardeios maciços para os sérvios civis inocentes, muitos dos quais previamente vítimas de "limpezas étnicas" em outras regiões iugoslavas onde sempre haviam vivido (como a Krajina na Corácia), habitantes de um país destroçado, com o PIB reduzido a menos da metade e desemprego de 50 %, onde as pessoas morriam – e, talvez, ainda morram, neste início de século, em conseqüência da guerra – de simples pneumonia, por falta de medicamentos e assistência sanitária[20]; à luz também da incapacidade que os ocupantes da aliança atlântica e os representantes da ONU vêm demonstrando para transformar o Kossovo numa província administrável; diante, finalmente, das ações armadas que os insurretos albaneses logo passaram a praticar na República da Macedônia e nas vizinhanças sérvias do Kossovo ocupado pela OTAN, não resta a menor dúvida de que essa faceta da "normatividade emergente sobre os direitos humanos", a que se refere Slavoj Zizek, parece, com efeito, produzir seu contrário.

Cabe agora verificar se essa afirmação do filósofo esloveno não se aplicaria igualmente a outras situações, menos bélicas e mais comuns, atinentes aos direitos humanos de todos.

OS VIOLADORES DEMOCRÁTICOS

Quando, em abril de 2001, pela enésima vez, a Comissão dos Direitos Humanos das Nações Unidas, em Genebra, aprovou, com apoio de quatro países latino-americanos membros da Comissão (mas não da Venezuela de Hugo Chávez, que votou contra, nem do Brasil, da Colômbia, do Equador e do México, que se abstiveram), sua resolução (quase) anual condenatória da situação dos direitos humanos em Cuba, tradicionalmente impulsionada pelos Estados Unidos, Fidel Castro, mais uma vez, extravazou sua indignação. Chamou desta feita os latino-americanos que condenaram seu regime de "lacaios de seu General-em-Chefe" (no caso, o general da reserva e secretário de Estado norte-americano Colin Powell, que, segundo noticiado, teria feito *lobbying* para que a região votasse a favor da resolução – aprovada em votação por 22 a 20). Até aí nada de novo e nada de especial. Tampouco foi minimamente original a afirmação cubana, reproduzida pela *Associated Press*, de que a ilha so-

---

étnica" do Kossovo. Foi nessa ocasião que a aliança atlântica enunciou ostensivamente sua nova "doutrina", de intervenção humanitária, dentro ou fora da Europa.

20. As cifras aqui reproduzidas, amplamente divulgadas pela imprensa internacional, foram retiradas da matéria "Quanto Mais Ajuda, Pior Fica", da *Veja*, edição 1708, ano 34, n. 27, 11/jul./2001, pp. 54-55. A informação sobre a situação sanitária iugoslava no pós-guerra do Kossovo me foi passada no final de 2000 por amigos norte-americanos de origem sérvia, que haviam acabado de visitar parentes no país.

cialista do Caribe respeita os direitos humanos de seus cidadãos, assegurando-lhes sobretudo saúde e outros serviços sociais gratuitos. Mais interessante, embora não propriamente nova, e digna de avaliação aprofundada, foi a insistência também de Cuba de que estaria livre das violações mais grosseiras de direitos humanos, inclusive as torturas, "desaparecimentos" e execuções extrajudiciais, que infestam os demais países latino-americanos[21].

Evidentemente, essas violações mais repulsivas de direitos humanos antes perpetradas pelos regimes autoritários da América Latina ao abrigo da famosa doutrina da segurança nacional, quando não endossadas pelo Estado, são mais facilmente evitadas num país insular e controlador com as dimensões de Cuba do que em territórios continentais extensos, com grande população e fraca capacidade de controle. Não causa, portanto, surpresa, que Cuba, pelo menos por esse aspecto, alegue e, talvez, possa ter registro melhor do que muitos dos demais países latino-americanos, de regime político democrático e sistema eleitoral pluripartidário. Até porque, em se tratando de país monitorado de dentro e do exterior por uma infinidade de ONGs e indivíduos, além de um Relator Especial das Nações Unidas para sua situação, seria absurdo e expletivo que o governo cubano, com mecanismos de controle estrito sobre seus agentes e de vigilância ideológica sobre toda a sociedade, ainda que hipotética e improvavelmente o quisesse, coonestasse esse tipo de brutalidades chocantes.

É fato que quase todos os demais países do hemisfério (e não apenas latino-americanos e caribenhos), em gradações diferentes, ainda registram episódios freqüentes de tortura e execuções sumárias por agentes estatais, por mais que os "desaparecimentos", salvo um ou outro caso, geralmente em situações de insurgência (como a da Colômbia atual ou do Peru de Fujimori), tenham-se transformado, do fenômeno repressivo original, de responsabilidade do Estado, em delitos – igualmente brutais – da criminalidade comum, na forma tão difundida de seqüestros para extorsão. No que diz respeito às duas outras formas de violações mais grosseiras persistentes – torturas e execuções sumárias – ou demais atos de arbitrariedade praticados pelos agentes do Poder, o que visivelmente mudou face aos "anos de chumbo" foram, sobretudo, a motivação, geralmente não mais política, assim como o tipo de vítima, não mais propriamente o opositor ideológico, plenamente legitimado nos sistemas democráticos, mas sim, quase sempre, o praticante ou suspeito da prática de crime comum. E nisso vão influir toda a gama de preconceitos vigentes nas respectivas sociedades e, conseqüentemente, presentes na cabeça dos que praticam tais violações.

---

21. Associated Press, "Castro Calls Latin Countries 'Lackeys' for Anti-Cuban Vote", *San Francisco Chronicle*, 27/4/2001, p. D3.

Não se quer aqui dizer que antes não havia agressões contra criminosos ou cidadãos inocentes suspeitos de crimes comuns, muitas vezes, como sempre, em função de meros estereótipos sociais. Nem se pretende elidir o aspecto político de que se reveste na atualidade, por exemplo, o excesso de força, algumas vezes mortal, aplicado na evicção de sem-terras de áreas sob ocupação. Sabe-se, sim, que as vítimas de arbitrariedades estatais decorrentes de ações e convicções políticas tinham, nas ditaduras, maior visibilidade e apoio internacional do que as vítimas da violência policial enquadradas na criminalidade comum. De qualquer forma, mudanças houve, para melhor, com a redemocratização. Havendo deixado de configurar políticas de Estado, ou práticas investigatórias/punitivas legalmente toleradas, as agressões de agentes estatais contra a integridade física (às vezes também patrimonial) das pessoas atualmente decorrem, sobretudo, da incapacidade dos governos centrais para fazer valer suas determinações, seja na sociedade como um todo, seja entre os responsáveis pela execução das leis vigentes (agentes do policiamento ostensivo, delegados, investigadores, comandantes de operações de captura, agentes carcerários etc). Afinal, quando democraticamente estabelecidas, as normas são supostamente igualitárias e idealmente obedientes aos padrões internacionais.

Pareceria, assim, que, na época presente, as violações "tradicionais"[22] mais grosseiras de direitos civis, "de primeira geração" (à não-discriminação, à segurança pessoal, de não ser submetido a tortura ou a detenção arbitrária, à presunção de inocência, à liberdade de locomoção e, até, à propriedade[23], para as camadas mais pobres), antes típicas das ditaduras, de direita e de esquerda, tendem a ocorrer com maior freqüência justamente em países de regime democrático e sistema representativo. Com os governos autoritários permaneceriam particularmente as violações de direitos políticos e liberdades fundamentais (de expressão, de associação, de religião), a que se associam,

---

22. Na medida em que, para os militantes atuais de movimentos em defesa dos direitos humanos, conforme visão prevalecente na ONU, os desaparecimentos forçados ou involuntários teriam sido uma criação do Cone Sul da América Latina sob os regimes militares dos anos de 1960/1970, que se espalhou pelo mundo e se ampliou sobretudo na América Central, reconheço a incongruência de chamá-los de violação tradicional. De qualquer forma, a par de minha descrença na originalidade latino-americana nessa matéria (os tristemente célebres julgamentos de correligionários de Partido e ex-autoridades dos regimes stalinistas sempre se iniciavam com o "desaparecimento" do suposto traidor; o mesmo ocorria nas "batidas" nazifascistas contra judeus e opositores do regime), é fato incontestedque os "desaparecimentos" aqui referidos quase sempre se seguiam de outras violações mais "clássicas", geralmente envolvendo torturas, muitas vezes terminando por execuções.

23. Refiro-me aqui à destruição de barracos e outros "bens patrimoniais" de favelados e sem-terras nas ações policiais, inclusive as mais bem-intencionadas (sem falar, obviamente, das extorsões criminosas feitas pela polícia).

quase sempre, brutalidades físicas não enquadradas propriamente nas definições jurídicas internacionais de tortura (estabelecida no Artigo 1º da Convenção Contra a Tortura e Outros Tratamentos ou Penas Cruéis, Desumanos ou Degradantes, de 1984), desaparecimento (constante do terceiro parágrafo preambular da Declaração sobre a Proteção de Todas as Pessoas contra Desaparecimentos Forçados, de 1992), ou execuções extrajudiciais (fixadas nas regras de trabalho do Relator das Nações Unidas para Execuções Extrajudiciais, Sumárias ou Arbitrárias)[24].

A DEMOCRACIA COMO VIOLADORA?

É claro que as maiores violações de direitos humanos de todos os tipos, perpetradas pelo Estado, continuam a ocorrer em ditaduras ou países de regime autoritário, secular ou religioso. Conforme estabelecia a Declaração e Programa de Ação de Viena de 1993, a democracia é elemento fundamental para se obter a observância dos direitos humanos, inclusive os "de segunda geração". Até porque, conforme ensinava Marshall desde a década de 1940, os direitos civis e políticos sempre foram instrumentos importantes para a consecução dos direitos econômicos e sociais pelo proletariado dos países que se modernizaram nos dois últimos séculos[25]. Mas, para quem acompanha apenas superficialmente a questão dos direitos fundamentais nestes tempos pós-Guerra Fria, dada a acentuada assertividade dos movimentos da sociedade civil, a total liberdade dos partidos de oposição e a extraordinária – e salutar – exposição autocrítica das mazelas nacionais a que se dedicam os mais importantes órgãos da imprensa livre (quando não submetida pelo sistema econômico dominante a verdadeira lavagem cerebral, como se vê em alguns dos países ocidentais desenvolvidos), tem-se a impressão de que países como o Brasil, o Chile, a Argentina, a Venezuela e outros congêneres, plenamente redemocratizados neste início de século, são mais violadores dos direitos de sua população do que governos autoritários ignorados dos noticiários.

Diante dessas observações e tomada em seu sentido literal mais primário, a frase de Slavoj Zizek "a normatividade emergente para os direitos humanos é *a forma em que aparece seu exato oposto*" tenderia a adequar-se também, e sobretudo, às violações persisten-

---

24. A título ilustrativo, ver Bacre Waly Ndiaye, *Report of the Special Rapporteur Submitted Pursuant to Commission on Human Rights Resolution 1995/73*, documento das Nações Unidas E/CN.4/1996/4, 25 jan. 1996, em que o Relator Especial relacionava dez tipos de situações de ameaça ou morte diante das quais procurava intervir para tentar salvar a pessoa ou evitar a repetição da prática.

25. T. H. Marshall, "Citizenship and Social Class" (1949), em Gerson Shafir, *The Citizenship Debates – a Reader*, pp. 93-111.

tes de direitos fundamentais em tempos de paz, denunciadas nas democracias. Pretenderia Zizek, nessas circunstâncias, afirmar que a democracia é mais propensa a violar direitos humanos do que os regimes autoritários? É evidente que não. Pensador profundo e abrangente, por mais descrente do consenso neoliberal e das deturpações por ele provocadas na percepção contemporânea do sentido da democracia, o filósofo-psicanalista de Ljubljana jamais pretenderia afirmar com sua frase de impacto algo tão incorreto. Até porque o sentiu na própria pele de ex-cidadão iugoslavo sob o regime de Tito, ele sabe (e diz em diversas passagens do mesmo livro) que o autoritaritarismo é mais eficiente apenas no controle policial e demagógico da sociedade[26].

Deixando novamente Zizek de lado, o que não parece facilmente evidente é, em certos casos específicos, a escassez de meios de que dispõem os países democráticos em desenvolvimento para fazer valer a igualdade e a justiça previstas na legislação doméstica. O que não se torna imediatamente evidente é como, na falta de políticas distributivas adequadas, capazes de minorar a exclusão crescente e os desníveis sociais mais acentuados em tempos de neoliberalismo, os Estados democráticos de qualquer nível de desenvolvimento tendem a recorrer, em todos os continentes, a práticas e normas anticriminais de "tolerância zero". É, por outro lado, evidente e comprovado – além de claramente associado ao significado mais profundo da frase de Zizek – que, ao adotarem as normas penais da "tolerância zero" na esfera criminal (em que se inclui a experiência fluminense da "gratificação faroeste", com seu "stakhanovismo" aplicado à eliminação de marginais), sem resolverem os problemas sociais mais profundos das respectivas sociedades, os Estados democráticos desenvolvidos e subdesenvolvidos propiciam o incremento de abusos de direitos humanos por parte de agentes da polícia e de membros do judiciário contra setores populacionais vítimas de discriminação e estereótipos.

Viena foi bastante clara ao estabelecer, pela primeira vez, o nexo entre a democracia, o desenvolvimento e os direitos humanos. Fê-lo no artigo 8º, nos seguintes termos, canhestros mas inquestionáveis:

> A democracia, o desenvolvimento e o respeito pelos direitos humanos e liberdades fundamentais são conceitos interdependentes que se reforçam mutuamente. A democracia se baseia na vontade livremente expressa pelo povo de determinar seus próprios sistemas políti-

---

26. Embora – e sou eu quem o digo, não Zizek – na maioria daqueles países em que se verifica a "transição" do comunismo totalitário para a democracia capitalista – ou, mais corretamente, de um socialismo desvirtuado para o absolutismo neoliberal do mercado –, as novas "máfias", de um lado, assim como os desempregados sem esperança, os pensionistas pedintes e catadores de lixo, de outro, antes inexistentes ou simplesmente invisíveis na Europa Oriental, tendam a comprovar que o regime não-democrático anterior era mais eficaz não apenas na esfera da repressão, mas também na área da segurança social da população.

cos, econômicos, sociais e culturais e em sua plena participação em todos os aspectos de sua vida. Nesse contexto, a promoção e proteção dos direitos humanos e liberdades fundamentais, em níveis nacional e internacional, devem ser universais e incondicionais. A comunidade internacional deve apoiar o fortalecimento e a promoção da democracia e o desenvolvimento e o respeito aos direitos humanos e liberdades fundamentais no mundo inteiro.

O que, sem dúvida, não foi corretamente assimilado na prática internacional, assim como nas normas de muitos Estados que se dispõem a aplicar, na jurisdição doméstica, as disposições da Declaração Universal dos Direitos Humanos e dos Pactos e Convenções internacionais vigentes sobre a matéria, é que todos os direitos humanos, definidos pela ONU desde 1948 e reafirmados em sua validade universal pela Conferência de Viena de 1993, são "... indivisíveis, interdependentes e inter-relacionados" (artigo 5º da Declaração de Viena). Dada essa característica abrangente e nova, única capaz de conferir-lhes legitimidade consensual (acima das divergências entre os ensinamentos de Locke e Marx), transversalidade política (ou seja, adaptabilidade às posturas não-radicais da Direita e da Esquerda) e validade multicultural plausível (acima das diferenças de religiões e tradições), por mais que esses direitos "inalienáveis" existam no papel e na intenção de regimes democráticos, não há dúvida de que tais direitos civis e políticos se relativizam. Além de os primeiros serem facilmente deturpáveis, os segundos perdem substancialmente a capacidade de promover transformações efetivas, em que as disparidades de sempre e o neoliberalismo atual não permitem a realização dos direitos econômicos e sociais.

A INDIVISIBILIDADE DOS DIREITOS HUMANOS E A PARCIALIDADE DAS NORMAS APLICADAS

Em 1968, quando a herança keynesiana do "New Deal", nos Estados Unidos, e a social-democracia dos "trinta anos gloriosos", na Europa, enfrentavam a competição do comunismo, o radicalismo da Nova Esquerda e as postulações econômicas ultraliberais de pensadores como Hayek e Milton Friedman, mas, no âmbito planetário, a democracia sucumbia ante golpes militares e movimentos guerrilheiros, a primeira Conferência Internacional sobre Direitos Humanos, realizada em Teerã (a Teerã do Xá Rheza Pahlevi), afirmava, sem ambigüidades, no artigo 13 de sua Proclamação:

> Como os direitos humanos e liberdades fundamentais são indivisíveis, a plena realização dos direitos civis e políticos sem o gozo dos direitos econômicos, sociais e culturais é impossível. O alcance de progresso duradouro na implementação dos direitos humanos depende de políticas nacionais e internacionais saudáveis e eficazes de desenvolvimento econômico e social.

De significado inquestionável para qualquer leitor bem-intencionado, o artigo 13 da Proclamação de Teerã, mais do que uma asserção socialista contra o liberalismo capitalista, ou a definição da social-democracia como meta programática de todos, refletia, em especial, a reivindicação de uma Nova Ordem Econômica Internacional pelos países do Terceiro Mundo, com respaldo do Segundo, então dada como válida. Foi, aliás, essa *rationale* estritamente internacional que, com boa dose de hipocrisia, justificou – e ainda justifica, de maneira menos convincente – a defesa calorosa dos direitos econômicos, sociais e culturais no discurso de governos que nada faziam, nem pretendiam fazer, para a redistribuição da riqueza nacional, ou para promover a elevação preferencial do nível de vida dos segmentos mais pobres de sua população.

Além dessa distorção de origem, o artigo 13 revelou-se, logo após sua aprovação, não somente uma afirmação inconsistente com as políticas internas da maioria dos países que o citavam, mas também, e sobretudo, uma escusa lamentável, utilizada por toda e qualquer ditadura – e os regimes ditatoriais eram particularmente abundantes no período – para a denegação dos direitos civis e políticos à respectiva população. Na medida em que a melhor distribuição internacional da riqueza não se realizava e a maioria dos países não tinha condições para atender os direitos econômicos e sociais de seu povo, os governos autoritários e regimes totalitários entendiam não precisarem observar os direitos civis e políticos. Afirmavam, ao contrário, que a supressão destes era condição necessária à implementação das políticas desenvolvimentistas que assegurariam os direitos econômicos, sociais e culturais de todos os cidadãos. Somente depois do atendimento desses direitos "de segunda geração", que exigem prestações positivas de parte do Estado e por isso são considerados direitos de realização progressiva, caber-lhes-ia reconhecer os direitos "capitalistas e burgueses", segundo Marx, ou "de primeira geração" (conforme a doutrina corrente inspirada nas etapas históricas do estabelecimento das diferentes categorias dos direitos fundamentais).

Foi em razão desse abuso interpretativo do artigo 13, e de seu mal-uso obsessivo por governos ditatoriais, que a Proclamação de Teerã tornou-se voluntariamente "esquecida" por todos os militantes mais sérios dos direitos e liberdades fundamentais, governamentais e não-governamentais. Permaneceu, assim, no ostracismo, omitida das relações de documentos internacionais considerados importantes na matéria até a década de 1990, e ainda é geralmente desconhecida. Por essa mesma razão, a segunda Conferência Mundial sobre Direitos Humanos, realizada em Viena, em 1993, foi muito mais sutil ao tratar do assunto.

A questão da indivisibilidade e interdependência de todos os direitos humanos é abordada em diversos dispositivos da Declaração e Programa de Ação de Viena. O primeiro que a isso se refere ostensivamente é o artigo 5º, já mencionado acima, que reza:

> Todos os direitos humanos são universais, indivisíveis e inter-relacionados. A comunidade internacional deve tratar os direitos humanos globalmente de forma justa e eqüitativa,

em pé de igualdade e com a mesma ênfase. As particularidades nacionais e regionais devem ser levadas em consideração, assim como os diversos contextos históricos, culturais e religiosos, mas é dever dos Estados promover e proteger todos os direitos humanos e liberdades fundamentais, independentemente de seus sistemas políticos, econômicos e culturais.

Aparentemente contraditório e por isso criticado pelas organizações não-governamentais e alguns governos do Ocidente, assim como por observadores acadêmicos que não haviam participado das negociações, o artigo 5º foi a fórmula, inegavelmente confusa, encontrada para fazer face ao relativismo das posições arraigadamente culturalistas, típicas da década de 1990, a que se aferravam com obstinação e agressividade muitos países do Oriente – intelectualmente justificados pelas teorias ocidentais pós-modernas, crescentemente absorvidas por instituições acadêmicas, nem sempre libertárias, de todo mundo. A fórmula se torna mais clara, ou menos ambígua, quando lida em conjunção com o artigo 1º da mesma Declaração, que diz:

A Conferência Mundial sobre Direitos Humanos reafirma o compromisso solene de todos os Estados de promover o respeito universal e a observância e proteção de todos os direitos humanos e liberdades fundamentais de todos, em conformidade com a Carta das Nações Unidas, outros instrumentos relacionados aos direitos humanos e o direito internacional. A natureza universal desses direitos não admite dúvidas.

Nesse contexto, o fortalecimento da cooperação internacional na área dos direitos humanos é essencial para a plena realização dos propósitos das Nações Unidas.

Os direitos humanos e as liberdades fundamentais são direitos originais de todos os seres humanos; sua proteção e promoção são responsabilidades primordiais dos Estados.

Numa fase histórica em que a idéia-meta de uma Nova Ordem Econômica Internacional já se encontrava sepultada, mas o neoliberalismo ainda não ostentava tão visivelmente como agora a figura emblemática dos excluídos (do mercado e da sociedade), nem havia provocado as grandes crises econômico-financeiras iniciadas no México, em 1994, a idéia da "cooperação internacional na área dos direitos humanos para a plena realização dos propósitos das Nações Unidas" soava razoavelmente plausível. Mas Viena foi muito além. No artigo 10 da Declaração de 1993, cuja redação tornou consensual – conquanto efemeramente – o direito ao desenvolvimento, ela estabeleceu clara resposta revogatória, idealmente superadora, ao artigo 13 da Proclamação de Teerã, ao dizer:

A Conferência Mundial sobre Direitos Humanos reafirma o direito ao desenvolvimento, conforme estabelecido na Declaração sobre o Direito ao Desenvolvimento, como um direito universal e inalienável e parte integrante dos direitos humanos fundamentais.

Como afirma a Declaração sobre o Direito ao Desenvolvimento, a pessoa humana é o sujeito central do desenvolvimento.

Embora o desenvolvimento facilite a realização de todos os direitos humanos, a falta de desenvolvimento não poderá ser invocada como justificativa para se limitarem direitos humanos internacionalmente reconhecidos.

Os Estados devem cooperar uns com os outros para garantir o desenvolvimento e eliminar obstáculos ao mesmo. A comunidade internacional deve promover uma cooperação internacional eficaz visando à realização do direito ao desenvolvimento e à eliminação de obstáculos ao desenvolvimento. O progresso duradouro necessário à realização do direito ao desenvolvimento exige políticas eficazes de desenvolvimento em nível nacional, bem como relações econômicas eqüitativas e um ambiente econômico favorável em nível internacional.

A solução encontrada por Viena para as distorções propiciadas por Teerã parecia apropriada às melhores tendências do momento. Recorria à linguagem eticamente cogente dos direitos humanos (particularmente forte no pós-Guerra Fria até meados dos anos de 1990), para afirmar, sem o chavão desgastado da Nova Ordem Econômica Internacional, a necessidade de desenvolvimento como um direito fundamental. Rejeitava a manipulação da indivisibilidade dos direitos feita por governos ditatoriais, objetando a invocação da falta de desenvolvimento como escusa para a supressão de quaisquer direitos (subentendendo-se em especial os direitos civis e políticos, de realização supostamente mais fácil). Utilizava-se da atmosfera ainda otimista do fim da bipolaridade estratégica para propor a cooperação entre os Estados na superação de obstáculos ao desenvolvimento. Aproveitava a emergência das organizações não-governamentais como atores internacionais relevantes, assim como o clima antiestatista facilitado pelo fim do "socialismo real" (sem falar no impulso dado pelo individualismo crescente e pelo neoliberalismo espraiante), para declarar, com razão, que o desenvolvimento tem por sujeito não o Estado, mas a pessoa humana.

O que o humanismo otimista de Viena não levava em conta – não o poderia fazer até porque iria contra a idéia de direitos fundamentais garantidos primordialmente pelo Estado nacional – era a aceleração do processo planetário de globalização econômica, com a liberdade de mercado – ou "desregulamentação" – colocada acima das fronteiras e, conseqüentemente, das possíveis considerações sociais dos diferentes governos, em suas jurisdições territoriais. E que nas condições ideológicas do neoliberalismo mundializado, em que até mesmo os países "socialistas" remanescentes, ademais das sociais-democracias institucionalizadas, defendem o risco como elemento salutar à sociedade contemporânea[27], o Pacto Internacional de Direitos Econômicos, Sociais e Culturais (assim como os artigos da Declaração Universal dos Direitos Humanos a eles referentes) acaba perdendo o sentido.

Tendo sido sempre encarado em nível inferior a seu homólogo regulamentador dos direitos civis e políticos (e os dispositivos da Declaração que os estabelecem) pelo Ocidente desenvolvido, pelos militantes de direitos humanos de todos os quadrantes e, como conse-

---

27. Ver, por exemplo, Anthony Giddens, *Runaway World – How Globalization is Reshaping our Lives*, pp. 38-53.

qüência disso, pelas próprias Nações Unidas[28], o Pacto Internacional sobre Direitos Econômicos, Sociais e Culturais, na qualidade de instrumento normativo, caiu, de certa forma, em ostracismo ainda maior do que a Proclamação de Teerã. Esta demonstrou-se recentemente útil pelo menos na luta das mulheres pelo reconhecimento internacional de seus direitos reprodutivos, a serem protegidos pelos Estados por meio da educação e do atendimento às necessidades básicas da saúde sexual feminina. Voltou, por isso, a ser citada como documento referencial importante [29].

Diferentemente do ocorrido com a Proclamação de Teerã até a década de 1990, o Pacto Internacional sobre Direitos Econômicos, Sociais e Culturais não se encontra exatamente esquecido, nem é regularmente omitido da relação dos instrumentos reputados mais importantes na área dos direitos humanos. Seu órgão de monitoramento, o Comitê dos Direitos Econômicos, Sociais e Culturais, reúne-se com regularidade para examinar os relatórios que lhe são submetidos pelos Estados-partes periodicamente. O Pacto se encontra, na verdade, mais apropriadamente "mumificado". Na qualidade de instrumento jurídico vigente, teoricamente cogente para os Estados-partes, não formalmente ab-rogado, funciona como um cadáver antigo, reminiscente de outros tempos mais idealistas (ainda que concretamente cruéis), preservado e observável a título de curiosidade acadêmica, sem valor normativo. Com raríssimas exceções, de países socialmente muito equilibrados (como os nórdicos, até algum tempo atrás), ou para alguns dispositivos limitados, que ainda se busca atender (como na área da educação primária e de algumas esferas da saúde, mais especificamente na campanha contra a AIDS, em que o caso brasileiro tem sido apontado como exemplo), ele não tem, na prática, condições de ser minimamente implementado.

NEOLIBERALISMO *VERSUS* DIREITOS HUMANOS

É fato conhecido e dissecado que o neoliberalismo "racionalizante" ora vigente na escala planetária, ademais de produzir desemprego estrutural e de induzir ao desmantelamento das instituições da previdência social – construídas pouco a pouco, com diferentes graus

---

28. Basta lembrar, nesse sentido, que o órgão de monitoramento do Pacto Internacional sobre Direitos Civis e Políticos é o único que tem o nome de Comitê dos *Direitos Humanos*.
29. A Proclamação de Teerã foi exumada e recordada, pela primeira vez depois de muitos anos, pelo movimento feminista, por ter sido o primeiro documento a falar no direito dos pais de controlar volitivamente o número e o espaçamento dos filhos. Foi, assim, mencionada como referência para as questões atinentes à saúde sexual da mulher no parágrafo 41 do Programa de Ação de Viena e voltaria a ser referida como precedente importante nas Conferências do Cairo, em 1994, sobre população e desenvolvimento, e de Beijing (Pequim), em 1995, sobre a situação da mulher.

de eficiência, nos mais diversos Estados – encara o mercado como único elemento organizador das sociedades. No mundo globalizado atual, organizado com base na liberdade econômica absoluta, em que a legitimidade das políticas é dada pelo FMI, bancos e bolsas de valores, o Estado pouco mais pode fazer do que tentar administrar o funcionamento da sociedade para o sucesso das empresas, nacionais e transnacionais. Destituído até mesmo de meios fiscais para operar políticas públicas adequadas, vêem-se os governos cada dia menos capazes de zelar pelo bem-estar geral. Daí recorrerem crescentemente, conforme o modelo norte-americano, à filantropia privada e ao chamado "terceiro setor", das organizações não-governamentais, de direito privado, mas com objetivos públicos, para o atendimento paliativo aos indivíduos e comunidades mais carentes. Geralmente o êxito é limitado, já que os demais países não têm a formação histórica eminentemente comunitária dos Estados Unidos, evidenciada até hoje na massa gigantesca de instituições, associações e práticas de vizinhança norte-americanas, dedicadas aos fins mais variados. Isso sem falar na "filantropia" dos abatimentos no imposto de renda, que podem ou não ser muito úteis para setores específicos, mas reduzem ainda mais a arrecadação de fundos para a aplicação em políticas universalistas, voltadas para toda a população.

Com o Estado nacional inerme, inelutavelmente enfraquecido, o recurso às entidades não-governamentais é, evidentemente, válido e necessário – para não dizer imprescindível – até porque, em princípio, não parece haver alternativa. Mas, tendo em conta que o Direito sempre foi um atributo do Estado territorial – que dele se servia inclusive para criar o Direito Internacional –, cabendo a esse mesmo Estado a responsabilidade pela definição normativa interna, a observância das normas pertinentes e a implementação das prestações necessárias aos direitos humanos, a realização dos direitos individuais e coletivos apenas pela ação não-estatal, ainda que bem-sucedida, abandona a esfera do jurídico para entrar no domínio da ética e da filantropia. Os direitos deixam, pois, de ser direitos.

Isso não quer dizer ainda que a normatividade dos direitos humanos os transforma em seu contrário: a ausência de direitos. Tal transformação só ocorre quando, no dizer de Jürgen Habermas, o Estado (idealmente) "social-democrata" – ou seja, o Estado com compromisso de organização da sociedade, que não precisa necessariamente ostentar o rótulo formal da social-democracia – opta por ser tão somente um Estado economicamente "liberal", cuja preocupação única consiste em fazer as condições de seu território atraentes para investimentos, propícias à expansão econômica[30]. Nessas circunstân-

---

30. Jürgen Habermas, *Après l'État-nation – une nouvelle constellation politique, passim.*

cias, a insistência normativa da Conferência de Viena na democracia como condição essencial para os direitos humanos, pareceria hipostasiar a forma da democracia como um disfarce legitimador para o arbítrio do capital, com produção e abandono de excluídos em número sempre crescentes, sem direitos no sentido real do termo. Ou, pior, como recorda ainda Habermas, usando formulação de Anatole France, ao descartar a indivisibilidade dos direitos econômico-sociais, essa democracia "pós-política" (a expressão é de Zizek, significando a democracia que, ao invés de administrar antagonismos, busca obsessivamente um consenso alienante) reduziria a igualdade de direitos ao "direito de cada um de dormir embaixo de pontes"[31].

Num sistema em que as normas da economia derrubam o direito ao trabalho e o Direito do Trabalho; em que a eficiência econômica impõe o desmanche da segurança social; em que as leis do mercado são as únicas existentes para regular a sociedade, cabendo aos pobres a responsabilidade pela própria pobreza, aos marginalizados a miséria absoluta, ou o crime e a penitenciária; em que o ideal da social-democracia dá lugar por completo à aceitação do "risco" e à competitividade, a afirmação de Zizek na epígrafe deste ensaio tende a adquirir ampla validade. A nova normatividade *emergente*, mas ainda não estabelecida, para os direitos humanos, com ênfase numa democracia sem prestações positivas, sabidamente necessárias para a realização dos próprios "direitos negativos"[32], é a forma em que se apresenta seu contrário: a inexistência real de direitos, inclusive os civis e políticos. Faz-se, portanto, necessário lutar para que essa normatividade emergente não se convalide, tonando-se definitiva.

CONCLUSÃO: RECAPITULAÇÃO E SAÍDAS

Se, conforme já visto neste texto, o otimismo plausível até o Onze de Setembro era todo baseado na vertente exclusivamente punitiva do Direito Internacional recente – vertente necessária, mas não única – na área dos direitos humanos; se a ingerência internacional humanitária tem sido decidida por normas seletivas, agora estabelecidas unilateralmente numa aliança militar; se esse auto-outorgado direito de ingerência com motivações humanitárias (legitimado muitas vezes *a posteriori* e a contragosto pela única instância universal existente – as Nações Unidas) é capaz de destruir as condições de

---

31. Idem, ibidem, p. 128.
32. "Direitos negativos" são, doutrinariamente, aqueles que se realizariam pela simples inação – ou "prestação negativa" do Estado – como o direito de não ser torturado, a uma justiça imparcial etc. Como já tive a oportunidade de explicar alhures, também esses direitos requerem "prestações positivas", por sinal vultosas (ver J. A. Lindgren Alves, *Os Direitos Humanos como Tema Global*, pp. 103-116).

sobrevivência de quem nada tem a ver com as atrocidades perpetradas; se os países democráticos se tornam o *locus* das violações de direitos humanos mais denunciadas; se a "tolerância zero" se transforma em panacéia distorcida para a contenção de marginalizados sociais; se a democracia "pós-política" (sem divergências de classe) das sociedades "pós-modernas" (multiculturalistas, mas antiuniversalistas, porque hipervalorativas do microcomunitarismo identitário) se auto-satisfaz com a realização de eleições (cujas opções são em geral inexpressivas); se, em resumo, os Estados democráticos aceitam, sem buscarem alternativas, deixar ao mercado a regulação do social, e à filantropia a atenuação da falta de direitos econômicos, a frase impactante de Zizek soa mais do que pertinente: ela se torna factual e descritiva.

Isso não quer dizer que Zizek recomende a aceitação do *status quo*. Todo o livro do qual se extraiu o trecho inspirador destas linhas é uma apologia do "retorno à Política", da necessidade de superação do identitarismo pós-moderno no resgate das grandes causas iluministas da emancipação e da democracia, com os direitos humanos, na direção do progresso societário, não necessariamente tecnológico ou econômico. O totalitarismo a que ele se refere inclusive no título – *Alguém Falou em Totalitaritarismo? Cinco Interpretações do (Mau) Uso de uma Noção* – é uma denúncia veemente à passividade dos tempos "pós-políticos", uma condenação radical à idéia de consensos, evidentemente artificiais ante desequilíbrios gritantes, uma rejeição indignada à *doxa* neoliberal, que se apropria da noção de totalitarismo divulgada por Hannah Arendt e dela se utiliza como um espantalho para afugentar tentativas de mudança contrárias às regras do mercado[33].

Enquanto Zizek, com recurso a Lacan, propugna por uma atualização do Marx libertário, não liberticida, sem repressões de qualquer tipo, na denúncia dos malefícios disfarçados do capitalismo contemporâneo, e Habermas, também citado acima, mais otimisticamente espera que o mundo intercomunicativo consiga algum dia transformar a política internacional numa política interna social-democrata de abrangência universal, todos os analistas da atualidade, por essas ou por outras vias, reconhecem que o Estado nacional não tem condições de voltar a ser o que era. A solução necessária aos impasses em que nos encontramos precisa ser inventada em formas supranacionais de convivência e solidariedade, possivelmente inspiradas no que a Europa já fez e pode vir a fazer no caminho de uma união federalista, desde que não abandone, no sentido habermasiano da expressão, a social-democracia, antes inseparável do Estado nacional.

Como o fazer, num mundo de tecnologia avançada onde os fundamentalismos religiosos readquirem feições medievais, micronaciona-

---

33. Slavoj Zizek, op. cit., pp. 2-5.

lismos assumem táticas sangrentas, a "esquerda" limita seus objetivos ao progresso de grupos específicos e o capitalismo neoliberal provoca disparidades ainda mais absurdas, entre as nações e dentro delas, ninguém sabe indicar com clareza. Intuitivamente, porém, algo começa a ser esboçado. É, afinal, isso que demonstram as manifestações populares, praticamente espontâneas, iniciadas em Seattle em 1999, e que no ano 2000 tiveram, em Gênova, sua pior repressão – assim como o primeiro mártir, com a morte registrada por toda a imprensa. E é por serem contra "isso que aí está" que os manifestantes têm sido virulentamente criticados por defensores do *status quo*.

As manifestações são, sem dúvida, ainda muito confusas. São também muito difusas nos objetivos dos participantes, freqüentemente contraditórios entre si e, às vezes, paradoxais face aos objetivos alegados. Afinal, elas são, por enquanto, essencialmente sintomas: tais como as febres, incômodas, que abatem como doenças, as manifestações reagem a causas muito mais profundas. Têm tido, porém, o mérito de, pelo menos, acabar com a idéia de consenso – neoliberal ou "de Washington", significando a mesma coisa – até há pouco martelado, com insistência obsessiva, na linguagem economicista, jornalística e até acadêmica, repetida por quase todos. É por elas que, talvez, algum dia, sejam encontradas as saídas para os impasses atuais. Por elas e, com certeza, com os direitos humanos, quase nunca contestados, desde que seu conteúdo venha a readquirir, como conceito e como norma, a indivisibilidade intrínseca.

Pós-conclusão que não Chega a ser Epílogo, para Completar a Pré-introdução, que não Chegava a ser Prefácio

Em crítica bastante acerba, não à extrema direita, impermeável por definição, mas à esquerda acomodatícia que renunciou a projetos universalistas de mudança social, ao optar pelo identitário e aceitar o capitalismo de mercado como "único jogo existente" (*the only game in town*), Zizek, na passagem que antecede a epígrafe deste ensaio, dizia:

> Desta perspectiva, até mesmo a defesa neoconservadora de valores tradicionais aparece sob nova luz: como uma reação contrária ao desaparecimento de uma *normatividade* legal e ética, gradualmente substituída por regulações pragmáticas que coordenam os interesses particulares de grupos diferentes. Esta tese pode parecer paradoxal: não vivemos nós na era dos direitos humanos universais ...?[34]

---

34. "From this perspective, even the neoconservative defense of traditional values appears in a new light: as a reaction against the disappearance of ethical and legal *normativity*, which is gradually replaced by pragmatic regulations that co-ordinate the particular interests of different groups. This thesis may appear paradoxical: do we not live in the era of universal human rights ... ?", Idem, ibidem, p. 244 (minha tradução).

Os fundamentalismos terroristas da atualidade são, evidentemente, manifestações paroxísticas desse neoconservadorismo. Estejam seus alvos em Nova York, Washington ou Riade, em Nairóbi, Jerusalém, Faixa de Gaza ou Oklahoma City, os atentados são sempre, em sua negatividade monstruosa, afirmações valorativas. Destroem, matam e aleijam, porque se propõem defender, com ética de barbárie, aquilo que está sendo negado pelo sistema vigente, protegido pelo poder.

Ao explicar o neoconservadorismo atual com percepção profunda, chamando atenção para os engodos da nova normatividade emergente, Zizek, ademais de descritivo, acabou sendo, também, involuntariamente profético. Afinal, conforme hoje é sabido, os conservadores no poder optaram por combater o neoconservadorismo terrorista com ações, instrumentos e meios, alguns dos quais normativos, que violam ainda mais a universalidade dos direitos humanos[35].

Os bárbaros incidentes que atingiram os Estados Unidos no trágico Onze de Setembro, horrorizaram o mundo e disseminaram o medo entre todas as pessoas. Produziram, assim, de imediato, solidariedade espontânea sem precedentes, em escala planetária, com o país líder do sistema atual. A solidariedade foi verbalizada inclusive pelos opositores mais ferrenhos da potência norte-americana, independentemente dos respectivos credos políticos, culturais e religiosos (entre os quais, nos primeiros momentos, os talibãs afegãos). As poucas manifestações de júbilo foram, além de destoantes, totalmente expletivas: meros impulsos mecânicos provocados por infortúnios estruturados em grande parte pela, até então, inexpugnável "Fortaleza América". Ninguém em sã consciência, no uso daquilo que se entende como razão (no Oriente como no Ocidente), pode ter-se rejubilado com massacre de inocentes de tamanhas proporções. Ninguém pode ter deixado de sentir empatia com aqueles indivíduos comuns, das mais diversas origens, que calharam de estar presentes nas torres e imediações do World Trade Center na hora da destruição. Todos terão sentido que, a partir dessas agressões, não haveria localidades seguras em qualquer área do planeta.

É uma lástima que a solidariedade universal desse momento de dor generalizada não tenha sido aproveitada para o encaminhamento de mudanças sistêmicas, capazes de corrigir o curso distorcido da normatividade imperante. Como tem assinalado, com eloqüência simbólica, Adolfo Perez Esquivel, Prêmio Nobel da Paz pela causa

---

35. Embora George W. Bush tivesse sempre falado de um "conservadorismo compassivo" (*compassionate conservatism*), ao se escreverem estas linhas, em fins de 2001, o neoconservadorismo ainda não era uma linha político-programática assumida sob esse nome. Ela passou a ser defendida como virtude pelos ideólogos "falcões" da Casa Branca sobretudo a partir do momento em que os Estados Unidos demonstraram claramente a intenção inabalável de atacar militarmente o Iraque.

dos direitos humanos, em pregações incômodas feitas nos Estados Unidos, segundo relatório da FAO, no mesmo dia 11 de setembro de 2001, em que morreram mais de 4 mil pessoas nas duas torres de Manhattan, destruídas por ações que todos, com voz unânime, qualificam como atos de terror, morreram também, de fome, 30.615 crianças[36].

Ao discurso de grandes potências a linguagem de operações bélicas parece sempre agradar. No passado, o presidente Lyndon Johnson declarou, no âmbito interno norte-americano, uma "guerra contra a pobreza" que não chegou a vingar. A "guerra contra as drogas", inspiração aparente da "guerra contra o terrorismo", já dura mais de duas décadas e não tem previsão de acabar.

A "guerra contra o terrorismo" é válida como metáfora forte, se significar determinação efetiva de atuar em todos os *fronts* necessários: políticos, econômicos, militares e sociais. Nos termos exclusivos em que está posta no final de 2001 – bombardeios aéreos e outras ações de combate no exterior, operações policiais e investigação indiscriminada de estrangeiros (árabes) na órbita doméstica – ela pode, sem sombra de dúvida, apreender ou eliminar, juntamente com inocentes, elementos integrantes e até muitos dirigentes de organizações terroristas (assim como sua precursora contra as drogas logra às vezes eliminar traficantes de maior ou menor expressão). Mas a "guerra contra o terrorismo" conforme vem sendo conduzida jamais erradicará de per si as sementes do fenômeno, que podem voltar a germinar, em qualquer hora e lugar. Longe de produzir as condições sociais imprescindíveis ao florescimento dos direitos humanos, essa guerra tende a reproduzir na Ásia e em outras partes do mundo, uma multiplicidade infinita de Kossovos.

(2001)

---

36. Além de me ter passado essa informação pessoalmente, em jantar na Universidade de S.Francisco, Esquivel a tem repetido em conferências feitas nos Estados Unidos em outubro de 2001, algumas das quais televisionadas.

8. O Onze de Setembro e os Direitos Humanos

Nous sommes tous Américains!
Editorial do LE MONDE,
12 de setembro de 2001

Love of our neighbors may stir us, but the threat posed by a common enemy stirs us even more.
BARBARA EHRENREICH*

CALAMIDADE E EMPATIA

Quando terroristas organizados planejaram os ataques de 11 de setembro de 2001 ao World Trade Center e ao Pentágono, juntos com um terceiro alvo que não chegaram a alcançar, sabiam que, ao golpearem em território norte-americano símbolos tão significativos do poderio dos Estados Unidos, abalariam em todo o mundo aquilo que se denomina "segurança". Esta, como conhecido na ciência política desde Hobbes, constitui a primeira justificativa para a existência do Estado, por mais que sua garantia por ele tenha sempre sido limitada[1]. Em termos de relações internacionais, desde a Segunda Guerra Mundial, independentemente de definições mais amplas que lhe desse a Carta das Nações Unidas, a segurança para o Ocidente parecia corresponder sobretudo à incolumidade militar da "fortaleza americana", nunca atacada do exterior no solo continental em todo o século XX. Pois foram exatamente as muralhas mais emblemáticas dessa fortaleza que os terroristas islâmicos se propuseram expugnar, pri-

---

* A tradução das epígrafes se encontra no correr do texto.
1. Segurança é algo pouco contemplado ou praticamente inexistente para quem, por exemplo, vive na miséria; ou, sendo miserável ou não, vive em área dominada pelo crime; ou, ainda, simplesmente circula em megalópole anômica de sociedade injusta. Isso sem falar dos casos em que as ameaças à segurança da população advêm do próprio Estado na forma de políticas atentatórias aos direitos humanos.

meiro com êxito apenas parcial, no atentado a bomba de 1993 ao mais alto edifício de Nova York, depois em 2001, com efeito devastador nessas mesmas torres e numa ala da sede militar da superpotência.

Sabiam, também, os mentores daquelas operações, que os choques de grandes Boeings abastecidos (de combustível e de passageiros) contra prédios tão imponentes produziriam cenas dantescas, capazes de amedrontar a todos. Talvez não tivessem previsto que a destruição das duas torres em Manhattan seria, como foi, tão completa (assim consta ter dito Bin Laden a seus acólitos, conforme vídeo apreendido no Afeganistão, atribuindo o "excedente de êxito" a uma confirmação do apoio divino). Que conseguiriam reduzir toda aquela colossal geometria arquitetônica a escombros fumegantes de aspecto surrealista, com costelas de aço eretas em cenário de pesadelo. Menos provável terá sido sua inconsciência de que os ataques do Onze de Setembro resultariam num novo, literal e gigantesco *holokauston*, sacrificando "pelo fogo", com motivação religiosa, o maior número de pessoas imoladas em atentados congêneres[2].

Os terroristas deviam esperar, com certeza, retaliações virulentas da superpotência atingida. Elas poderiam ser, como foram de início, agressões impulsivas e isoladas contra estrangeiros em geral, sobretudo árabes ou com eles fisicamente parecidos, dentro do próprio país. Seriam depois, sem dúvida, planejadas com todos os recursos militares, na forma de operações bélicas contra países específicos. Essa segunda forma de reação é, aliás, na interpretação de todos os estudiosos da violência religiosa atual, aquela que mais conviria aos autores intelectuais da tenebrosa operação[3]. Ao se assemelhar a uma nova cruzada em terras de fé islamita, a retaliação maciça obviamente facilitaria a expansão do fundamentalismo guerreiro entre os seguidores de Maomé em qualquer parte do mundo e a intensificação da luta extremista com operações suicidas (compensadas por garantias críveis de acesso imediato ao céu) contra o Ocidente incréu, pecador e egoísta.

Talvez os idealizadores sinistros do Onze de Setembro não tivessem chegado a esperar uma identificação tão simétrica entre eles e o Mal absoluto feita por parte de um país moderno, filho do Iluminismo, que os integristas fanáticos encaravam como encarnação do demônio, a ser combatido em "guerra cósmica" de manifestação

---

2. Esvaziando até mesmo o que pretendiam dizer os árabes na Conferência de Durban a propósito das ações de Israel contra os palestinos (cf. capítulo 6 *supra*).

3. Cf. *inter alia* Noam Chomsky, *9-11*, Nova York, Seven Stories Press, 2001; Mark Juergensmeyer, *Terror in the Mind of God*, e "In Defeat, Twisted Trumph", *S. Francisco Chronicle*, 02/12/2001; Luciano Martins, "A Substituição da Política pelo Terror e Violência", *Política Externa*; Hélio Jaguaribe, "A Guerra ao Terrorismo", *Política Externa*.

terrena[4]. Afinal, os Estados Unidos foram os primeiros a serem chamados de "grande Satã" (pelo Ayatolá Khomeini). Talvez não esperassem que essas interpretações "transcendentes" da liderança da nação atacada, não-atéia, mas materialista em termos weberianos com sua ética protestante, provocassem reações bem mais abrangentes do que as ações cruentas daquilo que consideram versão atualizada da eterna *djihad* islâmica.

O que muito provavelmente os terroristas não haviam chegado a avaliar era o nível de profundidade com que suas agressões do Onze de Setembro iriam ferir a *idéia* do Ocidente. Não os aspectos levianos da civilização ocidental, que permanece intocada em seus modismos e seduções de consumo, praticamente irresistíveis no nosso planeta-mercado. Nem, muito menos, os imensos recursos financeiros do Primeiro Mundo afluente, aplicados onde mais rentável, onívoros e excludentes, mas cortejados por todos no capitalismo global.

Ferido, o Ocidente se acha em primeiro lugar, evidentemente, pelo sofrimento e morte das vítimas dos atentados, diretas e mediatas, que se contam aos milhares, de múltiplas procedências, algumas do mundo islâmico. Ferido se acha também pela cabal superação da segurança ilusória até então desfrutada pelos Estados Unidos – e apenas pelos Estados Unidos, não a Europa ou a Ásia – por conta da geografia. A insegurança em que se projetou a sociedade norte-americana, antes do mesmo tipo inerente a qualquer grande comunidade socialmente desigual, traduz-se hoje em pavores quotidianos, alimentados pela divulgação obsessiva de ameaças hipotéticas dadas como próximas. Pior do que tudo, porém, para a civilização ocidental no contexto planetário, é a ferida que os Estados Unidos, em reação aos atentados, optaram por se auto-infligir (e infligir aos outros) na qualidade de berço da democracia moderna e nação inspiradora do discurso universalizante dos direitos humanos. Isso porque, sendo o país mais influente, espécie de metonímia do Ocidente como um todo, ao optarem por medidas que desconsideram valores e direitos fundamentais, doméstica e externamente, podem estar destruindo esperanças de melhora para a humanidade inteira.

Não que isso fosse necessário. Os ataques do Onze de Setembro, ubiquamente vistos nas telas de televisão, além de horrorizar pessoas

---

4. O professor Mark Juergensmeyer, da Universidade de Santa Bárbara, Califórnia, que estuda e define essa "guerra cósmica" de todos os extremistas religiosos, conta que em fevereiro de 1998, meses antes das bombas colocadas nas embaixadas norte-americanas em Nairóbi e Dar-Es-Salam, Osama Bin Laden já afirmara, em *fatwa* (de natureza sagrada), que "o mundo" estaria em conflito contra os Estados Unidos, cuja política no Oriente Médio corresponderia de per si a uma "declaração de guerra, contra Deus, Seu mensageiro (Maomé) e os muçulmanos em geral" (*Terror in the Mind of God*, p. 145). É essa "guerra cósmica" que permitiria aos terroristas religiosos (islâmicos, judeus, sikhs, budistas e cristãos) sempre se verem como primeiras vítimas.

de todos os credos e nações, propiciaram, como é justo, a maior onda de solidariedade mundial com uma potência agredida a que jamais se assistiu ("Somos todos americanos!" declarava, em Paris, *Le Monde*, no dia seguinte aos atentados). A própria facilidade com que Washington montou sua coalizão militar contra o Afeganistão dela decorria. E essa solidariedade era, em princípio, alvissareira. Poderia ter sido usada, por exemplo, para impor, com pressão moral acrescida da dor sentida na própria carne, um fim às inflexibilidades do conflito do Oriente Médio. Ou exigir negociações em outras zonas de tensão envolvendo muçulmanos, do sul do Sudão à Cashemira, passando pelo Kurdistão e alcançando a Tchetchênia. Tanto parecia assim que, em final de outubro do mesmo ano, no apogeu das operações militares no teatro afegão, um sociólogo do peso de Anthony Giddens, guru do *New Labour* britânico na fase da "Terceira Via" proposta por Tony Blair, previa a reinserção dos Estados Unidos no fulcro da diplomacia multilateral que vinham abandonando consistentemente desde a posse do presidente George W. Bush.

Defensor da globalização como fenômeno positivo, Anthony Giddens afirmava que "os ataques obrigaram o governo americano a reconhecer a natureza interdependente do mundo contemporâneo", para declarar adiante: "A globalização diz respeito, entre outras coisas, ao progresso do direito internacional"[5].

A natureza interdependente do mundo contemporâneo é indiscutível; qualquer um pode ver e sentir. Mas que progresso antevia Giddens em outubro de 2001 – e, até, que "direito internacional"? – era o caso de perguntar.

MULTILATERALISMO OU UNILATERALISMO MULTILATERAL?

Desde janeiro de 2001, quando tomou posse, a nova administração em Washington, além de haver anunciado a intenção de retirar o país de várias operações de paz; de exumar o projeto armamentista "guerra nas estrelas" dos tempos do presidente Reagan (para isso dispondo-se a denunciar o acordo ABM de 1972 com Moscou); de retirar os Estados Unidos do Protocolo de Kyoto (para o controle da emissão de gases poluentes); e de reforçar sua rejeição ao Tribunal Penal Internacional com legislação que proíbe a ratificação de seu estatuto (depois complementada, em 2002, pela iniciativa inédita de "desassinar" esse instrumento)[6], vinha assumindo outras atitudes

---

5. Anthony Giddens, "O Fim da Globalização?".
6. O Estatuto do Tribunal Penal Internacional havia sido assinado pelo governo de Bill Clinton, em 31 de dezembro de 2000; para evitar sua aplicabilidade, bastaria aos Estados Unidos não o ratificar.

destoantes de todos os demais Estados componentes da chamada "comunidade internacional" (como, por exemplo, ao formular a única abstenção na votação da resolução, proposta pelo Brasil, na Comissão dos Direitos Humanos das Nações Unidas, que qualificava o tratamento dos portadores do vírus HIV/AIDS como um direito fundamental, aprovada por todos os demais)[7]. Mais recentemente ainda, Washington retirara sua delegação, juntamente com a de Israel, da Conferência de Durban contra o Racismo, a Discriminação Racial, a Xenofobia e Intolerância Correlata, no início de setembro.

Ainda que o abandono das negociações em Durban não tenha passado de mais um gesto de menosprezo pela diplomacia parlamentar e por menos que se estabeleça nexo de causa e efeito entre ele e os atentados (conquanto algumas das causas simbólicas possam ser correlacionadas)[8], o fato é que os ataques terroristas em Nova York e Washington, ocorridos pouco depois, puseram fim a *um certo tipo de isolacionismo* da administração republicana. Esta começou a fazer acenos à ONU, passou a tratar como amigos países de que antes se distanciava, enviou seu secretário de Estado, general Colin Powell, a uma infinidade de capitais euro-asiáticas, para obter apoio à intervenção no Afeganistão, e endossou os périplos explicativos do primeiro ministro britânico, Tony Blair, seu maior aliado, por antigas colônias do Reino Unido.

Essas iniciativas "multilateralistas" foram tomadas, porém, em sentido contrário ao que desejavam os opositores do isolacionismo. A nova administração republicana não modificou seu curso, porque tivesse reconhecido, no dizer de Anthony Giddens, a importância do progresso do direito internacional. Se passou a reconhecer a interdependência do mundo contemporâneo, o objetivo não era de valorizar a articulação de todos os atores para enfrentarem em conjunto os desafios planetários da miséria, das discriminações, das violações de direitos humanos, da destruição ambiental, da marginalização social, por mais que essas mazelas agravem as condições conducentes à vio-

---

7. Durante a 57ª Sessão da Comissão, em abril (por pressão de sua indústria farmacêutica os Estados Unidos vinha criando problemas para o Brasil na Organização Mundial do Comércio pela produção de medicamentos para distribuição no programa de combate à AIDS). Em função dessas posições isoladas, denotadoras de um unilateralismo que o novo governo nunca escondera, e da falta de articulação adequada dentro do próprio Grupo Ocidental, nas eleições de maio, pelo Conselho Econômico e Social (Ecosoc) da ONU para a Comissão dos Direitos Humanos, os Estados Unidos não foram reeleitos (pela primeira vez desde que essa Comissão fora criada, em 1946), perdendo, em escrutínio secreto, para suas concorrentes, França, Suécia e Áustria (não, como se chegou a dizer, porque "a ONU preferira países como a Líbia ou o Sudão", eleitos dentro do grupo geográfico respectivo).

8. A razão alegada para a retirada dos Estados Unidos da Conferência de Durban era a insistência árabe em condenar Israel com uma virulência imprópria, anti-sionista. (ver capítulo 6 supra)

lência criminal e aos fundamentalismos agressivos em sua versão terrorista (o que não quer dizer que todos os criminosos e todos os terroristas sejam pobres e marginalizados). Ao invés de combater causas profundas que alimentam o terrorismo, optou por combatê-lo somente pela repressão, considerando as causas tabus (pois poderiam, talvez, justificar um Mal que, absoluto, não comporta explicação). Declarou, assim, formalmente, com autorização do congresso, uma guerra, no sentido tradicional do termo, ao inimigo menos palpável que um Estado pode ter: uma "guerra ao terrorismo". Munido dessa declaração legal de estado de beligerância, a exigir mobilização total e coesão patriótica contra adversário heteróclito, de identificação imprecisa, preparou-se para as batalhas no "mundo globalizado de natureza interdependente" a que se referia Anthony Giddens.

Foi, portanto, para empreender a "guerra contra o terrorismo" – localizado de início no Afeganistão – e criar uma vasta coalizão de países, assegurando, se possível, o selo de legitimidade da ONU para as ações contempladas, que o governo dos Estados Unidos abandonou *por princípio* o isolacionismo republicano. No mais, suas atitudes unilateralistas somente não permanecem iguais às de antes do Onze de Setembro porque se encontram, desde então, mais desafiadoras e sensitivas, exacerbadas pelo patriotismo inflamado de superpotência ferida.

Mas não é pelo unilateralismo, agora "multilateralista", da política externa norte-americana, nem pela insistência numa guerra ilimitada de retaliação e captura sem iniciativas paralelas para modificar "o sistema" gerador do terrorismo, que a própria *idéia* do Ocidente aparece ameaçada. Os Estados Unidos, como todas as grandes potências imperiais do passado, nunca deixaram de intervir no exterior por falta de apoio jurídico. O ferimento mais profundo engendrado pelo Onze de Setembro é mais sutil do que isso. Situa-se nas entranhas do modelo ocidental, liberal e universalista, exportado para o mundo.

O *FRONT* INTERNO DA GUERRA

A "guerra contra o terrorismo" declarada por Washington é heterodoxa em muitos sentidos. A começar pelo fato de que, não abordando as causas que levam ao extremismo suicida contra o Ocidente, ela se auto-alimenta, não podendo ser vencida. Cada vitória tática produz novos antagonistas estratégicos, de localização variável e motivação acrescida. Cada adversário morto serve de inspiração e modelo a outros "guerreiros sagrados", prontos para o martírio. Mais do que "mundial", como as duas grandes guerras do século passado, a envolverem Estados em alianças opostas, esse estado de beligerância declarado contra um fenômeno difuso num mundo globalizado precisa ser planetário, até para tentar descobrir quais são os inimigos concretos. Sendo planetária a guerra precisa, evidentemente, começar dentro de casa.

Domesticamente, a "guerra contra o terrorismo" não é propriamente militar. Nem se concretiza nas longas inspeções em aeroportos e outras instalações públicas, que ninguém se propõe contestar. O *front* doméstico norte-americano tem objetivos justos, retributivos e preventivos, e se desenvolve por meio de diversas medidas. Estas visam essencialmente a prender e punir terroristas e seus comparsas no território nacional, além de prevenir novas agressões. O problema desse *front*, visto por críticos locais que não compactuam, nem simpatizam com as ações do terror, é que – nas palavras de Michael Ratner – todas as medidas "envolvem o cerceamento de nossas liberdades e direitos constitucionais"[9]. E foram tomadas em atmosfera de maniqueísmo e autocensura a tal ponto esmagadora que os bolsões de resistência interna, igualmente patrióticos, da liberdade de expressão precisavam recordar, não sem riscos de retaliações, ser o dissenso inerente à democracia e ao espírito não-conformista que historicamente deu origem aos próprios Estados Unidos da América[10].

O principal projeto de lei antiterrorismo, originário do Executivo, que sofreu várias modificações no congresso destinadas a facilitar a escuta de comunicações telefônicas e o controle da Internet, assim como a coibir a lavagem de dinheiro, foi aprovado e sancionado em fins de outubro de 2001. As detenções de estrangeiros começaram, porém, muito antes, sem autorização parlamentar, já havendo atingido 977 na data da sanção que as legalizou (26 de outubro)[11]. Cerca de um mês mais tarde, segundo noticiado[12], "duas dúzias" eram mantidos em situação de incomunicabilidade, não por terem qualquer culpa, mas por serem considerados "testemunhas materiais",

---

9. Michael Ratner, "Fortress America, 2001", *Against the Current*, XVI (5), 2001, p. 3.

10. Não cabe aqui relacionar exemplos, diariamente noticiados (creio que também no Brasil), de atos de intolerância popular ou institucional (não necessariamente governamental) ante qualquer manifestação de crítica às medidas de prevenção adotadas. Recordo apenas, porque me pareceu expressivo (inclusive da liberdade de expressão existente, quando devidamente protegida pela polícia), o fato de a famosa livraria *Citylights*, de S. Francisco, berço do movimento *beatnik* na década de 1950 e marco cultural da cidade, de propriedade do poeta Lawrence Ferlinghetti (do mesmo grupo de Jack Kerouak e Allen Ginsberg), haver por bem ostentar, em sua fachada, durante meses, desenhos de figuras amordaçadas por bandeiras dos Estados Unidos, cujo conjunto dizia: *Dissent is not un-American* ("A dissenção não é anti-americana").

11. Essa quantidade se elevara a 1.147 em 3 de novembro de 2001, quando o Departamento de Justiça parou de anunciar o número de indivíduos detidos secretamente, mais da metade dos quais, segundo transpirado de fontes oficiosas, por infrações como a simples expiração de vistos.

12. M. Purdy, "Bush's New Rules to Fight Terror Transform the Legal Landscape", *The New York Times*, 25/11/2001.

detentoras de informações a serem prestadas em juízo (não confundir essa detenção com iniciativas de proteção às testemunhas). Não era, portanto, contra cidadãos norte-americanos dissidentes que se dirigiam as medidas mais drásticas do *front* interno. Elas se voltavam, sobretudo, contra os *estrangeiros* no país.

Proibida internacionalmente (para estrangeiros ou cidadãos nacionais) pelo Artigo 9º da Declaração Universal dos Direitos Humanos de 1948 e regulamentada também pelo Artigo 9º do Pacto Internacional sobre Direitos Civis e Políticos (de que os Estados Unidos são parte), a interdição desse tipo de "detenção arbitrária" de qualquer pessoa somente é passível de suspensão, perante o Direito Internacional, em casos excepcionalíssimos (e os atentados do Onze de Setembro os configurariam facilmente), devendo o Estado, porém, dar ciência dessa suspensão e de suas causas aos demais Estados-partes do Pacto, por intermédio de comunicação ao secretário geral das Nações Unidas (Artigo 4º, parágrafo 3º do mesmo Pacto), fato que não consta ter ocorrido[13]. Ela se deu simplesmente, sem outras preocupações formalistas (mas o Direito é necessariamente formal) pela autorização à polícia para deter estrangeiros considerados suspeitos por qualquer motivo, por tempo indeterminado, sem explicações ou comunicação a parentes ou advogados.

Por mais que a "opção preferencial" – às avessas – pelos estrangeiros, em situação ilegal ou regular (temporária ou como imigrantes), representasse uma incongruência num país onde as agressões terroristas – com exceção dos primeiros explosivos colocados e acionados no World Trade Center, em 1993 – haviam sido sempre praticadas por cidadãos nacionais[14], ela ainda constituía uma discriminação "deglutível". A nação se encontrava profundamente abalada, e todos os participantes identificados nos ataques de 11 de setembro (assim como os ideólogos e autores do atentado precedente, de 1993, contra *o* World Trade Center eram efetivamente estrangeiros – e muçulmanos (sendo quinze sauditas, um egípcio, um iemenita e nenhum afegão). Mais difícil é aceitar como "compreensíveis" as arbitrariedades praticadas contra quem se comprova inocente do crime de terrorismo e prossegue preso indefinidamente[15].

---

13. Consultados sobre o assunto, em março de 2002, funcionários do Escritório da Alta Comissária das Nações Unidas para os Direitos Humanos afirmaram que isso não ocorrera.

14. Sem falar nos históricos linchamentos de negros ou nas ações das "milícias" armadas irregulares, em vários estados da federação, a explosão do prédio público em Oklahoma City pelo terrorista branco e protestante Timothy McVeigh, que causou 168 mortes e mais de 500 feridos, em 1995, é emblemática por ter sido, até o Onze de Setembro, o pior atentado terrorista havido no país.

15. Em 18 de fevereiro de 2002, Christopher Drew e Judith Miller noticiavam que 87 imigrantes com vistos expirados permaneciam detidos sem previsão de saída, embora

É inviável esmiuçar aqui todos os atos adotados nesse *front* interno de uma guerra não-tradicional contra um inimigo heterodoxo. Cabe, sim, assinalar que, para o governo norte-americano, a "guerra contra o terrorismo" não é uma simples metáfora. É uma guerra declarada por lei ("resolução") aprovada no Congresso. A razão é evidente. Como diz Barbara Ehrenreich na epígrafe deste texto: "O amor por nossos vizinhos pode mover-nos, mas a ameaça de um inimigo comum nos move ainda mais"[16]. E é o discurso mobilizador conclamando à guerra que permite tachar de antipatriótico ou antiamericano quem critique quaisquer medidas, ainda que elas firam os direitos mais caros à tradição iluminista do Ocidente.

É o discurso da guerra que pretende justificar exceções ao Estado de direito. É esse discurso que tem dado azo, nos Estados Unidos – para surpresa de todos, inclusive do Brasil –, à rediscussão (fora da órbita do governo) daquilo que antes parecia incogitável, porque ignominioso: a relegitimação da tortura como forma de interrogatório[17]. É a declaração de guerra que embasa o decreto presidencial de 13 de novembro de 2001, pelo qual se permite o julgamento de réus estrangeiros (*non-citizens*) por tribunais militares especiais, "não necessariamente transparentes ao público" (conforme anunciado). Esses tribunais especiais se aplicariam apenas a indivíduos "envolvidos em atos ou conspiração de terrorismo internacional (...) com o objetivo de ferir ou tentar afetar adversamente os Estados Unidos". A qualificação como terroristas cabe ao Executivo na pessoa do presidente da República[18].

---

tivessem recebido ordem de deportação ("87 Ordered Deported Remain in Legal Limbo in U.S.", *The San Francisco Chronicle*, 18/02/2002). Mas a prisão incomunicada de estrangeiros ou de indivíduos não indiciados se tem estendido por vários anos.

16. Barbara Ehrenreich, *Blood Rites – Origins and History of the Passions of War*, p. 224.

17. Recordo que o presente texto é de 2002, muito anterior, portanto, à exposição das primeiras fotografias da prisão de Abu Ghraib em Bagdá (abril de 2004) e da própria guerra no Iraque (iniciada em março de 2003). A rediscussão, lançada originalmente em outubro de 2001 em diversos artigos de imprensa, inspirada no "uso moderado de força" autorizado nos interrogatórios israelenses de palestinos, contemplava desde a injeção de drogas para debilitar as resistências dos presos interrogados nos Estados Unidos, até seu envio a "outros países", onde a tortura fosse juridicamente tolerada para a extração de informações. Conquanto repudiada por todos os militantes de direitos humanos, em janeiro de 2002, o renomado advogado e professor de direito em Harvard Alan Dershowitz, que havia defendido, em programa de televisão, a legalização da tortura, "de qualquer forma praticada" [*sic*], continuava a propor, na imprensa diária, a realização de torturas autorizadas por mandado judicial. Chegava até à "sofisticação" de recomendar, em artigo assinado, que a tortura fosse não-letal, do tipo daquela modalidade "feita com agulhas esterilizadas enfiadas debaixo das unhas, de maneira a provocar dor excruciante sem ameaçar a vida" (Alan Dershowitz, "Want to Torture? Get a Warrant", *The San Francisco Chronicle*).

18. O texto integral desse decreto – imediatamente criticado por advogados e articulistas em vários periódicos respeitáveis de ampla circulação – foi publicado no *The New York Times* de 14/11/2001.

Segundo explicações fornecidas adicionalmente, tais tribunais especiais seriam montados no próprio local de apreensão ou detenção dos suspeitos (de início falava-se em territórios do Afeganistão ou do Paquistão, não em Guantánamo), em função de sua alta periculosidade. Com base nessas explicações, o decreto de 13 de novembro de 2001 se enquadra mais apropriadamente como medida do *front* externo do que do *front* interno.

O *FRONT* EXTERNO GUANTÁNAMO

No *front* externo, a "guerra ao terrorismo" custou mais a começar. Primeiro envolveu intensa movimentação diplomática para a obtenção de alianças e autorizações para uso de bases e espaço aéreo estrangeiros para os ataques ao Afeganistão. Quando se iniciou, em 7 de outubro, no território afegão, lembrava a guerra de 1999 da Organização do Tratado do Atlântico Norte (OTAN) à Iugoslávia de Milosevic por causa das "limpezas étnicas" no Kossovo, com a diferença visível de que se tratava de país incomparavelmente mais primitivo e miserável, já previamente destruído por longos conflitos internos e intervenções externas.

Dada a desproporção de forças, a guerra no Afeganistão foi vencida em tempo não-supreendentemente recorde. Em dezembro de 2001 já havia praticamente acabado.

No Fórum Econômico Mundial de janeiro de 2002, transferido de Davos para Manhattan em solidariedade com esta última pelos ataques sofridos quatro meses antes, políticos e executivos de grandes corporações não pouparam elogios ao governo dos Estados Unidos pelo êxito fulminante dessa guerra – embora o paradeiro de Osama Bin Laden nunca se tenha materializado. Em contrapartida aos elogios a essa atuação militar, muitos dos mesmos participantes do Fórum Econômico no Hotel Waldorf Astoria expressaram desagrado pela afirmação do presidente Bush, no discurso *State of the Union*, de pretender estender o combate bélico ao terror aonde ele encontrasse abrigo, singularizando o Iraque, o Irã e a Coréia do Norte como componentes de um "Eixo do Mal". Não se acreditava, porém, seriamente, que esse discurso fosse para valer[19].

Assim como as imagens mais marcantes do ano de 2001 foram as dos ataques e desmoronamento das torres do World Trade Center, repetidas *ad nauseam* pelas redes de televisão[20], as imagens da che-

---

19. E que se consubstanciaria em nova guerra contra o Iraque de Saddam Hussein em março/abril de 2003. Mas isso já é outra história, posterior à redação deste texto.

20. Menos no Afeganistão, cujo governo, com seu "puritanismo", banira, havia anos, porque reputados "pecaminosos", não somente a figura feminina, obrigada a esconder-se em casa ou debaixo de burqas, mas também a televisão, o cinema, a música e qualquer outra diversão.

gada a Cuba dos homens aprisionados no Afeganistão e de sua permanência na base militar norte-americana de Guantánamo foram as mais marcantes do início de 2002. Mostradas em diferentes veículos de comunicação, as fotos dos prisioneiros encapuzados, de braços amarrados às costas e pés atados por correntes, praticamente arrastados por soldados em uniformes de *science fiction*, depois, dos mesmos cativos, amordaçados e vendados, maniatados em gesto de prece, ajoelhados e curvos (não se sabe se para Alá ou porque fisicamente impedidos de assumir outra posição), em cubículos alambrados, sob a vigilância de *marines*[21], não somente impressionaram. Provocaram em todo o mundo, inclusive dentro dos Estados Unidos, fortes reações de repúdio, dessa feita criticando os maus tratos dos detidos e exigindo seu enquadramento na Terceira Convenção de Genebra (relativa ao tratamento de prisioneiros de guerra).

A Convenção Relativa ao Tratamento de Prisioneiros de Guerra, de que são partes tanto os Estados Unidos como o Afeganistão, é a terceira das quatro convenções reguladoras da conduta de beligerantes adotadas pela conferência diplomática de Genebra de 1949, em vigor desde 1950. Seu Artigo 4º relaciona nas alíneas A, B e C as pessoas qualificadas como prisioneiros de guerra, sendo o dispositivo da alínea A subdividido em seis parágrafos, todos bastante claros. Para os inimigos capturados em território afegão e transportados para Guantánamo, fossem eles soldados "regulares" talibãs, fossem indivíduos de outras nacionalidades que lutavam do lado do governo afegão da época, parecia claramente aplicar-se a definição dos parágrafos 1º e 2º da alínea A. Seu texto diz:

> Prisioneiros de guerra, no sentido da presente Convenção, são pessoas pertencentes a uma das seguintes categorias, que tenham caído em poder do inimigo: 1. membros das forças armadas de uma Parte em conflito, assim como membros de milícias ou corpos de voluntários que formem parte dessas forças armadas; 2. membros de outras milícias e membros de outros corpos de voluntários, inclusive os de movimentos de resistência organizada, pertencentes a uma das Partes em conflito, operando dentro ou fora do seu próprio território, ainda que esse território esteja ocupado, contanto que tais milícias ou corpos de voluntários, inclusive esses movimentos de resistência, preencham as seguintes condições: (a) sejam comandados por uma pessoa responsável por seus subordinados; (b) portem um sinal distintivo fixo reconhecível à distância; (c) portem armas ostensivamente; (d) conduzam suas operações de acordo com as leis e costumes da guerra[22].

Nas respostas e contra-argumentos multiplicados sobre a questão, argüiam os "falcões" (termo altaneiro com que são chamados os direitistas e belicistas mais ferrenhos de Washington) que a Conven-

---

21. Cf., por exemplo, *The New York Times*, 23/01/2002, p. A9, ou, no Brasil, *Veja*, ed. 1.736, ano 35, n. 4, de 30/01/2002, p. 44, e *Isto É*, n. 1.687, ed. de 30/01/2002, pp. 72-73.

22. Conforme editado por D. Schindler & J. Toman, em *The Laws of Armed Conflicts*, pp. 430-431 (minha tradução).

ção de Genebra não se aplicaria a terroristas, que atacam civis inocentes, como os membros da Al-Qaeda. Com efeito, os integrantes de qualquer organização terrorista não parecem preencher as condições estabelecidas nas letras (b), (c) e (d) acima transcritas. Incoerente é alegar, como ocorreu, que ataques a civis, ou a prédios não-militares não se enquadrem nos costumes das guerras atuais[23]. Sem precisar ir mais longe, foram, como é notório, ataques desse tipo pelas forças da OTAN que venceram os sérvios na Guerra do Kossovo, levando o exército de Milosevic à capitulação. Sabe-se, de qualquer forma, que, pela Terceira Convenção de Genebra, não cabe ao Executivo dos Estados vencedores decidir quais dos cativos têm direito às proteções asseguradas aos prisioneiros de guerra. Como lembrado pelo Comitê Internacional da Cruz Vermelha, entidade suíça obrigatoriamente neutra que implementa as disposições das Convenções de Genebra, o Artigo 5º da Terceira Convenção estabelece que, em caso de dúvida sobre a categorização das pessoas capturadas, elas, não obstante, gozam da proteção daquele instrumento do Direito Internacional "até que seu *status* seja determinado por tribunal competente". A Anistia Internacional, por sua vez, acrescentava, de maneira apaziguadora, que tal tribunal não necessitaria ser internacional. Poderia ser norte-americano, desde que respeitados os procedimentos legais. A Anistia recordava, ainda, que os detidos, no *front* interno e no *front* externo, eram, como qualquer pessoa, não apenas objeto de proteção pelo direito humanitário de Genebra, nas situações de conflito armado, mas igualmente sujeitos de direitos humanos, regulados nesse caso pelo Pacto Internacional de Direitos Civis e Políticos, que os Estados Unidos ratificaram[24]. E esse pacto proíbe os maus tratos de prisioneiros em dispositivo não-passível de suspensão em qualquer hipótese (artigo 7º, resguardado pelo parágrafo 2º do artigo 4º).

Em 7 de fevereiro de 2002 noticiou-se finalmente que o presidente Bush teria decidido dar tratamento de prisioneiros de guerra aos indivíduos talibãs, sem os reconhecer formalmente nessa categoria, mas não aos integrantes da Al Qaeda. O próprio noticiário informava não ter ficado claro o que isso queria dizer. Pode-se, porém, inferir que, diante das críticas nacionais e estrangeiras e dos pedidos do secretário de Estado Colin Powell, o governo estaria buscando uma forma de contemporização. Não obstante essa notícia, a imprensa e a televisão continuavam a mostrar cenas de Guantánamo em que cativos eram conduzidos a interrogatórios até mesmo em macas (por-

23. Ehrenreich recorda que, em contraste com os 15% de civis vitimados na Primeira Guerra Mundial, nas chamadas "guerras de baixa intensidade" do final do século xx, entre as quais as da antiga Iugoslávia, os civis corresponderam a 90% dos mortos (op. cit., p. 227).

24. Anistia Internacional, *News Release Issued by the International Secretariat*, 15/01/2002.

que supostamente feridos), tolhidos por instrumentos de restrição aos movimentos. Na qualidade de prisioneiros de guerra, a Convenção de Genebra não permitiria interrogatórios, além do mínimo imprescindível para sua identificação.

A recusa em aceitar a caracterização dos detidos em Guantánamo como prisioneiros de guerra, protegidos pela Terceira Convenção de Genebra, teria o objetivo de permitir que todos sejam não somente interrogados como têm sido, sem advogado de defesa e sem monitoramento externo, para a obtenção de informações preventivas de outros ataques terroristas[25]. Permitiria também que eles fossem julgados nos tribunais previstos no decreto presidencial de 13 de novembro de 2001[26]. Pela Convenção de Genebra, os prisioneiros deveriam ser devolvidos ao território de origem no fim das hostilidades (e estas já haviam acabado, na medida em que o Afeganistão tinha um novo governo). Ou então, quando indiciados em crimes de guerra, os prisioneiros deveriam ser julgados por tribunal civil ou corte marcial normal, sempre transparente e conforme procedimentos que assegurem os direitos humanos dos réus.

Em declarações prestadas por ocasião do anúncio de que o presidente Bush decidira aplicar as disposições da Convenção (III) de Genebra aos guerreiros talibãs, mas não aos terroristas da Al Qaeda, o porta-voz da Casa Branca tentou explicar as dúvidas remanescentes, recordando que, quando as convenções de Genebra foram assinadas em 1949, ninguém tinha tido em mente a proteção de terroristas transnacionais, até porque não se contemplava então uma guerra ao terrorismo[27]. Isso é um fato, sem dúvida. A ele se poderia agregar que, se, por um lado, os (ou alguns dos) cativos de Guantánamo não são prisioneiros de guerra, porque o espírito de Genebra não era o de proteger terroristas; por outro lado, a guerra ao terrorismo tampou-

---

25. A bem da verdade, assinale-se que ninguém dizia estarem eles sendo torturados nesses interrogatórios.

26. Praticamente esquecidos à medida que aumentavam as preocupações com o Iraque. Somente em 9 de abril de 2003, dia da entrada norte-americana em Bagdá, a imprensa anunciava que o Pentágono havia definido, após dezoito meses de estudos, o sistema de tribunais militares a serem instalados em Guantánamo para o julgamento de 640 detidos. A notícia aduzia que, a menos que o presidente Bush emendasse sua *military order* de novembro de 2001, pessoas capturadas na guerra contra o Iraque não poderiam ser julgadas por eles. Isso porque esses tribunais se destinam tão somente a pessoas envolvidas em atividades terroristas contra os Estados Unidos (N. A. Lewis, "U.S. Ready to Prosecute Afghan War Prisoners", *International Herald Tribune*, 9/04/2003). Os atos de terrorismo contra as forças da *Coalition of the Willing*, funcionários internacionais e estrangeiros em geral, que tanto têm chocado o mundo ao ser feita a revisão deste texto, somente se iniciaram mais tarde.

27. K.Q. Seelye, "In Shift, Bush Says Geneva Rules fit Taliban Captives, but not Qaeda Members", *The New York Times*, 8/02/2002.

co é guerra, já que nenhuma das convenções sobre a matéria a havia contemplado.

UM ALERTA NECESSÁRIO: NÃO CONFUNDIR FUNDAMENTALISMO COM ANTIIMPERIALISMO

Qualquer pessoa que atente para o fato de que os terroristas islâmicos são potenciais suicidas, *mudjahedins* dispostos ao automartírio que lhes asseguraria o céu, entenderá que o bombardeio de indivíduos em condições miseráveis (ainda que seu treinamento seja financiado por ricos), com danos colaterais terríveis, por forças da maior potência da Terra, não pode ser dissuasivo. Dá, ao contrário, convicção redobrada a esses crentes fanáticos que se consideram em luta contra o demônio, representado pelos Estados Unidos e pelos políticos por eles apoiados em países muçulmanos. Não causa surpresa, pois, a admiração por Osama Bin Laden, crescente em todo o Islã desde que os bombardeios ao território afegão começaram, particularmente entre fiéis marginalizados nas sociedades em que vivem. Isso não significa, evidentemente, que todos os muçulmanos sejam simpatizantes de Bin Laden. Nem que os atuais simpatizantes do suposto líder da Al Qaeda tenham sido favoráveis aos atentados do Onze de Setembro. Nem, muito menos, que Bin Laden represente alguma variante do antiimperialismo ou de movimentos contrários à globalização sem controles. Ele apenas simboliza uma forma extremada de ódio à superpotência "corruptora de líderes e povos", que "ainda por cima apóia invariavelmente Israel".

Essa personificação de Bin Laden como "o principal inimigo" dos Estados Unidos induz a confusões mais absurdas entre ativistas ocidentais que lutam contra o neoliberalismo e a exclusão social. É incongruente, para quem defenda ideais de justiça, transformar um fundamentalista alienado, em quase todos os sentidos, numa espécie de ícone dos oprimidos de todo o mundo. Osama Bin Laden não é, em qualquer acepção consistente, um "Che" Guevara redivivo no período pós-moderno. Como observa Noam Chomsky, o milionário saudita e seus associados de todos os estratos econômicos nunca fizeram nada pelos pobres (salvo, talvez, na escala micro, da filantropia atraente para a causa), nem parecem entender nada do capitalismo dominante. Nas palavras de Chomsky:

> Com relação à rede de Bin Laden e seus seguidores, eles têm tão pouca preocupação com a globalização ou com a hegemonia cultural quanto com os povos pobres e oprimidos do Oriente Médio, a quem têm prejudicado seriamente há anos. Eles próprios têm dito a todos, em alto e bom som, quais são suas preocupações: estão numa Guerra Santa contra regimes corruptos, repressivos e antiislâmicos, e contra aqueles que os apóiam, tal como lutaram uma Guerra Santa contra os russos na década de 1980 (e o fazem agora na Tchetchênia, no oeste da China, no Egito – neste caso desde 1981, quando assassinaram

Sadat – e ainda em outras partes). Bin Laden provavelmente nunca sequer ouviu falar em globalização[28].

A veemência com que Chomsky rejeita o "antiimperialismo" de Bin Laden e seus seguidores radicais visa a dissociar em definitivo o extremismo retrógrado, misógino e repressivo, da luta internacional progressista para controlar a globalização. Tal propaganda ou engodo, em que às vezes cai a esquerda, apenas fortalece a direita e tudo o que há de mais reacionário no "sistema" dominante. O fundamentalismo talibã e o terrorismo da Al Qaeda pouco diferem dos diversos outros tipos de fundamentalismos religiosos cujo reacionarismo conservador jamais foi posto em questão[29]. A diferença entre estes e os seguidores de Bin Laden é que os outros extremistas antimodernos nunca chegaram a atingir diretamente símbolos tão expressivos do poderio norte-americano – em contraste, por sinal, com as "milícias" paramilitares, brancas, protestantes e antiestatais dos Estados Unidos (de cuja inspiração ideológica decorrem a *persona* de Timothy McVeigh e a explosão também arrasadora, mas não tão expressiva, de Oklahoma City, em 1995), que jamais seriam confundidas com movimentos antiimperialistas.

Nem todos os fundamentalismos são terroristas, ou têm inspiração religiosa. Nenhum fundamentalismo atual, porém, seja ele religioso ou laico, de gênero ou "cultural", nacional ou identitário, tem preocupações de justiça universalista ou programas abrangentes de emancipação social. Todos servem, ainda que não o queiram, à fragmentação de nosso mundo "pós-moderno" e "pós-político", adequada à afirmação do mercado como força unificadora. Todos eles fortalecem o fenômeno da globalização sem freios ou preocupação social.

Quem carrega a figura de Bin Laden como insígnia de protesto contra o neoliberalismo dominante não está ostentando postura contrária aos Estados Unidos ou ao Ocidente imperialista. Está ingenuamente indo contra suas próprias aspirações[30].

---

28. Noam Chomsky, op.cit., pp. 31-32 (minha tradução).

29. Como o do *Gush Emunin* judaico e dos seguidores do rabino Meir Kahane (entre os quais Yigal Amir, assassino de Yitzhak Rabin), dos *sikhs* indianos que mataram, em ocasiões distintas, Indira e Rajiv Gandhi, dos egípcios executores de Anwar Sadat ou dos *fous de Dieu* argelinos do *Front Islamique du Salut*. O que esses movimentos carolas combatem com violência são os mesmo alvos de sempre: a corrupção e a repressão de governos laicos (como se a história não exibisse tantos exemplos de corrupção e repressão nas teocracias), tendo como principal preocupação a influência "corruptora" do secularismo iluminista (cf. Gilles Kepel, *La revanche de Dieu – Chrétiens, juifs et musulmans à la reconquête du monde* e Mark Juergensmeyer, op. cit.).

30. Tudo o que aqui é dito sobre Bin Laden se aplica, com conotações relativamente diferentes, a Saddam Hussein. Este nunca foi fundamentalista, nem se sabe ao certo até que ponto sua fé era autêntica. O fato de ter sido fustigado por uma guerra liderada pelos Estados Unidos não transforma esse ditador sanguinário em herói antiimperialista.

O SORRISO E O RISO DO TERROR

Conforme assinalaria o presidente Fernando Henrique Cardoso, motivado pelas medidas então adotadas ou em consideração pelos Estados Unidos, no texto de seu discurso em seminário em Madri, numa parte que não chegou a ler, mas tornou pública, em outubro de 2001 (ainda antes da divulgação das fotografias de Guantánamo):

> Um dos grandes desafios que nos são impostos na luta contra o terrorismo é o de fazer com que nossa vitória não se faça ao custo de nossa própria derrota. Se, para vencer o terror, tivermos que abrir mão das liberdades individuais, das garantias dos direitos civis, da proibição do uso da tortura, então nossa vitória será realmente um contra-senso[31].

Como que a repetir o presidente da República do Brasil, mas já motivado pelo tratamento dos indivíduos aprisionados e transferidos para Guantánamo, o espanhol Javier Solana, na função de quase "Chanceler" da União Européia, pouco depois diria que, apesar das atrocidades do Onze de Setembro, "a mudança de nossos valores e nossa maneira de viver seria a primeira vitória do terrorismo"[32]. Afirmações de igual jaez foram feitas pela Alta Comissária das Nações Unidas para os Direitos Humanos, a irlandesa Mary Robinson (que já havia criticado na Assembléia Geral, pouco antes, a detenção arbitrária de estrangeiros no território norte-americano e a ampliação desmesurada do que poderia ser considerado, para fins repressivo-punitivos, pelos Estados Unidos, uma "organização terrorista")[33].

De início acolhida por manifestações de apoio cauteloso, ou por um silêncio mais ou menos conivente, uma vez que todos no exterior queriam ser solidários com a nação agredida no Onze de Setembro, a "guerra contra o terrorismo" dos Estados Unidos, tal como concretizada, logo passou a ser generalizadamente criticada de forma ostensiva ou indireta – exceto pelo primeiro ministro britânico Tony Blair, que sempre a apoiou entusiasticamente. Até mesmo o autor da frase significativa "Somos todos americanos!", Jean-Marie Colombani, editor do *Le Monde*, iria indagar-se, em livro, se, diante das fotografias dos prisioneiros em Guantánamo, seu arroubo de solidariedade permaneceria válido[34].

Aprovada em ação conjunta da Câmara e do Senado (com um único voto dissidente) em 14 de setembro de 2001, sob o impacto

---

31. Excertos publicados na *Folha de S.Paulo*, 27/10/2001, p. A4.
32. *S. Francisco Chronicle*, 23/01/2002, p. A9. Solana era o membro da Comissão Européia encarregado dos assuntos de segurança e relações internacionais.
33. E em decorrência dessas posições expressadas acabou perdendo suas funções em agosto de 2002.
34. Jean-Marie Colombani, *Tous Américains? – Le Monde après le 11 septembre 2001*. Sua conclusão era ainda afirmativa, conquanto qualificada.

muito próximo da tragédia vivida pelo país, a "declaração de guerra ao terrorismo" autoriza ao presidente dos Estados Unidos da América "o uso de toda força necessária e apropriada contra aquelas nações, organizações e pessoas que ele considere que tenham, de forma determinante, planejado, permitido, cometido ou ajudado o ataque terrorista ocorrido em 11 de setembro, ou contra aqueles que amparam tais organizações ou pessoas, de modo a prevenir qualquer ato futuro de terrorismo internacional contra os Estados Unidos"[35]. Compreensível na época em que foi votada, essa resolução legislativa (que daria embasamento legal à nova doutrina, formulada em 2002, que autoriza ações bélicas "preventivas" contra os chamados "estados vilões"), associada às medidas cerceadoras de liberdades e discriminatórias contra estrangeiros, assim como o decreto que prevê tribunais especiais para estrangeiros qualificados de terroristas pelo Executivo, estabeleceu, na prática, o que Philip S. Golub denomina "uma presidência imperial". Por ela, o Executivo teria criado "instituições de não-direito, dentro de um Estado de direito", havendo-se dotado de poderes de investigação e intervenção globais, assim como de uma justiça paralela por ele controlada que nem as guerras da Coréia e do Vietnã haviam propiciado[36].

Aparentando estarem todos numa "guerra mundial contra o terrorismo", os próprios países europeus, que sempre haviam enfrentado o desafio de atos terroristas nos respectivos territórios sem modificar sua concepção do Estado de Direito, passaram a adotar novas medidas internas de vigilância, investigação e detenção inspiradas naquelas dos Estados Unidos. Daí a observação de Ignatio Ramonet, em artigo de janeiro de 2002 significativamente intitulado *"Adieu libertés"*, de que "o movimento geral de nossas sociedades, tendente a um respeito sempre crescente pelo indivíduo e suas liberdades, foi brutalmente estancado"[37].

Em fevereiro de 2002, o professor de direitos humanos em Harvard, Michael Ignatieff, que ninguém rotulará de "esquerdista", perguntava se, diante de considerações estratégicas que buscam exclusivamente apoio na guerra contra o terrorismo, não estaríamos no fim da era dos direitos. Para explicitar suas dúvidas sobre o futuro do movimento internacional pelos direitos humanos, dizia ele, com crueza: "Alguns veteranos de campanhas da Guerra Fria recusam-se a admitir que o clima esteja agora pior do que naquela época. Mas nos anos de Reagan,

---

35. Apud Luciano Martins, op. cit., p. 30.
36. Philip S. Golub, "Retour à una présidence impériale aus États-Unis", *Le Monde Diplomatique*, jan. 2002. Em apoio a sua assertiva, Golub cita, a propósito dos tribunais militares especiais, William Safire como um "partidário entusiasta dos republicanos", que nem por isso teria deixado de ver na iniciativa "uma tomada ditatorial de poder".
37. Ignatio Ramonet, "Adieu libertés", *Le Monde Diplomatique*.

o movimento simplesmente corria o risco de tornar-se impopular. Na era de Bush, ele se arrisca a tornar-se irrelevante"[38].

Não é apenas em função da adoção de leis arbitrárias e medidas discriminatórias nos Estados Unidos que o terrorismo erigido em preocupação exclusiva ameaça os direitos humanos. É fato que, com a adoção de tais novidades pelo Ocidente desenvolvido, ficará difícil aos respectivos países criticarem violações alheias. Como poderão, por exemplo, condenar um Fujimori por excessos praticados contra o Sendero Luminoso?[39] Como criticar a Turquia por abusos cometidos na luta contra rebeldes curdos que põem bombas em alvos civis? Como condenar Slobodan Milosevic pelas brutalidades na Bósnia, se consta que a rede Al Qaeda foi das poucas entidades que procurou auxiliar a sério os muçulmanos massacrados, no período 1992-1995, sem armas e sem saída, sob o olhar neutro da Europa e do Ocidente em geral? Contudo, a pior ameaça ao movimento internacional pelos direitos humanos ocorrerá se a preocupação com o terrorismo fizer esquecer a todos os efeitos colaterais da globalização nos termos em que se tem desenvolvido (a Argentina que o diga!)[40]. Particularmente agora, quando as sociedades civis se demonstram dispostas a combatê-los em passeatas e manifestações de resistência nas ruas.

Num dos vídeos apreendidos pelas forças norte-americanas em caverna do Afeganistão, circulados sob censura nos meios de comunicação do Ocidente, Bin Laden aparece mais do que sorrindo, rindo de algo que não se compreende (suponho que até mesmo para quem fala árabe, pois quase não se ouve o que é dito na ocasião). Segundo explicado pelos *media* sob controle, Bin Laden estaria rindo do fato de que participantes dos seqüestros de aviões no Onze de Setembro não teriam sabido com antecedência que iriam participar de operações suicidas. A própria imprensa escrita dos Estados Unidos, em artigos isolados, contestou tal interpretação. O líder dos seqüestradores não estaria rindo *dos suicidas desinformados*, mas sim sorrindo *para eles*, mártires recém-entrados no céu.

Sorrindo, rindo ou gargalhando de contentamento, os terroristas estarão, se conseguirem fazer sepultar em definitivo a movimentação internacional pelos direitos humanos. Com isso eles terão atingido mais profundamente a idéia do Ocidente do que com bombas e aviões dirigidos contra alvos específicos.

---

38. Michael Ignatiev, "Is the Human Rights era Ending?", *The New York Times*.
39. Fujimori, aliás, vinha-se insinuando do Japão como conselheiro útil na guerra contra o terrorismo.
40. Recordo mais uma vez que este texto é de início de 2002, quando a situação de crise econômico-social da Argentina se encontrava na fase mais aguda.

SAÍDAS OU BARREIRAS FATAIS?

Estaríamos, então, todos os que acreditamos na causa dos direitos humanos realmente num beco sem saída? Não é, com certeza, esse o caso. O próprio Michael Ignatieff, que descreve de forma tão crua a situação atual do movimento pelos direitos humanos, aponta saídas possíveis. Em primeiro lugar ele lembra, com pertinência, que "os direitos humanos se tornaram globais ao se fazerem locais, ancorando-se nas lutas por justiça, que podem sobreviver sem inspiração ou liderança americana". Em seguida opina que o movimento precisa mudar de discurso para vencer no campo das idéias. Para isso seria necessário desafiar a assertiva – ora vigente nos Estados Unidos e alhures – de que a segurança nacional se sobrepõe aos direitos, com a afirmação de que os direitos humanos constituem, ao contrário, a melhor garantia que existe para a segurança nacional[41].

No Brasil, como em outros países que viveram a experiência do arbítrio, os dois elementos discursivos indicados por Ignatieff são nossos velhos conhecidos. O primeiro fundamentava nossa "doutrina da segurança nacional", de triste memória, superada exatamente pelo argumento proposto. Sabemos, também, por outro lado, com dolorosa experiência estendida até hoje, que os direitos humanos sozinhos, como utopia abstrata, não-aplicados no ser humano concreto, pouco podem fazer contra a criminalidade marginal, bem menos sofisticada, quanto mais contra um terrorismo capaz de transformar em bombas aviões de passageiros! Por isso, no Brasil e em todos os demais países, é preciso fortalecer a luta pelos direitos além do juridicismo. Mas – e também aí o argumento de Ignatieff se aplica, com algumas qualificações – essa luta não poderá ser fortalecida com base no modelo e no discurso dos "americanos". Salvo exceções muito honrosas e pouco influentes, eles jamais reconheceram doutrinariamente os direitos econômicos, sociais e culturais como direitos. Nós, brasileiros de todas as classes e rincões, sabemos à saciedade a que aflições coletivas, além das individuais, a denegação histórica desses direitos fundamentais tende a conduzir.

Os direitos humanos de todas as categorias precisam ser, com urgência, resgatados e reafirmados. Mas isso não pode ocorrer pela ótica do idealismo construtivista, prevalecente no multilateralismo dos anos de 1990. Nem porque essa constitua a melhor maneira de salvar o belo movimento internacional pelos direitos humanos, tão assertivo até recentemente e agora sob risco de tornar-se irrelevante. A reafirmação de todos os direitos humanos em sua indivisibilidade concreta é necessária e urgente, porque hoje aparece como a única maneira minimamente realista de enfrentar com solidez o terror.

(2002)

---

41. Michael Ignatiev, op.cit.

9. As Conferências Sociais dos Anos de 1990 e a Conferência de Monterrey de 2002 sobre o Financiamento do Desenvolvimento

UMA RECAPITULAÇÃO CONVENIENTE

Até algum tempo atrás era comum dizer-se que o fim da Guerra Fria permitiu, na esfera das relações internacionais, a superação da chamada "crise do multilateralismo", dos anos de 1970 e 1980. Com efeito, em contraste com a situação de descrédito e emperramento em que as Nações Unidas se encontravam antes, essa principal instituição internacional multilateral entrou, na última década do século XX, em fase de hiperatividade.

Na esfera em que seu trabalho é sempre objeto de cobertura pelos *media*, porque trata de assuntos "quentes", o Conselho de Segurança passou a ser muito procurado para legitimar ações e missões de paz (nem sempre consensuais, mas não vetadas por membros permanentes). Tais ações, algumas das quais absurdamente postergadas (como em Ruanda), ou desastradas (como na Bósnia), eram involucradas num manto de preocupações universalistas que as tornava, senão propriamente convincentes, pelo menos, com certeza, irrejeitáveis: respeito às fronteiras internacionalmente reconhecidas (primeira guerra contra o Iraque), humanitarismo em apoio a vítimas de conflitos (auxílio aos kurdos do Iraque), recuperação de Estados em situação de anomia caótica (Somália) etc.

Além disso, e é este o segundo aspecto da hiperatividade que interessa aqui, a ONU passou a ser encarada como a única entidade existente capaz de promover formas de cooperação abrangentes para a solução de problemas que se revelavam planetários. Vem daí, por sinal, e dessa época, a cunhagem de nova expressão que, malgrado as desconfianças de muitos, logo se incorporou ao léxico internacionalista: os *temas globais* (de início erroneamente designados "novos temas").

O tema global mais evidente de todos era o do meio ambiente, cujas devastação e poluição têm efeitos irrefreáveis ante fronteiras territoriais. Era natural, portanto, que, após ensaio inicial na Cúpula Mundial para a Criança, de 1990, o ciclo das grandes conferências "sociais" da década começasse pelo tema do meio ambiente, com a Conferência do Rio de Janeiro de 1992.

A questão ambiental não era, contudo, de per si, um tema social. Pelos aspectos econômicos, científicos e políticos, ela já havia sido objeto da Conferência sobre o Meio Ambiente Humano, de Estocolmo, em 1972. Nesse primeiro encontro mundial sobre o assunto, realizado em plena fase de conflitos Leste-Oeste e Norte-Sul, cada bloco de países atribuía aos respectivos antagonistas a responsabilidade exclusiva pelos problemas ambientais, existentes e futuros. Com o fim da Guerra Fria, a idéia de que o conflito Norte-Sul (que em tudo parecia vir substituindo o antigo conflito Leste-Oeste) precisava ser superado para que os diversos aspectos da questão pudessem ser tratados de forma satisfatória, encontrava-se embutida no próprio título oficial da Rio-92: Conferência das Nações Unidas sobre Meio Ambiente *e Desenvolvimento*. E o elemento que fez ressaltar sem ambigüidades os aspectos sociais do tema foi o minucioso programa dela, afinal, emanado: a Agenda 21.

Ainda que não propriamente social, mas transformada em aspecto relevante para temática da organização das sociedades por seu principal documento, a Rio-92, de todas as grandes conferências da década de 1990, foi a que mais atenção dedicou ao desenvolvimento econômico e à cooperação internacional necessária ao alcance das metas estabelecidas. Fê-lo conceitualmente ao consagrar a noção do *desenvolvimento sustentável* juntamente com a de *responsabilidades comuns, mas diferenciadas* de todos os países. Além disso, e como conseqüência, a conferência formulou as bases de parâmetros referenciais que, se não chegam a configurar formas precípuas de cooperação *para o desenvolvimento*, seguem critérios que se podem considerar *distributivos* (como os diferenciais de emissão de gases permitida a países desenvolvidos e em desenvolvimento). Mais do que isso, porém, a Rio-92 foi a primeira a buscar envolver – substantivamente, na preparação doméstica; em instâncias paralelas durante a realização – não apenas os Estados, principais negociadores dos documentos adotados, mas também vasta gama de atores da sociedade civil (ONGs, militantes de movimentos sociais, inclusive das mulheres, associações comunitárias de base, representantes de populações indígenas, universidades e centros de pesquisas, cientistas e empresários), influentes no processo de desenvolvimento.

Assim como facilitou a revalorização das Nações Unidas como foro de concertação internacional, o fim da Guerra Fria, desde o período de distensão da era Gorbatchev na URSS, associado ao avanço da redemocratização na América Latina e outras áreas geográficas, assim como ao progresso extraordinário das tecnologias de telecomunicação, tornou a realidade mais transparente (sem qualquer qualificação filosófico-interpretativa). Não foi difícil, assim, observar como outro tema, que sempre servira de instrumento de propaganda para acusações Leste-Oeste e Norte-Sul, tinha de fato problemas de incidência globais: o dos direitos humanos. Não é, portanto, por acaso que tanto a Conferência sobre Meio Ambiente e Desenvolvimento, de 1992, como a Conferência Mundial sobre os Direitos Humanos, de 1993, realizada em Viena, tenham sido simultaneamente concebidas na Assembléia Geral da ONU em 1988 e igualmente convocadas em 1989.

Os avanços conceituais da Conferência de Viena são, em geral, amplamente conhecidos: reafirmação da universalidade dos direitos humanos; legitimação das preocupações internacionais com as violações; estabelecimento do vínculo entre democracia, desenvolvimento e direitos humanos; reconhecimento (sem voto) do direito ao desenvolvimento. Mas o encontro mundial de Viena, tal como a Rio-92, não era tampouco uma conferência "social" *stricto sensu*. Por mais que os direitos chamados "de segunda geração", econômicos e sociais, estivessem entronizados na Declaração Universal dos Direitos Humanos desde 1948 e regulamentados pelos dois grandes pactos internacionais de 1966 (sobre direitos econômicos, sociais e culturais e sobre direitos civis e políticos), os direitos fundamentais de todo ser humano nunca foram considerados matéria atinente às sociedades *como coletividades*. Até porque, na visão ocidental mais rígida, eles são direitos apenas *do indivíduo*. Constituem, em sua forma clássica, dos direitos "de primeira geração", civis e políticos, a base ético-jurídica do individualismo – em princípio libertário, mas, na prática, muitas vezes liberticida. Por essas e outras razões, na ONU como em qualquer outra esfera, os direitos humanos sempre foram assunto eminentemente político, de grande sensibilidade.

OS DIREITOS HUMANOS COMO INSTRUMENTO SOCIAL

O evento que deu aos direitos humanos, pela primeira vez, substância claramente social foi a Conferência do Cairo, de 1994, sobre População e Desenvolvimento (novamente a questão do desenvolvimento era incorporada ao título). Foi nela que surgiu, entre delegados e observadores, a expressão "Agenda Social da ONU", amplamente utilizada. E foi o Programa de Ação do Cairo que primeiro abordou os diferentes temas dessa agenda como um conjunto indissolúvel de elementos reciprocamente influentes, a ser necessariamente tratado de maneira integrada.

O tema da população tampouco era novo. Fora objeto de duas grandes conferências em décadas anteriores (Bucareste-1974; México-1984). Mas a Conferência do Cairo foi a primeira a encarar a questão populacional com visão não exclusivamente estratégica ou econômica (pelas quais se opunham no passado "natalistas" e "controlistas"). Para isso utilizou-se de insumos da Rio-92, sobretudo a noção do desenvolvimento sustentável, e da Conferência de Viena de 1993, sobre os direitos humanos. Tais direitos foram então, pela primeira vez, encarados como *instrumento* para a consecução de outros fins[1]: o controle e a redução do crescimento populacional, com cuja necessidade, ainda que por métodos divergentes, todos concordavam.

Partindo do fato comprovado de que os casais em geral e as mulheres em particular, quando têm seus direitos fundamentais garantidos – aí incluídos os direitos à educação e à saúde como prestações obrigatórias do Estado –, tendem a controlar sua fecundidade, a Conferência do Cairo fortaleceu a luta pelos direitos definidos na Declaração Universal de 1948, com ênfase nos direitos econômicos e sociais. Além disso, ela praticamente recriou (mais precisamente, recuperou da Proclamação de Teerã de 1978, da primeira conferência internacional sobre direitos humanos) o conceito de direitos reprodutivos.

O elo seguinte dessa cadeia de encontros foi aquele que, como o próprio nome indica, mais se ajusta à temática aqui abordada: a Cúpula Mundial sobre Desenvolvimento Social. Reunida em Copenhague, em março de 1995, ela se deve muito à percepção amplamente disseminada, desde o fim da Guerra Fria com a transparência resultante, de que a própria divisão do mundo no sentido Norte-Sul era simplisticamente ilusória. Via-se, afinal, sem antolhos, que tanto os países em desenvolvimento têm seu "Norte" interior opulento (não necessariamente decorrente de práticas corruptas), como os países desenvolvidos têm um "Sul" doméstico em expansão, nacional ou imigrado, de qualquer forma necessário para as tarefas "menos nobres" das sociedades mais ricas.

Sem precedentes e convocada com dificuldades interpostas por Estados de todos os níveis, a Cúpula de Copenhague teve aspectos

---

1. Não confundir essa interpretação com a análise de T. H. Marshall a que me referi no capítulo 3 supra. Marshall estudava a importância dos direitos civis e políticos da cidadania para a conquista de direitos econômicos e sociais no âmbito doméstico (ver "Citizenship and Social Class", em Gershon Shafir (ed.), *The Citizenship Debates – a Reader*, Minneapolis, University of Minnesota Press, 1998, pp. 93-112). A interpretação que se extrai das conferências da década de 1990 é teleológica e mais abrangente. Ela já inclui todas as categorias de direitos humanos internacionalmente reconhecidos para a consecução de outras metas da esfera socioeconômica na dimensão planetária.

que pareciam preconfigurar a Conferência de Monterrey de março de 2002, sobre o financiamento ao desenvolvimento. As resistências a ela já se deviam, do ponto de vista dos países em desenvolvimento, à insistência com que os desenvolvidos brandiam, de maneira acusatória, a noção de *good governance* (bom governo) como nova condicionalidade para a assistência oficial. Quando de sua realização, a chamada "taxa Tobin" (proposta pelo economista James Tobin, ganhador do Prêmio Nobel), que, com recursos obtidos de imposto internacional sobre movimentos de capital, criaria um fundo de ajuda a países em dificuldades financeiras (a economia do México acabara de ruir), foi sugerida e defendida nos bastidores, sem chegar a ser incorporada como recomendação do Programa de Ação. Chamamentos foram feitos, inclusive nos documentos finais, para que o Banco Mundial e o FMI enfocassem suas políticas e programas de ajuste estrutural na promoção do desenvolvimento social dos Estados que a eles recorressem. O alívio da dívida externa dos países em desenvolvimento com dificuldades financeiras foi registrado como apelo, com sugestão de cancelamento das dívidas dos mais pobres.

Promessas de estabelecimento de um cronograma para a erradicação da pobreza absoluta da Cúpula de Copenhague parecem ter servido de semente para a Declaração do Milênio (posteriormente aprovada pelas Nações Unidas, na Reunião de Cúpula do ano 2000) com sua meta de redução da incidência da miséria e da fome pela metade até 2015. Outros compromissos também já diziam respeito a quase todas as Metas do Milênio, em especial àquelas concernentes à educação primária, à igualdade entre homens e mulheres, à redução da mortalidade infantil. Estratégias inovadoras não chegaram, contudo, a ser adotadas. Reiterou-se, sim, a famosa fórmula 20/20 (destinação de 20% da Assistência Oficial ao Desenvolvimento (AOD) a programa sociais nas áreas da alimentação, saúde, água potável, educação etc, e destinação de 20% dos orçamentos nacionais dos países receptores para os mesmos fins), já previamente suscitada em outros documentos das Nações Unidas, e apelou-se aos países doadores para que se esforçassem para implementar a recomendação, também antiga, de destinarem 0,7% dos respectivos PIBs à Assistência Oficial ao Desenvolvimento (percentual até hoje inalcançado, senão por pouquíssimos países, todos escandinavos, que foi repetido como recomendação no Consenso de Monterrey). Dizia-se, assim, ao término do encontro de Copenhague que ele produzira "promessas elevadas e bolsos vazios" (*lofty commitments and empty pockets*). Apesar dessas decepções (relativas), verbalizadas sobretudo no âmbito da sociedade civil, acreditava-se, pelo menos, que a Cúpula fora importante na medida em que trouxera o tema do desenvolvimento social, e não o desenvolvimento econômico como fim em si (que em alguns aspectos chegara a ser anátema para certas organizações ligadas a "comunidades de base"[2]), ao primeiro plano do proscênio internacional. Também nesse sentido a Cúpula Mundial sobre o Desenvolvimento Social, de 1995, assemelha-se à Conferência Internacional sobre o Financiamento ao Desenvolvimento, de 2002: o simples fato de se ter conseguido realizá-las é considerado importante.

Os dois outros grandes encontros sociais das Nações Unidas na década de 1990 foram a IV Conferência Mundial sobre a Mulher, conhecida como Conferência de Beijing, em setembro de 1995 – essencialmente uma conferência sobre os direitos humanos da mulher em sua especificidade – e a Conferência sobre Assentamentos Humanos (Habitat-II), que tratou, em 1996, dos problemas das cidades e teve como centro de controvérsias a noção do direito à moradia. Da primeira, em Pequim, emergiu fortalecido o conceito de *empowerment* das mulheres, que já se esboçara no Cairo; da segunda, em Istambul, ressalta, além da reiteração do direito à moradia como um direito humano, a noção de *habilitação e participação (enabling strategies)* das comunidades – em particular das "associações de base comunitária" (*grassroot organizations* ou *community based associations*) – nas deliberações e tomada de decisões sobre assuntos a elas concernentes.

Reforçando a idéia da necessidade de participação de todos os atores interessados na administração dos assentamentos humanos, a Habitat-II foi inovadora em seu formato, porque nela, pela primeira vez, os Estados aceitaram estabelecer, em nível de igualdade teórica com o comitê governamental negociador dos documentos finais, um *Comitê de Parceiros*. Dele participaram com intervenções formais, sugestões e testemunhos, não somente ONGS, mas autoridades locais, sindicatos, movimentos sociais variados e líderes comunitários leigos e religiosos. Quanto ao financiamento internacional para a implementação de seu programa – a Agenda Habitat –, a Conferência de Istambul, com o segmento de "Cúpula das Cidades" (homóloga da "Cúpula de Terra", da Rio-92, mas com menor participação), limitou-se a repetir as mesmas fórmulas de Copenhague: 20/20 e 0,7% do PIB para a AOD.

---

2. Algumas porque viam de perto a desestruturação causada por alguns projetos faraônicos e o conseqüente aumento de miséria entre populações já miseráveis; outras porque, inspiradas ou não por esses mesmos malefícios, apegam-se à idéia do direito à diferença e rejeitam iniciativas que provoquem a "assimilação" de etnias distintas das elites dominantes.

BREVE VISÃO DO CONJUNTO

Vistas em conjunto e em retrospecto, é fácil observar as principais tendências das conferências da década de 1990, muitas das quais permanecem presentes:

a) iniciadas com o objetivo de resolver problemas de longuíssima duração, as conferências foram-se adaptando às características da época. Buscaram, assim, algum tipo de contrapeso às dificuldades acirradas pela aceleração do processo de globalização neoliberal, com o enfraquecimento do setor público em todo o mundo. O caminho encontrado foi o do recurso crescente aos múltiplos atores sociais, simbolizado pela aceitação progressiva das organizações não-governamentais (ONGs) e outros agentes da sociedade civil nas próprias conferências;

b) dentro dessa mesma lógica, os objetivos de solução para problemas planetários foram-se concentrando cada vez mais no nível comunitário, levando a extremos a recomendação dos militantes ambientalistas na época da Rio-92: "pense globalmente, aja localmente". Em compasso com os estudos sociais (ou "estudos culturais", conforme denominação adotada em alguns grandes centros de pesquisa) do Ocidente (e a Academia em geral foi um setor extremamente influente na formação das posições de países democráticos), em que as teorias pós-modernas substituíam o nacional pelo comunitário, com reflexo nos (ou como reflexo dos) movimentos sociais identitários em voga[3], as conferências dos anos de 1990, em plena fase de aceleração da globalização, muitas vezes substituíam o macro pelo micro, o global pelo local;

c) a ênfase de todas as conferências foi nas responsabilidades nacionais, de cada Estado e respectivos atores domésticos, não na cooperação internacional. Sob esse aspecto, as conferências resultaram bem-sucedidas como esforço de mobilização e conscientização nos países democráticos, todos (ou quase todos) os quais passaram a atentar com mais cuidado para os temas nelas discutidos. Seus governos intensificaram o diálogo com os atores da sociedade civil, às vezes até institucionalizando-o em órgãos mistos consultivos de caráter permanente. Na esfera internacional, por outro lado, a cooperação, como se sabe, permaneceu estanque ou retrocedeu;

d) a instrumentalização insistente dos direitos humanos como meio para a consecução de outros objetivos acabou por conferir às conferências um aspecto que as fazia confundir com "conferências sobre direitos", não necessariamente destinadas a promover o *avan-*

---

3. Já há quem fale, inclusive, num "pós-desenvolvimento" a rejeitar qualquer das abordagens "modernas" do desenvolvimento como opressoras e deletérias a práticas populares mais sábias (ver nota anterior).

ço *social das coletividades* e sim do indivíduo ou dos grupos identitários e minorias existentes dentro delas. Essa interpretação pode ter permitido às instâncias econômicas internacionais – e até às nacionais – desconsiderá-las sem remorsos, no entendimento de que se tratava de matéria a exigir apenas a atenção de outrem, como os juristas e legisladores voltados para os aspectos legalísticos da eqüidade (o fenômeno não é de estranhar, uma vez que na própria Assembléia Geral da ONU a Segunda e a Quinta Comissões, respectivamente econômica e administrativo-orçamentária, raramente tomam conhecimento das deliberações da Terceira Comissão, social e humanitária, ou da Sexta, para assuntos jurídicos, como se cada uma dessas comissões do mesmo órgão fosse estanque);

e) a mesma insistência sobre direitos humanos, que se supunha positiva, em conferências posteriores à de Viena, associada, porém, à visão reducionista predominante desses direitos como apenas direitos civis e políticos e à inflexibilidade dos países desenvolvidos para aceitar qualquer idéia capaz de modificar o *status quo* da globalização econômica, acirrou a rejeição aos próprios direitos humanos em países não-ocidentais, rotulando-os, com veemência inédita, como uma criação exclusiva do Ocidente colonialista, agora imperialisticamente imposta às demais civilizações e culturas;

f) enquanto os países desenvolvidos demonstravam unidade de pensamento e objetivos em quase tudo, o extremamente diversificado Grupo dos 77 (que a meu ver não deveria jamais ser convocado para coordenar posições sobre assuntos não-econômicos, como a democracia ou os direitos da mulher) exibia-se cindido por visões de mundo antagônicas. Era ostensiva a falta de unidade entre democracias e regimes autoritários, entre países liberais individualistas e países coletivistas, entre Estados laicos e Estados religiosos, entre nações de cultura ocidental "iluminista" e nações afro-asiáticas apegadas a valores ancestrais. Enquanto os países da América Latina e alguns da África (como a África do Sul e o Zimbábue[4]) postulavam os direitos humanos em geral, aí incluídos os direitos específicos da mulher, nisso se assemelhando às posições (mas não às posturas) dos Ocidentais desenvolvidos (ainda que alguns latino-americanos temessem de tal maneira a legitimação do aborto que se uniam às posturas islâmicas radicais nas discussões que pudessem ter algo a ver com a matéria), os países muçulmanos demonstravam um fundamentalismo crescente, autêntico ou "preemptivo", procurando impedir qualquer avanço conceitual que pudesse ir contra suas tradições ou, alegadamente, sua fé;

g) a ampla disseminação da percepção, sem dúvida correta, de que os países do Norte têm seu "Sul" interior, pobre e desamparado,

---

4. O Zimbábue somente passou a ser foco de críticas na área dos direitos humanos recentemente, por outros motivos.

assim como os do Sul contam com "Nortes" domésticos, também contribuiu para o esfacelamento da antiga unidade dos países em desenvolvimento dos anos de 1960 a 1980, quando estes postulavam uma Nova Ordem Econômica Internacional. Essa "desconstrução" desagregadora dos países em desenvolvimento era observada não somente nas posições de governos, cujos delegados seriam, por definição, integrantes do "Norte" sulista, mas também nas posturas de organizações não-governamentais, freqüentemente identificadas com as do "bloco antagônico" dos respectivos Estados de origem, no sentido Norte-Sul;

h) diante da desunião do Grupo dos 77, era inevitável que as posições dadas como do Ocidente desenvolvido (em matéria de direitos só o eram *lato sensu*) prevalecessem. Se isso foi positivo em alguns casos (valorização conceitual da democracia e dos direitos humanos em geral, igualdade de gêneros, direitos da mulher etc), certamente não o foi para fins de cooperação para o desenvolvimento e de iniciativas econômicas capazes de levar à realização das metas delineadas em cada programa de ação.

À luz desses elementos, parece claro que a Cúpula do Milênio, no ano 2000, com sua Declaração[5] de valores, princípios e metas a serem alcançadas em prazo definido (2015),[6] assim como o Pacto Global de parceria, lançado pelo secretário geral das Nações Unidas, configuram uma complementação necessária às conferências da década de 1990, amparadas pelos documentos por elas adotados e em resposta às tendências por elas aos poucos postas em evidência. E, na medida em que a Conferência de Monterrey (prevista na Declaração do Milênio[7]) se dispôs a viabilizar a realização das Metas do Milênio para o Desenvolvimento por meio de iniciativas de cooperação econômica, *ela parece ter sido o evento que faltava nessa cadeia de encontros.* A leitura do Consenso de Monterrey[8] produz, não obstante, impressões ambivalentes quanto a sua relação com as conferências dos anos de 1990.

5. *United Nations Millenium Declaration*, adotada pela Resolução 55/2 da Assembléia Geral, em 18 de setembro de 2000.
6. O ano de 2015 é indicado no Artigo 19 primeiramente como data-limite para a redução pela metade da população mundial que vive com menos de um dólar por dia, que sofre de fome e que não tem acesso à água potável e, em seguida, para reduções significativas de outros problemas socioeconômicos mundiais.
7. O Artigo 14 da Declaração do Milênio estabelece o compromisso de todos os participantes da Cúpula com a realização exitosa de um "*High-level International and Intergovernmental Event on Financing For Development*" [Encontro de Alto-nível Internacional e Intergovernamental sobre Financiamento para Desenvolvimento], que deveria ocorrer originalmente em 2001.
8. Publicado pelas Nações Unidas dentro do relatório oficial da Conferência, doc. A/ CONF.198/11 (*Rapport de la Conférence internationale sur le financement du développement – Monterrey, Mexique, 18-22 mars 2002*, Nations Unies, Nova York, 2002).

A CONFERÊNCIA DE MONTERREY DE 2002 E SEU CONTEXTO

O documento final de Monterrey fala textualmente do "resolver o problema do financiamento ao desenvolvimento" (parágrafo 1º) com o objetivo de atingir "particularmente os fins enunciados na Declaração do Milênio, para eliminar a pobreza, melhorar a situação social, elevar o nível de vida e proteger o meio ambiente" (parágrafo 3º). Conquanto a Declaração do Milênio tenha abordado todos os temas tratados nas conferências dos anos de 1990 (e não somente as "sociais"), com exceção desses três megatemas de Copenhague, Istambul e Rio de Janeiro, particularizados no parágrafo 1º, os outros temas globais são mencionados no "Consenso" mais ou menos rapidamente, em parágrafos dispersos. Os direitos humanos, peça fundamental nos documentos da década anterior e elemento nominalmente importante no início da atual[9], são citados entre os "eixos de atuação nacional" apenas num parágrafo em que a boa governança e "as políticas baseadas na economia de mercado" (*sic*) se acham misturadas com a segurança, a igualdade dos sexos e a "vontade de criar sociedades justas e democráticas", numa salada de elementos declarados "igualmente necessários e em sinergia" (parágrafo 11).

A confusão da linguagem não é específica do Consenso de Monterrey, como tampouco o é a ambigüidade de textos. Ambas são características de processos de redação complicados, em que a busca de consenso leva a formulações dificilmente inteligíveis para quem não participou das negociações. Tampouco causa estranheza a não-pormenorização de temas supervalorizados na década passada, como o dos direitos humanos, hoje em segundo plano diante de novas doutrinas de segurança nacional na luta contra o terrorismo (as quais, desta feita, felizmente, nada têm a ver com o Brasil). É por aí, aliás, que se me apresenta a dúvida maior quanto à vinculação real, ou, melhor, axiológica, de Monterrey com as conferências dos anos de 1990. Os eventos se dissociam sobretudo pelas características de época respectiva em que se realizaram.

A Cúpula do Milênio encerrou uma década em que o multilateralismo era valorizado inclusive pela principal potência do mundo pós-Guerra Fria (ainda que a valorização da ONU já tivesse para ela caráter instrumental mais imediatista do que para outros países). Foi dentro desse espírito pró-concertação parlamentar diplomática que as conferências "sociais" foram convocadas. A Conferência sobre o Financiamento do Desenvolvimento, por sua vez, já postergada da data

---

9. Na Declaração do Milênio, de 2000, os direitos humanos ainda abriam um dos grandes títulos (juntamente com a "democracia e boa governança (*good governance*)" a capear vários compromissos (Título V, Artigos 24 e 25, com sete itens discriminados).

originalmente prevista na Declaração do Milênio (2001)[10], ocorreu num momento em que as posturas dos Estados Unidos pareciam depreciar de tal maneira o trabalho e as deliberações realmente multilaterais que, ao invés de "crise", falava-se em "fim do multilateralismo". A única prioridade internacional para a principal potência do planeta, por ela justificada em função dos ataques terroristas sofridos em 11 de setembro de 2001, já era claramente a segurança no sentido militar e policial do termo.

Entre a Cúpula do Milênio, em setembro de 2000, e a Conferência de Monterrey, em março 2002, não transcorreram simplesmente um ano e meio de acontecimentos "normais". O mundo mudou de tal maneira que se torna difícil acreditar que uma seja efetivamente a complementação da outra.

O QUE RESTA DE POSITIVO?

No âmbito multilateral e no domínio dos direitos humanos, entre a Cúpula do Milênio e a Conferência Internacional sobre o Financiamento ao Desenvolvimento realizou-se, aos trancos e barrancos, a Conferência de Durban contra o Racismo, a Discriminação Racial e Intolerância Correlata. Programada para ser o primeiro grande encontro mundial sobre tema "social" do século XXI, a Conferência de Durban, em setembro de 2001, ao contrário do ocorrido com suas homólogas, encaradas de forma construtiva, foi objeto de má-vontade e desvios desde a fase preparatória. Um pouco porque o tema não agradava aos países desenvolvidos, que dessa vez não podiam atribuir a outrem a causa e o *locus* dos problemas contemplados, um pouco porque países em desenvolvimento – não apenas árabes – procuraram utilizar o foro para discussões que não cabiam plenamente no contexto, as negociações em Durban foram ainda mais difíceis do que nos encontros precedentes[11]. Abandonada pelos Estados Unidos (e Israel) quando de sua realização, a conferência de 2001 sobre o racismo (a exemplo das antecedentes sobre o mesmo tema, em 1978 e 1983) é ainda mal-vista ou ostensivamente rejeitada por outros países importantes.

Se levarmos em conta que a Conferência de Durban foi a conferência social temporalmente mais próxima (somente meio ano as

10. Ver nota 7 *supra*.
11. Já descrevi alhures o nível de dificuldade crescente enfrentado nas conferências da década de 1990. Elas pareciam ter culminado em Istambul, em 1996, na Habitat-II, que por pouco não malogrou nos últimos instantes. Acreditava-se que essas dificuldades fossem resultado exclusivo do crescente fundamentalismo religioso, sobretudo muçulmano, embora ele já se vinculasse claramente a outros fundamentalismos não-assumidos (ver inter alia "As Conferências Sociais da ONU e a Irracionalidade Contemporânea", em J. A. Lindgren Alves et al., *Direito e Cidadania na Pós-modernidade*).

separava), as dificuldades que a envolveram e que ainda envolvem suas recomendações deveriam constituir fator de descrença para a Conferência de Monterrey. Por outro lado, se levarmos em conta que, malgrado todos os problemas, os documentos de Durban se têm revelado positivos para países como o Brasil e outros, tendo sido incorporados pela ONU ao conjunto de referenciais para sua atuação na matéria, a própria conferência contra o racismo de 2001 pode, ao contrário, servir de inspiração para a continuação dos esforços multilaterais em outras áreas, inclusive na busca de meios para promover o desenvolvimento social.

Quaisquer que tenham sido as motivações de cada protagonista, o fato de Monterrey ter logrado reunir cerca de cinqüenta chefes de Estado e/ou de Governo (entre os quais os dos Estados Unidos e muitos da Europa) e trezentos ministros de Estado para aprovarem um documento sobre cooperação internacional para o financiamento ao desenvolvimento é evidentemente relevante para a temática social. A própria complexidade da conferência, com formato que lembra o da Habitat-II, é de molde a fazê-la influente não apenas entre governos, mas também entre os diferentes atores da sociedade civil. Estes, se não os respectivos governos, hão de ter interesse em cobrar em todos os foros, por todos os meios possíveis, observância para o Consenso de Monterrey.

Sem pretender avaliar em pormenor o documento adotado no segmento de cúpula, suas recomendações ao Banco Mundial e ao FMI soam agora mais realistas do que os apelos feitos na década de 1990. Até porque as crises financeiras que assolaram as mais diversas economias a partir de 1994 – para não falar da crise argentina, com apogeu concomitante ao encontro – parecem ter sido fator de convencimento para a aparente atenuação da ortodoxia do chamado "consenso de Washington". Se essa impressão for pertinente, o fato é alvissareiro para o sistema das Nações Unidas como um todo e para sua agenda social em particular. Por mais dissociado das conferências da década de 1990 que o encontro de Monterrey pareça, o respaldo que ele confere à Declaração do Milênio e a tônica de seus objetivos religam-no intimamente aos encontros mundiais aqui descritos em rápidas pinceladas. Nessas condições, ainda que o recurso a grandes conferências sobre temas globais se demonstre desgastado – talvez, até, esgotado, como se pode depreender da Conferência de Durban –, Monterrey trouxe um novo alento aos programas de ação já acordados, que pareciam esquecidos.

Assim como o local não pode prescindir do global; o comunitário, do nacional; os direitos, da economia; as divisões reais do Grupo dos 77, nas esferas dos valores e até dos interesses econômicos (as prioridades do Brasil, da Índia ou do Irã não podem ser as mesmas dos Estados mais pobres da África, da Ásia ou da América Latina), não devem impedir a união diante de ameaças e desafios comuns.

Agora mesmo, sabemos que não tiveram êxito, em Cancún, as negociações que mais interessavam aos países em desenvolvimento, liderados pelo Brasil no Grupo dos 21, com vistas ao fim dos subsídios à agricultura doméstica pelos países desenvolvidos. Teriam, assim, sido inúteis os gestos e as recomendações de Monterrey à OMC sobre a matéria? Teria sido um total fracasso a Conferência de Cancún? Quero crer que não. Viu-se recentemente na imprensa internacional, a propósito da Conferência Ministerial da Organização Mundial do Comércio, algo que até há pouco não se via em veículos de comunicação conservadores: análises abundantes que enfocam adequadamente as posições dos Estados pobres e "emergentes". Os analistas que se referem ao "fracasso de Cancún" sabem agora, e o dizem, que ele se deveu à intransigência dos desenvolvidos, que os "paladinos do livre comércio" não se pejaram de usar manobras para defender subsídios protecionistas de sua própria produção, que a ação dos países ricos demonstrou sua indiferença com a situação dos mais pobres (a cobertura da CNN, BBC e "Euronews" e do *International Herald Tribune* é exemplificativa)[12]. Até mesmo os manifestantes do lado de fora do recinto, antes sempre descritos como baderneiros inconseqüentes sem causa definida, eram agora, em Cancún, simpaticamente encarados – com exceção daqueles que praticam atos de vandalismo – como "antiglobalistas" solidários com as postulações dos países em desenvolvimento. Água mole em pedra dura ...

Retornando a Monterrey e ao financiamento do desenvolvimento, sem desconsiderar Cancún e as múltiplas distorções que perduram no tema do "livre comércio", ninguém pode esperar que uma conferência internacional possa por si só resolver problemas concretos, em especial aqueles de longa data, agravados por políticas e tendências que muitos vêem como positivas, alguns como inelutáveis. O trabalho multilateral sempre foi assemelhado à tarefa inconclusiva de Sísifo, condenado a recomeçar todos os dias. Mas assim também parecem ser as políticas mais bem intencionadas na área social dentro de cada país. Recordando os "Contrafogos" de Pierre Bourdieu, num mundo globalizado por ideologia velada como se fosse uma não-ideologia, sem utopias diretivas, é difícil conciliar "as mãos esquerda e direita dos Estados"[13]. Mais ainda

---

12. Foi particularmente eloqüente o editorial "Breakdown in Cancun", do *International Herald Tribune* de 17 de setembro de 2003.

13. Em entrevista publicada no *Le Monde* em 14 de janeiro de 1992, Pierre Bourdieu descrevia, a partir de pesquisa realizada em "cidadezinha" da França, as contradições enfrentadas pelos "trabalhadores sociais" (assistentes sociais, educadores, magistrados, docentes e professores primários etc), todos os quais são agentes "gastadores" e constituiriam o que ele chamava de "mão esquerda do Estado", opostos à "mão direita", representada por "burocratas do ministério das Finanças, dos bancos públicos ou privados e dos gabinetes ministeriais" (*Contrafogos – Táticas para Enfrentar a Invasão Neoliberal*, pp. 9-10).

o é, sem dúvida, essa conciliação na escala planetária, em que as mãos a serem conciliadas são de atores tão díspares.

(2003)

PÓS-SCRIPTUM

Ao organizar os escritos deste livro para publicação em conjunto, tive dúvidas se o presente texto, elaborado para seminário no Rio de Janeiro em setembro de 2003, não iria prejudicar a organicidade do volume. Afinal, os demais capítulos, com exceção do sexto (sobre a Conferência de Durban, mais descritivo), eram ensaios teóricos, na acepção habitual do termo. Hoje, porém, à luz dos principais esforços que o governo brasileiro vem desenvolvendo no âmbito multilateral, articulando-se com outros atores "em desenvolvimento" nas grandes negociações *econômicas* internacionais, havendo obtido vitórias expressivas na Organização Mundial do Comércio que recuperam as decepções de Cancún em 2003, entendo que ele reforça o que vinha sendo dito nos artigos – agora capítulos – anteriores. E abre o caminho para o que pretendo dizer adiante.

Assim como os direitos humanos, desde a década de 1990, são reconhecidos como instrumentos necessários para a obtenção de avanços no campo social, as negociações multilaterais econômicas são também imprescindíveis à correção do discurso dos direitos humanos em sua indivisibilidade intrínseca. Conforme recordou o presidente Lula da Silva, na abertura do debate geral da 59ª Sessão Ordinária da Assembléia Geral das Nações Unidas, "... A articulação de países da África, América Latina e Ásia no G-20 foi decisiva para manter a rodada de Doha na trilha da liberalização do comércio com justiça social. O sucesso de Doha representa a possibilidade de livrar da pobreza mais de 500 milhões de pessoas"[14]. E como ele mesmo já dissera na véspera, ao explicitar a importância para os direitos humanos da luta contra a fome e a pobreza: "A fome subtrai a dignidade,

---

14. Luiz Inácio Lula da Silva, *Discurso na 59ª Assembléia-Geral da ONU*, Nova York, 21/09/2004 (disponível no *site www.mre.gov.br*). Para quem, como eu, não tem possibilidades de acompanhar os pormenores das múltiplas negociações em curso, esclareço que o G-20, a que se referiu o presidente Lula, e que em Cacún era chamado Grupo dos 21, é o conjunto de países "em desenvolvimento"ou "emergentes", que se articulam para as negociações e tem seu número variado conforme a participação ou não de alguns países de menor peso. Ele se baseia sobretudo na coordenação entre cinco considerados principais: Brasil, Argentina, África do Sul, China e Índia. E a "rodada de Doha" é a continuação natural da "rodada Uruguai", de que emergiu *inter alia* a Organização Mundial do Comércio, em 1993, e se destina a negociar multilateralmente questões atinentes ao acesso a mercados e ao problema dos subsídios à agricultura, que não haviam ficado resolvidas.

destrói a auto-estima e viola o mais fundamental dos direitos humanos: o direito à vida"[15].

De todas as recentes iniciativas brasileiras, aquela que mais diretamente se vincula às conferências, objeto deste artigo, foi precisamente a de convocar, em conjunto com os chefes de Estado ou de Governo da França, do Chile e da Espanha, sob os auspícios do secretário geral das Nações Unidas, a Reunião de Líderes Mundiais para a "Ação Contra a Fome e a Pobreza", na sede da ONU em Nova York, em 20 de setembro de 2004. Ela procurou dar novo impulso à ação internacional contra esses males, por meio do exame de mecanismos de financiamento ao desenvolvimento, agora respaldados por um relatório técnico, os quais tornariam mais viáveis as Metas do Milênio formuladas na Cúpula de 2000. Deu, assim, seqüência à Conferência de Monterrey de 2002 e outros encontros congêneres, que se encontravam "esquecidos" no turbilhão de violência a que hoje assistimos em todos os cantos do planeta.

Se essa breve, mas significativa, reunião de cúpula, que reuniu mais de sessenta líderes e emitiu uma declaração subscrita por 107 chefes de Governo e presidentes da República[16], conseguir, pelo menos, relançar a discussão dessas matérias como prioridade na agenda internacional contemporânea, é possível que a desrazão prevalecente no cenário mundial ceda lugar a esperanças de uma correção de rumos. Foi inspirado pela reunião da véspera que o secretário geral Kofi Annan fez a defesa da ONU, do multilateralismo e do Direito, diante dos horrores de nosso início de século, ao inaugurar formalmente a Assembléia Geral no dia 21 de setembro, assinalando aos chefes de delegação presentes:

> Na verdade, hoje mais do que em qualquer outra época, o mundo necessita de um mecanismo efetivo pelo qual se possam buscar soluções comuns para os problemas comuns. É para isso que a Organização foi criada. Não imaginemos que, se falharmos em sua boa utilização, encontraremos qualquer instrumento mais eficaz.
>
> A esta altura do próximo ano vocês se estarão reencontrando para avaliar a implementação da Declaração do Milênio. Espero que então estejam prontos para tomar, unidos, decisões ousadas a respeito da totalidade dos temas cobertos pela Declaração ....[17]

A História, antes vista com distanciamento em seu conjunto, nas teorias pós-modernas é necessariamente vista por óticas fragmentadas. E é assim que ela hoje efetivamente se apresenta, fragmentada

---

15. Idem, discurso na reunião de líderes mundiais para a "Ação Contra a Fome e a Pobreza", Nova York, 20/09/2004 (também disponível no *site* www.mre.gov.br).

16. Cifra extraída das palavras do presidente Luiz Inácio Lula da Silva no encerramento da reunião de líderes em 20/09/2004.

17. Tradução feita por mim a partir do original em inglês, disponível no *site* www.un.org.

pelos motivos discutidos neste livro e outros não discutidos. Se procurarmos encará-la com a visão de conjunto em que se basearam os filósofos e historiadores mais "clássicos" (no sentido de não-pós-modernos), a situação é pior ainda, com sintomas de regressão em quase todas as áreas atinentes ao humano. As regressões, como todos vemos, acirraram-se enormemente desde o Onze de Setembro, pelo terrorismo e pela obsessão de um combate a ele exclusivamente repressivo. Mas as regressões e até as fragmentações podem ainda ser revertidas.

No que diz respeito ao terrorismo e à luta que contra ele precisa ser travada, são eloqüentes as afirmações do presidente do Governo da Espanha, José Luís Rodríguez Zapatero, eleito logo depois de outro atentado terrorista tenebroso no metrô de Madri, em 11 de abril de 2004. Em seu discurso na Assembléia Geral da ONU disse ele, entre os demais parágrafos igualmente convincentes:

> Treinta años resistiendo al terrorismo nos han enseñado que el mayor riesgo de una victoria de los terroristas se produce cuando para luchar contra el terror la democracia traiciona su propia esencia, los estados limitan las libertades, cuestionam las garantías judiciales o realizan operaciones militares preventivas. Eso es lo que ha aprendido mi pueblo: que es con la legalidad, la democracia y la política como somos más fuertes y ellos más débiles. (…)
>
> El terrorismo no tiene justificación, como la peste; pero como ocurre con la peste, se puede y se deben conocer sus raíces; se puede y se debe pensar racionalmente cómo se produce, cómo crece, para combatirlo racionalmente.
>
> El terrorismo es la locura y la muerte, y lamentablemente siempre habrá fanáticos dispuestos a asesinar para imponer su locura por la fuerza, dispuestos a extender la semilla del mal. La simiente del mal se malogra cuando cae en la roca de la justicia, del bienestar, de la libertad, de la esperanza: pero puede arraigar cuando cae en la tierra de la injusticia, de la pobreza, de humiliación, de la desesperación. Por eso la corrección de las grandes injusticias políticas y económicas que asolan el planeta privaria a los terroristas de sustento popular. Cuanto más gente viva en condiciones dignas en el mundo, más seguros estaremos todos[18].

[Trinta anos resistindo ao terrorismo nos ensinaram que o maior risco de uma vitória dos terroristas se produz quando, para lutar contra o terror, a democracia trai sua própria essência, os Estados limitam as liberdades, questionam as garantias judiciais ou realizam operações militares preventivas. Isso é o que meu povo aprendeu: que é com a legalidade, a democracia e a política que somos mais fortes e eles mais débeis. (…)

O terrorismo não tem justificação, como a peste; mas como ocorre com a peste, pode-se e deve-se conhecer suas raízes; pode-se e deve-se pensar de maneira racional sobre como ele se produz, como cresce, para combatê-lo racionalmente.

O terrorismo é a loucura e a morte, e lamentavelmente sempre haverá fanáticos dispostos a assassinar para impor sua loucura pela força, dispostos a estender a semente do mal. A semente do mal malogra quando cai na rocha da justiça, do bem-estar, da liberdade, da esperança: mas pode arraigar-se quando cai na terra da injustiça, da pobreza, da humilhação, do desespero. Por isso, a correção das grandes injustiças políticas e econômicas que assolam o planeta privaria os terroristas de sustento popular. Quanto mais gente viver em condições dignas no mundo, mais seguros estaremos todos].

---

18. Disponível no *site www.un.org*.

Já se tornaram célebres as palavras do presidente Lula no encontro de líderes de 20 de setembro em Nova York ao afirmar que "*a fome é a mais cruel das armas de destruição em massa*"[19]. Para alguns elas podem ter soado irritantes. Nem por isso deixam de ser tão verdadeiras e provocativas (no bom sentido do termo) quanto as de Adolfo Perez Esquivel pouco após o Onze de Setembro, ao repetir insistentemente, em outubro de 2004, que, no mesmo dia em que foram perpetrados os terríveis atentados nos Estados Unidos, morreram de fome no mundo 30.615 crianças[20].

A miséria, o terrorismo e os atos de violência de todos os tipos vão contra, evidentemente, todos os direitos humanos. Para que estes possam abrir trilhas de esperança num futuro menos aterrador do que o presente, será necessário corrigir as estratégias e as ações em quase todas as áreas. Será importante corrigir o próprio discurso dos direitos humanos, inspirador e sonoro na década de 1990, mas tão parcial a ponto de dar margem a rejeições categóricas. Esse discurso precisa ser abrangente, para não soar arrogante, imaterial e, até, contraproducente. Em lugar de acomodações a políticas de poder feitas em nome da democracia, ao neoliberalismo generalizado sem contrapesos sociais e ao relativismo "pós-moderno", intrinsecamente conformista ainda que contra a vontade dos críticos radicais da modernidade, é necessário que esse discurso recuse, de todas as maneiras possíveis, as opções "performáticas", militares e de caráter econômico, hoje seguidas na busca de segurança e riqueza.

Segurança será sempre uma noção ilusória nas condições desumanas da globalização sem valores.

(Setembro de 2004)

---

19. Tenho-a escutado de vários diplomatas de nacionalidades diversas, que as repetem com aprovação. A elas se seguia a explicação de que "(A) fome continua matando 24 mil pessoas por dia e 11 crianças por minuto" (ver nota 8 supra).
20. Ver "pós-conclusão" do capítulo 7 supra.

10. Os Direitos Humanos na Conjuntura Presente: Esboroamento sem Recuperação?

> *Desde o 11 de setembro, não paro de me perguntar se, em vista de acontecimentos de uma tal violência, toda minha concepção da atividade orientada para o entendimento mútuo – aquela que venho desenvolvendo desde a Teoria do Agir Comunicacional – não está caindo no ridículo.*
>
> JÜRGEN HABERMAS*

INTRODUÇÃO

No turbilhão de violência em que o mundo hoje vive, os valores projetados pelas grandes conferências da década de 1990 encontram-se tão deslocados que chega a parecer ridícula a tentativa de neles insistir. Como o terrorismo passou a justificar quase tudo e novas estranhas doutrinas de segurança nacional proliferam, mais relevantes soam agora o poderio que a ética, a repressão que a justiça, a força que o Direito. Tal como se afiguram esquálidos os esforços pelo desenvolvimento sustentável, e o desenvolvimento social, quando sequer lembrado, não consegue ultrapassar a esfera do discurso, os direitos humanos são reinterpretados de forma incompreensível, acomodados a práticas inaceitáveis ou desconsiderados de todo como um pormenor incômodo. Nesse contexto desolador é espantoso atinar que somente onze anos se passaram desde a realização em Viena da Conferência Mundial sobre Direitos Humanos, com toda a mobilização que engendrou e efeitos que produziu.

---

*. "Depuis le 11 septembre, je ne cesse de me demander si, au regard d'événements d'une telle violence, toute ma conception de l'activité orientée vers l'entente – celle que je développe depuis la *Théorie de l'agir communicationnel* – n'est pas en train de sombrer dans le ridicule.",i "Qu'est-ce que le terrorisme?" (entrevista dada, em paralelo a outra de Jacques Derrida sobre o mesmo tema, a Giovanna Borradori), *Le monde diplomatique*, fev. 2004, p. 17 (minha tradução).

Não obstante seu esboroamento atual, a idéia dos direitos humanos conta ainda com transversalidade política suficiente para não ser contestada na essência – salvo por fundamentalistas fanáticos, com conseqüências funestas, ou intelectuais pós-modernos de um radicalismo *sui generis* e audiência limitada. Não é, por isso, absurdo crer que esses direitos possam talvez funcionar como contrapeso à desrazão messiânica do cenário contemporâneo. Até porque, de repente, pelos caminhos mais tortos, eles parecem estar começando a retornar ao proscênio.

A ASCENSÃO DOS DIREITOS HUMANOS NOS ANOS DE 1990

Segundo evento da série de grandes encontros multilaterais convocadas pelas Nações Unidas como preparação do mundo para o século XXI (a primeira foi a Conferência do Rio de Janeiro, em 1992, sobre meio ambiente e desenvolvimento), a Conferência de Viena de junho de 1993 desempenhou um papel especial. Graças a ela, com as atenções que atraiu para o tema, os direitos fundamentais de todos os seres humanos, cristalizados aos poucos desde o século XVIII em declarações dispersas e positivados pela ONU na Declaração Universal, alcançaram um grau de importância que nunca haviam obtido.

Isso se conseguiu em parte, porque o encerramento da Guerra Fria propiciava um entendimento mais fácil entre Estados antes antagônicos, em parte porque, com o fim do bloco europeu de países stalinistas, então chamados, com conotação despicienda, de países do "socialismo real", e com ajuda dos meios de comunicação vertiginosamente ampliados, a situação das sociedades se apresentou transparente em quase todo o planeta. Já não era mais possível ocultar violações ocorridas nos espaços nacionais, nem tentar acobertar violadores sob o manto do princípio da não-intervenção em assuntos internos dos Estados soberanos.

As sociedades civis (e aí não se pode esquecer o papel proeminente das universidades como atores e mentores), onde já existiam com forças organizadas, tornaram-se mais ativas e exigentes. Onde praticamente não existiam, como nos antigos países totalitários comunistas ou nos Estados teocráticos sem um mínimo de democracia, elas passaram a organizar-se e a atuar com determinação e influência.

Conquanto as organizações não-governamentais tenham, num primeiro momento, visto como decepcionantes os resultados da Conferência de Viena, elas foram essenciais para que sua Declaração e Programa de Ação incluíssem, de fato, inovações notáveis. A mais conhecida, mas não única, foi a sugestão à Assembléia Geral de considerar o estabelecimento, dentro do sistema das Nações Unidas, de um Alto Comissário para os Direitos Humanos, que muitos governos antes viam como um perigoso meio de ingerência indevida em suas jurisdições[1].

Precisamente em função do que hoje vem ocorrendo no mundo, e correndo o risco de se soar anacronicamente risível, é pertinente recordar alguns dos avanços conceituais obtidos pela Conferência de Viena:

I. a aceitação teórica dos direitos humanos por consenso universal – ou, em outros termos, a "universalização" legítima da Declaração Universal dos Direitos Humanos. Isso porque, como é sabido, não obstante sua denominação formal, a Declaração de 1948, quando adotada pelas Nações Unidas, havia sido aprovada por somente 48 Estados independentes, numa Assembléia Geral de apenas 56 membros, oito dos quais se abstiveram na votação. Mais da metade da humanidade não havia podido manifestar-se, nas negociações ou no voto, por representantes estatais porque os respectivos povos ainda se encontravam em territórios sob domínio colonial. Em Viena, por outro lado, num período em que já praticamente não havia colônias, todos os países das mais diversas culturas estiveram representados (por delegações oficiais e por ONGS). E como seu documento final, a Declaração e Programa de Ação de Viena, foi aprovado sem voto nem reservas explícitas (apenas declarações interpretativas que não lhe esvaziavam o conteúdo), não é falso o entendimento que a conferência de 1993 foi o encontro mundial que efetivamente universalizou o conceito de direitos fundamentais, inerentes a todas as pessoas físicas apenas por serem humanas. E o fez sem ambigüidades ao ressaltar no artigo 1º de sua Declaração "(…) A natureza universal desses direitos e liberdades não admite dúvidas. (…)";

II. a confirmação da legitimidade da preocupação internacional com a situação dos direitos humanos em qualquer parte do mundo. Ela foi textualmente expressa no artigo 4º da Declaração, que registra "… No contexto desses propósitos e princípios (das Nações Unidas), a promoção e proteção de todos os direitos humanos constituem uma preocupação legítima de comunidade internacional". Mas, de maneira implícita, a confirmação foi maior, por meio do apoio dado aos mecanismos de monitoramento e controle, como os relatores especiais e grupos de trabalho temáticos da Comissão dos Direitos Humanos da ONU e de suas homólogas regionais, antes sempre encarados como instrumentos de intromissão nas soberanias nacionais;

III. o reconhecimento sem voto do direito ao desenvolvimento no âmbito dos direitos humanos. Embora as Nações Unidas já houvessem adotado a Declaração do Direito ao Desenvolvimento em 1986, esta, tal como a Declaração Universal dos Direitos Humanos, havia sido aprovada sem consenso – neste caso com abstenções e votos negativos – pela Assembléia Geral. A Rio-92, por sua vez, havia feito menção consensual ao direito ao desenvolvimento, mas, na Declaração do Rio de Janeiro sobre Meio Ambiente e Desenvolvimento, de 1992, a titularidade era dos Estados, não das pessoas integrantes de sua população. Viena, nesse sentido, também "universalizou" a idéia desse novo direito humano "de terceira geração" ("um direito universal e inalienável, parte integrante dos direitos humanos fundamentais", conforme o artigo 10 da Declaração de Viena), com formulação cuidadosa, que dispunha a pessoa humana como sujeito central do desenvolvimento e evitava a possibilidade de algum Estado invocar a falta de meios econômicos como justificativa para restrições aos direitos "de primeira geração", civis e políticos;

IV. o estabelecimento de uma inter-relação indissolúvel entre a democracia, o desenvolvimento e os direitos humanos. Explicitada no artigo 8º da Declaração, que tam-

---

1. Para um apanhado abrangente daquilo que considero os avanços mais importantes da Conferência de Viena, permito-me reportar-me ao capítulo 4 de meu livro *Relações Internacionais e Temas Sociais – A Década das Conferências*.

bém define a democracia como um sistema baseado "na vontade livremente expressa pelo povo de determinar seus próprios sistemas políticos, econômicos, sociais e culturais e em sua plena participação em todos os aspectos de sua vida", a afirmação dessa tríade perpassa todo o documento, significando que a ausência de qualquer desses três elementos inviabiliza ou torna sem valor os demais.

Se agora esses avanços conceituais parecem fúteis, eles tiveram grande importância para a projeção e afirmação dos direitos humanos na agenda das discussões internacionais, inclusive bilaterais, além de influírem nas políticas internas de muitos países e de terem sido incorporados nas recomendações de todas as demais conferências mundiais dos anos de 1990 até como instrumentos essenciais para a consecução das metas por elas estabelecidas nas áreas respectivas[2].

Diante dessas evoluções que culminaram com a Cúpula do Milênio, em Nova York, no ano 2000, parece absurdo que a primeira grande conferência social do século XXI, a Conferência de Durban sobre o Racismo, a Discriminação Racial, Xenofobia e Intolerância Correlata, em agosto/setembro de 2001, tenha sido tão problemática (os Estados Unidos e Israel dela se retiraram, e o consenso sobre seus documentos somente foi conseguido com enorme dificuldade, em meio a complexas manobras de procedimento). É também surpreendente a pequenez das menções aos direitos humanos em novos documentos adotados por outras conferências da ONU, potencialmente importantes como a Conferência de Monterrey de 2002 sobre o Financiamento do Desenvolvimento (uma única referência em salada de ingredientes completamente distintos citados no artigo 11 do chamado "Consenso de Monterrey"), que o Brasil, conscientemente, deseja agora resgatar. Mais espanto causa ainda o retrocesso que se nota nos trabalhos da Comissão dos Direitos Humanos das Nações Unidas, em que o tema, capaz de mobilizar sociedades civis e governos de maneira relativamente eficaz (pelo menos na esfera normativa) ao longo da década passada, voltou a ser manipulado de forma tão seletiva e propagandística que quase invalida por inteiro os mecanismos de controle existentes. Até a Subcomissão para a Promoção e Proteção dos Direitos Humanos[3], também das Nações Unidas, mas integrada por peritos, não por Estados, tornou a ser proibida de adotar resoluções sobre violações em países específicos, a exemplo do que ocorria antes dos anos de 1970.

A GLOBALIZAÇÃO DISCURSIVA DOS DIREITOS HUMANOS

Antes mesmo da irrupção dos problemas mais visíveis do cenário contemporâneo – as múltiplas formas de terrorismo e a maneira

---

2. Idem, ibidem para um exame da influência dos direitos humanos em todas as demais conferências dos anos de 1990.
3. Antiga Subcomissão para a Prevenção da Discriminação e Proteção das Minorias.

pela qual vem sendo desenvolvida a prevenção contra ele –, todos os quais afetam de forma direta e profundamente negativa os direitos humanos, já era possível, na própria década de 1990, observar graves inconsistências no modo de asserção desses direitos como um tema global. E a palavra "global" afigura-se correta em diversos sentidos para qualificar esse "novo tema" (como era comum e erroneamente chamado antes da Conferência de Viena) da agenda internacional. Não somente porque a situação dos direitos humanos em qualquer parte do mundo passou a receber atenção prioritária de todos os atores internacionais relevantes, governamentais ou não (é importante não confundir "atenção" com "observância"), mas também porque o próprio discurso dos direitos humanos fez e ainda faz parte do fenômeno denominado "globalização".

Conforme todos sabemos, o termo "globalização", ou "mundialização", é normalmente utilizado com sentido econômico, significando essencialmente a constituição progressiva e inexorável de um mercado único, sem fronteiras territoriais ou barreiras políticas, em expansão e consolidação por todo o planeta. Mas a globalização abrange também, necessariamente, os desenvolvimentos tecnológicos dos meios de transporte, que encolhem as distâncias, de comunicações e informação, que imediatizam o tempo e tornam o espaço, nessa esfera, irrelevante. Assim como se relaciona a vários outros conceitos, entre os quais àquele que muitos se referem como "globalização cultural". Esta geralmente significa a mundialização da cultura ocidental, com seus valores, estética, e modas, que seduzem e servem de substrato propulsor à própria expansão dos mercados. Por isso a globalização cultural, que hoje em dia corresponde mais precisamente à "americanização" tendencial do mundo, envolve da mesma maneira a afirmação dos direitos humanos no discurso de todos os Estados e sociedades civis minimamente organizadas. Envolve ainda, o que é pena, modismos desenvolvidos em universidades norte-americanas, como o identitarismo obsessivo sobreposto a problemas mais abrangentes como a luta contra a pobreza e a exploração em geral, que muitos pensam a sério serem "de esquerda", mas somente fortalecem a "direita".

No próprio campo discursivo, porém, a mundialização dos direitos humanos nunca correspondeu precisamente à afirmação conceitual desses direitos com as características definidas na Declaração e Programa de Ação da Conferência de Viena. Não refletiu sequer o sentido abrangente que lhes dava, desde 1948, a Declaração Universal. Pois é inegável que, embora qualificada de individualista e, nesse sentido, reflexo exclusivo da cultura ocidental "iluminista", a Declaração Universal dos Direitos Humanos já consagrava entre os direitos fundamentais de todos os seres humanos os direitos econômicos e sociais ao trabalho e ao lazer, à educação e à saúde, à segurança social e a condições dignas de vida. Isso porque, na época em que foi negociado esse documento fundador, no próprio Ocidente predominava a crença no *Welfare State*, portanto, a convicção de que o Estado liberal também tinha papel essencial para a realização, ainda que progressiva, desses direitos chamados "de segunda geração". Dessa forma, para as Nações Unidas eles sempre foram considerados tão essenciais ao ser humano quanto os direitos civis e políticos – estabelecidos antes na história do Ocidente nas lutas contra o absolutismo e por essa razão chamados "direitos de primeira geração".

Para ressaltar esse entendimento mais amplo dos direitos fundamentais, a Declaração de Viena, de 1993, com fórmula reiterada em muitos documentos da ONU, reafirmava em seu artigo 5º que:

> *Todos* os direitos humanos são universais, indivisíveis, interdependentes e inter-relacionados. A comunidade internacional deve tratar os direitos humanos globalmente de forma justa e eqüitativa, em pé de igualdade e com a mesma ênfase (grifo acrescentado).

Por outro lado, o mesmo artigo 5º da Declaração de Viena, com vistas a superar as divergências que já se apresentavam entre os países do Ocidente e do Oriente, entre sistemas individualistas e sistemas coletivistas, entre Estados seculares e Estados religiosos (foi durante a Conferência de Viena que circulou o número da revista *Foreign Affairs* com o célebre e ominoso ensaio de Samuel Huntignton sobre o "choque de civilizações" como paradigma das relações internacionais no mundo pós-Guerra Fria), precisou complementar essa citada reafirmação da indivisibilidade de todos os direitos com outra afirmação, um tanto contraditória, que prenunciava o agravamento das tensões a que temos assistido desde então. O artigo dizia que:

> As particularidades nacionais e regionais devem ser levadas em consideração, assim como os diversos contextos históricos, culturais e religiosos, mas é dever dos Estados promover e proteger todos os direitos humanos e liberdades fundamentais independentemente de seus sistemas políticos, econômicos e culturais.

Ninguém será tão ingênuo a ponto de imaginar que a simples adoção de uma Declaração internacional discursiva seja suficiente para modificar a realidade daquilo que filósofos como Habermas chamam de *Lebenswelt* – o mundo da vida. A ambigüidade do texto do artigo 5º da Declaração de Viena foi necessária em 1993 para se obter o consenso para a universalidade dos direitos humanos. Mas o fato de a Conferência haver precisado fazer esse gesto um tanto pós-moderno de respeito aos "diversos contextos históricos, culturais e religiosos" em favor do consenso respondia às posturas que rechaçavam a visão ocidental individualista dos direitos humanos, expressados então com ênfase especial por países como a Malásia, o Irã e a China. Respondia também ao crescimento do fundamentalismo religioso que já se apresentava de maneira visível e sangrenta – nessa época sobretudo na Argélia – e o fundamentalismo nacionalista que se traduzia em guerras e "limpezas étnicas" no território da antiga Iugoslávia. Esperava-se, pelo menos, que a afirmação de que em nenhum contexto os Estados podem justificar violações de direitos humanos pela invocação das particularidades respectivas fosse suficientemente compensatória a essa concessão que se poderia qualificar de semi-relativista.

Contudo, a preocupação com os fundamentalismos religiosos e nacionalistas não deixava transparecer o fundamentalismo que mais iria acirrar a rejeição dos direitos humanos como uma criação do Ocidente imperialisticamente imposta aos demais: o fundamentalismo do então chamado "consenso neoliberal" ou "consenso de Washington". Esse falso consenso, ademais de apresentar-se como uma não-ideologia, uma tendência a que ninguém jamais poderia escapar num mundo globalizado como um mercado planetário, onde a competitividade era apresentada como única virtude, destruía simultaneamente as conquistas sociais em que elas já existiam e a concepção dos direitos econômicos e sociais como direitos humanos a serem promovidos e protegidos pelos Estados. Destruía, da mesma forma, a capacidade dos Estados para tentar proteger esses e quaisquer outros direitos fundamentais.

EFEITOS DA GLOBALIZAÇÃO NEOLIBERAL SOBRE OS DIREITOS HUMANOS

Não cabe aqui apontar todos os aspectos positivos e negativos do fenômeno da globalização, tão amplamente estudados por peritos entusiastas e críticos. Basta recordar que todos reconhecem a ocorrência de "danos colaterais" intrínsecos à total abertura dos mercados nacionais – que, a propósito, nunca foi total nos países que a postulam. Ao lado de algumas vantagens em matéria de atração de investimentos externos e criação de empregos em regiões onde a remuneração do trabalho é barata, a globalização neoliberal provoca assumidamente o enfraquecimento do Estado. Seja por insuficiência de recursos, seja por recomendações impositivas das instituições financeiras internacionais, que assim consideram promover a tal "competitividade", os Estados são levados à desmontagem gradativa da rede de garantias da segurança social onde elas de alguma forma existem, ou à total impossibilidade de sua criação que nunca passaram de projeto. Numa situação em que o desemprego é visto como um fato natural e estrutural, inerente à idéia de risco característica do neoliberalismo, a noção de direitos econômicos e sociais se transforma em elemento nocivo, a ser necessariamente descartado. Nessas condições, embora se possa continuar dizendo o contrário nos foros internacionais, os direitos humanos considerados fundamentais voltam a ser somente os direitos civis e políticos.

Mas os direitos civis e políticos também se apresentam seriamente desvirtuados. Os civis o são em decorrência das práticas conhecidas e muito disseminadas que levam os pobres, os desempregados e as minorias a serem encarados com desconfiança. São eles que, além de vítimas da desmontagem de proteções sociais e vítimas principais da violência comum, constituem o foco a que se dirigem as ações policiais e todas as atividades repressivas envolvidas na idéia da "tolerância zero". São eles, os cidadãos, nacionais ou estrangeiros, que vão encher, superlotar, as prisões – quando não se lhes aplica legalmente a pena de morte, internacionalmente reputada ilegítima.

A própria idéia de cidadania e de direitos políticos perde substância diante do enfraquecimento do Estado. Incapazes de servir como instrumento para a conquista dos direitos econômicos e sociais, conforme teorizado por Marshall na Inglaterra desde os anos de 1940 – e conforme interpretados na prática pelos partidos social-democratas de todo o mundo desde que se formaram –, os direitos políticos perdem agora seu principal atrativo para as pessoas comuns. Daí o crescimento da abstenção eleitoral nos países onde o voto não é obrigatório e a freqüente transformação de eleições em grandes festas de ricos. Daí o crescimento vertiginoso dos partidos de direita falsamente "populistas" nas grandes democracias. Daí, o que é ainda pior, o desencanto que se manifesta em muitas partes do mundo – inclusive na muito sofrida América Latina – com o sistema democrático de governo, tendência que confirma da maneira mais dolorosa a afirmação da Conferência de Viena sobre a vinculação indissolúvel dos elementos da tríade direitos humanos-democracia-desenvolvimento.

A perda de substância dos direitos humanos na situação de globalização sem controle é especialmente visível no incremento gigantesco de fenômenos que antes se apresentavam menos ameaçadores, a saber:

- a imigração incessante e ascendente, na Europa Ocidental e nos Estados Unidos, de pessoas procedentes de países pobres (quase todos os quais se encontram em processo de regressão econômica e desagregação social);
- o ressurgimento incontrolável do tráfico de pessoas e das formas contemporâneas de escravidão decorrente de dívidas (inclusive nos países mais desenvolvidos);
- a rotinização da pornografia infantil e da pedofilia, associadas ao turismo sexual no Terceiro Mundo;
- o recrudescimento do racismo, envolvendo o reaparecimento de grupos nazifascistas e a consolidação de partidos ultranacionalistas;

• a explosão de conflitos fratricidas de micronacionalismos, como os da ex-Iugoslávia;
• o genocídio de co-habitantes de uma mesma região, como ocorreu em Ruanda e ameaçou ocorrer em toda a área dos grandes lagos africanos;
• o crescimento exponencial do número de refugiados e pessoas deslocadas (20 milhões atualmente segundo o Alto Comissariado das Nações Unidas para Refugiados);
• a busca individual de proteção ou compensação contra as dificuldades vividas em seitas religiosas ou crendices sobrenaturais;
• a expansão do fundamentalismo religioso – não apenas islâmico, mas de todas as religiões;
• o crescente recurso dos desesperados (de qualquer fé ou sem fé) por ações violentas criminais ou suicidas;
• o aparecimento de uma nova forma de terrorismo, coordenado em redes de amplitude planetária, com ações não-reivindicadas e objetivos não-explicitados pelos autores intelectuais.

Se tudo isso já era grave na década de 1990, a situação se agravou ainda mais neste século XXI, com atentados monstruosos, operações militares sem sentido e guerras "neoconservadoras" que, longe de prevenir os atos de terrorismo, somente podem incentivar sua multiplicação, numérica e espacial: na medida em que os terroristas atuais optam pelo suicídio, é difícil acreditar que possam ser dissuadidos pelo temor de ações bélicas de qualquer tipo. A televisão aí está a nos mostrar todo dia como as coalizões mais poderosas, em sentido militar, têm sido incapazes de controlar minimamente as situações que se propuseram resolver. Os antídotos ao fundamentalismo desesperado e ao terrorismo suicida há de ser encontrado alhures, em ações econômico-sociais que eliminem as causas do desespero.

Conforme observa a Anistia Internacional, até hoje a mais expressiva ONG internacional de direitos humanos, por mais que o discurso da indivisibilidade desses direitos continue, os direitos econômicos, sociais e culturais permanecem como sempre negligenciados, reduzindo os direitos humanos a uma construção teórica sem efeitos práticos para a vasta maioria do mundo. Nas palavras contundentes, mas realistas, de Irene Khan, sua secretária geral, no Relatório de 2003, divulgado em 2004: "Não é por mera coincidência que, na guerra do Iraque, a proteção dos poços de petróleo tenha recebido maior prioridade do que a proteção de hospitais"[4].

---

4. Anistia International, "Why human rights matter – A message from Irene Khan, Amnesty International's Secretary General", *Report 2004*, Londres (minha tradução).

QUE FAZER?

O quadro aqui esboçado é, sem dúvida, negativo, porque negativa é a realidade presente. Mas isso não quer dizer que se deva cruzar os braços, assumindo um pessimismo irreversível. A luta pelos direitos humanos ainda produz às vezes resultados positivos. Parecem poucos, é verdade, mas podem representar tudo para a pessoa beneficiada – como a nigeriana Amina Lawall, que, em 2003, escapou da lapidação determinada por tribunal islâmico em função de campanha internacional realizada em sua defesa. É essa luta que ainda pode trazer esperança às cinco enfermeiras búlgaras condenadas à morte na Líbia, em 2004, sob acusação de terem contaminado deliberadamente (não se sabe para quê!) 426 crianças com o vírus da AIDS em hospital de Benghazi[5]. É nela que se baseiam os esforços para deter o crescimento do racismo e do anti-semitismo, que novamente se espalham de maneira assustadora – até mesmo no Brasil, onde o caso de um Siegfried Ellwanger, com suas publicações anti-semitas, foi há pouco decidido pelo Supremo Tribunal Federal[6].

Muita coisa mudou no mundo desde os atentados do Onze de Setembro em Nova York e Washington. Não é fácil estabelecer a relação entre essas mudanças e o processo de globalização. Fácil é observar como os direitos humanos, para não falar do Direito Humanitário, têm sido descartados das preocupações dos governos na luta – que evidentemente não pode ser apenas uma guerra de natureza militar – contra o terrorismo. Fácil é notar como os direitos fundamentais de toda pessoa humana passaram a segundo plano na adoção de medidas de segurança de diversos países, inclusive nas chamadas "grandes democracias". Desde o final de 2001, o Direito, nacional e internacional, tem sido distorcido de maneira a acomodar "legalmente" ações de investigação e repressão ilegítimas. As detenções arbitrárias por tempo que se eterniza, supostamente exclusivas de ditaduras, já nem produzem notícia. Antes mesmo do horror estampado nas fotografias de prisioneiros iraquianos seviciados em Abu Ghraib, a tortura voltara a ser contemplada em diversos países como meio aceitável de extração de

---

5. Esse assunto tem sido um dos principais da imprensa búlgara, já tendo o governo logrado obter apoios substantivos da União Européia, da OTAN e de vários países dispostos a atuar junto a Muammar Khadaffi. Consta que a acusação e a sentença se tenham baseado em confissões de duas das quatro enfermeiras submetidas a tortura. É sempre bom reler o que diz Beccaria.

6. Que negou *habeas corpus* a esse editor e incitador de doutrinas anti-semitas, enquadrando sua atividade no crime de racismo conforme a legislação brasileira e a Convenção Internacional de 1965. Ver sobre a matéria Supremo Tribunal Federal, "*Crime de Racismo e Anti-Semitismo – Um Julgamento Histórico do STF*" (*Habeas Corpus* nº 82.424/RS), Brasília Jurídica, 2004.

informações[7]. Em mais uma detração do racionalismo iluminista, os defensores da tortura, que incluíam advogados e juristas, esqueciam os argumentos de Beccaria sobre a ilegitimidade, a inutilidade e a irracionalidade dessa prática, ensinados desde o século XVIII[8].

Curioso é observar, por outro lado, como, em decorrência de preocupações estratégicas, a instituição do Estado, tão enfraquecida pela globalização econômica e tão desprezada pela ideologia neoliberal, volta agora a ser valorizada de uma maneira imprevista. Se o fundamentalismo religioso é também, como parece, um subproduto da pós-modernidade, será paradoxal que o ato mais radical do terrorismo fundamentalista – a destruição das torres do World Trade Center – produza, desse ponto de vista, como parece estar produzindo, uma estranha *revanche* da "modernidade" criticada, por meio do fortalecimento, militar e policialesco, do Estado nacional.

É lamentável que essa *revanche* não inclua o soerguimento, no próprio Ocidente, dos valores por ele difundidos, da liberdade, da razão, do Direito e dos direitos humanos. Mas isso ainda pode ocorrer. O caso do presídio de Abu Ghraib – que já se sabe não ter sido único, nem uma exceção resultante de descontrole – tem-se revelado tão chocante que colocou os mais ferrenhos "neoconservadores" na defensiva.

Para que os direitos humanos voltem a ter a força política mobilizadora que tiveram nos anos de 1990, é necessário que as violações conhecidas sejam denunciadas como tais onde quer que se verifiquem. Se a situação dos prisioneiros em Guantánamo ainda não pôde ser abordada pela Comissão dos Direitos Humanos da ONU, até porque, convenhamos, a comissão se acha tão desvirtuada que não parece dispor de autoridade moral para cuidar de assuntos delicados, os abusos praticados por membros das coalizões no Iraque e no Afeganistão vêm sendo amplamente divulgados pelas ONGs e pelos *media*. E começam a ser denunciados também em foros internacionais importantes.

Nesse contexto, merece atenção especial a Declaração de Guadalajara, documento inusitadamente abrangente, inclusive em matéria de direitos humanos, emitido na conferência de cúpula da América Latina e do Caribe com a União Européia realizada naquela cidade mexicana em maio de 2004. Nela os chefes de Estado e de Governo desse espaço transatlântico de cultura ocidental declaram-se textual-

---

7. Não me refiro apenas aos Estados Unidos e à conhecida campanha de Alan Dershowitz para legalizar a tortura. Nem às múltiplas sugestões de transferência de suspeitos internos ou prisioneiros capturados no Afeganistão para país onde a tortura seja legalmente tolerada (evitando-se assim macular o solo norte-americano). Leio no *La Reppublica* de 23 de abril de 2004 que no Parlamento italiano a "Lega" introduziu projeto de emenda ao Código Penal com o objetivo de reabilitar a tortura. Sugestões desse tipo têm proliferado em muitos lugares, sempre com base em "doutrinas" de segurança conhecidas no Brasil.

8. Ver em versão brasileira Cesare Beccaria, *Dos Delitos e das Penas (1764)*, especialmente o cap. XVI.

mente "horrorizados diante das evidências de maltrato de prisioneiros nas prisões iraquianas", acrescentando de maneira construtiva:

> Acolhemos com satisfação o compromisso dos Governos em questão de levar aos tribunais todos os indivíduos responsáveis por tais atos, de maltrato de prisioneiros iraquianos, e seu compromisso de corrigir qualquer falha no respeito ao Direito Internacional Humanitário. Apelamos todos os Governos a que façam cumprir plenamente a proibição da tortura e de outros tratamentos cruéis, desumanos e degradantes, em conformidade com a Convenção das Nações Unidas contra a Tortura e as Convenções de Genebra, e de levar aos tribunais os que violarem tais obrigações.

Fazem-no com equanimidade, após dois outros parágrafos igualmente relevantes:

> Expressamos nossa mais profunda solidariedade com as vítimas do terrorismo e com suas famílias, inclusive com as que sofreram os ataques terroristas em Madri, em 11 de março de 2004. Reiteramos nossa firme condenação de todos os atos de terrorismo e a seu financiamento e nos comprometemos a, por meio da cooperação mútua, prevenir, combater, sancionar e eliminar o terrorismo em todas suas formas e manifestações, onde quer e por quem quer que o cometa, em estrita observância do Direito Internacional, e em especial ao dos direitos humanos e do Direito Internacional Humanitário (...).
>
> Expressamos nosso pleno apoio ao Tribunal Penal Internacional como um meio eficaz de se combater a impunidade dos mais hediondos crimes que afligem a comunidade internacional. Os Estados-partes no Estatuto de Roma fazem um apelo aos países que ainda não o ratificaram ou a ele se aderiram a que o façam, conforme o caso.

Em seu Relatório de 2003, a Anistia Internacional assinala que: "(E)m tempos de incertezas, o mundo precisa não apenas lutar contra ameaças globais, mas também lutar *pela* justiça global"[9]. Nesse sentido se enquadra, obviamente, o apoio da Declaração de Guadalajara ao Tribunal Penal Internacional.

Contudo, lutar pela justiça, global e em qualquer lugar, não significa somente punir judicialmente, por tribunal imparcial. A punição é necessária, mas não é suficiente, seja como dissuasão aos criminosos, seja como solução para as vítimas. A própria Anistia Internacional, que no passado se dedicava exclusivamente à defesa dos "prisioneiros de consciência", agora tem, em seu programa, seção específica dedicada à promoção dos direitos econômicos, sociais e culturais[10]. Habermas, iluminista "empedernido" que nada tem de pós-moderno, vai além: ressalta a necessidade de se dissolver, "acima de tudo, a identificação idiota da ordem democrática e da sociedade liberal com o capitalismo selvagem"[11].

---

9. Op. cit. Os grifos constam do original em inglês.
10. Idem, ibidem.
11. J. Habermas, "*Sobre a Guerra, a Paz, e o Papel da Europa*" (entrevista concedida a Eduardo Mendieta), p. 134.

E foi nesse sentido que os chefes de Estado e de Governo em Guadalajara declararam, no mesmo documento oficial já citado: "Ressaltamos que a pobreza, a exclusão e a desigualdade, além de serem afrontas à dignidade humana, debilitam a democracia e ameaçam a paz e a estabilidade". Mais do que uma reiteração de compromisso com a parceria estratégica entre duas grandes áreas geográficas do Ocidente, uma das quais matriz cultural e histórica de todas as outras, a Declaração de Guadalajara, pouco divulgada na imprensa internacional, poderia, talvez, representar um passo importante para a reafirmação dos direitos humanos no cenário contemporâneo.

Filhos do iluminismo e da modernidade ocidental, os direitos humanos ou direitos fundamentais de todos os indivíduos sempre foram direitos modernos. Eram adotados, a partir da Declaração Universal de 1948, nas constituições de países não-ocidentais porque eles também queriam alcançar a modernidade, não regredir a um passado cultural incapaz de promover seu desenvolvimento econômico *e social*. Para tanto se adaptavam no campo normativo e buscavam adaptar as respectivas culturas, sem com isso abandonar sua essência. Como a modernidade – no dizer de Habermas, um projeto inacabado – nunca chegou a cumprir suas promessas em qualquer parte do planeta, diante de um Ocidente crescentemente hedonista e egocêntrico, sistemicamente insensível ao sofrimento alheio (exceto pelos louváveis esforços das sociedades civis, que ainda perduram), esses países e sociedades de culturas diferentes foram levados a revalorizar crenças e tradições ancestrais, muitas das quais misóginas, desumanas e degradantes, com uma obsessão que anteriormente não tinham. Fizeram-no com o apoio, provavelmente involuntário, de "estudos culturais" pós-modernos, supostamente libertários, desenvolvidos no Ocidente, que tudo justificavam em nome da autenticidade identitária. Passaram, assim, a rejeitar os direitos humanos de uma maneira que jamais haviam feito – ainda que tampouco os houvessem respeitado plenamente – como mais uma manifestação do imperialismo ocidental arrogante. A verdade, porém, é que, no próprio Ocidente, os direitos consagrados pela ONU, em 1948, e reforçados universalmente em Viena, em 1993, parecem agora convenientemente esquecidos – exceto como instrumentos de cobrança para o que se verifica alhures.

Embora vivamos um período que se revela pós-moderno num sentido contrário ao que desejariam os críticos libertários do racionalismo iluminista, e os direitos humanos sejam intimamente ligados à idéia da modernidade, tais direitos, em seu conjunto claramente indivisível, continuam a ser a melhor fonte de inspiração diretiva de que se dispõe atualmente para a ação social e política. São eles, ao que tudo indica, a única utopia secular universalista que pode persistir nesta época desprovida de "grandes narrativas" como a sentiu

Lyotard, mas repleta de metadiscursos messiânicos violentos, misticismos e crendices compensatórias da desesperança no mundo. Por isso, sem esquecer crueldades e abusos perpetrados em outras áreas, os direitos humanos precisam ser resgatados em primeiro lugar no Ocidente. Foi ele que os disseminou como idéia, construída por sua História, tendo por base a Razão (termos hoje duvidosos, que já não merecem maiúsculas). As violações, truculentas ou sutis, como todos os atentados, sanguinários e destrutivos, devem ser combatidas de forma não-seletiva, assumindo-se e corrigindo os erros próprios, táticos e sistêmicos, que delas são causas diretas, indiretas, ostensivas ou profundas. O abandono dos direitos humanos em nome de uma segurança que todos sabemos ilusória tem sido a maior vitória do terror ensandecido.

(2004)

11. Conclusão: O que Sobrou dos Direitos Humanos

> *Em algum momento dos anos 80 do século XX, a história fez uma volta completa em outra direção. (...) Cada movimento da história nos aproxima imperceptivelmente de seu ponto antípoda, quiçá do ponto de partida. (...) Não é nem sequer o fim da história. Trata-se de um processo paradoxal de reversão, de um efeito reversivo da modernidade, que, havendo atingido seu limite especulativo e extrapolado todos os seus desenvolvimentos virtuais, desintegra-se nos elementos mais simples segundo um processo catastrófico de recorrência e turbulência.*
>
> JEAN BAUDRILLARD[*]

A REVERSÃO DA HISTÓRIA

Em livro publicado em 1992, um dos expoentes máximos do niilismo pós-moderno dizia que a História não havia chegado ao fim: andava, ao contrário, para trás. Havendo atingido seu apogeu temporal em algum momento dos anos de 1980, iniciara uma reversão crescentemente rápida e incontrolável, desintegrando-se num processo catastrófico de recorrência e turbulência[1]. Por menos que fosse aceita a teorização de Fukuyama, tão brilhante quanto efêmera, sobre a concretização do fim da História com a vitória do liberalismo democrático sobre o comunismo[2], essa tese de Baudrillard sobre a inexorável regressão da História, quando observada por ótica política, não-filosófica, afigurava-se intrigante na pena de um pensador que não nutria simpatias pelos regimes comunistas derrocados. Além

---

[*]. O original diz: "Quelque part dans les années 80 du XX siècle, l'histoire a pris son virage dans l'autre direction. (...) Chaque mouvement de l'histoire nous rapproche imperceptiblement de son point antipodique, voire de son poit de départ. (...) *Ce n'est donc même pas la fin de l'histoire*. Nous avons affaire à um processus paradoxal de réversion, à un effet réversif de la modernité qui, ayant atteint sa limite spéculative et extrapolé tous ses développements virtuels, se désintègre en ses élements simples selon un processus catastrophique de récurrence et de turbulence" (grifo no original). *L'illusion de la fin ou la grève des événements*, 1992, pp. 23-24 (minha tradução).

1. Idem, ibidem.
2. Francis Fukuyama, "The End of History?", *The National Interest*.

disso, ele era – e ainda é – muito apreciado nos meios intelectuais norte-americanos, tendo chegado a ser tachado de "americanófilo" pelas análises semióticas que fizera dos Estados Unidos, reconhecendo-os, com senso crítico e admiração implícita, como o verdadeiro pólo da "cultura" contemporânea[3].

No período em que foi publicada, início dos anos de 1990, a interpretação regressiva de Baudrillard parecia abstrusa e, sobretudo, demasiado pessimista. Afinal, embora a realidade acusasse a persistência dos problemas concretos de sempre, o término então recente da Guerra Fria e do "equilíbrio do terror" da corrida armamentista nuclear entre duas "superpotências", a asserção dos "novos" temas globais como prioridades na agenda internacional e a emergência por toda parte dos "novos movimentos sociais" (mobilizados pela ecologia, pelos direitos humanos, pelo feminismo e pelos direitos das minorias) eram fatores de esperança, senão propriamente de otimismo. Hoje, a idéia de uma "progressão histórica para trás", ao invés de soar exótica, não poderia ser mais realista e descritiva.

Sintomas de retrocesso já existiam, sem dúvida, no início dos anos de 1990. E muitos foram os autores a apontar variados sinais de emergência de uma "nova Idade Média" com o enfraquecimento do Estado e sua substituição por outros elementos, positivos e negativos, associados à globalização; a alertar para o recrudescimento do misticismo num mundo sem esperanças; a estudar o fundamentalismo religioso em luta pela reconquista do poder político; a apontar um "reencantamento do mundo", às vezes com ingênuo otimismo. O que nenhum deles previu foi uma radicalização tão rápida e calamitosa de todos os sintomas regressivos.

É provável que seja, pois, exatamente por isso, por haver identificado o que já vinha ocorrendo detrás de um aparente progresso feito de simulacros, que Baudrillard foi o primeiro a analisar com profundidade, e até com uma franqueza que abalou muita gente, o significado simbólico do maior acontecimento da época presente: a destruição das torres do World Trade Center.[4] Com seu habitual estilo metafórico exuberante, recorrendo a imagens extraídas da física, da biologia e de outras ciências exatas, Baudrillard desde cedo declarou que esse evento cataclísmico significava a ruptura daquilo que ele via como uma "greve de acontecimentos", mas que a "destruição-suicídio" daquele símbolo desmesurado de um poderio excessivo iria provocar uma situação assustadora de impasse. Isso porque num sistema que não se propõe promover o aperfeiçoamento societário por

---

3. Ver inter alia, *Amérique*, Paris, Grasset, 1986.
4. Idem, *L'esprit du terrorisme*, Paris, Galilée, 2002, texto originalmente publicado no *Le Monde*, edição de 03/11/2001. A essa análise brilhante seguiram-se outras, com altos e baixos, coletadas em *Power inferno* (Paris, Galilée, 2002).

meio de mudanças reais, mas tão somente a *performance*, o terrorismo é mal intrínseco que se espalha, em processo virótico, por todos os seus componentes. E o combate a esse fenômeno que se manifestara num acontecimento espantoso, longe de modificar a condição pós-moderna com vistas a saneá-la, consiste de reações espasmódicas repetitivas, com um "dilúvio de forças militares, informações fantasmas, campanhas publicitárias inúteis, discursos falsos e patéticos, manifestações de exibição tecnológica e de intoxicação"[5]. Daí – e a explicitação é minha, com inspiração no outro ensaio já citado de Baudrillard – que, nessa situação de beco sem saída imposta pelo neoliberalismo sem freios, com ajuda involuntária do multiculturalismo aguçado por um "direito à diferença" excludente e não-integrador, associados ambos a políticas sem metanarrativas orientadoras da ação, o movimento da História não é, como no título do filme de Hollywood, *De Volta para o Futuro* (*Back to the Future*), mas o prolongamento de tendências que levam, sim, "adiante rumo ao passado".

Na verdade, a aceleração desse retrocesso é tão rápida que quase não percebemos como nos acostumamos aos horrores rotinizados. No dia 11 de setembro de 2004, de sua Espanha golpeada no 11 de março anterior por terroristas do novo tipo (não o da ETA separatista, nem dos palestinos suicidas, que sempre tiveram objetivos precisos), Javier Marías observava que, em função dos "abismos temporais" que seguem grandes catástrofes, os acontecimentos do Onze de Setembro, em Nova York e Washington, não pareciam ter só três anos; sentimo-los como se pelo menos dez já tivessem transcorrido. Os atentados mortíferos, agora também germinados numa guerra que nunca existiu porque não pode ser "guerra" (a guerra não-metafórica declarada contra o fenômeno do terrorismo, não um adversário definido)[6], e por uma intervenção militar "preventiva" sem justificação comprovada, multiplicam-se de tal maneira que nos acostumamos a eles como uma fatalidade inelutável. Como Marías descreve, depois das bombas explodidas no metrô de Madri, os golpes terroristas se transformaram numa certeza tão esperada como as mortes por acidentes de estrada nos fins de semana. A nós resta somente o desejo, mais ou menos inconsciente, de que não aconteçam conosco, ou perto de nós[7].

É essa a sensação que temos ao ligarmos os aparelhos de televisão na Europa ou nos Estados Unidos e creio que igualmente na Ásia e na África do Norte (assim como no Brasil, substituindo-se a noção de terrorismo pela do crime comum). Será pior em Gaza, Ramallah

---

5. *L'esprit du terrorisme*, p. 45.
6. O título do artigo de Javier Marías é "A Guerra Contra o Terrorismo é Algo que não Existe" ("There is no Such Thing as a War on Terrorism – Spain Gets back to Normal"), trad. Ester Allen, *International Herald Tribune*, 11-12/09/2004
7. Idem, ibidem.

ou Jerusalém, para não falar de Bagdá, Faluja, Samara, Mosul, ou ainda de Moscou ou Beslam, na Ossétia do Norte, e outros lugares cujos nomes vamos aprendendo à medida que vão sendo palco de atrocidades, divulgadas dia a dia, na contaminação virótica de que fala Baudrillard. Ela não poupa Istambul nem Báli, como não poupou Madri e Djakarta. Além disso, na resistência à ocupação do Iraque, já matou funcionários da ONU, entre os quais o brasileiro Sérgio Vieira de Melo; seqüestra para a degola caminhoneiros búlgaros e outras pessoas humildes, algumas de fé muçulmana; mantém em cativeiro agentes humanitários, homens e mulheres que trabalham para minorar os "efeitos colaterais" da invasão; rapta, ameaça e mata com requintes de crueldade pessoas desvinculadas da guerra e da ocupação. Os encapuzados no Iraque, instigados pelo vírus, já chegaram a seqüestrar dois jornalistas franceses opositores da intervenção militar, nesse caso para exigirem revogação da lei que proíbe, na França, o porte do véu islâmico (na verdade um *foulard* a cobrir cabelos e pescoço) e outros símbolos religiosos em escolas públicas – não para defenderem a liberdade de religião, que, ao contrário da França, eles próprios rejeitam, mas para garantirem, em qualquer parte do mundo, a obediência a um suposto preceito corânico.

Em matéria de emancipação humana, tudo aquilo que há poucos anos gerava desconfianças de repente parece gerar saudade. Não que as idéias e teorias do final da Guerra Fria indicassem os caminhos da liberdade e igualdade, mas porque a realidade atual vê-se tão desoladora que aquilo que antes parecia engodo, e era assim refutado, hoje pareceria um bálsamo reconfortante, ou balsa de salvação num oceano de trevas. Quem dera que as forças "progressistas" agora tivessem que combater o triunfalismo de Fukuyama nas linhas que ele previra! Quem dera que o ambientalismo pudesse dedicar-se ainda com exclusividade à defesa das florestas, baleias, micos-leões dourados, e à luta contra a poluição emitida apenas pelo "progresso"! Pior é a poluição dos bombardeios e atentados que tudo destroem, inclusive com fumaça e fuligem de petróleo. Quem dera que o movimento pelos direitos humanos pudesse dedicar-se prioritariamente à democratização de Estados governados por ditaduras! Que nas democracias, bastante espalhadas no início dos anos de 1990 para serem logo encolhidas e politicamente deturpadas, a luta pelos direitos se dirigisse contra iniqüidades antigas e excrescências recentes de regimes anteriores! Que o movimento de mulheres, na escala planetária, tivesse possibilidades reais de dedicar-se ao *empowerment* socioeconômico-político e aos direitos reprodutivos e sexuais fixados nas conferências do Cairo e de Beijing! Que a luta contra o racismo e as discriminações em geral fosse somente contra preconceitos velados, vencíveis pela denúncia, com ações afirmativas! As "trevas medievais" da ignorância *voluntária* das causas das ameaças e dos principais problemas com que o mundo se defronta são hoje infinitamente mais densas.

É preciso, portanto, um esforço de abstração dos horrores mais apavorantes de nosso cotidiano neste começo de século para tentar avaliar os avanços aparentes no caminho da justiça. Esforço maior é preciso para neles acreditar.

O SISTEMA INTERNACIONAL DE DIREITOS HUMANOS EXISTENTE

O sistema internacional de pactos, convenções e mecanismos de supervisão de direitos humanos sobrevive e continua a funcionar regularmente. Isso é um fato incontestável. De um modo geral, os Estados-partes dos pactos e convenções cumprem as obrigações assumidas de apresentar aos órgãos de supervisão de tratados (*treaty bodies*) relatórios periódicos sobre a matéria da respectiva convenção, muitos dos quais são francos e construtivos. Disso sou testemunha pelo que vejo no Cerd[8] – comitê de acompanhamento da Convenção para a Eliminação de Todas as Formas de Discriminação Racial, de 1965. O Cerd, por sinal, não hesita em mandar mensagens a governos e à ONU diante de iniciativas que sabe serem nocivas. Da mesma forma que em março de 2002 condenou os ataques do Onze de Setembro em Nova York e Washington (salientando, porém, que o combate ao terrorismo precisa ser acorde com o direito internacional dos direitos humanos e o direito humanitário e anunciando a intenção de monitorar em qualquer país os efeitos potencialmente discriminatórios de práticas adotadas na luta contra o terrorismo)[9], em março de 2003, às vésperas do início dos bombardeios contra o Iraque, emitiu declaração enviada ao secretário geral e ao presidente do Conselho de Segurança da ONU, chamando a atenção da comunidade internacional para os "efeitos devastadores" que qualquer recurso à guerra teria "não somente nas esferas militar, econômica, política e social, e no destino de populações civis, *mas também no recrudescimento dos fenômenos da discriminação racial ou étnica,*

---

8. Iniciais com que é conhecido internacionalmente de *Committee on the Elimination of Racial Discrimination*. O Cerd, estabelecido pelo Artigo 8º da Convenção de 1965, é composto de 18 "peritos" eleitos pelos Estados-partes, que atuam a título pessoal, sem representação dos respectivos governos. Todos os demais comitês "convencionais" (estabelecidos por pactos ou convenções de direitos humanos), no âmbito das Nações Unidas, têm formação e funções assemelhadas.

9. *Declaração sobre a Discriminação Racial e Medidas para Combater o Terrorismo* (*Statement on Racial Discrimination and Mesures to Combat Terrorism*), adotada em 8 de março de 2002, ver documento A/57/18, *Report of the Committee on the Elimination on Racial Discrimination – Sixtieth session* (4-22 March 2002) – *Sixty-first session* (5-23 August 2002), Nações Unidas, Nova York, 2002.

da xenofobia, da intolerância e até do terrorismo" (meu grifo)[10]. Se isso ocorre no Cerd, certamente ocorre também, com as devidas adaptações, nos demais *treaty bodies* de direitos humanos, a saber: o Comitê dos Direitos Humanos (do Pacto Internacional sobre Direitos Civis e Políticos), o Comitê dos Direitos Econômicos, Sociais e Culturais (do Pacto Internacional sobre Direitos Econômicos, Sociais e Culturais), o Cedaw[11] (da Convenção sobre a Eliminação de Todas as Formas de Discriminação Contra a Mulher), o Comitê contra a Tortura (da Convenção Contra a Tortura e Outros Tratamentos ou Penas Cruéis, Desumanos ou Degradantes) e o Comitê dos Direitos da Criança (da Convenção sobre os Direitos da Criança)[12]. Se as recomendações aos Estados e alertas emitidos têm algum efeito concreto, isso varia, evidentemente, de acordo com o ânimo e as intenções dos Estados a quem, em última instância, são, afinal, dirigidos. Evidentemente, a propósito da intervenção armada contra o Iraque, o alerta do Cerd (como os de muitos outros órgãos e personalidades internacionais) não surtiu qualquer efeito. Mas o anúncio de que o comitê passaria a monitorar "os efeitos potencialmente discriminatórios" das medidas de combate ao terrorismo tem sido cumprido. Quanto às recomendações de ordem interna aos Estados, quando estes são democráticos, nota-se que, em geral, procuram segui-las, na medida do possível, com algumas adaptações.

Mais complicada é a situação do órgão *político* principal encarregado dos direitos humanos no sistema das Nações Unidas: a Comissão dos Direitos Humanos. Ela também continua a reunir-se regularmente todos os anos em Genebra e a adotar um número enorme de resoluções. O que a Comissão vem perdendo é a legitimidade e, conseqüentemente, a ascendência moral que já teve como elemento de pressão, pelo constrangimento, contra governos violadores. Como encarar a sério seus monitores de situações, se ela agora só consegue monitorar os "outros", não-ocidentais *stricto sensu* e sem poder expressivo?[13] Como reclamar de arranhões e feridas ao Estado de Direito em determinados países, num momento em que o Direito é "flexibilizado" nos mais fortes em nome da segurança? Como exigir

---

10. *Declaração sobre a Presente Situação Internacional* (*Statement of 10 March 2003 on the Current International Situation*), ver documento A/58/18, *Report of the Committee on the Elimination of Racial Discrimination – Sixty-second Session* (3-21 March 2003) – *Sixty-third Session* (4-22 August 2003), Nações Unidas, Nova York, 2003. Infelizmente a previsão do Cerd revelou-se correta em todos os sentidos.

11. Iniciais de *Committee on the Elimination of Discrimination Against Women*.

12. Para uma descrição interpretativa desses pactos e convenções, com os respectivos textos oficiais em português, ver J. A. Lindgren Alves, *A Arquitetura Internacional dos Direitos Humanos*.

13. A Comissão dos Direitos Humanos continua a manter e a designar novos relatores e "peritos independentes" para países específicos. Todos são africanos (Burundi, Congo,

respeito às normas internacionais sobre o tratamento de prisioneiros — civis e militares — quando elas são ostensivamente desconsideradas na luta contra o terrorismo? Como combater a sério esse e outros fenômenos atentatórios aos direitos fundamentais de todos, se muitos desses fenômenos — como as formas contemporâneas de escravidão, o tráfico de pessoas, a exploração de mulheres ou do trabalho infantil — vêm claramente de causas que os Estados mais influentes se recusam a atacar?

Muitos falam hoje em dia que os problemas da Comissão dos Direitos Humanos (CDH) decorrem de sua composição atual, que inegavelmente abarca países de má fama na área de sua alçada. Mas a CDH sempre foi integrada também por Estados cujos regimes desprezavam e violavam assumidamente vários dos direitos consagrados na Declaração Universal de 1948. Ou será que esses críticos esqueceram que a extinta União Soviética e seus satélites, assim como ditaduras de direita, sempre foram membros desse órgão no passado? E que ele, não obstante tais presenças, logrou fazer avançar a causa dos direitos humanos em todo o mundo, inclusive naqueles países cuja ideologia descartava os direitos civis e políticos do liberalismo capitalista como instrumentos de legitimação da exploração do trabalhador?[14] Assim como o fizera nos Estados afro-asiáticos de cultura não-ocidental, que apenas recentemente passaram a rejeitar os direitos humanos como uma imposição do imperialismo arrogante?[15]

Uma coleção de inverdades e afirmações distorcidas — ou seria realmente ignorância? — destinadas a barrar a candidatura à CDH de Estados com registro negativo na área dos direitos humanos pôde ser lido em artigo de Jeane Kirkpatrick publicado em maio de 2003, debaixo do subtítulo "Escândalo em Genebra"[16]. Nele, a então chefe da delegação dos Estados Unidos na Comissão dos Direitos Humanos (sessão de 16 de março a 26 de abril de 2003) e ex-representante permanente do Governo do presidente Ronald Reagan na ONU repetia a afirmação de que, no ano anterior (sessão de 2002), seu país deixara de integrar a Comissão *porque os membros desse órgão ha-*

Tchad e Sudão etc), asiáticos (Myanmar, Coréia do Norte, etc., além do já "eterno" caso dos territórios palestinos ocupados por Israel), um latino-americano especialíssimo (Cuba) ou oriundos da antiga União Soviética (Belarus e Uzbequistão). No passado também era seletiva, mas conseguiu monitorar o Chile, países centro-americanos sob ditaduras de direita, a África do Sul apartheísta e a atuação de Israel na Palestina ocupada (esta ainda perdura sob exame).

14. Para um exame do funcionamento da Comissão dos Direitos Humanos ao longo da Guerra Fria e logo depois de seu final, ver J. A. Lindgren Alves, *Os Direitos Humanos como Tema Global*.

15. Ver sobre esse assunto o capítulo 2 supra.

16. "UN Human Rights Panel Needs Some Entry Standards – A Scandal in Geneva", *International Herald Tribune*, 14/05./2003.

viam preferido a Síria[17]. A declaração é enganosa a começar pelo fato de que os membros da CDH não são eleitos pela própria Comissão, mas pelo Conselho Econômico e Social (Ecosoc) das Nações Unidas, reunido em Nova York em meados do ano anterior (nesse caso 2001, primeiro ano da administração republicana, dominada por "falcões" unilateralistas). As eleições se dão para as vagas abertas pelo final de mandato dos membros distribuídos por cada Grupo Regional. A Síria é integrante do Grupo Asiático, enquanto os Estados Unidos o são do Grupo Ocidental, no qual havia então três vagas para quatro candidatos. É inegável que seu país, membro fundador da ONU e da própria CDH, não foi eleito porque, como ela dizia, os Estados votantes preferiram outros candidatos. Mas os países que com os Estados Unidos disputavam as três vagas do Grupo Ocidental não eram a Síria, nem a Líbia, nem o Sudão ou Serra Leoa e Uganda (que ela menciona). Eram a França, a Suécia e a Áustria, realmente preferidos em escrutínio secreto. É difícil que a autora, tão familiarizada com as Nações Unidas, não soubesse disso. Caber-lhe-ia, portanto, perguntar-se por que as preferências foram para os outros ocidentais e não para os Estados Unidos. Ela também afirmava, dando idéia de um nexo causal, que foi sob a Presidência da Líbia, em 2003, que Cuba, na época praticando conhecidos exageros repressivos, deixara de ser condenada, tendo a Comissão simplesmente "instado seu governo a receber o representante especial da Alta Comissária das Nações Unidas para os Direitos Humanos" e decidido manter sua situação sob consideração até o ano seguinte (essa é a linguagem padrão utilizada em praticamente todas as resoluções sobre relatores para países, cujo intuito essencial é sempre, primeiramente, de conseguir convencer o governo em questão a permitir inspeções *in loco*). E que também sob a presidência da Líbia (como se fosse por causa dela) nenhuma resolução fora aprovada para condenar a repressão na Tchetchênia, a escravidão e a repressão no Sudão, os assassinatos e violações de direitos no Zimbábue e a perseguição aos seguidores do Falun Gong na China (país sobre o qual, pela primeira vez desde os incidentes da Praça Tiananmen em 1989, os Estados Unidos sequer haviam preparado anteprojeto![18]). Todas essas afirmações são corretas. Mas o que tinha a presidência da Líbia a ver com isso? O presidente da CDH não vota, nem apresenta projetos, apenas dirige os trabalhos, podendo, inclusive, ser derrotado (*over-ruled*) em qualquer decisão (*ruling*) que tome, se os membros contestarem sua forma de atuação. E em 2003 os EUA já

---

17. Esse tipo de afirmação não é nova. Havia sido repetida *ad nauseam* em 2002 (ver nota 7 do capítulo 8 supra e a parte do texto a que ela se vincula).

18. Ver Edward Alden, "White House Drops Censure of China's Human Rights", *Financial Times*, 12/04/2003.

haviam voltado a ser membros, tendo a própria Jeane Kirkpatrick na chefia da delegação.

Pessoalmente acho que países de peso expressivo, como os Estados Unidos, a Rússia, a China, algum representante significativo do conjunto que forma a União Européia, a Índia, a África do Sul e – por que não? – o Brasil, deveriam ser sempre membros dos órgãos internacionais importantes, inclusive do Conselho de Segurança, porque isso confere aos foros maior legitimidade. Mas não se deve atribuir a causas erradas a não-participação de qualquer Estado nesses órgãos. Como tampouco se pode denegrir a atuação da Líbia na presidência da CDH em 2003, reconhecida por todos como equilibrada. Foi também sob a presidência da Líbia que nenhuma resolução da CDH tocou nas violações de direitos humanos praticadas no Ocidente, seja por ação de grupelhos atuantes contra a vontade dos governos, seja por excessos de agentes estatais no combate à criminalidade e à imigração ilegal, seja ainda por medidas governamentais na luta contra o terrorismo. Com a "lógica" de Kirkpatrick poder-se-ia alegar que a não-consideração de qualquer projeto na CDH sobre Guantánamo ou sobre a China em 2004 dever-se-ia à presidência australiana, o que seria igualmente errado. O anteprojeto sobre Guantánamo que Cuba pensou em apresentar foi retirado por pressões de diversos países, e o projeto norte-americano sobre a China não chegou a ser examinado porque, como tem ocorrido há mais de um decênio, antes se aprovou, pelo voto da maioria, moção de não-consideração formulada pela delegação chinesa.

Se, no período da Guerra Fria, a Comissão dos Direitos Humanos era usada de maneira propagandística, parcial e seletiva, para a obtenção de ganhos políticos na disputa estratégica bipolar, esperava-se que, com a superação do conflito-ideológico capitalismo *versus* comunismo, ela pudesse vir a atuar de maneira mais equânime. Melhoras houve algumas, no início dos anos de 1990, sobretudo no estado de espírito de participantes e observadores. Mas foram aos poucos sendo carcomidas por outros tipos de disputas, de cunho supostamente "cultural", que logo se sobrepuseram ao antes chamado "conflito Leste-Oeste"[19]. Diante do novo acirramento de tensões in-

19. Em 1997, diante da seletividade reinstaurada ostensivamente na CDH, cheguei a propor na Subcomissão, seu órgão subsidiário de que fui membro, a título individual, no período 1994-1997, que se substituíssem as resoluções sobre situações específicas por uma relatório da ONU sobre todos os países do mundo, tal como aqueles feitos pelas principais ONGS (e o Departamento de Estado dos Estados Unidos, sem incluir, evidentemente, eles próprios), sob a responsabilidade do colegiado da Subcomissão. A idéia não foi avante, por oposição dos peritos asiáticos e de Cuba, mas foi retomada depois pelas delegações oficiais do Brasil à CDH, tendo sido postulada ainda em 2004. A idéia já não tem sido oposta pela China e outros países cujos peritos se mostravam antes "desconfiados". Pode ser que ainda vingue em futuro não distante.

ternacionais e da seletividade que impera na CDH de maneira ainda mais gritante do que durante a Guerra Fria, é natural que os grupos regionais se articulem (isso tem ocorrido sobretudo com o Grupo Africano e com os países muçulmanos em geral), como o Grupo Ocidental sempre o faz, para defender seus integrantes. Muitas vezes conseguem ser exitosos, obtendo a rejeição dos projetos de resolução a que se opõem. Isso pode soar agradável para os respectivos governos, mas certamente não o é para os indivíduos e grupos que têm seus direitos violados nos Estados assim poupados, sejam eles de onde forem.

Mais grave e regressiva foi a decisão tomada pela CDH, na sessão do ano 2000, de proibir seu orgão "técnico", a Subcomissão de Promoção e Proteção dos Direitos Humanos (antigamente denominada Subcomissão para a Prevenção da Discriminação e Proteção das Minorias), composta de 26 peritos independentes (como os integrantes dos *treaty bodies*), de adotar resoluções sobre países onde se verificam violações sistemáticas, ou até mesmo de fazer referências a exemplos nacionais que ilustrem seus estudos temáticos, com o velho e desgastado argumento de que é necessário evitar a "politização" do assunto[20]. A proibição decorreu de uma aliança curiosa de países democráticos e não-democráticos, ocidentais e não-ocidentais, todos os quais temiam a liberdade "excessiva" dos peritos (embora os delegados ocidentais ostensivamente apenas criticassem, ao contrário, a alegada falta de liberdade dos peritos afro-asiáticos e de Cuba). A Subcomissão voltou, assim, à situação prevalecente até os anos de 1970, quando, em nome do princípio da não-intervenção em assuntos internos dos Estados, a CDH se autodenegava (e, conseqüentemente, denegava à Subcomissão, na qualidade de órgão subsidiário) competência para pronunciar-se sobre violações ocorridas em qualquer parte do mundo[21]. Ironia das ironias, nesta fase em que o Direito Internacional não mais adere à obrigação "westfaliana" de considerar intocáveis as soberanias nacionais (basta lembrar as várias intervenções humanitárias autorizadas pelo Conselho de Segurança), a Subcomissão de Promoção e Proteção dos Direitos Humanos, cujos membros não representam Estados e mantêm *ex-officio* interação com as ONGS denunciadoras, encontra-se amordaçada diante de vio-

---

20. Ver sobre essa proibição Jean-Claude Buhrer & Claude B. Levenson, *L'ONU Contre les Droits de l'Homme?*, pp. 241-244, com a pertinente observação do perito chileno José Bengoa: "Se a Subcomissão não pode mais denunciar casos concretos de violações de direitos humanos, onde isso poderá ser feito? No céu, talvez, ou no paraíso …".

21. Cf. J. A. Lindgren Alves, "'Abstencionismo' e 'Intervencionismo' no Sistema de Proteção das Nações Unidas aos Direitos Humanos", *Política Externa*. O "procedimento confidencial" continua, porém, a existir.

lações amplamente conhecidas[22]. A Comissão, porém, continua a acusar seletivamente apenas os não-poderosos. Outra aparente "involução" no âmbito da ONU ocorreu depois do Onze de Setembro, em 2002, atingindo uma das criações da década de 1990 na qual se haviam depositado grandes – talvez demasiadas – esperanças: a instituição do Alto Comissário para os Direitos Humanos. Estabelecido no âmbito do Secretariado das Nações Unidas por recomendação da Conferência de Viena de 1993, com funções de coordenação de todo o sistema de promoção e proteção universal desses direitos, a figura do Alto Comissário é dotada, em teoria, de autonomia e capacidade de iniciativa própria. Sua titular na época, Mary Robinson, ex-presidente da República da Irlanda, que vinha procurando dar tratamento equânime, não-seletivo e abrangente à matéria desde que assumira esse cargo (inclusive gestionando junto às instituições financeiras internacionais para que não descurassem dos direitos humanos em seus financiamentos de projetos e nas diretrizes aos Governos que deles necessitassem), foi levada a demitir-se. Pode-se, talvez, ter dúvidas se as pressões que mais a constrangeram decorriam das atenções que ela dava aos direitos econômicos e sociais, que sempre reconheceu tão fundamentais quanto os civis e políticos, ou dos comentários que fez após o Onze de Setembro sobre a imprescindibilidade de se respeitarem os direitos humanos na luta contra o terrorismo. De qualquer forma, sua saída foi sentida pelo Terceiro Mundo e pelas organizações não-governamentais como uma perda. Mary Robinson foi substituída pelo brasileiro Sérgio Vieira de Melo, funcionário internacional altamente respeitado. Ele, porém, não teve tempo suficiente para demonstrar como agiria na função de Alto Comissário para os Direitos Humanos. Enviado ao Iraque, ocupado pela forças da coalizão, como chefe da Representação da ONU em Bagdá, foi vítima de um dos primeiros e mais violentos atentados contra entidade neutra, no qual veio a falecer juntamente com mais de vinte outros funcionários das Nações Unidas, em agosto de 2003. A nova Alta Comissária, recém-empossada, em 2004, é a juíza canadense Louise Arbour, ex-promotora do Tribunal Internacional para a

---

22. Antes que algum observador atento me acuse de inconsistência, registro que eu próprio procurei evitar que a Subcomissão repetisse os mesmos debates e resoluções sobre países examinados pouco tempo antes na CDH. Fi-lo com três objetivos: a) poupar o tempo escasso das reuniões para tratar de casos em que as decisões pudessem ter algum efeito no âmbito da ONU; b) esvaziar as acusações de arrogância dos peritos, por retomarem situações sobre as quais a CDH, intergovernamental, já se pronunciara: c) amainar as ameaças de extinção pura e simples que a Subcomissão sofria de países influentes, alguns dos quais ocidentais. Propus então que a Subcomissão se ativesse a situações não-consideradas formalmente pelo órgão superior (esta proposição foi aceita, ao contrário daquela, mais abrangente, descrita na nota 19 *supra*). Creio desnecessário assinalar que, entre evitar repetições expletivas e proibir a consideração ostensiva de qualquer caso, a distância é enorme.

ex-Iugoslávia, na Haia. Dado seu pouco tempo no desempenho das novas funções ao se escreverem estas linhas, não é possível tecer considerações sobre como tenderá a atuar.

Vê-se, assim, com base na afirmação que fiz no início deste trecho, que funcionar regularmente não significa operar com eficácia, nem indica de per si qualquer sinal de progresso – como houve, inegavelmente, no início dos anos de 1990, na mobilização para o tema dos direitos humanos, na criação de novos mecanismos e em avanços normativos, com reflexos nas jurisdições nacionais[23]. Mas o sistema de pactos, convenções e órgãos da ONU (e da Unesco, da OIT, da OMS e demais entidades da "família das Nações Unidas") não são tudo o que existe na defesa internacional dos direitos humanos. Há os sistemas regionais, como os da Organização dos Estados Americanos (OEA), da Europa e da África, assim como o trabalho de incansáveis organizações não-governamentais, que continuam a operar com eficiência variada. Há, ainda, outros tipos de instituições e iniciativas recentes em esferas diversas que podem ser apontadas como inspiradas pela idéia de justiça internacional em defesa desses direitos. Passo a examinar algumas delas, que me parecem expressivas, até porque contraditórias na forma e nos resultados.

OS TRIBUNAIS PARA JULGAR GRANDES CRIMINOSOS

Em outubro de 2004, leio que o Parlamento do Camboja acaba de aprovar por unanimidade o estabelecimento de um tribunal internacional no país para julgar os sete líderes vivos remanescentes do regime do *Khmer Rouge* (o principal, Pol Pot, morreu em 1998), cujas atrocidades tiraram a vida de 1 milhão e 700 mil cambojanos (um quarto da população total) no período de 1975-1979. Por "Parlamento" entendo tratar-se da Câmara baixa, pois ainda falta a aprovação do Senado para a vigência do acordo assinado entre a ONU e o governo em junho de 2003, após negociações que levaram sete anos (o país estava sendo praticamente reconstruído). O tribunal, quando criado, deverá ser composto de juízes locais e estrangeiros, já havendo a ONU organizado um curso intensivo de direito humanitário para trinta juízes e promotores. E a aprovação dessa corte judicial, além de louvada pelo governo como importante para a afirmação do Estado de Direito no Camboja, é estimulada pelo próprio Khieu Samphan

---

23. A bibliografia sobre o assunto é enorme. A título meramente ilustrativo menciono, para uma vista rápida, no Brasil, meu livro de 1994 *Os Direitos Humanos como Tema Global*, agora em 2. edição e, para uma descrição minuciosa, o *Tratado de Direito Internacional dos Direitos Humanos*, em dois volumes, de Antônio Augusto Cançado Trindade (Porto Alegre, Sergio Antonio Fabris Editor, 1997 e 1999).

(agora com 72 anos), ex-chefe de Estado do regime genocida, esperando poder provar inocência e limpar o nome[24].

É óbvio que o julgamento de grandes violadores de direitos humanos é importante para a justiça em geral, e para a construção de uma justiça internacional efetiva, seja o corpo de juízes e promotores nacional, seja estrangeiro ou de composição mista, como previsto no Camboja e no caso, já em função, do tribunal misto de Serra Leoa (estabelecido após o término de um dos conflitos internos mais cruéis da virada do século, com mutilação de mãos de inocentes e o uso forçado de crianças como guerreiros). De composição estrangeira, com juízes nomeados pela ONU, são os tribunais *ad hoc* em funcionamento para os genocidas de Ruanda, em Arusha, e, mais famoso de todos, o da Haia para a ex-Iugoslávia. *Sui generis* é o caso da legislação da Bélgica, que permite – ou permitia – o julgamento por juízes belgas de qualquer responsável por violações maciças ocorridas em qualquer parte do mundo, já havendo sentenciado e punido alguns líderes africanos[25]. Há ainda, como se sabe, iniciativas individuais famosas – e polêmicas – como a do juiz espanhol Baltasar Garzón contra o general chileno Augusto Pinochet, em 1998, fundamentada na "jurisdição compulsória e universal" – Artigos 5º a 8º – da Convenção contra a Tortura. Ela, se não conseguiu, como queria, a extradição de Pinochet de Londres para a Espanha "em decorrência de sua idade e fraca saúde", terá, com certeza, estimulado o reexame, mais adequado, do caso pela justiça do Chile. Outra iniciativa congênere do mesmo Juíz Garzón obteve a extradição do México para julgamento na Espanha (onde se encontra detido, sob custódia judicial, em fase de interrogatório) do oficial da Marinha Argentina Ricardo Cavallo, pelo seqüestro, tortura e morte de centenas de pessoas, atiradas ao mar, durante a "guerra suja", de 1976 a 1983.

De todas as tentativas de se erigir um sistema de justiça universal efetiva, a mais importante seria a da criação do Tribunal Penal Internacional (TPI), consubstanciada em 2003 pela eleição e posse dos juízes (entre os quais a juíza brasileira Sylvia Steiner), com sede na Haia. Emanado da Conferência de Roma de 1998, que aprovou seu estatuto (longamente negociado no âmbito da Comissão de Direito Internacional das Nações Unidas, em Genebra), esse tribunal diferiria dos demais por ser uma corte permanente, não *ad hoc*, de jurisdição universal, apta a julgar réus individuais (não Estados, que são

---

24. Matéria de Seth Mydans no *The New York Times*, "Cambodia Moves Closer to Khmer Rouge Trial", reproduzida no *International Herald Tribune* em 05/10/2004.

25. Essa legislação teria sido emendada desde que um grupo de promotores decidiu levar à justiça belga, em 2003, o presidente George W. Bush e o primeiro ministro Tony Blair em conexão com a guerra no Iraque. Algo de assemelhado já ocorrera no tribunal internacional para a ex-Iugoslávia, em 1999 (ver item 7.1.2. do capítulo 7 supra, inclusive a nota 5).

tratados pela Corte Internacional de Justiça das Nações Unidas, quando os casos são levados a ela por Estados-membros da ONU) indiciados por violações maciças de direitos humanos e do direito internacional humanitário em qualquer parte do mundo. Uso, porém, de propósito, o condicional nos verbos deste parágrafo, porque, na prática, o TPI ainda não pôde entrar em função e se encontra em situação delicada. Além de não-aceito desde o início por alguns países expressivos (como a China, a Índia e alguns outros), ele tem sido consistentemente boicotado pelos Estados Unidos – ironicamente um dos negociadores que mais haviam estimulado sua criação.

Depois de terem assinado seu estatuto, no final do governo Clinton, os Estados Unidos já governados por "falcões", adotaram no Congresso, em 2001, lei doméstica proibindo sua adesão ao Tribunal Penal Internacional; anularam formalmente, em 2002, em gesto inédito, desnecessário, no Direito Internacional, sua assinatura do respectivo estatuto, anunciando por escrito não terem a intenção de a ele aderir (bastaria não o ratificarem para dele permanecerem desvinculados); passaram a impor acordos bilaterais a diversos países, obrigando-os a eximir os soldados norte-americanos da jurisdição desse tribunal para poderem receber assistência militar; exigiram, em 2003, como condição à renovação pelo Conselho de Segurança das forças de paz da ONU na Bósnia e em outros países a imunidade de seus contingentes. Da primeira vez, a solução encontrada no Conselho de Segurança, após semanas de negociações intensas, foi a suspensão, por um ano, da aplicabilidade da jurisdição dessa corte sobre os participantes das forças de paz oriundos de países que não tivessem subscrito o estatuto de Roma, de 1998, expressando a intenção de rever o assunto um ano depois[26]. Somente a divulgação das torturas de prisioneiros em Abu Ghraib tornou essa condicionalidade norte-americana tão inoportuna em 2004 que, ante declarações do secretário geral da ONU sobre a inconveniência desse pleito num momento em que todo o mundo, inclusive o governo e o Congresso dos Estados Unidos, demonstrava-se chocado com as fotografias e descrições do tratamento infligido aos indivíduos detidos para interrogatório no Iraque (e consta que também no Afeganistão), a delegação norte-americana no Conselho de Segurança retirou essa condição, quando da nova renovação do mandato da força de paz na Bósnia. Mas essa nova resolução já prevê a conclusão das tarefas de patrulhamento das forças multinacionais de estabilização lideradas pela OTAN – SFOR – na Bós-

---

26. Resolução 1491 (2003), de 11 de julho de 2003, parágrafo operativo 10 (de linguagem ininteligível para quem não acompanha em pormenores a questão). Ver também a matéria de Serge Schmemann "UN Grants U.S. a One-year Exemption on War Crimes Court", *International Herald Tribune*, 15/07/2003.

nia-Herzegovina em dezembro de 2004 e sua substituição por forças militares exclusivamente da União Européia[27].

É provavelmente em função dessa mesma lógica que, no Iraque, os Estados Unidos insistem no julgamento de Saddam Hussein e seus colaboradores por tribunal iraquiano, não por tribunal internacional[28]. E é em lógica radicalmente contrária a sua aversão a tribunais internacionais que possam julgar seus cidadãos que os mesmos Estados Unidos ainda boicotam a assistência econômica de que a Sérvia tanto necessita, alegando falta de empenho para a captura e entrega ao tribunal da Haia para a ex-Iugoslávia de antigos líderes políticos e comandantes militares suspeitos de brutalidades e crimes nas guerras que fragmentaram esse país ora extinto. Dois pesos e duas medidas, evidentemente antinômicas[29].

Enquanto essa situação prossegue sem solução previsível, o Tribunal Penal Internacional, felizmente apoiado pela União Européia e por países como o Brasil e outros, que promovem e procuram respeitar o Direito Internacional, permanece inativo. Consta que irá iniciar suas funções judiciais em processo a ser aberto contra responsáveis por atrocidades na República Democrática do Congo. Será um começo, que já tarda. Mas soará insignificante diante dos horrores diariamente transmitidos pela televisão em outras partes do mundo, sobretudo no Oriente Médio e na Ásia Central. E a justiça internacional continuará não-universal, limitada a áreas pobres e, em geral, periféricas.

AS INTERVENÇÕES MILITARES HUMANITÁRIAS

De todas as intervenções militares unilateralmente decididas em nome do humanitarismo, a mais famosa foi a da OTAN, no Kossovo, em 1999. Seu objetivo terá sido efetivamente o de salvar os kossovares da "limpeza étnica" da Sérvia de Milosevic, embora, no curto prazo, tenha causado possivelmente mais males do que os que já vinham ocorrendo. Além disso, até hoje a situação dessa província nominalmente sérvia tutelada pela ONU, com um semi-governo "au-

---

27. Resolução 1551 (2004), de 9 de junho de 2004, em especial o parágrafo operativo 10.
28. Kenneth Roth, diretor executivo da Human Rights Watch, vai mais longe. Além da intocabilidade dos soldados norte-americanos, ele prevê a designação de juízes incapazes de agir com eficiência e isenção, escolhidos por Washington para condenar, inclusive à morte (pena proibida nos tribunais internacionais) todos os inimigos dos Estados Unidos ("Allies' postwar Panic Puts Justice in Jeopardy – An International Tribunal for Iraq", *International Herald Tribune*, 23/05/2003).
29. Examinei com mais atenção a questão do tribunal para a ex-Iugoslávia, suas origens e implicações para a situação atual em "Os Bálcãs Novamente Esquecidos", *Revista Brasileira de Política Internacional*, Ano 47, n.1, 2004.

tônomo" de kossovares de etnia albanesa, permanece indefinida, cheia de violações de direitos humanos, agora geralmente contra sérvios realocados pela Unmik (*United Nations Mission in Kosovo*) nas casas e terras de onde acabaram expulsos no conflito[30]. Como observa Michael Ignatiev, que diferentemente do Noam Chomsky ou Michael Parenti, citados anteriormente[31], não pode ser rotulado de "esquerdista" (nem de simpatizante do Governo de Milosevic'):

> A intervenção (humanitária) é também problemática porque não ocorre em defesa da inocência pura. (...) o Exército de Libertação do Kossovo (KLA) cometeu abusos de direitos humanos contra sérvios civis e militares com o objetivo de provocar represálias, as quais, por sua vez, forçariam a comunidade internacional a intervir em sua defesa. As ações do KLA entre 1997 e 1999 são uma demonstração perfeita de como explorar a consciência de direitos humanos no Ocidente, a fim de incitar uma intervenção que viesse a resultar na vitória da guerrilha.(...) Quando essa intervenção militar ocorreu em março de 1999, ela desencadeou um genuíno desastre de direitos humanos: a evicção forçada de 800 mil habitantes do Kossovo para a Albânia e a Macedônia, seguida de um massacre de até 10 mil entre os que permaneceram.(...) Em resumo: estamos intervindo em nome dos direitos humanos como nunca, mas nossas intervenções às vezes pioram a situação. Nossas intervenções, ao invés de reforçar os direitos humanos, podem estar desgastando sua legitimidade como base universalista para a política externa[32].

Depois da chamada Guerra do Kossovo (na verdade, como já vimos, da OTAN contra a Iugoslávia), muitas outras intervenções militares humanitárias já ocorreram, a maioria na África – sendo a mais recente de todas a operação no Haiti, sob comando do Brasil. Todas têm sido, porém, ao contrário do caso do Kossovo, intervenções da ONU ou feitas a seu pedido (por forças da França na República Democrática do Congo, depois secundadas por forças da Ecowas[33] no próprio Congo e em outros países em convulsão da África Ocidental, como a Libéria, Serra Leoa e a Costa do Marfim), na mesma tradição que levara às operações de paz na Somália, na Bósnia, no Haiti e em Timor Leste nos anos de 1990. Ainda que seus resultados às vezes sejam frustrantes, todas elas tiveram o mérito de tentar estancar massacres, foram motivadas por preocupações humanitárias (ainda que estas não fossem as únicas) e conduzidas (com a exceção de incidentes isolados) de acordo com o Direito Internacional, além de haverem, em geral, deixado o país-alvo em situação melhor do que

---

30. Tais violações e outras, algumas até praticadas por estrangeiros integrantes civis, militares e policiais das operações da paz acham-se amplamente documentadas nos relatórios da *Human Rights Watch* e da Anistia Internacional (os que li são particularmente de 2003).
31. Ver capítulo 7 supra.
32. Michael Ignatieff, *Human Rights as Politics and Idolatry*, pp. 45-47.
33. Acrônimo da *Economic Commission of Western African States*, organização regional originalmente econômica a que tem recorrido a ONU para intervenções militares necessárias feitas em seu nome.

antes. Fato significativo, lembrado por Kenneth Roth, todas foram consideradas bem-vindas pelos respectivos governos, elemento que por si só lhes garante melhor avaliação do que uma operação de ingerência não-consensual[34].

Hoje se fala com insistência na necessidade de intervenção militar da ONU na região de Darfur, no Sudão, objetada por Kartum. A situação, pelo que tudo indica, é realmente gravíssima e precisa de solução urgente. Um fato ligado a essa possibilidade cogitada não deixa, contudo, de ser intrigante: a insurgência, a repressão violenta e a fome arrasadora no Sudão são fenômenos que vêm ocorrendo há vários anos, desde pelo menos a década de 1990, mas somente agora se fala, com grande insistência, em sanções, intervenção militar de fora etc. Teria isso algo a ver com o que vem ocorrendo no Iraque? A par das causas concretas de longa data, não seria a repentina "redescoberta de Darfur", conquanto fundamentada, também uma espécie de expediente diversionista para as atenções incômodas concentradas numa outra região problemática onde a ingerência externa não-autorizada, com todo seu poderio esmagador (uma campanha de bombardeios maciços apoiada por tropas terrestres de 150 mil soldados com armamentos modernos de última geração), visivelmente deu errado?

Francamente não sei se uma intervenção humanitária no Sudão seria a opção mais adequada para resolver os abusos das ações paramilitares dos *janjaweed* e a questão dos maltratos, da fome e das populações deslocadas no sudoeste do país. As diferenças étnicas e de cor entre os dominantes do Norte, "brancos", arabizados e muçulmanos, e as vítimas do Sul, negras, animistas ou cristãs, podem, com efeito, levar à interpretação já dada de um verdadeiro genocídio dos segundos pelos primeiros. Se for esse o caso, acredito que a intervenção tenha sido até demasiado postergada pelo Conselho de Segurança, como no caso tenebroso de Ruanda há dez anos (1994).

Sei, por outro lado, com absoluta certeza, que a ação militar contra o Iraque nada teve e nada tem que a enquadre nas intervenções humanitárias a que se referem as teorias existentes sobre elas, inclusive ao abrigo daquilo que há pouco se denominava "direito de ingerência"[35].

---

34. Estes dados sobre as operações autorizadas pelo Conselho de Segurança são lembrados por Kenneth Roth para contrastá-los com as características da guerra contra o Iraque em "War in Iraq: not a Humanitarian Intervention", em *Human Rights Watch, World Report 2004*.

35. Evidentemente, essa opinião não é só minha; é da maior parte dos observadores de todo o mundo, inclusive dos Estados Unidos (as matérias nessa linha assinadas nos melhores jornais norte-americanos são abundantes e praticamente diárias). Para uma equilibrada pormenorização dos elementos que desqualificam a guerra no Iraque dessa categoria de intervenção, ver Kenneth Roth na mesma obra citada na nota anterior.

Quando o governo baathista perpetrou os maiores horrores contra inocentes, nenhuma intervenção chegou a ser sequer cogitada. A segunda guerra contra o Iraque, de 2003, foi motivada de início pela alegação exclusiva de que o regime de Saddam Hussein, em descumprimento das resoluções do Conselho de Segurança decorrentes da guerra de 2001, estaria acumulando arsenais de armas de destruição de massa, químicas, nucleares, biológicas e de qualquer outro tipo. A motivação era, assim, de segurança, não de proteção aos direitos humanos dos iraquianos (ou kurdos), por mais que eles sempre tivessem sido gravemente violados pelo regime no poder. O fato de essa guerra ter sido indiretamente anunciada no famoso discurso do presidente George W. Bush falando do "eixo do Mal" (Iraque-Irã-Coréia do Norte), em janeiro de 2002, logo após a guerra contra o Afeganistão, autorizada pela ONU, em decorrência direta dos ataques contra o World Trade Center e o Pentágono, dava a entender que ela faria parte da "guerra contra o terrorismo" declarada por Washington. Tal não chegou, contudo, a ser dito com clareza no início, até porque não havia sido possível descobrir qualquer vínculo de colaboração direta entre o regime de Saddam Hussein e os fundamentalistas da Al Qaeda. Somente quando se comprovou a inexistência das armas de destruição de massa é que a guerra contra o Iraque passou a ser interpretada pelos membros da *coalition of the willing* como uma guerra de sentido humanitário, para derrubar um ditador sanguinário – que Saddam Hussein de fato foi – em defesa do povo iraquiano sofrido, a aspirar por democracia. A forma inexplicável em que essa guerra foi detonada, com justificações amoldadas às circunstâncias do momento, a insurgência em curso e a resistência violenta contra as forças de ocupação acabaram por validar a afirmação atual de que os soldados da "coalizão dos resolutos" vêm realmente lutando contra o terrorismo. Transformada em intervenção humanitária *ex-post-facto*, a guerra no Iraque está realizando o paradoxo de transformar-se de uma operação bélica de segurança preventiva numa verdadeira batalha militar contra o terrorismo que ela própria engendrou. Atraindo para o país os grupos islamistas mais sanguinários, essa ação propiciou, como era previsível, aos fanáticos da *djihad* o elemento de que precisavam para insuflar o ódio contra o Ocidente moderno e, como tal, "demoníaco".

Comprova-se, assim, de maneira mais literal mais do que inicialmente pensava Baudrillard ao se referir à regressão da História, a veracidade descritiva de sua afirmação de que o movimento do mundo vem retrocedendo, de que o avanço societário, depois de uma evolução prolongada "para a frente", atualmente involui, voltando-se para trás. Isso é bastante claro no que diz respeito ao Direito e aos direitos humanos.

Ao aludir em 1992 à reversão da História, Baudrillard falava de um "processo catastrófico de recorrência e turbulência", em que a modernidade "desintegra-se nos elementos mais simples". A primeira parte de tal asserção, parece ter sido, creio, suficientemente confirmada pelo conjunto de fatos e tendências que foram descritos acima. Mas a segunda parte também parece verdadeira *e literal*, como veremos a seguir.

A DESINTEGRAÇÃO REVERSIVA EM ELEMENTOS SIMPLES

Se lembrarmos o quanto lutaram as mulheres por seus direitos e o quanto elas conseguiram nessa batalha incompleta, o ar convicto com que jovens muçulmanas na Europa voltaram a usar o véu e trajes islâmicos, a rejeição de muitas delas à lei francesa que proíbe o véu nas escolas, a aceitação do casamento poligâmico decidido pelas famílias, tudo isso já confirmaria a assertiva de que, de repente, a História passou a andar para trás até nas manifestações mais simples. Esse comportamento, quando não imposto (já vi na televisão debates em que intelectuais muçulmanas francesas defendiam ardentemente seu "direito" de portar o véu), aparentemente retrógrado, poderia, é verdade, ser interpretado também como resquício da resistência de setores "arcaicos" que nunca chegaram a evoluir "para a frente, rumo à modernidade". Apenas passaram a ser mais vistos dentro e fora de seus lugares de origem (onde mais vejo é em Genebra, onde mulheres de regiões petrolíferas, completamente cobertas, às vezes de preto e de jóias, usam máscaras ou "focinheiras" de couro ou metal, no apogeu do verão) graças ao progresso inegável da tecnologia de comunicações e transporte. Se transpusermos, porém, a atenção para o lado mais liberal do Ocidente, fixando-a nos setores em que as mulheres conquistaram e exercem seus direitos em quase total eqüidade com os homens, notaremos igualmente outros fatos surpreendentes. Veremos que em contraste com o sexo livre de antes, de sentido emancipatório, quando a própria pornografia continha grãos ostensivos de rebeldia contra "o sistema" (dizia-se nos anos de 1960: "pornografia é a guerra do Vietnã"), agora temos certeza de que a utilização abusiva do sexo na propaganda, do sadomasoquismo nos *video-clips* para jovens, as cenas de homossexualismo feminino como estímulo sexual para os homens, a glorificação de gestos provocadores ensinados a crianças nada têm de feminista, rebelde ou emancipatório. São estratagemas do capitalismo consumista para vender produtos e serviços, entre os quais o próprio sexo, em nosso planeta-mercado. Parece, por esse prisma, que, havendo perdido o interesse em políticas libertárias (na Academia já se fala de um "pós-feminismo" reacionário, que atribui ao feminismo as deturpações provocadas pelo sistema socioeconômico dominante), vivemos aquilo que Daniel Bell entrevira como uma "pornotopia" geral, pós-moderna e conformista, sob a direção de elites comercialmente orientadas[36]. Se for assim, a "liberação" conquistada se transforma em caminho de volta para a submissão de gênero e a exploração social. Sendo improvável que essas tendências paralelas simultâneas, da ocultação da mulher por preceitos religiosos e da exploração sem limites da 'iberdade dos corpos, mutuamente irritantes, possam conviver à vontade em qualquer sociedade – e descontando a exacerbação religiosa atual provocada pela guerra no Iraque –, o "multiculturalismo" absoluto parece impossível a longo prazo. E o "direito à diferença" como contrapeso a discriminações de vários tipos talvez não passe de mais um ledo engano para justificar opressões. Não é improvável, além disso, que, ao invés de uma adaptação pluralista às diferentes culturas no capitalismo "tardio", algo mais grave esteja em curso. Pode, talvez, fazer parte de uma estratégia maior "do sistema", de cunho conservador, para estimular o retorno de um mundo "reencantado" por misticismos integristas, estratificações intangíveis, democracias pró-forma e hierarquias rígidas dentro do "capitalismo selvagem". Não são somente muçulmanos que usam o discurso religioso para fazer política. A "guerra" contra o terrorismo foi declarada por leigos com discursos que soavam extraídos da Bíblia. Se o ex-comunismo de Mao já renega a luta de classes, abriga capitalistas e louva o confucionismo, incentivando a acumulação de riqueza individual, por que as religiões transcendentes deveriam modificar seus costumes? Não é a intangibilidade das "culturas" que propõe o multiculturalismo em voga?

É óbvio que não tenho confirmação para a hipótese aqui cogitada. Como não sou puritano, quero apenas expressar, sem juízos de valor sobre qualquer das "culturas", as dúvidas que se me apresentam pela ótica dos direitos humanos.

Na dispersão de elementos da realidade vivida (ou hiperrealidade de *simulacra*, no entender de Baudrillard, para quem o real deixou de existir), há áreas com o privilégio de atenções prioritárias entre militantes e defensores políticos desses direitos de todos. Entre elas se encontram as que dizem respeito aos direitos das crianças, aos direitos das mulheres, às formas contemporâneas de escravidão e ao tráfico de pessoas. Sem nexos de causa e efeito, proliferam as medidas para punir infratores. Mas como será possível estancar as violações de direitos, se nada de sério é feito para melhorar as condições que criam violadores e vítimas? Como exigir eqüidade num mundo em que tudo é iníquo? Por que punir com vigor o tráfico de seres humanos, se não se cogita de medidas abrangentes para melhorar um pouco as condições existentes nas terras de origem das vítimas? Ou para minorar a

---

36. Cf. Lemuel Dourado Guerra, "O Pós-moderno e as Ciências Sociais: Anotações Sobre o Atual Estado da Discussão", em *Impulso – Revista de Ciências Sociais e Humanas*, p. 104.

miséria que leva os desesperados até mesmo em áreas ricas a aceitar todo tipo de escravismo? Por que será que a Europa Oriental ex-comunista se tornou um dos principais celeiros de prostitutas encaminhadas ao Ocidente (com entreposto em Kossovo!)? Será que os emigrantes da África que vão para a Europa em botes, correndo todos os riscos, fazem-no porque são adeptos de aventuras? Será que os mexicanos pobres ansiam por ser *chicanos*, atravessados por *coiotes*, nas terras onde serão ilegais, remediados sem fome, ou, em casos ainda raros, imigrantes abastados de segunda categoria? Será que é por esporte radical que guatemaltecos, mais pobres do que os mexicanos, fazem o mesmo em direção ao México para gozar de um "eldorado asteca" que os mestiços, toltecas e "zapatistas" jamais chegaram a encontrar? Como punir com seriedade conseqüente pedófilos não-assassinos no próprio Primeiro Mundo (que, como já visto em capítulos anteriores, cobre também segmentos do Terceiro), se a "cultura" do capitalismo "tardio" estimula todo o tempo a mesma pedofilia? Como se pode exigir de tradicionalistas ferrenhos, religiosos fanáticos e conservadores carolas, liberdades sexuais para todos, sem distinção de sexo ou preferências, se as liberdades conquistadas, longe da conotação libertária das lutas dos anos de 1970, utilizam-se para vender serviços e produtos diversos, legalizados pela arrecadação de tributos? Como evitar que crianças sejam exploradas em trabalhos desumanos, se os pais não têm condições de mantê-las? Como impedir o uso ou a participação "voluntária" de crianças em guerras de países miseráveis, se a sobrevivência delas, até em tempos pacíficos e em sociedades mais ricas, já é batalha diária que as encaminha para o crime?

Não vou repetir as conhecidas cifras que comprovam o aumento da miséria no planeta, enquanto os canais a cabo da televisão ubíqua fazem programas contínuos sobre o esbanjamento em que vivem os poucos "ricos e famosos". Todos a esta altura sabem que, dos seis bilhões de habitantes de nossa Terra poluída e ensangüentada, somente 1 bilhão concentram 80% de toda a riqueza existente; que quase a metade se arranja com menos de dois dólares por dia; que 1 bilhão não têm acesso a água potável; que mais de 100 milhões de crianças jamais podem ir à escola; que mais de 40 milhões de pessoas nos países em desenvolvimento são HIV-positivas: carregam o vírus da Aids, sem esperança de tratamento.

Os dados que aqui menciono não são de panfleto esquerdista. Vêm do presidente do Banco Mundial, James D. Wolfensohn, em artigo no qual afirma, em contraste com o belicismo corrente, que a chave para se buscar a segurança perdida se encontra na luta contra a pobreza[37].

---

37. James D. Wolfensohn, "Ending Poverty is the Key to Stability", *International Herald Tribune*. Em apoio a seus argumentos, Wolfensohn cita também outros dados que

Wolfensohn acrescenta ainda, de um ponto-de-vista conservador, que "sua geração" (*sic* – a dele, não a minha!) cresceu acreditando que sempre haveria dois grupos de pessoas e países, aqueles que tinham tudo e aqueles que nada tinham (*the haves and the have-nots*). E que esses grupos viviam em geral separados. Até aí nada de novo. Curiosa é a interpretação que ele dá aos atentados terroristas do Onze de Setembro: "O muro que muitos de nós imaginávamos separar os países ricos dos pobres veio abaixo em 11 de setembro de 2001. Agora estamos interligados por muitos fatores: pela economia e pelo comércio, por migrações, meio ambiente, doenças, drogas e conflitos"[38]. Não acho que fosse preciso um ato tão cataclísmico para mostrar o óbvio, que há muito já conhecíamos. Concordo, porém, com a conclusão de Wolfensohn de que, sendo a segurança global o grande tema de nosso tempo, não podemos perder de vista a questão da segurança de longo prazo com que todos nos confrontamos: "Hoje a maior fonte potencial de instabilidade em nosso planeta é, de longe, a pobreza, com a falta de esperanças e desespero que gera".

Em seu discurso na ONU, em 21 de setembro de 2004, o presidente George W. Bush declarou que o mundo necessita de "uma nova definição de segurança. Nossa segurança não se encontra meramente em esferas ou em algum equilíbrio de poder. A segurança do mundo se encontra no avanço dos direitos da humanidade". Não há quem possa contestar essa declaração. Em seguida falou do atentado atroz de Beslam, em que morreram centenas de crianças russas, dos sofrimentos e morticínios em Madri, Jerusalém, Istambul e Bagdá para afirmar: "Todas as nações civilizadas estão juntas nessa luta. E todas devem combater os assassinos"[39]. Tampouco vejo qualquer motivo de discórdia. Só que isso tudo foi dito num contexto destinado a apoiar a "guerra" contra o terrorismo e, mais especificamente, justificar a ação bélica no Iraque.

Se, conforme já vimos, nos Estados Unidos traumatizados pelo Onze de Setembro foi possível rotular de antipatriótica qualquer opinião contrária às iniciativas do governo, não é aceitável transpor esse tipo de maniqueísmo para a esfera planetária. Todas as nações estão certamente em luta contra o terrorismo. Mas isso não quer dizer que todas estejam ou precisem estar de acordo com métodos de luta exclusivamente repressivos. O presidente do Banco Mundial obviamente nada tem de provocador. Como nada têm de coniventes ou complacentes com o problema mais visível da atualidade todos aqueles que preferem privilegiar outros métodos, não-belicistas, para erradicar o terrorismo. Até porque, suicida, ele só tende a crescer diante da guerra armada.

---

indicariam diminuição da pobreza entre 1980 e 2001. Daí sua afirmação de que "we know that development aid can work. The challenge is to scale up the effort".

38. Idem, ibidem.
39. O discurso se encontra no site *www.un.org*.

É possível não aceitar – e eu próprio não aceito – tudo o que diz Jean Baudrillard em seus escritos niilistas. Ao observar, porém, as contradições "do sistema" e de todas essas ações que denotam o retrocesso da História, inclusive no que diz respeito a seus elementos mais simples, afigura-se perfeita a adaptação que ele faz da frase de Clausewitz para qualificar aquilo que iria ocorrer depois do Onze de Setembro: "A guerra como prolongamento da ausência de política por outros meios"[40].

FANTASMAS, PORÉM RECURSOS

Enquanto o Onze de Setembro uniu todo o mundo numa solidariedade com os Estados Unidos que transcendeu diferenças civilizacionais, e grande parte do planeta, inclusive extra-ocidental, no combate punitivo/preventivo aos talibãs do Afeganistão (única guerra relacionada aos ataques terroristas de 2001), a idéia de "Eixo do Mal", consubstanciada na segunda guerra do Iraque, não poderia ter sido mais divisória. Ela não produziu o cenário internacional do "conflito de civilizações" na linha aventada por Huntington[41]; cindiu, sim, profundamente o núcleo do Ocidente, dentro e fora da OTAN e dividiu a opinião pública norte-americana numa polarização de posições que não se via desde a guerra do Vietnã. Além disso, como Huntington deve ter esquecido o quanto a globalização/mundialização, em seu sentido mais amplo, já misturou as "civilizações" em quase todos os países, o "conflito" que ele previra também está ocorrendo dentro do próprio Ocidente. Em paralelo às enormes passeatas e outras manifestações ocidentais nas ruas contra essa guerra, grupos de muçulmanos da Europa – o islã tem milhões de seguidores nesse continente –, alguns com ânimos exaltados, passaram a verbalizar de maneira inédita uma total descrença nas noções de democracia, liberdade e direitos humanos (brandidas *a posteriori* para justificar a intervenção contra Saddam Hussein, que antes fora apoiado pelos atuais "interventores"). São impressionantes as declarações de jovens britânicos de ascendência paquistanesa ou árabe, por exemplo, entrevistados na televisão e pela imprensa escrita, repudiando tais noções como cortina de fumaça para encobrir estratégias de domínio. Já ouvi na BBC afirmações de jovens, no melhor inglês de Oxford, de que tal fumaça enganadora se desvanecerá inexoravelmente com a vitória final do islã em todo o planeta. Ou seja, a "cruzada" – palavra primeiramente usada e logo retirada porque politicamente incorreta – contra o terrorismo islâmico, o qual, para alguns de seus pratican-

---

40. *L'esprit du terrorisme*, p. 46.
41. Samuel Huntington, "The Clash of Civilizations?", *Foreign Affairs*.

tes, é a atualização da *djihad* sagrada contra os infiéis "cristãos", além de incentivar a resistência muçulmana contra a presença ocidental alhures, está produzindo regressão aos valores e objetivos medievais do islã por forças situadas no próprio coração do Ocidente (daí a proibição francesa do uso do véu nas escolas, pois o véu não é um modismo a que as jovens muçulmanas acedem por gosto: é geralmente imposto por tutores integristas[42]). Há, também, é bem verdade, autoridades civis e militares do Ocidente "cristão" que sempre mantiveram preconceitos medievais, agora evidentemente agravados, e às vezes os deixam escapar em alocuções públicas contra a religião islamita – que não pode nunca ser confundida com os *islamistas* fanáticos.

Antes do início do bombadeio do Iraque, em março de 2003, falava-se insistentemente no poder imperial dos Estados Unidos. A idéia de um mundo unipolar era praticamente inquestionável diante do poderio econômico e militar esmagador da única superpotência restante no planeta. Esse poderio impressionante se traduzia também na esfera cultural, de maneira ostensiva ou indireta. Ostensivamente, o fato cultural mais marcante foi a celeuma que causou um dos textos "filosóficos" mais superficiais deste início de século: *Of Paradise and Power* (Do Paraíso e do Poder), de Robert Kagan[43], erigido em bíblia dos neoconservadores de Washington. Tão belicoso a ponto de pintar como pacifista a "velha Europa" guerreira, e de atribuir à busca de soluções pacíficas os males do multilateralismo, o neoconservadorismo de Kagan apresentava a superpotência americana como sendo de Marte, másculo deus da guerra, enquanto a Europa enfraquecida seria da feminina Vênus, idealisticamente kantiana num mundo hobbesiano. A seriedade com que essas teses ridículas de Kagan foram discutidas na Europa e no resto do mundo revelava, pela contestação zelosa a um panfleto tão rasteiro, submissão cultural voluntária por temor reverencial à liderança dessa superpotência real[44]. Hoje, com suas teses atropeladas pelos revezes mais trágicos, trapalhadas e contratempos da intervenção no Iraque, Kagan se encontra, pelo menos no momento, recolhido ao ostracismo. E quase ninguém menciona a expressão "império americano" como um fato inquestionável[45].

---

42. Ver inter alia, Régis Debray, *Ce que nous voile le voile*.

43. Publicado originalmente em revista dos Estados Unidos, o texto virou livro em 2003: *Of Paradise and Power – America and Europe in the New World Order*, Nova York, Knopf, 2003.

44. Ver, por exemplo, a coletânea de artigos publicados no *Le Monde*, reproduzidos em *L'Europe face au nouvel ordre américain*, Paris, Le Monde/Éditions de l'Aube, 2002.

45. Parece terem ganhado mais força as teses opostas. Ver, por exemplo, Emmanuel Todd, *Après l'Empire – Essai sur la décomposition du système américain*, e o

Não sei precisamente se isso é bom ou ruim. Afinal os Estados Unidos sempre tiveram um papel importante na promoção da idéia dos direitos humanos, ainda que sua doutrina na matéria não fosse aquela abrangente endossada pela ONU. Sei que os abusos praticados por todos os que se envolveram na "guerra" contra o terrorismo, a obsessão com a segurança nacional em termos policial-militares em vários países do Ocidente, a seletividade com que esses mesmos países fazem acusações a terceiros sem atentarem para os abusos de aliados ou dentro de sua órbita doméstica e o mal uso dos termos "democracia" e "liberdade" fizeram com que os direitos humanos perdessem a posição de relevo que tinham na política dos anos de 1990. Hoje, ou se encontram esquecidos, ou quando utilizados no discurso multilateral extra-regional, soam hipócritas, parciais ou, no mínimo, fora de contexto.

É verdade que os esforços na matéria prosseguem. É importante que as torturas no presídio de Abu Ghraib tenham sido divulgadas e horrorizado a todos. É importante que os praticantes das sevícias documentadas tenham começado a ser punidos nos Estados Unidos. É importante, sobretudo, que a União Européia continue a exigir respeito aos direitos humanos a seus membros, erigindo-os como condição para a aceitabilidade dos pleitos de adesão a ela, que hoje se multiplicam. Essa união regional, crescentemente integrada e supranacional, já conforma a maior economia do planeta, compreende mais de 450 milhões de pessoas, abriga, desde maio de 2004, um conjunto de 25 países, que deve aumentar para 27 ou 28 em 2007 (quando se espera a acessão da Bulgária, da Romênia e, possivelmente, da Croácia). É importante que, ademais dos órgãos específicos da União, que consta funcionarem a contento, outra entidade ocidental, a Organização para a Segurança e Cooperação na Europa (OSCE), tenha recentemente criado uma instituição permanente – a Odhir[46] – dedicada a monitorar seus 55 membros. Egressa dos Acordos de Helsinque de 1974, que trataram da segurança Leste-Oeste (leia-se "do mundo capitalista ocidental desenvolvido *versus* toda a Europa Oriental comunista") por meio do reconhecimento das fronteiras estabelecidas *de facto* após a Segunda Guerra Mundial, em troca de promessas (não-cumpridas) de respeito pelos direitos humanos no antigo bloco socialista, a OSCE hoje engloba, sem conflitos ideológicos de monta, todos os países setentrionais do Ocidente "ampliado" (que inclui a Federação Russa, seus antigos satélites e os novos Estados da Ásia Central oriundos da antiga União Soviética, assim como os Estados Unidos e o Canadá). E a OSCE tem realizado grandes conferências para tratar de problemas discriminatórios canden-

---

equilibradíssimo Tzvetan Todorov, *Le nouveau désordre mondial – Réflexions d'un Européen.*
46. *Office for Democratic Institutions and Human Rights*, com sede em Varsóvia.

tes em sua enorme área geográfica. Em 2004 ocorreram três: em Berlim, sobre o anti-semitismo; em Paris, sobre a propaganda racista, xenofóbica e anti-semita na Internet; e em Bruxelas, sobre a intolerância em geral, envolvendo também os fenômenos crescentes do anti-arabismo e da islamofobia.

Como já afirmei no capítulo anterior, o Ocidente deve ser a primeira área a recuperar, com seriedade, o discurso dos direitos humanos, não somente porque continua a ser a área cultural "hegemônica" do planeta, mas sobretudo porque foi nele que a noção desses direitos historicamente surgiu. Os direitos humanos, como já visto, não são mais matéria exclusiva do Ocidente, mas ainda constituem o cerne dessa cultura em matéria de valores. Não deixa, portanto, de ser alentador ver que, apesar de todos os percalços e incidentes violatórios, os direitos humanos não foram abandonados nas discussões atinentes à segurança e cooperação na Europa. Infelizmente toda essa movimentação da União Européia e da OSCE não tem produzido resultados visíveis no âmbito interno dos Estados-membros, preocupados prioritariamente com a prevenção contra o terrorismo. Tanto assim que, como disse o presidente de turno da OSCE em reunião em Varsóvia sobre "A Dimensão Humana" da Organização, em outubro de 2004:

> A verdade é que segurança se transformou num tema de muitas faces que domina o debate entre os Estados participantes da OSCE. O sentimento de insegurança encontra sua expressão em simplificações perigosas e na busca de bodes expiatórios. Tanto faz se falamos da promoção da participação política de minorias, ou da proteção de vítimas do tráfico de seres humanos. Existe um aumento nos atos de violência com motivação étnica, religiosa ou racial. Ter-se-ia a OSCE transformado numa área de intolerância? Será que a segurança é um desafio à liberdade, à justiça e à tolerância[47].

É, por outro lado, positivo que o Mercosul tenha adotado a "cláusula democrática", que permite a atuação dos demais quando qualquer dos membros tende a reverter ao regime de ditaduras. Além disso, o Mercosul começou a adotar iniciativas coordenadas na esfera dos direitos humanos, que podem gerar bons frutos. E a América Latina, no conjunto, malgrado as dificuldades estruturais que se eternizam com a globalização e o neoliberalismo "performático", tem pelo menos demonstrado que as instituições democráticas se solidificam. É pena, nessas condições, até mesmo pela ótica dos direitos humanos, que a Declaração de Cartagena, emitida pela União Européia com a América Latina democrática em maio de 2004, não tenha recebido a divulgação e atenção merecidas[48].

---

47. Solomon Passy, ministro dos Negócios Estrangeiros da Bulgária e presidente de turno da OSCE no discurso da abertura do encontro sobre a "dimensão humana", Varsóvia, 04/10/2004. O texto se encontra no *site www.osce.org/cio/bulgaria*.

48. Ver capítulo 10 supra.

É positivo ver que no Brasil o interesse pelos direitos humanos continua, embora com mobilização menor do que na década passada. Esse relativo arrefecimento pode ser resultado do fato de o país já haver aderido a praticamente todos os tratados sobre a matéria, aceitando, desde 1998, a jurisdição contenciosa da Corte Interamericana para os Direitos Humanos e, desde 2002, a apresentação de queixas individuais ao Cerd (comitê contra o racismo, perante o qual defendeu, em Genebra, em 2004, seu mais recente relatório periódico, extensivo e de franqueza absoluta) e ao Cedaw (*treaty body* da Convenção sobre a eliminação da discriminação contra a mulher, ao qual o Brasil apresentou seu primeiro relatório em 2002, havendo-o defendido em 2003)[49]. Além disso, em gesto significativo de boa fé e abertura, o Brasil mantém válido um convite permanente a todos o relatores temáticos da Comissão dos Direitos Humanos da ONU para visitarem o país com liberdade irrestrita. E, o que é mais importante, tem planos e projetos internos em execução em áreas de grande interesse para a população, como a da luta contra as discriminações de diversos tipos, veladas e ostensivas[50].

Na época em que escreveu o texto sobre a reversão da História, um trecho do qual é epígrafe desta conclusão, Jean Baudrillard, que nunca fora entusiasta dos direitos humanos, primeiro, quando marxista, porque, creio, somente os via como os velhos direitos lockeanos, depois, quando pós-moderno, porque seu niilismo já estava mais acentuado, dizia que, no mundo contemporâneo, só temos para enfrentar o Mal os direitos humanos, "recurso magro que faz parte, de qualquer forma, de nossa deficiência política imunitária"[51]. Depois do Onze de Setembro, de maneira bem mais clara, o mesmo Baudrillard explicita que:

> O universal já teve sua chance histórica, mas hoje, confrontado de um lado por uma ordem mundial sem alternativa e, de outro, pela deriva ou pela insurreição das singularidades, os conceitos de liberdade, de democracia, de direitos humanos fazem figura pálida, não passando de fantasmas de um universal desaparecido[52].

Apesar da pertinência de muito do que ele diz, não é necessário endossar o niilismo radical desse pensador francês, por mais que os

---

49. O Cedaw somente passou a ter competência para examinar queixas individuais pela adoção recente de um Protocolo Facultativo da Convenção sobre a Eliminação de Todas as Formas de Discriminação contra a Mulher. O Brasil ratificou esse Protocolo em junho de 2002.
50. Em 2003 o governo deu início à "Política Nacional de Promoção da Igualdade Racial", com o objetivo de articular as ações de políticas públicas para a promoção dessa igualdade em todos os níveis da Federação.
51. *La transparence du Mal – Essai sur les phénomènes extrêmes*, p. 89.
52. *Power inferno*, pp. 69-70.

tempos atuais sejam extremamente difíceis. Ao contrário, um pouco de fé diretiva é preciso para se fazer a política verdadeira, cuja falta é tão ressentida pelo próprio Baudrillard. É ela, a política propulsora de mudanças, inspirada na abandonada utopia secular do progresso societário, não a política "performática", nem as guerras unilaterais religiosas ou preventivas, que pode modificar o sistema dominante da pós-modernidade vivida, reorientando a História para a frente.

Os direitos humanos parecem, de fato, na época contemporânea, lembranças fantasmagóricas do universalismo iluminista, rejeitado pelos fatos e por teorias que se propõem, ou se propunham, corretivas. Eles são, efetivamente, um recurso magro, quase etéreo. Mas são ainda um recurso *que existe dentro do sistema*. Ainda que não possamos romper com este, dos direitos humanos podemos dispor como instrumento legítimo para, pelo menos, encaminhar o *status quo* em direção positiva. Até porque a denúncia de seu desprezo ainda tem eco nos *media*, essenciais para se produzir aquilo que se deseja real na massa de simulacros típicos de nossa era. E eles, os direitos humanos, ainda podem ser eficazes, se reencarados a sério com a visão abrangente dos documentos internacionais adotados, que nunca foram seguidos.

(Outubro de 2004)

Bibliografia Selecionada

ALENCASTRO, Luiz Felipe de. "Vida Privada e Ordem Privada no Império".In: *História da Vida Privada no Brasil*. São Paulo, Companhia das Letras, vol. 2, 1997.

ALVIM, Joaquim Leonel de Rezende. *Citoyenneté européenne: un contribution à l'étude d'un lien polycentrique*. Villeneuve d'Ascq, Presses Universitaires du Septentrion, 1999.

AMNESTY INTERNATIONAL. *Report 2003*. Londres, 2004.

APPADURAI, Arjun, *Modernity at Large – Cultural Dimensions of Globalization*, Minneapolis, University of Minnesota Press, 1997.

ARENDT, Hannah. *The Origins of Totalitarianism*. Nova York, Harcourt BraceJovanovitch, 1973.

_____. "Caras e Modos dos Migrantes e Imigrantes", 1ª parte. In: *História da Vida Privada no Brasil*. São Paulo, Companhia das Letras, vol. 2, 1997.

BANTON, Michael. "Lessons from the 2001 World Conference Against Racism", *Journal of Ethnic and Migration Studies*. Abr. 2002, vol. 28, n. 2.

BAUDRILLARD, Jean. *Amérique*. Paris, Grasset, 1986.

_____. *L'illusion de la fin ou La grève des événements*. Paris, Galilée, 1992.

_____. *La transparence du Mal – Essai sur les phénomènes extrêmes*. Paris, Galilée, 1990.

_____. *L'esprit du terrorisme*. Paris, Galilée, 2002.

_____. *Power inferno*. Paris, Galilée, 2002.

BAUMAN, Zygmunt. *Globalization – The Human Consequences*. Nova York, ColumbiaUniversity Press, 1998.

BECCARIA, Cesare. *Dos Delitos e das Penas (1764)*. Trad. Lucia Guidicini e Alessandro Berti Contessa, São Paulo, Martins Fontes, 1996.

BELLAH, Robert et al. *Habits of the Heart*. University of California Press, 1996.
BERG, Manfred. "1968: A Turning Point in American Race Relations". In: Carole Fink et al. (eds.), *1968 – The World Transformed*. Cambridge University Press, 1998.
BOBBIO, Norberto. *A Era dos Direitos*. Trad. Carlos Nelson Coutinho, Rio de Janeiro,Campus, 1992.
_____. *Direita e Esquerda: Razões e Significados de uma Distinção Política*. Trad. M.A.Nogueira, São Paulo, Unesp, 1995.
BOURDIEU, Pierre. *Contrafogos – Táticas para Enfrentar a Invasão Neoliberal*. Trad. Lucy Magalhães, consult. Sérgio Miceli, Rio de Janeiro, Jorge Zahar, 1998.
BRINKLEY, Alan. "1968 and the Unraveling of Liberal America". In: Carole Fink et al. (eds.), *1968 – The World Transformed*, Cambridge University Press, 1998.
BUHRER, Jean Claude & LEVENSON, Claude B. *L'ONU contre les droits de l'homme?*, Paris, Arthème Fayard, 2003.
CANÇADO TRINDADE, Antônio Augusto. *Tratado de Direito Internacional dos Direitos Humanos*. Porto Alegre, Sergio Antonio Fabris Editor, vols. I e II, 1997 e 1999.
CARVALHO, José Murilo de. *Os Bestializados – O Rio de Janeiro e a República que Não Foi*. São Paulo, Companhia das Letras, 1987
CASSESE, Antonio. *Human Rights in a Changing World*. Oxford, Polity Press, 1990.
CASTELLS, Manuel. *The Power of Identity*. Oxford, Blackwell Publishers, 1997.
CHOMSKY, Noam. *The New Military Humanism – Lessons from Kossovo*. Monroe, Common Courage Press, 1999
_____. "Crisis in the Balkans". In: *Rogue States*. Cambridge (Massachussetts), South End Press, 2000.
_____. *9-11*. Nova York, Seven Stories Press, 2001.
COLE, David. *No Equal Justice – Race and Class in the American Criminal Justice System*. Nova York, The New Press, 1999.
COLOMBANI, Jean-Marie. *Tous Américains? – Le monde après de 11 septembre 2001*, Paris, Fayard, 2002.
CORNEVIN, Marianne. *L'apartheid: pouvoir et falsification historique*. Paris, Unesco, 1979.
COSE, Ellis et al., "The Good News About Black America". *Newsweek*, 17/jun./1999.
CROSSETTE, Barbara. "Guide Proposed for the Trial of Rogue Leaders", *The New York Times*, 23/jul./2001.
DEBRAY, Régis. *Ce que nous voile le voile – La République et le sacré*. Paris, Gallimard, 2004
DERRIDA, Jacques. "Declarations of independence". Trad. Tom Keenan & Tom Pepper, *New Political Science*, Columbia University, verão de 1986.
_____. "Force de loi: le 'fondement mystique de l'autorité'". In: Deconstruction and the Possibility of Justice, *Cardozo Law Review*, vol. 11, ns. 5-6, jul./ago. 1990.
DERSHOWITZ, Alan. "Want to Torture? Get a Warrant", *S. Francisco Chronicle*, 22/jan./2002.

DONELLY, Jack. *Universal Human Rights in Theory and Practice*. Ithaca, Cornell University Press, 1989.
DRAKULIC', Slavenka. *Café Europa – Life After Communism*. Nova York, Penguin Books, 1999.
EAGLETON, Terry. *The Illusions of Postmodernism*. Oxford, Blackwell Publishers, 1996.
_____. "Deconstruction and Human Rights". In: Barbara Johnson (ed.), *Freedom and Interpretation – The Oxford Amnesty Lectures*. Nova York, Basic Books,1992.
EHRENREICH, Barbara. *Blood Rites – Origins and History of the Passions of War*. Nova York, Owl Books, 1998.
ESTEVA, Gustavo & PRAKASH, Madhu Suri. *Grassroots Post-modernism – Remakingthe Soil of Cultures*. Londres, Zed Books, 1998.
FONSECA JR., Gelson. *A Legitimidade e Outras Questões Internacionais*. São Paulo, Paz e Terra, 1998.
FOUCAULT, Michel. *Les mots et les choses – une archéologie des sciences humaines*. Paris, Gallimard, 1966.
_____. "What is Enlightenment?". Trad. Catherine Porter. In: Paul Rabinow (ed.), *The Foucault Reader*, Nova York, Pantheon Books, 1984.
FUKUYAMA, Francis."The End of History?", *The National Interest*, verão de 1989.
GIDDENS, Anthony. *Runaway World – How Globalization is Reshaping our Lives*. Nova York, Routledge, 2000.
_____. "O Fim da Globalização?". Trad. Clara Allain, *Folha de S. Paulo*, 28/out./2001.
GITLIN, Tod. *The Sixties: Years of Hope, Days of Rage*. Nova York, Bantam Books, 1987.
_____. *The Twilight of Common Dreams – Why America is Wracked by Culture Wars*. Nova York, Owl Books, 1995.
GOLUB, Philip S. "Retour à une présidence impériale aux États-Unis", *Le Monde Diplomatique*, jan. 2002.
GUERRA, Lemuel Dourado. "O Pós-moderno e as Ciências Sociais: Anotações Sobre o Atual Estado da Discussão", *Impulso – Revista de Ciências Sociais e Humanas*, vol. 12, n. 29, 2001.
HABERMAS, Jürgen. *Après l'État-nation – Une nouvelle constellation politique*. Trad. Rainer Rochlitz, Paris, Fayard, 2000.
_____. "Qu'est-ce que le terrorisme"(entrevista a Giovanna Borradori), *Le monde diplomatique*, fev. 2004.
_____. "Sobre a Guerra, a Paz e o Papel da Europa" (entrevista a Eduardo Mendieta), trad. Amós Nascimento, *Impulso – Revista de Ciências Sociais e Humanas*, v. 14, n. 35, set./dez. 2003.
HALTER, M. "Chasing the Rainbow: Cashing in on Ethnic Pride", *San Francisco Chronicle,* 10/dez./2000.
HERBERT, Bob. "Staring at hatred", *The New York Times*, 28/fev./1999.
_____. "Doomed to Irrelevance", *The New York Times*, 06/set./2001.
HOBSBAWM, Eric. "The Universalism of the Left". In: M. R. Ishay (ed.), *The Human Rights Reader: Major Political Essays, Speeches and Documents from the Bible to the Present*. Nova York, Routledge, 1997.
HOLANDA, Sérgio Buarque de. *Raízes do Brasil*. 26. ed., São Paulo, Companhia das Letras, 1995.

HUGHES, Robert. *The Culture of Complaint: the Fraying of America*. Nova York, Warner Books, 1994.
HUMAN RIGHTS WATCH. *World Report 2003 – Events of 2002*, Nova York, 2003.
HUNTINGTON, Samuel. "The Clash of Civilizations?", *Foreign Affairs*, verão de 1993.
IGNATIEFF, Michael. *Human Rights as Politics and Idolatry*. Princeton University Press, 2001.
_____. "Is the Human Rights era Ending?", *The New York Times*, 05/fev./2002.
JAGUARIBE, Hélio. "A Guerra ao Terrorismo", *Política Externa*, vol. 10, n.3, dez.-jan.-fev. 2001/2002.
JAMESON, Fredric. "The Politics of Theory: Ideological Positions in the Postmodernism Debate" (1984). In: *The Idelogies of Theory – Essays, 1971-1986*. Minneapolis, University of Minnesota Press, vol. 2, 1998.
_____. *Postmodernism or the Cultural Logic of Late Capitalism*. Duke Univeristy Press, 1992
_____. *The Cultural Turn – Selected Writings on the Postmodern, 1983-1998*. Londres, Verso, 2000.
JOCHNICK, Chris. "Confronting the Impunity of Non-state Actors: New Fields for the Promotion of Human Rights", *The Human Rights Quarterly*, vol. 21, n. 1, The Johns Hopkins University Press, fev. 1999.
JOHNSON, Barbara (ed.). *Freedom and Interpretation – The Oxford Amnesty Lectures*, Nova York, Basic Books, 1992.
JOHNSON, M. Glen. "Writing the Universal Declaration of Human Rights". In: UNESCO, *The Universal Declaration of Human Rights – 45th Anniversary 1948-1993*, Paris, 1994
JUERGENSMEYER, Mark. *Terror in the Mind of God*. University of California Press, 2001.
_____. "In: Defeat, Twisted Triumph", *S. Francisco Chronicle*, 02/dez./2001.
KAGAN, Robert. *Of Paradise and Power – America and Europe in the New World Order*. Nova York, Knopf, 2003.
KAHN, Irene. "Why Human Rights Matter". In: Amnesty International, *Report 2004*, Londres, 2004.
KEPEL, Giles. *La revanche de Dieu – Chrétiens, juifs et musulmans à la reconquête du monde*. Paris, Editions du Seuil, 1991.
KIRKPATRICK, Jeane. "UN Human Rights Panel Needs Some Entry Standards – A Scandal in Geneva", *International Herald Tribune*, 14/mai./2003.
KISSINGER, Henry. " The Pitfalls of International Jurisdiciton", *Foreign Affairs*, vol. 80, n. 4, jul./ago. 2001.
KITTO, H. D. F. *The Greeks*. Londres, Penguin, 1991
KYMLICKA, Will (ed.). *The Rights of Minority Cultures*. Oxford University Press, 1995.
KOUCHNER, Bernard. *Le malheur des autres*. Paris, Éditions Odile Jacob, 1991.
LE MONDE. *L'Europe face au nouvel ordre américain*. Paris, Éditions de L'Aube, 2002.
LIND, Michael. *The Next American Nation*. Nova York, Free Press, 1996.
LINGREN ALVES, José Augusto. *Os Direitos Humanos Como Tema Global*. São Paulo, Perspectiva, e Brasília, Funag, 1994.

_____. "'Abstencionismo'e 'Intervencionismo' no Sistema de Proteção das Nações Unidas aos Direitos Humanos", *Política Externa*. vol. 3, n.1, jun.-jul.-ago. 1994.

_____. "A Agenda Social da ONU Contra a Desrazão 'Pós-moderna'", *Revista Brasileira de Ciências Sociais*, n. 30, ano 11, ANPOCS, fev. 1996.

_____. *A Arquitetura Internacional dos Direitos Humanos*. São Paulo, FTD, 1997.

_____. *Relações Internacionais e Temas Sociais – A Década das Conferências*. Brasília, IBRI/FUNAG, 2001.

_____. "As Conferências Sociais da ONU e a Irracionalidade Contemporânea". In: Lindgren Alves et al. *Direito e Cidadania na Pós-modernidade*. Piracicaba, UNIMEP, 2002.

_____. Racismo e Direitos Humanos: a 60ª Sessão do CERD", *Cadernos de Direito*, UNIMEP, vol. 1, n. 2, 2002

_____. "Para a Nova Edição". *Os Direitos Humanos Como Tema Global.* (2ª edição), São Paulo, Perspectiva, 2003.

_____. "Os Bálcãs Novamente Esquecidos", *Revista Brasileira de Política Internacional*, ano 47, n.1, 2004.

LITOWITZ, Douglas E. *Postmodern Philosophy & Law*. University Press of Kansas, 1997.

LOCKE, John. *The Two Treatises of Government*. Londres, Everyman, 1997.

LOPEZ, Immaculada. "A Cor da Pobreza", *Problemas Brasileiros,* n. 332, mar./abr. 1999.

LYOTARD, Jean-François. *La condition postmoderne: rapport sur le savoir*. Paris, Les Editions de Minuit, 1979.

_____. "The Other's Rights". Trad. Chris Miller & Robert Smith. In: Stephen Shute & Susan Hartley (ed.), *On Human Rights – The Oxford Amnesty Lectures.* Nova York, Basic Books, 1993.

MAESTRE, Agapito (ed. & trad.). *Qué es Ilustración?* Madri, Tecnos, 1988.

MARÍAS, Javier. "There is no Such Thing as a War on Terrorism – Spain Gets Back to Normal", trad. Ester Allen, *International Herald Tribune*, 11-12/set./2004.

MARSHALL, T. S. "Citizenship and Social Class". In: Gershon Shafir (ed.), *The Citizenship Debates – a Reader*. Minneapolis, University of Minnesota Press, 1998.

MARTINS, Luciano. "A Substituição da Política Pelo Terror e Violência", *Política Externa*, vol. 10, n. 3, dez.-jan.-fev. 2001/2002.

MARX, Anthony W. *Making Race and Nation*. Cambridge University Press, 1998.

MARX, Karl. "The 18th Brumaire of Louis Bonaparte". In: D. MacLellan (ed.), *Selected Writings* Oxford University Press, 1979.

MCKINNON, Catharine. "Crimes of War, Crimes of Peace". In: Stephen Shute & Susan Hartley (ed.), *On Human Rights – The Oxford Amnesty Lectures.* Nova York, Basic Books, 1993

NAÇÕES UNIDAS. *Report of the Fourth World Conference on Women (Beijing, 4-15 September 1995)* documento A/CONF.177/20.

_____. *Rapport de la Conférence internacionale sur le financement du développement – Monterrey, Mexique, 18-22 mars 2002*, documento A/CONF.198/11, Nova York, 2002.

_____. *Report of the Committee on the Elimination of Racial Discrimination* – Sixtieth session (4-22 March 2002) – Sixty-first Session *(5-23 August 2002)*, documento A/57/18, Nova York, 2002.

_____. *Report of the Committee on the Elimination of Racial Discrimination* – Sixty-second Session (3-21 March 2003) – Sixty-third Session *(4-22 August 2003)*, documento A/58/18, Nova York, 2003.

_____. *Informe de la Conferencia Mundial contra el Racismo, la Discriminación Racial, la Xenofobia y las Formas Conexas de Intolernancia – Durban, 31 de agosto a 8 de septiembre de 2001*, documento A/CONF.189/12.

NDIAYNE, Bacre Waly. *Report of the Special Rapporteur Submitted Pursuant to Commission on Human Rights Resolution 1995/73*, documento das Nações Unidas E/CN.4/1996/4, 25/jan./1996.

_____. *Report of the Special Rapporteur on Extrajudicial, Summary or Arbitrary Executions*, documento das Nações Unidas E/CN.4/1998/68/Add.3.

NOBRE, Marcos. "Mulheres Revêem Direitos da Humanidade". Caderno Mais!, *Folha de S. Paulo*, 23/ago./1998.

PARENTI, Michael. *To Kill a Nation – The Attack on Yugoslavia*. Nova York, Verso, 2000.

PHILIPS, A. "Democracy and Difference: Some Problems for Feminist Theory". In: Will Kymlicka (ed.). *The Rights of Minority Culture*. Oxford University Press, 1995.

RAMONET, Ignatio. "A New Totalitarianism", *Foreign Policy*, n. 116, outono de 1999.

_____. "Adieu libertés", *Le Monde Diplomatique*, jan. 2002.

RATNER, Michael. "Fortress America, 2001", *Against the Current*, XVI (5), 2001.

RIDGEWAY, James. *Blood in the Face*. Nova York, Thunder's Mouth Press, 1995.

RIVERO GARRETAS, María-Milagros. *Nombrar el Mundo en Femenino – Pensamiento de las Mujeres y Teoría Feminista*, Barcelona, Icaria Editorial, 1994.

RODRIGUES, José Honório. *Brasil e África: Outro Horizonte*. Rio de Janeiro, Nova Fronteira, 1982.

RORTY, Richard. *Achieving our Country – Leftist Thought in Twentieth Century America*. Cambridge, Harvard University Press, 1998.

_____. "Human Rights, Rationality and Sentimentality". In: Stephen Shute & Susan Hartley (ed.), *On Human Rights – The Oxford Amnesty Lectures*. Nova York, Basic Books, 1993.

ROSENBAUM, Alan S. "The Editor's Perspective on the Philosophy of Human Rights". In: Alan Rosenbaum (ed.), *The Philosophy of Human Rights – International Perspectives*. Westport, Greenwood Press, 1980.

ROTH, Kenneth. "Allies's Postwar Panic Puts Justice in Jeopardy – An International Tribunal for Iraq", *International Herald Tribune*, 23/mai./2003.

_____. "War in Iraq: not a Humanitarian Intervention". In: Human Rights Watch, *World Report 2004*, Nova York, 2004.

SABOIA, Gilberto. "O Brasil e o Sistema Internacional dos Direitos Humanos". In: *Textos do Brasil*. Edição Especial, ano II, n. 6, Brasília, Palácio Itamaraty, mai./ago.1998.

SALE, Kirkpatrick. *The Conquest of Paradise – Christopher Columbus and the Columbian Legacy*. Nova York, Plume, 1991."California's changing face", *San Francisco Chronicle*, 30/mar./2001.

SANTOS, Boaventura de Sousa. "Uma Concepção Multicultural dos Direitos Humanos", *Lua Nova*, n. 39, 1997.

SANTOS, Joel Rufino dos. "A Inserção do Negro e seus Dilemas", *Parcerias Estratégicas*, n. 6, março 1999.

SCHINDLER, D. & TOMAN, J. *The Laws of Armed Conflict*. Dordrecht, Martinus Nijhof Publishers/Genebra, Henry Dunant Institute, 1988.

SMART, Barry. *Postmodernity*. Londres, Routledge, 1993.

SIM, Stuart (ed.). *The Routledge Critical Dictionary of Postmodern Thought*, Nova York, Rouledge, 1999

SHUTE, Stephen & HARTLEY, Susan (ed.) *On Human Rights – The Oxford Amnesty Lectures 1993*. Nova York, Basic Books, 1993.

SOROS, George. *The Crisis of Global Capitalism*. Nova York, Public Affairs, 1998.

SUPREMO TRIBUNAL FEDERAL. *Crime de Racismo e Anti-semitismo – Um Julgamento Histórico do STF (Habeas Corpus nº 82.424/RS)*, Brasília Jurídica, 2004.

TODD, Emmanuel. *Après l'Empire – Essai sur la décomposition du système américain*. Paris, Gallimard, 2002.

TODOROV, Tzvetan. *The Conquest of America*. Trad. Richard Howard. Nova York, Harper & Row, 1984.

_____. *Le nouveau désordre mondial – Réflexions d'un Européen*. Paris, Robert Laffont, 1993.

UNITED NATIONS DEVELOPEMENT PROGRAMME. *Human Development Reports*, 1994, 1997 e 1998.

VEGA, Connie de la & BROWN, Jennifer. "Can a United States Treaty Reservation Provide a Santuary for the Juvenile Death Penalty?", *University of San Francisco Law Review*, vol. 32, n.4, verão 1998.

VENTURA, Zuenir. *1968: O Ano que Não Terminou*. Rio de Janeiro, Nova Fronteira, 1988.

VIGEVANI, Tullo. *Mercosul – Impactos ara Trabalhadores e Sindicatos*. São Paulo, LTR/Fapesp/Cedec, 1998.

WIEWIORKA, Michel. *Le racisme, une introduction*. Paris, La Découverte, 1998.

_____. et al. *Racisme et xénophobie en Europe – Une comparaison internationale*. Paris, La Découverte, 1994.

WISSENBACH, Maria Cristina Cortez. "Da Escravidão à Liberdade: Dimensões de uma Privacidade". In: *História da Vida Privada no Brasil*. São Paulo, Companhia das Letras, vol. 3, 1998.

WOLFENSONH, James D. "Ending Poverty is the Key to Stability", *International Herald Tribune*, 30/set./2004.

ZALUAR, Alba. "A Globalização do Crime e os Limites da Explicação Global". In: Gilberto Velho e Marcos Alvito (org.), *Cidadania e Violência*, Rio de Janeiro, Editora UFRJ e Editora FGV, 1996.

ZIZEK, Slavoj. "A Leftist Plea for 'Eurocentrism'", *Critical Inquiry* 24, University of Chicago, verão de 1998.

_____. *The Fragile Absolute – or, Why is the Christian Tradition Worth Fighting for?* Londres, Verso, 2000.

_____. *Did Somebody Say Totalitarianism? Five Interpretations on the (Mis)Use of a Notion*. Londres, Verso, 2001.

_____. "Direitos Humanos e Ética Perversa". Caderno Mais!, *Folha de S. Paulo*, 01/jul./2001.

POLÍTICA NA PERSPECTIVA

Peru: Da Oligarquia Econômica à Militar
Arnaldo Pedroso D'horta (D029)
Entre o Passado e o Futuro
Hannah Arendt (D064)
Crises da República
Hannah Arendt (D085)
O Sistema Político Brasileiro
Celso Lafer (D118)
Poder e Legitimidade
José Eduardo Faria (D148)
O Brasil e a Crise Mundial
Celso Lafer (D188)
Do Anti-Sionismo ao Anti-Semitismo
Léon Poliakov (D208)
Eu Não Disse?
Mauro Chaves (D300)
Sociedade, Mudança e Política
Hélio Jaguaribe (E038)

Desenvolvimento Político
Hélio Jaguaribe (E039)
Crises e Alternativas da América Latina
Hélio Jaguaribe (E040)
Os Direitos Humanos como Tema Global
José Augusto Lindgren Alves (E144)
Norbert Elias: A Política e a História
Alain Garrigou e Bernard Lacroix (Org.) (E167)
O Legado de Violações dos Direitos Humanos
Luis Roniger e Mário Sznajder (E208)
Os Direitos Humanos na Pós-modernidade
José Augusto Lindgren Alves (E212)
A Identidade Internacional do Brasil e a Política Externa Brasileira
Celso Lafer (LSC)
Joaquim Nabuco
Paula Beiguelman (LSC)

Impressão e Acabamento
Sartira
Gráfica
(011) 4123-0255